SVEND ANDERSEN
Der Weg aus der Klimakrise

SVEND ANDERSEN
MIT MARC BIELEFELD

DER WEG AUS DER KLIMA KRISE

Endlich sagen, was Sache ist.
Endlich wollen, was hilft.
Endlich tun, was wirkt.

QUADRIGA

Dieser Titel ist auch als E-Book erschienen

Originalausgabe

Copyright © 2021 by Bastei Lübbe AG, Köln

Textredaktion: Angela Kuepper, München
Umschlaggestaltung: U1berlin / Patrizia Di Stefano
Satz: hanseatenSatz-bremen, Bremen
Gesetzt aus der Adobe Garamond Pro
Druck und Einband: GGP Media GmbH, Pößneck

Printed in Germany
ISBN 978-3-86995-109-6

5 4 3 2 1

Sie finden uns im Internet unter www.quadriga-verlag.de
Bitte beachten Sie auch: www.lesejury.de

An allem Unfug, der passiert, sind nicht etwa nur die schuld,
die ihn tun, sondern auch die, die ihn nicht verhindern.

Erich Kästner

Inhaltsverzeichnis

4. AUFBRUCH
So kriegen wir die Klimakrise geregelt: Gute Gesetze fordern, kluge Lösungen fördern – und Strom und Co. von den Emissionen befreien

Vorwort

Als der ehemalige US-Vizepräsident Al Gore den Klimawandel 2005 zum großen Thema machte und in einer Serie von über tausend Reden über dessen Ursachen und Auswirkungen sprach, hatte er einen passenden Namen für sein Wachrütteln gewählt. Er nannte es »Inconvenient Truth«, eine unbequeme Wahrheit. Ein Jahr darauf wurde daraus sogar ein prämierter Film. Ich hatte damals die Gelegenheit, Al Gore bei einem seiner Auftritte live zu erleben. Und schon davor hatte ich den Klimaschutz zu meiner Lebensaufgabe gemacht, als Treibhausgasbuchhalter schließlich zu meinem Beruf.

Nach Al Gores Präsentation damals dachte ich, dass eine derart große öffentliche Aufmerksamkeit die Dinge beim Klimaschutz endlich ins Rollen bringen würde. Sechzehn Jahre später muss ich leider feststellen, dass es die unbequemen Wahrheiten noch immer gibt. Und mehr als das: Inzwischen sind daraus erschreckende Wahrheiten geworden. Noch viel alarmierender allerdings ist die Tatsache, dass diese Wahrheiten sich nicht mehr auf das beschränken, was die meisten erwarten würden: nämlich, dass wir bisher einfach nicht genug getan haben, um die Klimakrise abzuwenden. Längst sind wir einige Stadien weiter. Heute stehen wir vor erdrückenden Tatsachen. Vor blanken Fakten und nicht zu leugnenden Entwicklungen, die uns mehr und mehr davon abhalten, diese Krise überhaupt noch zu bewältigen, und stattdessen drohen, unsere Gesellschaft zu zersprengen. Im Klartext: Inzwischen müssen wir befürchten, dass wir an der Klimakrise katastrophal scheitern werden. Und ich muss mich nur umschauen, um zu erkennen, dass sich dieses Szenario immer realer abzeichnet.

In den sozialen Medien wird mit aller Härte gestritten, wie wir als Gesellschaft mit den existenziellen Bedrohungen für die nächsten Generationen umgehen sollen. Längst ist die Debatte einem erbitterten Schlagabtausch gewichen. Bei der Frage, wie stark die Preise für

Energie erhöht werden dürfen, ohne dass es zu sozialen Verwerfungen kommt, ist mehr zorniges Chaos zu beobachten als der Wille zu Übereinkünften.

All das zeigt, wie weit wir davon entfernt sind, diese Krise zu lösen. Es herrschen Wirrnis statt Wahrheit, Übervorteilung statt Bewältigung. Derweil vernehmen wir die üblichen Narrative. Uns wird erzählt, dass wir uns einschränken müssen. Dass wir umsichtiger essen sollen, weniger fliegen dürfen und mehr Fahrrad fahren müssen. Dann wieder hören wir, dass Zertifikate die Lösung sind. Dass wir uns einem Emissionshandelssystem anpassen und immer mehr für Energie zahlen müssen.

Wer jedoch genau hinhört und hinsieht, stellt fest, dass es einen wirklichen Plan nicht gibt. Um diese globale Krise zu bewältigen, werden immer wieder neue Ziele formuliert – doch weit und breit ist keine Strategie erkennbar, die diesen Namen verdient. Als Treibhausgasbuchhalter, der sich täglich mit Klimaschutz befasst, kann ich in Deutschland keinen erfolgversprechenden Kurs erkennen – und das, obwohl wir seit Jahrzehnten wissen, dass wir ein Problem haben. Was also ist der Ausweg? Wo finden wir eine praktikable Methode, um uns aus dem Dilemma zu holen?

Es wird gern behauptet, wir hätten sämtliches Wissen und auch die nötigen Technologien, um zu handeln. Beides müssten wir nur noch anwenden. Doch da habe ich meine Zweifel. Denn wenn dies der Fall wäre – dann hätten wir längst gehandelt.

Mir scheint indes, dass es sich ganz anders verhält. Wenn ich Vorträge halte oder an Universitäten spreche, stelle ich immer wieder fest, dass die Konzepte, Prinzipien und Einsichten der Treibhausgasbuchhaltung fast niemandem vertraut sind. Dabei beschäftigt sich die Treibhausgasbuchhaltung unmittelbar mit dem Kern des Problems. Hier geht es ausschließlich um die Emissionen, um ihre Ursachen und um die Methoden, sie zu reduzieren. Und dies mit wissenschaftlicher Präzision, bis zu den Kommastellen. Das mag sich trocken anhören, doch wie heißt es so schön: Was wir nicht messen oder gar präzise beschreiben können, das können wir auch nicht managen. Und schon gar nicht lösen.

Darum erschreckt es mich regelrecht, dass die Mechanismen und quantitativen Aspekte der Treibhausgasthematik so wenig bekannt sind – obwohl die Treibhausgase doch der Casus knacksus der Klimakrise sind und in der präzisen Beschäftigung mit ihnen der Schlüssel zur Lösung liegt.

Die Konzentration der Treibhausgase in der Atmosphäre ist für die Klimakrise verantwortlich. Dies und nichts anderes ist der singuläre und wichtigste Faktor, um den wir uns kümmern müssen. Nichtsdestotrotz würde ich – auch nach über einem Jahrzehnt der Berufserfahrung – behaupten, dass es in der Tat noch immer nur sehr wenige Menschen gibt, die sich professionell und unabhängig mit der Entstehung und Vermeidung von Treibhausgasen beschäftigen.

Auf der anderen Seite sehen wir viele wichtige Beiträge zur Klimakrise, sie erreichen uns aus allen Himmelsrichtungen. Bei genauer Betrachtung jedoch befassen sie sich nicht so sehr mit den Ursachen des Problems, dafür umso mehr mit den Auswirkungen.

Womöglich ist es spannender, über die neuesten Waldbrände zu berichten, Wirbelstürme zu zeigen und immer neue Dürren zu konstatieren. Doch damit starren wir lediglich auf unsere eigene Zukunft und verharren in einer Faszination des Schreckens. Keine gute Idee. Aus dieser pubertären Phase sollten wir inzwischen rausgewachsen sein. Denn wenn wir weiter auf das Inferno blicken, während uns das Dach über dem Kopf abbrennt, ist es bald zu spät. Es bleibt nicht mehr viel Zeit. Wir haben nur noch eine Chance, das Ruder herumzureißen. Deutlich gesagt: Nichts oder das Falsche zu tun ist jetzt keine Option mehr.

Angesichts dieser prekären Situation sollten wir es darum als unsere Pflicht ansehen, besser informiert zu sein. Sollten es uns dringend zur Aufgabe machen, die bisherigen Klimaschutzmaßnahmen unter die Lupe zu nehmen, um deren Gefahren und Fallstricke zu erkennen. Und dann sollten wir auch dies tun: offen sein für echte Handlungsalternativen, bereit für jene Schritte, mit denen wir zügig und sicher vorankommen.

In diesem Buch habe ich darum alle wichtigen Aspekte der Treibhausgasproblematik zusammengetragen und lege die entscheidenden

Einsichten offen. Mich wundert, dass dies bisher noch nie jemand getan hat: das Einmaleins der Emissionen aus Sicht eines Emissionsexperten erklären und die Säulen des Klimaschutzes somit viel präziser begreifen. Mit diesem Wissen jedoch ergeben sich nicht nur neue Perspektiven. Wir gewinnen auf diese Weise ein anderes Verständnis der Situation und schärfen den Blick für einen transparenten und praktikablen Weg aus der Krise.

Das Buch gliedert sich dafür in vier Teile. Im ersten Kapitel reden wir Klartext. Wo liegen wir derzeit bei den Treibhausgasemissionen? Worauf steuern wir zu? Das zweite Kapitel legt offen, warum es eine Illusion ist, wenn wir glauben, die Emissionen durch unser persönliches Verhalten ausreichend reduzieren zu können. Gefragt ist hier ein Umdenken, im besten Fall ein Engagement auf anderer Ebene. Das dritte Kapitel seziert die marktbasierten Instrumente, mit denen uns die Politik derzeit aus der Misere wirtschaften will: die CO_2-Steuer und den Emissionshandel. Sehen wir uns die Historie dieser beiden Werkzeuge an und messen sie an wissenschaftlichen Standards, wird klar: Im Vergleich zum internationalen Wissensstand steckt Deutschland in der klimapolitischen Steinzeit fest. Und was uns dabei noch immer als Allheilmittel verkauft wird, entpuppt sich als Scheinlösung – mit erheblicher gesellschaftlicher Sprengkraft.

Im letzten Teil des Buches zeige ich schließlich die Möglichkeiten auf, wie wir mit den besprochenen Inhalten und Erkenntnissen umgehen können. Und auch umgehen sollten. Denn wenn wir das Wissen anwenden, zeichnet sich der Weg logisch ab: ein ordnungspolitischer Aufbruch, der uns effektiv aus der Krise führen könnte – praktikabel, sozial und ökonomisch gerecht sowie in Übereinstimmung mit unseren freiheitlichen Grundwerten.

Noch ist es möglich, die Katastrophe abzuwenden. Und auch Sie können dazu beitragen. Nicht jedoch allein, sondern nur gemeinsam mit anderen.

Manche werden es vielleicht nicht gerne hören, doch bei der Klimakrise handelt es sich nicht um eine Modeerscheinung. Auch haben wir es hier nicht mit einer Jugendbewegung zu tun, nicht mit dem Hobby von Klimaaktivisten und auch nicht mit einem politischen Thema. Es geht um Menschenleben, und zwar knallhart. Der Klimawandel wird die Lebensbedingungen auf unserem Planeten so drastisch verändern, dass es für Millionen von Menschen ums nackte Überleben gehen wird. Angesichts dieser Aussicht ist es wohl angemessen, zu sagen, dass wir es jetzt mit einer moralischen Verpflichtung zu tun haben. Wir müssen uns informieren. Wir müssen wissen, was Sache ist. Und dann müssen wir tun, was wir am besten tun können, um uns und allen anderen dieses Schicksal zu ersparen.

Svend Andersen, Vancouver, im Juli 2021

1. KLARTEXT
Die Wahrheit auf dem Vulkan:
Wo wir in der Klimakrise wirklich stehen

Auf dem Dach des Mauna Loa lässt sich die ungeschminkte Realität regelrecht an der Luft ablesen: Hier oben werden die globalen Treibhausgase gemessen, die trotz E-Autos, CO_2-Steuern und neuer Reduktionsziele immer weiter zunehmen. Ein Besuch auf der Forschungsstation hält uns vor Augen, auf welche Fakten und Zusammenhänge wir uns jetzt dringend konzentrieren müssen. Darum: Was ist der Unterschied zwischen biogenen und anthropogenen Treibhausgasen? Was ist ein CO_2-Äquivalent, welches Erderwärmungspotenzial haben die einzelnen Treibhausgase? Wie können uns kleinste Moleküle derart einheizen? Und: Wer pustet sie eigentlich am heftigsten in den Himmel? In diesem Einmaleins des Klimawandels liegen die Knackpunkte unserer größten Krise – aber auch die Schlüssel zur Lösung.

High Noon auf Hawai'i: Die Werte der Keeling-Kurve sagen alles

Treibhausgasbuchhalter. Das hört sich so nüchtern und bürokratisch an. Nach Erbsenzählerei. Vorschriften, Paragrafen, Daten. Und das stimmt ja auch auf eine Weise. Immer wieder verbringe ich in meinem Beruf viel Zeit mit Zahlenkolonnen, Emissionswerten, Treibhausgasbilanzen. Ich evaluiere prozessbezogene Basisdaten für verschiedenste Instrumente des Treibhausgasmanagements, analysiere Stoff- und Materialströme, erstelle sogenannte Lebenszyklusanalysen. Man könnte mich darum auch einen Fußabdruckspezialisten nennen. Einen, der berechnet, wie viele Treibhausgase bestimmte Produkte in ihrem Produktleben denn nun genau verursachen, und zwar von A bis Z. Das kann eine Flasche Tomatensaft sein, ein Shampoo, ein Autoreifen oder auch ein Treibstoff wie Benzin. Dann wieder schaue ich, für wie viele Emissionen einzelne Unternehmen, Landkreise, ganze Städte und auch Regierungen verantwortlich sind. Wo und wie genau entstehen die Treibhausgase eigentlich? Was sind das für Treibhausgase? Und über welche Mengen reden wir überhaupt genau?

Es ist nicht so, dass ich mich dafür in Schornsteinen abseile, mit Sonden und Messgeräten Proben nehme und die Abgase anschließend auf angefeuchtetem Indikatorpapier analysiere. Auch klemme ich mich nicht hinter Kühlschränke oder Auspuffe und messe, was dort herauskommt. Das wäre nicht sehr praktisch, und im Übrigen existieren längst Tausende von Daten über solche Produkte und Prozesse. Zudem gibt es sogenannte Standards, wie man sie berechnet.

Der erste Schritt meiner Arbeit liegt immer darin, Klarheit zu schaffen. Was ist der Stand der Dinge? Was hängt womit zusammen? Danach allerdings geht es so schnell wie möglich darum, Lösungen zu finden. Als Klimaschutzberater rede ich dabei von »Actionable Insights«: auf Fakten basierende Antworten darauf, wie sich Emissionen am effektivsten reduzieren lassen – gezielt und je nach Situation. Das eigentliche Endergebnis meiner Funktion als Klimaschutzberater ist die Antwort auf die Frage: Was sind die effektivsten Klimaschutzmaßnahmen für ein bestimmtes Treibhausgasprofil?

Genau das ist mein Beruf. Und nach zwölf Jahren, denke ich, ist es höchste Zeit, die Methoden und Einsichten der Treibhausgasbuchhaltung zusammenzufassen und sie nicht nur auf die Klimakrise als Ganzes zu beziehen, sondern besonders auch auf Deutschland. Denn das ist neu. Erstaunlicherweise hat das noch nie jemand getan.

Zugegeben, meine Arbeit kann bisweilen kleinteilig und trocken sein. Und dann fühlt sie sich so gar nicht danach an, sich für etwas Wichtiges und Großes einzusetzen. Aber ich weiß, warum ich das tue. Oft spaziere ich durch meinen Lieblingswald nahe Vancouver, heute nur noch das Überbleibsel eines einst gewaltigen

Küstenregenwalds. Ich sehe die Bartflechten, die dort wachsen, die Schwertfarne und Mooslandschaften. Dann schaue ich mir die mächtigen Bäume an und blicke anschließend hoch in den Himmel, um den es geht. Die Atmosphäre, die den Planeten umhüllt und ohne die unsere Erde lediglich eine Hölle aus Eis und tödlicher Strahlung wäre.

Atmosphäre. Das Wort stammt vom Altgriechischen *atmós*, was auf Deutsch so viel wie Dampf heißt. Eine Schicht, in der Wasserdampf aufsteigt und Wolken ziehen. Eine Schicht, die vornehmlich jedoch aus Stickstoff und Sauerstoff besteht, aus Argon, Edelgasen und Treibhausgasen. Ein Mantel aus chemischen Elementen, der das Leben auf der Erde überhaupt erst ermöglicht. Die Atmosphäre ist die Basis der Evolution, die Grundlage von allem. Bis in 15 Kilometern Höhe spielt sich in der Troposphäre das Wetter ab. Dann wird die Luft immer dünner, beginnen Stratosphäre und Mesosphäre. In 90 Kilometer Höhe ist ab der Kármán-Linie die Grenze zum Weltraum überschritten, danach verflüchtigt sich die gasförmige Hülle der Erde in der Thermosphäre und Exosphäre immer weiter. So vereinzelt und von der Sonnenenergie aufgebracht schwirren die Ionen und freien Elektronen dort oben umher, dass man ab 90 Kilometern Höhe auch von der Ionosphäre spricht.

Verrückt, dass sich meine Arbeit im Grunde um das Unsichtbare dreht. Um 5,15 Billiarden Tonnen Luft, die die Erde umhüllen und lediglich ein Millionstel ihrer Masse ausmachen. Genauer gesagt beschäftige ich mich sogar nur mit einem Bruchteil davon: nämlich mit den Treibhausgasen, deren Anteil an der gesamten Atmosphäre letztlich bei unter ein Prozent liegt – die allerdings eine entscheidende Rolle spielen.

Ich mag meine Arbeit. Gerade wegen ihrer Akribie. Denn all die Zahlen und Fakten bedeuten schließlich auch Wissen, Einsicht, Genauigkeit und Planbarkeit. Eine Voraussetzung, um Lösungen zu finden und effektiv handeln zu können. Egal in welcher Hinsicht – ganz besonders jedoch beim Klimaschutz. Aber nebenbei bemerkt: Ganz so trocken ist meine Arbeit als Treibhausgasbuchhalter auch wieder nicht. Manchmal entführt sie mich an höchst interessante

Orte und bringt mich mit außergewöhnlichen Menschen zusammen. Und dann lande ich schon mal sonst wo. Zum Beispiel auf einem entlegenen Vulkanrücken mitten im Pazifik.

Es ist ein Donnerstagabend im April 2017, als ich in Vancouver ins Flugzeug steige und über das nächtliche Meer nach Westen fliege. Nach sechs Stunden landet die Maschine auf dem Kona International Airport von Big Island, der größten der Hawaii-Inseln, die selbst noch den alten polynesischen Namen Hawai'i trägt. Die Luft ist warm und schwül, als ich aus der Ankunftshalle spaziere, weiße Passatwolken ziehen am Himmel entlang. Über den nahen Highway rollen die Pick-up-Trucks und erinnern mich daran, dass ich nun in den USA bin. Allerdings ziemlich weit weg vom nächsten Festland. Japan liegt 6.600 Kilometer im Westen, Kalifornien 4.000 im Osten. Um mich herum der Stille Ozean.

Kurz darauf sitze ich in meinem kleinen Mietwagen, fahre über den Daniel K. Inouye Highway und mache mich auf zu meiner Unterkunft: ein einfaches Bed and Breakfast, eigentlich nur eine zum Gästezimmer umgebaute Garage. Auf dem Weg an der Nordküste entlang sehe ich bald, dass Hawai'i und besonders dieser Teil der Insel wenig mit dem Tropenparadies aus den Urlaubskatalogen zu tun haben. Von Luxushotels und Honeymoonern keine Spur, die meisten Touristen weilen lieber auf den bekannteren Inseln des Archipels, O'ahu, Maui, Kaua'i. Nach meiner Ankunft in Hilo weiß ich auch, warum. Die Stadt habe nicht mal genug Geld für ein eigenes Ordnungsamt, erfahre ich, als ich nach einem Parkplatz zwischen den alten Häusern suche. »Parken Sie irgendwo«, sagt ein Mann zu mir. »Spielt keine Rolle, hier gibt dir eh niemand einen Strafzettel.« Als ich schließlich meine Pension erreiche, strotzt auch sie nicht vor buntem Südseeambiente. Kein adretter Palmengarten, kein Jacuzzi, kein Pool. Dafür begrüßt mich der Besitzer umso freundlicher.

Und ich bin ja auch nicht zum Baden hier. Ich bin nach Hawai'i gekommen, um mit eigenen Augen zu sehen, wie es unserer Erde geht. Präziser: unserer Atmosphäre.

Später sitze ich wieder im Wagen und fahre gen Westen. Wie ein schwarzes Band zieht sich der Highway unter dem weiten Himmel die Berge hinauf. Das Seitenfenster steht offen, und die tropische Luft wird langsam kühler. Ich habe schon an Höhe gewonnen, inzwischen naht die Baumgrenze. Es ist faszinierend, in nur wenigen Stunden durch so viele verschiedene Klimazonen zu fahren. Jede einzelne ist geprägt von unterschiedlichen Pflanzen, Tieren, Farben. Und das nur, weil auf jeder einzelnen Höhenlage andere Temperaturen herrschen und die Niederschlagsmengen variieren.

Das Auto schaukelt auf einmal richtig, so heftig drücken die Windböen über die Flanken des dunklen Gesteins. Vor der Scheibe fliegen mir die Passatwolken entgegen, dahinter leuchtet der Himmel.

Zwischen zwei mächtigen Vulkanen treibe ich den Wagen weiter hinauf, bis ich auf einem Hochplateau ankomme. Rechts ragt ganz dicht der gewaltige Mauna Kea 4.207 Meter neben mir auf, doch mein Ziel erhebt sich zu meiner Linken ein Stück weiter in der Ferne. Ich bin auf dem Weg zum Gipfel des Mauna Loa, gemessen an seiner Fläche und Masse der mächtigste Vulkan der Erde: ein 4.169 Meter hoher, manchmal schneebedeckter Gigant mitten im Pazifik.

Während der Fahrt muss ich an meine Präsentationen und Vorträge denken, die ich oft halte. An die Leute, die von mir wissen wollen: »Was sagst du als Treibhausgasbuchhalter zur Lage – wo stehen wir? Wie schlimm ist es wirklich mit dem Klimawandel?«

Ich neige nicht zu Übertreibungen. Schwarzmalerei mag ich schon gar nicht. Lieber will ich die Dinge positiv sehen, nach vorn schauen und effektive Lösungen für den Klimaschutz finden. Und das auf der Grundlage von Daten und Fakten, um zu einer möglichst realistischen Einschätzung der Situation zu kommen. Es liegt in der Natur meines Berufs als *Greenhouse Gas Accountant*. Also erzähle ich den Menschen, die mich nach dem Klima fragen, von der Messstation auf dem Vulkan. Vom Mauna Loa. Denn die Daten und Fakten darüber, wie es um den Klimawandel wirklich steht, schweben dort oben buchstäblich in der Luft.

Heute will ich mich mit eigenen Augen vergewissern. Will selbst mit den Wissenschaftlern dort oben sprechen. Will sehen, wo die entscheidenden Werte stehen und wie sie sich in letzter Zeit entwickelt haben. Sie sind die Basis meiner Arbeit. Umso überzeugter kann ich meinen Zuhörern danach antworten: »Schaut euch die Werte der Keeling-Kurve an. Sie sind das Maß der Dinge, wenn es um den Klimawandel geht.«

In diesem Jahr bin ich aber noch aus einem anderen Grund nach Hawai'i gekommen. Kaum nämlich hatte Donald Trump sein Amt als Präsident der USA bekleidet, trat er aus dem Pariser Klimaabkommen aus und kippte gleich noch eine ganze Reihe weiterer Regulierungen und Budgets, die wenigstens halbwegs dabei halfen, die entscheidenden Emissionen zu reduzieren. Für das Team auf dem Vulkan muss es sich wie eine Ohrfeige angefühlt haben. Als wäre ihre langjährige Arbeit mit einem Schlag für nichtig erklärt worden. Ich will darum Solidarität zeigen, sie in ihrer Arbeit bestärken. Sogar ein Carepaket habe ich mitgebracht, typische Snacks und Gadgets aus Kanada. Eine Geste, die sagen soll: Bitte, bitte, macht weiter! Haltet durch, auch wenn es im Moment schwer ist. Wir brauchen die Werte! Wir brauchen euch! Wir brauchen alles, was geht, um das zu schaffen.

Seit einigen Kilometern ist kein Auto mehr entgegengekommen, die baumlose Landschaft mutet immer unwirklicher an. Eine Welt wie ein dürres Gerippe, übersät von Geröll und kargen schwarzbraunen Flächen. Die Straße, auf der ich fahre, wird nicht umsonst auch Saddle Road genannt. Sie durchquert die Hochebene zwischen den beiden großen Vulkanen der Insel. Ich bin sozusagen auf dem Rücken eines feuerspeienden Drachen unterwegs.

Gleich muss irgendwo die Abzweigung kommen, an einer Markierung zwischen Meile 27 und 28. Ich fahre langsam, halte Ausschau nach einer verwitterten Tafel, die den Weg nach ganz oben anzeigt und offenbar leicht zu übersehen ist. Noch eine Kurve, dann schiebt sich auf einmal eine tiefschwarze Masse in mein Blickfeld. Lava. Es sind die erkalteten Magmamassen, die den Vulkan ab 2.500 Metern Höhe flächendeckend überziehen. Ab hier steigen die Flanken immer flacher an bis zum eigentlichen Gipfel.

Endlich entdecke ich den Marker, biege ab und muss kurz anhalten. Verschnaufen. Nicht nur, weil die Luft hier oben so dünn ist, sondern auch wegen des einspurigen Wegs, der sich vor mir auftut. Gerade mal ein dünner Pfad, der sich in endlosen Kurven in die Weiten windet. Da mit dem Mietwagen hoch? Wenn ich vom Weg abkomme, werde ich den armen Kleinwagen an den spitzen Felsbrocken aufschlitzen! 30 Kilometer sind es noch bis zur Station. Also weiter. Vorsichtig gebe ich Gas, taste mich den Berg empor.

Die Fahrt gerät zur Schikanenroute. Die Luft wird noch einmal deutlich dünner, meine Atmung geht schneller, ich fühle mich leicht benommen. Das Mauna Loa Observatory liegt immerhin auf 3.397 Metern, und ich habe meine Fahrt vorhin an der Küste in Hilo begonnen, auf Meereshöhe. Wir reden über fast 3.500 Meter Höhenunterschied in weniger als zwei Stunden: nicht gerade viel Zeit, um sich an hochalpine Verhältnisse zu gewöhnen.

Nach einer gefühlten Ewigkeit des Emporhoppelns stoße ich durch eine dünne Wolkendecke, und nun taucht endlich eine Abwechslung in der scharfkantigen Steinwelt auf: zwei bis drei Meter hohe Würfel, die in weiten Abständen und scheinbar willkürlich in dieser verrückten Mondlandschaft aufgestellt worden sind. Ganz nah komme ich an einigen der silbern glänzenden Kästen vorbei. Wähne mich schon fast wie in einem Jules-Verne-Roman und habe das seltsame Gefühl, beobachtet zu werden.

Nun wird der Weg noch einmal steiler, bevor am ausladenden Grat ein silbrig glänzendes Hüttendorf auftaucht. Ich erreiche einen kleinen Parkplatz, stelle den Wagen ab. Ein hoher Sicherheitszaun umfängt die Station. Die letzten 500 Meter muss ich zu Fuß gehen.

Dann erreiche ich jenen Ort, von dem ich in meinen Vorträgen immer erzähle. Für mich – und sicher alle, die hier oben arbeiten – ist dies ein ganz besonderer Ort. Es gibt ihn nur einmal auf der Welt. Eine Art Mahnmal, könnte man sagen. Ein Wallfahrtsort der Wahrheit. Genau hierher nämlich kommt jener Messwert, der wegweisender sein sollte als alle Börsenkurse, ausschlaggebender als alle Politbarometer dieser Welt. Es handelt sich um eine dreistellige Zahl, mit einigen Kommastellen dahinter. Gemessen über Monate und Jahre, ergibt dieser Wert sozusagen eine Fieberkurve des Planeten. Und sein

täglich aktueller Stand bedeutet nichts anderes als das: eine Moment-
aufnahme, wie es unserer Erde klimatechnisch gerade geht.

Aidan kommt mir schon entgegen, Colton sein Nachname. Ein
drahtiger junger Mann mit langen Koteletten, einem roten Basecap
auf dem Kopf und einer grünen Daunenweste über der Jeans. Er hat
einen Abschluss vom Boston College, ist ein Experte der Umwelt-
Geowissenschaften und arbeitet seit Jahren hier oben auf dem ein-
samen Dach des Pazifiks. Wir begrüßen uns, ein schnelles Hallo im
kalten Wind, dann nimmt er mich auch schon mit, um die letzten
Meter zum sogenannten Keeling-Haus zu gehen. Wir kommen an
mehreren hüttenartigen Gebäuden vorbei und bleiben an einer kleinen Bude aus Fertigteilen stehen. Daneben: Antennen, Messgeräte.
Aus dem Dach ragen zwei lange Rohre. Nur eine Butze ist dieses sa-
genumwobene Keeling Building. Gerade mal ein paar Quadratmeter Blech, die der Menschheit einen unschätzbaren Dienst erwiesen
haben.

Bereits 1958 begann der Klimaforscher Charles David Keeling mit
seiner Arbeit an der Scripps Institution of Oceanography. Die Aufgabe, der er sich stellte, war damals ziemlich revolutionär. Keeling
machte sich als Erster daran, systematisch den CO_2-Gehalt in der
Atmosphäre zu messen. Eine seiner Messstationen errichtete er dafür
schon bald hoch oben auf dem Mauna Loa.

Das Dach des hawaiianischen Vulkans liegt weit entfernt von großen CO_2-Quellen, die seine Messungen hätten beeinflussen können.
Zudem spielen die Höhe und auch die besondere Umgebung bei
Messungen dieser Art eine wichtige Rolle. Keelings auserwählter
Messpunkt lag damals wie heute so gut wie immer über der Wolkendecke. Nicht einmal die umliegenden Inseln mit ihren wenigen Hä-
fen und Flughäfen konnten seine Werte beeinträchtigen. Einen weiteren Vorteil bietet die geologische Beschaffenheit des abgelegenen
Vulkans. Die lavaschwarze Bergkuppe heizt sich am Tag in der Sonne
stark auf – wenn sie sich nachts wieder abkühlt, saugt sie Luft aus
noch höheren Luftschichten nach unten. So konnte schon Keeling
seine Daten aus perfekt durchmischten Luftschichten gewinnen.

Luftschichten, die einen möglichst konsistenten Messpunkt darstellen – unverfälscht von lokalen und bodennahen Ereignissen. Die Wahl des Standorts war entscheidend: Die Station der National Oceanic and Atmospheric Administration (NOAA) auf dem Mauna Loa hat sich deshalb und aufgrund der kontinuierlichen Messreihe seit 1958 zum globalen Referenzpunkt entwickelt, um systemische Veränderungen des CO_2-Gehalts in der Erdatmosphäre zu erfassen. Fast dreieinhalb Kilometer über dem Pazifik wird bis heute die sogenannte Keeling-Kurve ermittelt. Ein extrem wichtiger Referenzwert, der von der Wissenschaft in aller Welt akzeptiert ist, wenn es um den Treibhauseffekt geht.

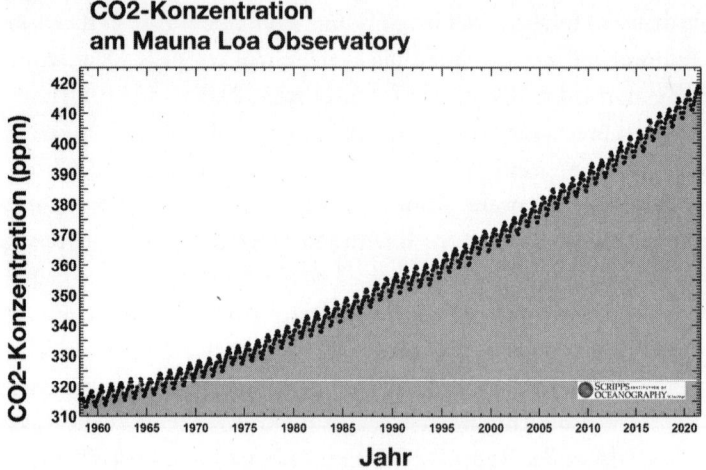

Die Keeling-Kurve ist bis heute die wichtigste Referenz, wenn es um die CO_2-Konzentration in der Erdatmosphäre geht. Seit Jahrzehnten steigen die Werte immer schneller an. Bei etwa 500 ppm ist der Point of no Return erreicht: Die Erderwärmung wird sich dann nicht mehr aufhalten lassen. Wer die monatlichen Werte der Messstation verfolgen möchte, kann das auf folgender Website tun: www.esrl.noaa.gov/gmd/ccgg/trends/monthly.html

Anfangs sorgten die Messungen für Verwirrung. Keeling stellte nämlich gleich zu Beginn fest, dass die CO_2-Werte signifikante Schwankungen aufwiesen. Doch was war der Grund dafür? Erst als er die Messungen beharrlich fortsetzte, erkannte Keeling schließlich ein saisonales Muster. Zum Sommer nahm der CO_2-Wert in der Atmosphäre jeweils ab, zum Winter stieg er wieder an. Die Erklärung lag auf der Hand: Die schwankenden Werte konnten nur eine Reflexion des natürlichen Vegetationszyklus auf der Nordhalbkugel darstellen. Dort, wo der größte Teil der Landmasse auf der Erde zu finden ist.

Wenn die unzähligen Bäume und Pflanzen im Frühjahr wachsen, nehmen sie gigantische Mengen des CO_2 aus der Atmosphäre auf. Im Herbst jedoch, wenn die Blätter von den Bäumen fallen und biologisch abgebaut werden, wird ein Teil dieses CO_2 wieder an die Atmosphäre abgegeben – allerdings in geringerem Maße als im Frühjahr aufgenommen. Der Grund: Bäume, Pflanzen und Wurzeln gewinnen über den Sommer an Masse über und unter der Erde, worin stets beträchtliche Mengen CO_2 gespeichert bleiben.

Die grüne Natur um uns herum ist sozusagen aus CO_2 gemacht. Die durch Fotosynthese entstehenden Kohlenhydrate bilden die Substanz aller Pflanzen. Das gilt auch für das Gemüse, das wir essen. Und es gilt sogar für uns Menschen: Auch wir sind sozusagen aus atmosphärischem CO_2 »gemacht«. Darum, nebenbei bemerkt: Kohlenstoffdioxid als chemische Substanz generell zu verteufeln ist irreführend.

Der oszillierende jahreszeitliche Zyklus, den Keeling beobachtete, stellte also nichts anderes dar als natürliche Schwankungen im großen Gefüge der Natur. Die Kohlenstoffe und Kohlenstoffdioxide, die Teil dieses periodischen Kreislaufs sind, müssen darum rein natürlich sein: Sie werden deshalb als biogen bezeichnet.

Doch über die Zeit beobachtete Keeling noch einen anderen Trend. Der Kohlenstoffdioxidgehalt, den er auf seiner Station präzise ablesen konnte, stieg schon innerhalb der ersten zehn Jahre stetig an – und bald lagen die Werte weit über jener Amplitude, die er vom natürlichen Zyklus inzwischen kannte. Und mehr noch: Der Anstieg nahm Jahr für Jahr an Fahrt auf. Die CO_2-Werte kletterten vor seinen Augen nicht nur immer höher, sie stiegen auch immer schneller.

Keeling war beunruhigt. Da stimmte etwas nicht. Was bisher immer in relativ stabilen Grenzen ausschlug, veränderte sich auf einmal. Veränderte sich rapide und sprengte die bekannten Limits.

Der logische Schluss konnte nur darin liegen, dass jedes Jahr größere Mengen an CO_2 in die Atmosphäre eingebracht wurden – dies zudem sehr konsistent und in sehr großen Mengen. Ich kann mir leibhaftig vorstellen, wie ihm zumute war, als er mal wieder oben auf dem Vulkan weilte, die Werte ablas und sich einen Reim auf das seltsame Geschehen zu machen versuchte. Es muss erschreckend gewesen sein.

Keeling war schnell klar, dass es sich hier um keinen natürlichen Prozess handeln konnte. Auch wenn sein Untersuchungsgegenstand ungeheure Dimensionen besaß. Immerhin ging es hier um die gesamte Erdatmosphäre, mit der auf einmal seltsame Dinge geschahen.

Doch Keeling war sich sicher: Keine natürliche Ursache konnte dafür verantwortlich sein, dass sich Jahr für Jahr derart große Mengen an CO_2 in der Atmosphäre ansammelten. Seine Schlussfolgerung, so wahnwitzig sie im ersten Moment auch schien: Auslöser des kuriosen Anstiegs konnte nur der Mensch sein.

Keeling recherchierte, sah sich verschiedene Daten und Erhebungen an, die vor allem globale und maßgebliche Veränderungen auf der Welt abbildeten. Bis er schließlich eine signifikante Parallele entdeckte. Dargestellt als historische Kurve, verliefen die zunehmende Industrialisierung und die Nutzung fossiler Brennstoffe äußerst ähnlich zu den ansteigenden Mengen an CO_2 in der Atmosphäre. Es konnte demnach nicht am biogen produzierten CO_2 der Natur liegen, dass seine Messwerte stetig weiter nach oben kletterten – sondern nur am menschengemachten Kohlenstoffdioxid, also am anthropogenen CO_2 der Zivilisation.

Andere Forschungen bestätigten seine Vermutung. Ein wichtiges Indiz: das sogenannte Indikator-Isotop C14. Die Konzentration von C14 in der Atmosphäre nahm ab, weil sich das C14 in dem Kohlenstoff aus fossilen Quellen nach Millionen von Jahren unter der Erde abgebaut hatte. Somit musste das zusätzliche CO_2 von fossilen Brennstoffen stammen.

Damit war eine sensible Grenze überschritten. Nicht mehr die Natur, sondern der Mensch war zum Hauptakteur auf der Erde geworden. Willkommen im Anthropozän – so nennen wir unser menschengemachtes Zeitalter inzwischen. Und nun kratzte der Mensch also auch an jener Hülle der Erde, die seit Hunderten von Millionen Jahren die Grundlage allen Lebens ist. Es muss Keeling wie ein Schlag getroffen haben. Denn was das CO_2 in der Atmosphäre bewirkt, war zu seiner Zeit bereits bekannt. Und heute bekommen wir die Folgen längst zu spüren.

Eine Ausrede, dass er nicht wusste, was auf ihn zukommen würde, hat der Mensch also nicht. Sogar schon 1896 hatte der schwedische Physiker, Chemiker und Nobelpreisträger Svante Arrhenius über die Konsequenzen eines CO_2-Anstiegs geschrieben. In der fünften Ausgabe des Wissenschaftsmagazins *The London, Edinburgh and Dublin Philosophical Magazine and Journal of Science* veröffentlichte er die Ergebnisse seiner Forschung. Darin wird zum ersten Mal erwähnt, dass eine Erhöhung der Konzentration des CO_2 in der Atmosphäre zu einem Anstieg der Temperaturen führen würde.

Oben auf dem Vulkan stehen Aidan und ich nun direkt vor der berühmten kleinen Wellblechhütte. Mein Blick fällt auf eine bronzefarbene Plakette, die neben der Tür angebracht ist. Eine stilisierte Kurve ist darauf zu sehen und ein Schriftzug: *Keeling Building*. Doch dies ist nicht die Originalhütte von Charles Keeling, sondern ein neueres Gebäude, das nach ihm benannt wurde.

»Wie lange bleibst du eigentlich auf Hawai'i, wie viel Zeit hast du mitgebracht?«, fragt mich Aidan. »Ich zeige dir gerne die gesamte Anlage, immerhin unterstützt ihr seit Jahren unsere Arbeit.«

In seiner Daunenweste steht Aidan vor der Metalltür zum Keeling Building, der Wind zerrt an seiner Kappe. Ich antworte ihm nicht. Stehe da wie festgewurzelt, versunken in Gedanken, versunken in den Ausblick, der sich hier oben eröffnet. In der Ferne sehe ich das Meer, nur wenige Schritte links von mir neigt sich eine Bergflanke ins Endlose, dahinter drückt eine dünne Wolkenschicht gegen die westlichen Ausläufer des Vulkans.

Ich höre Aidans Stimme wie aus einem fernen Off. Dann blicke ich hoch, außer Atem wegen der Höhe. Der Himmel ist blau und völlig ungetrübt, doch je mehr ich den Kopf in den Nacken lege und je steiler ich nach oben schaue, desto dunkler scheint die Farbe des Himmels zu werden. Eines Tages muss der alte Keeling auch so hier oben gestanden haben. Stumm ins Firmament blickend.

Als Klimaforscher, der am California Institute of Technology lehrte, als Professor für Chemie, der später als Gastprofessor auch in Heidelberg und Bern arbeitete, wusste Keeling natürlich, was los war. Wusste, welche Rolle unter anderem das CO_2 da oben im Himmel spielt, in den ich gerade abwesend stiere.

Er wusste, dass die Wirkung von Kohlenstoffdioxid auf dessen molekularer Schwingungsfrequenz basiert. Wusste, dass diese Frequenz des CO_2-Moleküls der Wellencharakteristik von Wärmestrahlung entspricht, auch Infrarotstrahlung genannt. Und er wusste, was die Konsequenzen sein würden, wenn sich immer mehr CO_2 in der Atmosphäre ansammeln würde. Die Erde würde stetig wärmer werden, was eine ganze Reihe unabsehbarer Kettenreaktionen auslösen würde. Reaktionen, die zu fundamentalen Veränderungen führen könnten.

»Nur ein paar Tage«, sage ich nach einer viel zu langen Pause zu Aidan. »Dann muss ich zurück nach Kanada. Zeig mir so viel, wie du kannst. Ich will alles sehen.«

Aidan schließt die Tür auf, sie quietscht und könnte mal etwas Öl vertragen. Im Flur bleibt er vor einem Metallregal stehen, in dem eine nicht mehr ganz neue Gerätschaft ruht. Als ich frage, ob es das ist, was ich denke, nickt Aidan. Vor meinen Augen ist die Original-Messapparatur von Charles Keeling ausgestellt. Ich schaue mir jedes Detail an, jeden Regler und Fühler. Von einem kleinen Foto neben dem Gerät lächelt Professor Keeling mir entgegen wie ein guter Geist der Station. Ich trete näher, kann das fantastische Ding fast berühren. Im analogen Plotter von damals hängt noch immer ein Datenstreifen, als hätte Keeling die Maschine erst letzte Nacht benutzt.

Die Messinstrumente hier oben auf dem Mauna Loa liefern bis

heute die unbestechlichen Werte der Keeling-Kurve. Aber natürlich ist inzwischen alles moderner, noch präziser. Die Sensoren, die Übermittlungsaggregate. Computer steuern die Systeme, wenige Klicks auf die Tasten genügen, um alles zu überwachen und bis auf die Kommastellen genau abzulesen. Heute wird die Luft über Schläuche vom Dach des Gebäudes in die modernen digitalen Instrumente geleitet. Aidan nimmt mich mit in den nächsten Raum. Hier kommt das atmosphärische CO_2 an und wird in die Geräte eingespeist, wo die Messungen schließlich stattfinden. Jede Nacht aufs Neue, wenn sich das schwarze Lavagestein der Bergkuppe abkühlt und die Luft aus den höheren Schichten zu sich hinabzieht wie ein thermischer Magnet. Ich schaue mir auch diese Gerätschaften genau an. Das ist es also, das heutige »Fieberthermometer« der Erde. Jenes Instrumentarium, das die unverfälschtesten und wahrsten Ergebnisse liefert, wenn es um den klimarelevanten Zustand des Patienten Erde geht.

Aidan öffnet den Reißverschluss seiner Weste, es ist warm in dem kleinen Raum. Dann setzt er sich auf einen alten Bürostuhl, weckt den Computer auf und klickt sich auf eine ellenlange Tabelle.

»Hier kannst du es sehen«, sagt er schließlich. »Gestern Abend waren wir bei 410,65 ppm. Nicht gut, aber es war schon mal schlimmer.«

Der Wert des atmosphärischen CO_2 wird in ppm gemessen, in *parts per million*. Dieser Wert stellt dar, wie viele Teile des wärmereflektierenden Treibhausgases sich in einer Million Teilen Luft befinden. Mitte 2016 hatte dieser Wert das erste Mal seit mehreren Millionen Jahren die Schwelle von 400 überschritten. Wissenschaftlern weltweit stockte der Atem. Nicht wegen der dünnen Luft, sondern weil dies ein historischer Moment war. Ein historischer Moment des Schreckens.

»Willst du die ganze Kurve sehen?«, fragt Aidan.

»Ja, am besten von dem Tag an, als Charles Keeling seine erste Messung aufzeichnete.«

Aidan braucht nur ein paar schnelle Klicks. Sich das gesamte Ausmaß des Klimawandels vor Augen zu führen, dauert heute nicht länger, als den Stand einer DAX-Aktie abzurufen.

»Hier haben wir das ganze Szenario«, sagt Aidan. »Krass, oder?«

Ich kann es sehen. Schwarz auf weiß. Hier oben auf dem Dach des Vulkans, wo die entscheidenden Werte jeden Abend einfach in der Luft schweben. Man muss sie nur messen. Als Charles Keeling dies das erste Mal tat, an einem milden Septembertag 1958, las er einen Wert von 316 ppm ab. Dieser lag damals bereits über jenem Wert, der heute als vorindustrielles Mittel angenommen wird: 280 ppm – ein CO_2-Pegel in der Atmosphäre, der auf der Erde über Jahrtausende der Status quo war.

Die langfristigen Daten über den CO_2-Gehalt in der Atmosphäre erschließen sich uns zum Beispiel über Bohrkerne, die wir aus dem Meeresboden holen oder aus der Arktis bekommen. Die Zusammensetzung des Bodens und der eingeschlossenen Luft im Eis lassen nämlich präzise auf vergangene CO_2-Werte in der Atmosphäre schließen. Auf dem Vulkan sind die Daten aber noch zuverlässiger, weil der CO_2-Gehalt hier direkt in der Atmosphäre gemessen wird.

Im März 2021 – erdgeschichtlich nur mikroskopische 62,5 Jahre nach Keelings ersten Messungen – registrierten die Instrumente der NOAA-Station, vor denen Aidan und ich gerade sitzen, einen neuen Rekordwert: Gemessen wurde erstmals ein atmosphärisches CO_2 von 418,53 ppm.

Bei einem Wert von 500 ppm ist ein Punkt erreicht, bei dem der sogenannte Forcing Factor des CO_2-Gehalts in der Atmosphäre eine so große Klimaveränderung auslöst, dass sie nicht mehr aufzuhalten sein wird. Wir erleben dann einen Point of no Return. Einen Kipppunkt, nach dem die Erderwärmung immer weiter voranschreitet, unaufhaltbar und von vielen losgetretenen Faktoren beschleunigt wie ein außer Kontrolle geratener Waldbrand. Andere forcierende Faktoren, die dies weiter beschleunigen, sind zum Beispiel das Schmelzen von rückspiegelnden Eismassen, der Effekt anderer Treibhausgase oder auch abgestorbene Waldflächen, die einstmals als riesige CO_2-Speicher dienten.

Die Auswirkungen wären unvorstellbar. Ein globaler Dominoeffekt, der von dramatischen Wetterveränderungen und Verwüstungen über den Anstieg des Meeresspiegels bis hin zu massiven Engpässen bei der weltweiten Versorgung mit Wasser und Nahrung führen würde. Von den unzähligen Neben- und Nachwirkungen, die das Leben auf dem Planeten unvorhersehbar verändern würden, ganz zu schweigen.

Aidan und ich sitzen noch immer vor den Zahlen und Kurven.

»Schau dir die einzelnen Monate seit 2016 an«, sagt er. »Alle über 400. Nun, du weißt ja, was das bedeutet. Du weißt es besser als ich. Schließlich bist du der Buchhalter der Treibhausgase.«

»Ja, ich weiß, was das bedeutet«, antworte ich.

Aidan führt mich weiter herum. Neben der Messapparatur für das CO_2 steht die Anlage zur Messung von atmosphärischem Methan. Auch das wird hier gemessen, allerdings in ppb, in *parts per billion*. Das Methan kommt im Vergleich zum CO_2 also in einer wesentlich geringeren Konzentration in der Atmosphäre vor, wobei das englische *billion* im Deutschen immerhin einer Milliarde entspricht. Doch weist Methan dafür einen viel höheren Wärmerückstrahlungswert auf als das CO_2. Das heißt, es sorgt für einen deutlich stärkeren Treibhauseffekt in der Atmosphäre.

Ich folge Aidan in den nächsten Raum. Auch hier stehen diverse Messinstrumente herum, hängen Dutzende Kurven an den Wänden. Sie gelten den ozonzerstörenden Substanzen, die ebenfalls auf dem Mauna Loa gemessen werden. Gemeint sind jene Fluorchlorkohlenwasserstoffe – abgekürzt FCKW –, die das Ozon in der Stratosphäre zersetzen. Diese Stoffe gehören auch zur Gruppe der Treibhausgase, und sie besitzen noch einmal deutlich krassere Wärmerückstrahlungswerte: Sie liegen 124- bis 14.800-mal so hoch wie beim CO_2.

Das Montrealer Protokoll, das 1987 vereinbart wurde und 1989 in Kraft trat, verbietet die Nutzung dieser Stoffe. Allerdings nicht wegen ihrer Wirkung als Treibhausgase, sondern um die Ozonschicht der Erde zu schützen. In regelmäßigen Abständen wird diese Vereinbarung an neue Erkenntnisse und aktuelle Messergebnisse angepasst. Das geschieht allerdings nur sporadisch, so zum Beispiel 1990 und

31

1992. Und an den Messkurven in diesem Raum lässt sich erkennen, dass die Konzentration der verbotenen Fluorchlorkohlenwasserstoffe seit Mitte der 1990er tatsächlich kontinuierlich sinkt. Interessant ist aber auch: Genau der Anteil jener Fluorchlorkohlenwasserstoffe, die bis heute nicht verboten sind, steigt weiter. Aidan muss nichts sagen. Wir beide wissen um diesen entscheidenden Zusammenhang beim FCKW. Und nicht nur hier. Die Abschaffung bestimmter Stoffe spielt eine wesentliche Rolle auch bei der Klimakrise.

Aidan winkt mich herüber, ich soll ihm noch weiter folgen. Als Nächstes kommen wir in einen Rundbau, der aussieht wie eine kleine Sternwarte mit Kuppel. Statt eines Fernrohrs ist jedoch ein Lidar-Laser verbaut. Lidar steht für *light detection and ranging*. Hier wird nachts mit dem Laser die Ozonkonzentration gemessen, direkt über der Station. Und auch daran lässt sich ablesen, dass die ozonzerstörenden Substanzen in der Atmosphäre generell abnehmen, die Ozonanteile hingegen wieder zunehmen. Messungen aus dem All bestätigen es: Das Ozonloch über den Polen schließt sich im Moment langsam wieder. Endlich mal eine gute Nachricht, denke ich. Weiß allerdings auch: Die verbleibenden ozonzerstörenden Gase, die in ihrer Konzentration weiter zunehmen, müssen unbedingt im Montrealer Protokoll aufgenommen werden. Sonst wird der bisherige Erfolg wieder zunichtegemacht.

Auch Aidan weiß um diese Lücke. »Kein Wunder«, sagt er. »Was nicht klipp und klar geregelt wird, nimmt hemmungslos seinen Lauf. Von allein geschieht nun mal nichts.«

»Da triffst du einen Punkt«, sage ich.

»War schon immer so«, sagt Aidan. »Und wird immer so sein.«

Meine Tour durchs Mauna Loa Observatory geht noch ein bisschen weiter, denn es gibt noch mehr wichtige Messgeräte, die das Team überwacht. Wichtig sind auch die Sonnenenergie-Inventar-Messungen, die mithilfe vieler Pyranometer durchgeführt werden. Diese Geräte messen die Stärke und Menge der Sonnenenergie, die die Erde erreicht. Ein bisschen sehen sie aus wie umgedrehte weiße Teller, auf denen sich in der Mitte eine Glashalbkugel befindet. Mich erinnern sie an eine Kolonie futuristischer Seepocken. Wieder erklärt mir Aidan die technischen Details, und wahrscheinlich könnten wir noch viele Tage hier oben verbringen.

Doch irgendwann muss ich mich auf den Rückweg machen, schließlich wartet die lange Piste den Vulkan hinab. Aidan und ich verabschieden uns. Ein Gruß im Wind, ein paar letzte Worte in der dünnen Luft. Dann steige ich in den Wagen und mache mich auf den Weg zurück nach Hilo.

Ich bin erfüllt von dem Gefühl, einen der wenigen Orte auf der Welt gesehen zu haben, wo wirklich etwas für den Klimaschutz getan wird. Wenigstens einen Tag durfte ich hier oben miterleben. Am Abend schnappe ich mir noch ein Fahrrad, will unbedingt zu den Lavafeldern der Insel. Und während ich so dahinstrample, denke ich darüber nach, was ich heute erlebt habe. In welchem Zusammenhang die Wahrheiten auf dem Vulkan mit all den Aspekten der Klimakrise stehen. Und was dies am Ende bedeutet. Auf Hawai'i bekommen die Geschehnisse noch einmal eine andere Dimension. Hier draußen wird es einem besonders bewusst: Es geht um einen Planeten. Um den einzigen, den wir haben.

Dann wird es auch schon dunkel, und bald starre ich in das nächtliche Schauspiel des Vulkans. Wie ein Fluss aus gleißend hellem Licht wälzt sich die Lava vor meinen Augen ins Meer und lässt meterhohe Rauchwolken in den Himmel steigen. Ich muss plötzlich an das Prinzip von Ursache und Wirkung denken. Hier ist es lupenrein zu beobachten: das uralte Naturgesetz, das besagt, dass alles, was in der Welt geschieht, irgendetwas auslöst. Bei den Treibhausgasen und der Klimakrise sind die Zusammenhänge in dieser Hinsicht zugegebenermaßen recht komplex. Die Ursachen, die Auswirkungen. Doch genau darin sehe ich meinen Beitrag und liegt meine Passion: die Zusammenhänge so akkurat wie möglich herauszuarbeiten, sie transparent zu machen und anderen verständlich.

Eine moralische Verpflichtung: Wissen, was Sache ist

Gut, dass ich selbst auf dem Vulkan war. Denn auf Vorträgen zeige ich die Keeling-Kurve immer zuerst, noch bevor ich die weiteren Mechanismen des Treibhauseffekts erkläre. Und bestimmt präsentiere ich eines nicht: Bilderfluten von Wirbelstürmen, Überschwemmungen und getöteten Tieren. Erst Angst und Schrecken verbreiten und dann plötzlich dazu aufrufen, endlich auf die rationale Botschaft der Wissenschaft zu hören? Das passt irgendwie nicht zusammen. Diese Phase der Aufregung sollte überwunden sein – wir brauchen gezieltes Handeln. Und dafür benötigen wir auf Fakten basierendes Wissen.

Ich bleibe darum lieber sachlich, konzentriere mich auf den Stand der Dinge. Tatsache ist, dass die Konzentration von CO_2 und anderen Treibhausgasen in der Atmosphäre seit 1958 immer schneller ansteigt. Und auch das ist nicht wegzureden: Rein gar nichts, was wir bisher unternommen haben, hat etwas Entscheidendes verändert. Es hat nicht einmal zu einer signifikanten Verlangsamung des Anstiegs geführt.

Und dies scheint mir *die eigentliche Katastrophe* zu sein.

Die Zunahme der Treibhausgaskonzentration wiegt weit schwerer als die Frage, ob dieser oder jener Gletscher zwei oder drei Meter zurückgegangen ist oder ob der letzte Sommer nun der heißeste oder nur der zweitheißeste war. Um in die richtige Richtung zu handeln, zählt allein die Frage, ob wir es schaffen, die Zunahme der Treibhausgaskonzentration in der Atmosphäre zu stoppen.

Nicht mehr, nicht weniger.

Eine Abnahme der Konzentration werden wir so schnell allerdings nicht erleben, unter anderem, weil sich das CO_2 in der Atmosphäre nur sehr langsam abbaut. Das ist auch der Grund, warum die Wissenschaft von einem Point of no Return spricht. Hat die Konzentration die Marke von 500 ppm nämlich erst einmal überschritten, werden die klimatischen Auswirkungen so weit vorgeschritten sein, dass sie sich selbst verstärken. Und weil es aufgrund des langsamen Abbaus unmöglich ist, die Konzentration auf die Schnelle wieder zu senken, entgleitet uns jede Möglichkeit der Korrektur. Deshalb ist es so wichtig, unser Handeln ganz und gar darauf auszurichten, den Eintrag von Treibhausgasen zu reduzieren. Wir sollten schon 450 ppm nicht überschreiten und dürfen die 500 ppm nicht erreichen. Und wenn wir uns der Signifikanz dieser Marke bewusst werden, dann *wollen* wir diesen Punkt auch gar nicht erreichen.

Neben der Keeling-Kurve bestätigen heute noch viele andere Methoden und Werte das Szenario. Die Zunahme des Treibhausgases wird inzwischen auch mithilfe von komplexen Messnetzwerken präzise ermittelt. Die Modelle werden kontinuierlich angepasst und verbessert, Satellitendaten mit Auswertungsalgorithmen analysiert, Daten werden heute fast überall auf der Erde erhoben, und dies mehr oder weniger stündlich. Kurz: Der Raum für Fehler oder Abweichungen ist so gering, dass er nicht ins Gewicht fällt.

Auch wenn ich mich wiederhole: Dies ist denn auch die erste, substanziellste und leider auch schwerwiegendste Wirklichkeit, um die wir nicht herumkommen – die CO_2-Konzentration in der Erdatmosphäre nimmt kontinuierlich zu, ebenso wie die der anderen Treibhausgase. Dies zu ignorieren oder gar zu leugnen, wäre in etwa so, als hielten wir Sonne, Mond und Sterne für Attrappen aus Pappmaché.

Viele Menschen wissen inzwischen um diese Tatsache und akzeptieren sie als konkrete Bedrohung. Allerdings sind daraus bisher nur wenige gesellschaftliche Handlungsoptionen entstanden. Eingedenk der Schwere des Problems frage ich mich: Warum nur nicht? Bei meiner Arbeit erlebe ich quasi die Antwort auf diese Frage immer wieder: Vielen sind wichtige Begrifflichkeiten, Hintergründe und bestimmte Funktionsweisen offenbar noch immer nicht ganz klar. Darum ist es essenziell, diese Punkte zu erklären.

Denn schon hier kommt eine Verantwortung ins Spiel, der wir uns gleich zu Beginn stellen sollten. Wenn wir nämlich zugeben, ein ernsthaftes Problem zu haben, dann müssen wir das Problem erst einmal verstehen, bevor wir es lösen können. Wenn es also darum geht, gesellschaftlich verantwortungsvoll zu handeln, und wenn dabei sogar die Lebensgrundlage zukünftiger Generationen auf dem

Spiel steht – ist es dann nicht gar eine moralische Verpflichtung, die Zusammenhänge erst einmal genau zu begreifen? Sie anschließend transparent zu machen, verständlich, sachlich und korrekt zu kommunizieren? Nur so können wir uns schließlich auf das Wesentliche konzentrieren, um dem Klimawandel zu begegnen.

Immerhin haben wir es hier mit einem Problem zu tun, das Medien, Wissenschaft, Politik, vor allem jedoch Millionen Menschen auf allen Kontinenten als die Zukunfts- und Menschheitsfrage schlechthin bezeichnen. Zudem: Das Problem ist akut. Wir können es nicht morgen lösen – wir müssen es *jetzt* lösen.

Natürlich ist es verständlich, dass in einer solchen Situation viele Stimmen zu Wort kommen. Auch ist es normal, dass komplexe Vorgänge Fragen aufwerfen, dass Interessenkonflikte auftauchen und die Debatten ausufern, wenn mit dem Dach über unserem Planeten auf einmal Dinge geschehen, die nicht gut sind. Mir als Treibhausgasbuchhalter wird aber nicht nur in der dünnen Luft auf dem Mauna-Loa-Vulkan leicht schwindelig, sondern manchmal auch, wenn ich höre, was alles in einen Topf geworfen wird, wenn es um das Thema Klimawandel geht.

Ökologie. Artensterben. Die Verschmutzung der Meere. Gerechtigkeit. Elektroautos. Die weltweite Fleischproduktion. Palmölplantagen. Das Roden der Regenwälder. Unsere Heizungen zu Hause. Strohhalm oder nicht Strohhalm? Fernreise oder doch besser Urlaub vor der Haustür machen? Dann wieder geht es um fossile Brennstoffe, um Kohle und CO_2-Steuer, um Diesel und Energiewende. Millionen Schüler gehen freitags aus der Schule und auf die Straße. Dann wieder wird auf das Bleichen der Korallen hingewiesen, auf das Schmelzen der Gletscher, das Sterben der Bienen und Eisbären. All diese Punkte sind auf ihre Art wichtig. Aber hat das alles wirklich mit dem dringlichsten und gefährlichsten Problem zu tun: nämlich dem Treibhauseffekt? Und wenn ja – inwiefern? Und in welchem Maße?

Spätestens bei dieser Frage geraten viele ins Stottern – und oft haltlos aneinander. Denn vieles wird durcheinandergebracht, beliebig bewertet und von vornherein nicht systematisch betrachtet.

Ich sehe jeden Tag, wie die Vielzahl der Themen, die Gewichtung der verschiedenen Aspekte, die zahlreichen Meinungen, Meldungen und Schauplätze am Ende eher verwirren und den klaren Weg zur Lösung des Problems verbauen. Die Kommunikation findet vielmehr chaotisch und prophetisch statt. Probleme wie Eisschmelze, Wetterveränderungen oder etwa Engpässe bei der Nahrungsversorgung erreichen uns oft diffus und wie aus weiter Ferne. Zudem weiß keiner mehr so richtig, ob die eine Maßnahme nun dringlicher ist als die andere und wie am Ende alles zusammenhängt.

Solche Wirbelstürme aus Meinungen und Bedrohungsszenarien hinterlassen vielmehr ein generelles Gefühl von Ohnmacht und Unverständnis. Umso mehr ist von drohenden Gefahren die Rede, nicht von entscheidenden Ursachen und systematischen Lösungen. Eine zweite Folge: Die Diskussion wird zu einem emotionalen Schlagabtausch und basiert nicht mehr auf den zentralen Tatbeständen. Eine dritte Folge: Wir haben am Ende ein schlechtes Gewissen, weil nicht genug geschieht. Und dann handeln wir anekdotisch getrieben, nicht wissend und sachlich informiert. All das aber ist kontraproduktiv und nicht konsequent. Dabei bin ich fest überzeugt: Das Treibhausgasproblem in den Griff zu bekommen ist absolut möglich, kann äußerst motivierend wirken und die Menschheit große Schritte voranbringen.

Die derzeitige Situation allerdings kann mich als Treibhausgasbuchhalter nicht zufriedenstellen. Sie macht mich nervös, manchmal werde ich sogar richtig kribbelig. Als würde man den Wald vor lauter Bäumen nicht sehen. Als würde man den Klimaschutz vor lauter Diskussion um den Klimawandel nicht mehr richtig zu packen kriegen.

Es ist mir deshalb ein wichtiges Anliegen, die Tatsachen immer wieder mit Hilfe von Fachwissen zu kommunizieren und die Zusammenhänge deutlich zu erklären. Denn erst wenn alle die Säulen des Klimawandels kennen, schaffen wir eine gesellschaftliche Akzeptanz dafür, das Problem entsprechend effektiv anzugehen. Die Wissensträger haben hier eine Verantwortung, die Medien, die Politik, ein jeder von uns und natürlich besonders ich als Treibhausgasbuchhalter. Das erste Ziel sollte darum lauten: keine Panik verbreiten und kein

Horrorszenario nach dem nächsten ausmalen – sondern sich stattdessen auf die entscheidenden Dinge konzentrieren.

Nennen wir es das Einmaleins des Klimawandels, des Klimaschutzes und der Treibhausgase. Doch was längst eine klare Angelegenheit ist, wirft nach wie vor Fragen auf und führt zu Missverständnissen. Ich erlebe das immer wieder, wenn ganz grundsätzliche
Aspekte des Themas zur Sprache kommen. Zum Beispiel: Was ist
eigentlich das Hauptproblem beim Klimawandel? Was sind Treibhausgase? Sind Treibhausgase und CO_2 dasselbe? Was geschieht genau beim Treibhauseffekt? Wo und wie entstehen Treibhausgase?

Die Antworten auf diese Fragen zu kennen ist wichtig. Erst so
schaffen wir in einer demokratischen Gesellschaft einen Konsens.
Und erst so erkennen wir auch die effektivsten Lösungen.

Ein Beharren auf Nebenschauplätzen sowie zu viele Details können allerdings auch dazu führen, dass die Diskussionen ausufern
und die wichtigsten Wahrheiten vernebeln. Wichtig ist jedoch unbedingt, das Problem so weit zu verstehen, dass alle bereit sind, an
einem Strang zu ziehen. Und besonders beim Klimawandel sollten
wir uns im Klaren darüber sein, was das bedeutet. Denn hier läuft
uns die Zeit weg. Beim Klimawandel wissen wir um die Folgen und
können sie vielerorts immer deutlicher beobachten. Es erreichen uns
Bilder des unmittelbaren Schreckens. Die verheerenden Waldbrände
in Kalifornien und Australien sind sehr greifbare Beispiele. Die ver-
kohlten Kängurus und Koalabären, dann wieder Überflutungen
durch übermäßigen Regen. Der Rauch, der halb Neuseeland ver-
dunkelte. Der vernichtende Tornado, der in Tschechien ganze Dörfer
niederriss. Natürlich die Millionen Menschen, die vor Dürren auf
der Flucht sind. Wir merken, dass die Winde zunehmen. Wir hören
und bekommen es an den Preisen zu spüren, dass die Felder auch in
Deutschland trockener werden, die Ernten ungewisser, die Unwetter krasser, die Niederschläge lokaler und heftiger. Längst sind solche
Nachrichten regelmäßig in den Schlagzeilen und immer wieder das
Thema zahlloser Dokumentationen.

Aber noch haben wir etwas zu essen im Kühlschrank und ein
Dach über dem Kopf. Noch! Es ließe sich sagen: Die Probleme des

Klimawandels kommen auf dem Schleichweg. Sie hauen uns noch nicht gleich um. Dennoch stelle ich mir und stellen wir uns wohl alle die eine Frage: Warum steuern wir trotzdem sehenden Auges in eine globale Katastrophe?

Die Klimakrise kann sehr komplex und schlicht zu groß wirken. Aber mit einem Perspektivwechsel wird eventuell klar: Es gibt sehr wohl ein singuläres Problem, das jeder verstehen kann – nämlich den Eintrag von zu viel Treibhausgasen in die Atmosphäre. Mit dieser entscheidenden Erkenntnis müsste es doch relativ einfach sein, voranzukommen. Und zwar in dieser Reihenfolge: Die wesentlichen Tatsachen und Zusammenhänge erklären. Die Komplexitäten handhabbar machen. Eine kollektive Bereitschaft schaffen für logische und geeignete Methoden. Danach: das Problem ernsthaft angehen – und es zielführend und gemeinsam lösen. Ich bin darum der Meinung, dass die Diskussion endlich sachlicher und lösungsorientierter geführt und die entscheidenden Informationen deutlicher kommuniziert werden müssen.

Oft wird gesagt, das ist nicht neu, wir kennen alle Fakten. Ich würde das allerdings korrigieren.

Die wissenschaftlichen Tatsachen des Klimawandels sind klar. Das trifft zu, beschreibt allerdings nur die Symptomatik des Problems – und wird deshalb allein nicht reichen. Wir müssen endlich auch die Ursachen plausibel bewerten und die Schritte zur Lösung klipp und klar darlegen – allen verständlich. Auch wie wir zu diesen Lösungen kommen, darf nicht mehr anekdotisch begründet oder gar politisch motiviert sein. Es geht darum, keine Zeit mehr mit emotionalen Debatten über Grundlagenforschung, Schuldzuweisungen und Gewissensfragen zu vergeuden, sondern mit wissenschaftlicher Methodik ein Ziel zu erreichen. Sicher, es kann dabei im Detail zu komplizierten Verfahren und technologischen Herausforderungen kommen. Die erste Voraussetzung jedoch, damit wir gemeinsam Strecke machen, besteht darin, die grundlegenden Fakten und Ursachen des Klimawandels zu kennen und sich ihrer bewusst zu sein.

Wagen wir also einen kleinen Ausflug in die etwas tieferen Ebenen der Klimakrise.

Warum wir Treibhausgase beim Namen nennen sollten

Begriffe können schnell in die Irre führen. Dies geschieht gerade weltweit mit den beiden Buchstaben CO und der kleinen Zahl Zwei: CO_2 – Kohlenstoffdioxid. Wir reden über ein geruchloses, farbloses, nicht brennbares und saures Gas, dessen Konzentration in normaler Luft bei circa 0,04 Prozent liegt. Wenn wir Luft einatmen, nehmen wir einen Teil des darin enthaltenen Sauerstoffs – etwa vier Prozent – durch die Lungenbläschen auf. Die ausgeatmete Luft reichern wir mit vier Prozent Kohlenstoffdioxid aus unserem Stoffwechsel an. Wir atmen das Gas also selbst aus. Es ist Bestandteil der Luft in jedem Raum, jedem Garten, jedem Biotop. Als natürliches Spurengas kommt CO_2 auch in den Ozeanen vor und in jedem Teich. Bäume und Pflanzen auf dem Land und im Meer absorbieren Kohlenstoffdioxid. Denn Kohlenstoffdioxid entsteht, wenn Kohlenstoff mit Sauerstoff reagiert: zum Beispiel bei der Zellatmung von Lebewesen, teils auch beim Zerfall von Pflanzen.

Mit anderen Worten: Kohlenstoffdioxid ist zunächst ein natürliches Gas – weshalb wir es in seinem natürlichen Vorkommen, wie bereits erwähnt, als biogen bezeichnen. Ein wichtiger Bestandteil des globalen Kohlenstoffzyklus und als natürliches Element der Luft auch ein wichtiges Treibhausgas in der Erdatmosphäre. Ein Element, dessen Konzentration in der Atmosphäre auf natürliche Weise nicht signifikant ansteigt.

Doch hat der Mensch im Laufe der Evolution – ganz besonders während der Industrialisierung, wie Charles Keeling festgestellt hatte – Praktiken und Techniken erfunden, die Kohlenstoffdioxid auch außerhalb der natürlichen Prozessketten entstehen lassen. Und in diesem Fall sprechen wir nicht mehr von biogenem, sondern anthropogenem Kohlenstoffdioxid: Es ist dann menschengemacht und entsteht vor allem bei der Verbrennung fossiler Brennstoffe. Wenn wir Kohle verbrennen, Stahl und Aluminium produzieren, wenn wir Auto fahren, ein Kreuzfahrtschiff ablegt und ein Flugzeug vom Boden abhebt.

Aber auch wenn wir ein Lagerfeuer machen, den Kamin anzünden oder mit Holzpellets heizen, wird zusätzliches CO_2 in die Atmosphäre eingebracht. Bliebe das Holz hingegen im Wald, würde es zwar irgendwann verrotten und auch so einen Teil des enthaltenen Karbons als CO_2 in die Atmosphäre abgeben. Ein erheblicher Teil aber würde durch Insekten, Mikroorganismen und Pilze recycelt werden – und nicht in die Atmosphäre gelangen. Ein Wald ist darum wesentlich effizienter in seiner Ressourcenverwaltung als wir Menschen.

Das CO_2, das bei der Verbrennung von Biomasse entsteht, wird darum auch als anthropogen-biogen bezeichnet. Es hat einen natürlichen Ursprung, würde aber ohne Zutun des Menschen nicht in die Atmosphäre gelangen. Außerdem entstehen bei der Verbrennung von Biomasse auch Methan und Lachgas. Es ist daher völliger Unfug, das Heizen mit Holz, ganz besonders das Heizen mit Holzpellets, als klimaneutral zu bezeichnen. Denn es werden durch menschliches Handeln mehr Treibhausgase in die Atmosphäre eingebracht als ohne unser Zutun. Bei den Holzpellets kommt erschwerend hinzu, dass manchmal Bindemittel eingesetzt werden. Diese werden ebenfalls verbrannt und erzeugen, wenn auch in geringen Mengen, weitere Treibhausgase.

Das zusätzliche CO_2, das bei all diesen Prozessen entsteht, ist zwar noch immer CO_2. In diesem Maß ist es jedoch keinesfalls Teil des natürlichen CO_2-Kreislaufs und führt darum zu einer immer höheren Konzentration des Gases in der Atmosphäre. Wir sollten beim menschengemachten, also anthropogenen Kohlenstoffdioxid darum niemals von CO_2 sprechen, sondern von einem Treibhausgas, das zur stetigen Erderwärmung führt.

Womit wir es beim Klimawandel also zu tun haben, ist mitnichten das biogene, sondern das vom Menschen in großen Mengen produzierte, anthropogene CO_2. Und genau diese Einordnung als Treibhausgas ist entscheidend. Wir reden zwar über chemisch exakt denselben Stoff – aber als Treibhausgas hat er einen völlig anderen Ursprung. Und genau als dieses wird er über unsere Zukunft entscheiden.

41

Die richtige Einordnung ist schließlich auch in anderen Bereichen überlebenswichtig. Bei Pilzen zum Beispiel kann es ebenfalls nicht schaden, zu wissen, welcher giftig ist, welcher genießbar. Auch bei der geschäftlichen Buchhaltung ist offensichtlich, wie wichtig es ist, Gewinne von Kosten zu unterscheiden. Beides sind Zahlen, die eine Geldsumme darstellen, doch erst eine buchhalterische Bewertung macht den entscheidenden Unterschied, um erfolgreiches geschäftliches Handeln zu ermöglichen. Genau dasselbe findet in der Bewertung von CO_2 und in der Treibhausgasbuchhaltung statt. Also in meiner Arbeit.

Das Kohlenstoffdioxid ist, wie wir bereits wissen, jedoch nur eines von mehreren Treibhausgasen. Allerdings ist es jenes, das am meisten vorkommt, am längsten erforscht ist und darum als Referenz genommen wird, wenn es um die Wirkungsgrade all dieser Gase geht.

Und wenn wir schon mal bei den Grundlagen sind, sollten wir als Nächstes auch das kurz klären: Was geschieht eigentlich genau beim Treibhauseffekt?

Von Wolken, Molekülen und fernen Strahlen: Der Treibhauseffekt

Zunächst gibt es den natürlichen Treibhauseffekt. Ohne ihn wäre vermutlich kein Leben auf der Erde entstanden. Dieser Effekt ist im Grunde einfach zu verstehen. Ein Großteil der Sonnenstrahlen durchdringt die Atmosphäre und trifft schließlich auf die Oberfläche der Erde. Wenn das Sonnenlicht nun auf den Widerstand von Bergen, Feldern, Wäldern und Ozeanen trifft, aber auch auf Häuser, Straßen oder Plätze, werden die Strahlen dort absorbiert, in Infrarotstrahlung umgewandelt und als Wärmestrahlung wieder abgegeben.

Die Wärmestrahlung würde nun wieder zur Gänze zurück in den Weltraum abgegeben – wenn die Wolken und einige Gase der Atmosphäre sie nicht daran hindern würden. Denn Wolken, aber auch Treibhausgase wie etwa Kohlenstoffdioxid, Ozon, Methan oder Lachgas, halten die Wärmeabstrahlung der Erde zurück. Sie nehmen einen Teil dieser Wärme auf und reflektieren sie in verschiedenste Richtungen, auch wieder zurück auf die Erdoberfläche. Wolken und Treibhausgase haben einen ähnlichen Effekt wie das Glasdach eines Gewächshauses. Genauer bringt es die Wirkung von Reflektoren zum Ausdruck. Im Kleinen passiert das, was geschieht, wenn Sie Ihr Auto in die Sonne stellen. Die immense Energie der Sonnenstrahlen heizt das Innere des Autos innerhalb recht kurzer Zeit auf. Und zwar so stark, dass es sogar zu einer tödlichen Gefahr werden kann.

Schematische Darstellung des Treibhauseffekts

Wie Trilliarden kleinster Reflektoren lassen die Treibhausgasmoleküle die eingeflossene Energie der Sonne eben nicht mehr entweichen, sondern absorbieren diese teilweise und werfen sie wieder auf die Erde zurück. Dies führt zu einer Erwärmung der Atmosphäre und letztlich zu unserer Lebensgrundlage. Eine für uns äußerst angenehme Fügung, denn sonst lägen die Temperaturen im Schnitt bei minus 18 Grad.

Dass wir also auf der Erde leben können, liegt einerseits an den Wolken, die im Schnitt 0,25 Prozent der Luft ausmachen. Hinzu kommt jedoch die entscheidende Wirkung der Treibhausgase, auch wenn diese nur zu 0,04 Prozent in der Atmosphäre vorkommen. Im

Gegensatz zu Sauerstoff und Stickstoff, aus denen die Luft zu knapp über 99 Prozent besteht, können vor allem die Treibhausgase die Wärmestrahlung aufnehmen und auch wieder abgeben.

Im Detail sind beim Klima natürlich noch weitaus komplexere Vorgänge am Werk. Hohe und tiefe Wolken zum Beispiel sowie ihre Struktur spielen eine Rolle. Und auch die Zyklen der Sonnenflecken, die Zirkulation der Ozeane oder die Aerosole der Vulkane beeinflussen das Klima und somit die Temperatur auf der Erde.

Insgesamt können wir jedenfalls von großem Glück reden, dass sich all diese Abläufe über Jahrmillionen so eingepegelt haben. Schließlich ist unser Leben nur in einem ziemlich schmalen Temperaturfenster möglich, wobei sensible und fein abgestimmte Verhältnisse dafür sorgen, dass wir bisher so sorglos existieren konnten.

Dieser für uns lebenserhaltende Effekt gerät nun gerade aus den Fugen, weil wir der natürlichen und minutiös abgestimmten atmosphärischen Gasmischung immer mehr menschengemachte Gase hinzufügen. Anders gesagt: Wir verstärken den über Jahrmillionen entstandenen Treibhauseffekt auf unnatürliche Weise – siehe die Keeling-Kurve – und haben uns so in den letzten Jahrzehnten immer mehr selbst eingeheizt. Dass es früher oder später zu einer massiven Klimaveränderung kommt, wenn zu viel Wärmestrahlung und damit Energie in der Atmosphäre zurückgehalten werden, wusste schon Keeling. Und er musste es vor seinen Kollegen nicht einmal laut aussprechen, dass keineswegs nur die ansteigende Menge des anthropogenen CO_2 wie eine riesige Heizung wirken würde. Auch noch andere Gase, darunter Methan, sorgen nämlich dafür, die Temperaturen weiter nach oben zu kurbeln.

Das Resultat wird immer das gleiche sein: Anthropogene Gase, die der Mensch in die Atmosphäre pustet, werden den Planeten früher oder später in einen für uns sehr unangenehmen Ort verwandeln.

Am Ende geschieht dabei das Gleiche wie im Treibhaus eines Tomatenanbauers – nur eben in planetarischen Dimensionen. Die Lichtstrahlen scheinen von oben ungehindert durch das Glasdach. Treffen sie auf ein Objekt – die Erde, das Gemüsebeet, die Tomaten –, entsteht

Wärme. Diese aber kann durch das Glasdach nicht mehr nach oben entweichen. Das mag überaus erwünschte und angenehme Auswirkungen haben – wenn die Tomaten schön gedeihen. Wird es in dem Gewächshaus jedoch zu heiß, gibt es ein Problem. Tomaten zum Beispiel mögen am liebsten 22 bis 24 Grad, in einem Gewächshaus erdulden sie auch schon mal 30 Grad. Wird es jedoch noch wärmer, gehen die Tomaten binnen eines Tages ein. Sie trocknen aus und schrumpeln. Beim Gewächshaus können wir die Fenster öffnen, um die Temperatur zu regulieren. Unsere Atmosphäre hat diese Funktion dummerweise nicht. Und so geschieht auf der Erde darum gerade das, was sich mit so einem überheizten Treibhaus ohne Fenster vergleichen lässt.

Fakt ist: In den letzten 150 Jahren ist die globale Temperatur stetig angestiegen. Auf der Nordhalbkugel war die durchschnittliche Temperatur in Bodennähe in den letzten 1.000 Jahren relativ konstant. Seit dem Ende des 19. Jahrhunderts jedoch klettern die Temperaturen kontinuierlich nach oben. Auf den ganzen Planeten bezogen ist die bodennahe Lufttemperatur seit Beginn der Aufzeichnungen 1880 bis heute im Schnitt um mehr als 1 Grad Celsius gestiegen.

Eine Frage der Temperatur

Mit den Durchschnittstemperaturen, überhaupt mit absoluten Temperaturangaben, ist es so eine Sache. *Die eine Temperatur* nämlich, die man zu einem bestimmten Zeitpunkt auf der Erde messen kann, gibt es natürlich nicht. Aber es gibt eine Organisation, die sich ganz intensiv mit der bestmöglichen Ermittlung einer zuverlässigen durchschnittlichen bodennahen Temperatur beschäftigt. Es ist das gemeinnützige Projekt Berkeley Earth. Unter http://berkeleyearth.org lassen sich dort die Temperaturverläufe gut verfolgen. Gemäß den Ergebnissen dieser Organisation haben wir innerhalb der letzten 250 Jahre bereits eine Steigerung von 1,5 Grad Celsius erreicht.

45

Auch das Global Historical Climatology Network (GHCN) sammelt die monatlich gemittelten Temperaturwerte von weltweit über 7.000 Messstationen, hinzu kommen weltweite Messungen der sich verändernden Meeresoberflächentemperaturen. Auf Basis all dieser Daten erstellt das der NASA angegliederte Goddard Institute for Space Studies (GISS) weltweite Temperaturanalysen, und zwar für den Zeitraum von 1880 bis heute. Heraus kommt dabei ein ständig wachsender Wust an Daten: sogenannte *Tables of Global and Hemispheric Monthly Means and Zonal Annual Means*. Letztlich ein Index, der kombinierte Temperaturanomalien von Erd- und Wasseroberflächen darstellt.

Erdoberflächentemperatur

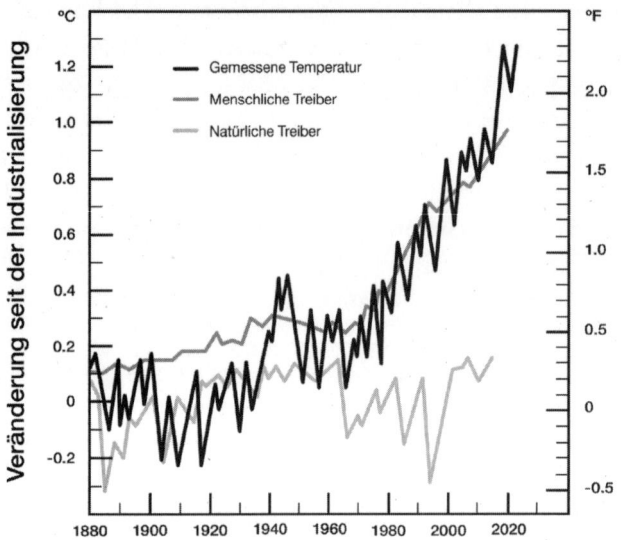

Von der NSA gemessene Temperaturen im Kontrast zu den Durchschnittswerten von 1850-1900, die die IPCC als vorindustrielle Standards festgelegt hat. Der Haupttreiber der erhöhten Erdoberflächentemperatur seit Beginn des Industriezeitalters ist menschliches Handeln, leichte Schwankungen sind natürlichen Faktoren zuzuordnen.

Das Umweltbundesamt schreibt zum Thema Temperaturanstieg: »Die Erwärmung des Klimasystems ist eindeutig. Die globale Mitteltemperatur in Bodennähe stieg im Zeitraum von 1880 bis 2020 um 1,2 Grad Celsius. Auf der Nordhalbkugel war die 30-Jahres-Periode von 1991 bis 2020 die wärmste seit mehr als 100.000 Jahren.«[1]

Tatsächlich können wir so weit zurückblicken, wenn es ums Klima, um die Temperaturen und die Konzentration von Treibhausgasen geht. Eiskernbohrungen lassen dazu sehr genaue Rückschlüsse zu, denn tief in der gefrorenen Erde sind Gase und Feststoffe eingeschlossen und seit Jahrtausenden unverfälscht konserviert. Man kann an diesen Rückständen präzise ablesen, welche Bedingungen einst auf unserem Planeten herrschten – und in welchem Verhältnis die Temperaturen heute steigen.

Grund für diesen Anstieg ist der eben beschriebene Treibhauseffekt – und zwar der menschengemachte. Auch in diesem Punkt ist man sich einig. Zwar können wie gesagt auch andere Faktoren den Klimawandel mit beeinflussen. Die Ausdünnung der Ozonschicht, die Sonnenaktivität, der zunehmende Ausstoß von Schwebeteilchen und Aerosolen. Doch der von Menschen verursachte Anstieg der Treibhausgaskonzentration ist zusammen mit anderen menschlichen Einflussfaktoren »äußerst wahrscheinlich die mit Abstand stärkste Ursache der beobachteten Erwärmung seit Mitte des 20. Jahrhunderts«[2], wie das Umweltbundesamt weiter schreibt. Und darin ist sich die Wissenschaft einig.

Von GWP und CO_2Äq: Wie werden Treibhausgase eigentlich berechnet?

Um etwas quantitativ kalkulieren zu können, brauchen wir zuallererst eine Maßeinheit. Diese muss genau definiert und festgelegt sein. So wie beispielsweise das Kilogramm auf einem zahlenmäßig festgelegten Wert der Planck-Konstante und den Definitionen von Meter und Sekunde beruht.

Die Maßeinheit für Treibhausgase beruht auf der »Wärmestrahlung-Reflektionseigenschaft« von CO_2, die wir schon beim Treibhauseffekt kennengelernt haben. Diese Eigenschaft wird quantitativ beschrieben, bezogen auf einen Zeitraum von hundert Jahren. Die Wärmestrahlungsreflektion von CO_2 über diesen Zeitraum entspricht dabei einer Treibhausgaseinheit von *eins*. Die Wärmestrahlung-Reflektionseigenschaft wird als Global Warming Potential (GWP) beschrieben – also als Erderwärmungspotenzial durch den Treibhauseffekt. Alle anderen Treibhausgase stehen dabei im Verhältnis zu Kohlenstoffdioxid und haben einen entsprechenden Äquivalenten. Deshalb werden sämtliche Treibhausgase in CO_2-Äquivalenten ausgedrückt, und zwar wenn möglich in Tonnen (t).

Also: 1 t CO_2 gleich 1 t CO_2-Äquivalenz. Abgekürzt: CO_2Äq in Deutsch oder CO_2e im Englischen *(equivalent)*. Und: Auch wenn hier ein CO_2 in der Maßeinheit geschrieben steht, so wird es doch immer als Treibhausgas ausgesprochen. Allein schon, um es vom biogenen CO_2 klar zu unterscheiden. Mit dem Wissen um die CO_2-Äquivalenz wird als Nächstes auch klar, warum alle anderen Treibhausgase als größere Moleküle ein viel höheres Erderwärmungspotenzial haben.

**Treibhauspotential und Äquivalenzen
nach IPCC – Sachstandsbericht 4**

Treibhausgas	in CO_2 e (IPCC AR4 GWP)
Kohlenstoffdioxid (CO_2)	1
Methan (CH_4)	25
Distickstoffmonoxid (N_2O)	298
Teilhalogenierte Fluorkohlenwasserstoffe (HFCs)	124 - 14800
Hydrofluorether (HFEs)	59 – 14900
Perfluorierte Kohlenwasserstoffe (PFCs)	7500 – 17700
Stickstofftrifluorid (NF_3)	17200
Schwefelhexafluorid (SF_6)	22800

Methan zum Beispiel hat ein Potenzial von 25, es wirkt als Treibhausgas also bis zu 25-mal stärker als Kohlenstoffdioxid. Distickstoffmonoxid wirkt bereits 298-mal stärker als Kohlenstoffdioxid, bestimmte Fluorwasserstoffe kommen auf eine über 14.800-fache Wirkung. Stickstofftrifluorid, das in der Halbleiter- und Solarindustrie zum Einsatz kommt und etwa bei der Herstellung von Flüssigkristallbildschirmen eingesetzt wird, hat ein Treibhauspotenzial von sage und schreibe 17.200. Und Schwefelhexafluorid, das in der Elektrotechnik etwa als Isolations- und Kühlmittel gebraucht wird, kommt beim Treibhauspotenzial sogar auf einen noch höheren Wert: Es ist 22.800-mal so stark wie Kohlenstoffdioxid.

Die Zahlen können erschrecken: Alle angegebenen Faktoren nämlich beschreiben, wie viel mehr Wärmestrahlung von einem dieser Moleküle reflektiert wird als von einem CO_2-Molekül. Beim Beispiel Methan zeigt sich dabei allerdings auch, welch großes Klimaschutzpotenzial die Reduktion dieses Gases hat. Diese Details sind darum so wichtig. Sie sind sozusagen die Zacken und Zähne des Schlüssels, mit dem wir die Tür zur Lösung aufbekommen.

Eine Institution namens IPCC: Die Schaltzentrale der Klimakrise

Jetzt kommt eventuell die Frage auf, wie die Erderwärmungspotenziale der Treibhausgase eigentlich zustande kommen und wer sie berechnet. Stimmen sie überhaupt? Und was ist, wenn Sie anderer Meinung sind? An dieser Stelle ließe sich wunderbar und tagelang darüber debattieren, welche Werte denn nun die richtigen sind. Genau das bringt uns aber nicht wirklich weiter, weshalb es die Grundlagen der regulierten Treibhausgasbuchhaltung gibt. Beim Umgang mit dem Erderwärmungspotenzial der Treibhausgase wird manchmal ziemlich freimütig vorgegangen, wobei sich die Akteure ihre Grundlagen eher nach Belieben zusammensuchen. Das Problem: Werte und Ergebnisse lassen sich dann nicht mehr vergleichen – wir würden nur wieder über unterschiedliche Grundannahmen diskutieren und unsere Zeit verschwenden. Dabei braucht es in der Treibhausgasbuchhaltung genau so etwas wie bei der Berechnung von Steuern oder der finanziellen Bewertung von Firmen: einen einheitlichen Standard und ein systematisches Vorgehen.

Wir dürfen nicht vergessen: Hier geht es um entscheidende Werte und Berechnungen, die unmittelbar mit dem Klimawandel zu tun haben – und somit auch mit politischen Entscheidungen, wirtschaftlichen Folgen und persönlichen Konsequenzen. Diese Werte sind eklatant wichtig – auf ihnen basiert unsere Zukunft. Wir brauchen darum zuverlässige und eindeutige Lösungen, um damit umzugehen. Und die gibt es auch.

Um die Wärmerückstrahlungseigenschaften der verschiedenen Treibhausgase zu quantifizieren, wird darum auf Grundlagenforschung zurückgegriffen. Bei der Erforschung der Quellen kann es auch schon mal vorkommen, dass die Wissenschaftler Kühe in ein luftdichtes Zelt treiben. Die Frage: Wie viel Methan stoßen die Wiederkäuer wirklich aus? Und hat verschiedenes Futter einen Einfluss auf die Menge an Methan?

Von einzelnen Studien der Grundlagenforschung lassen sich jedoch noch keine umfassenden Handlungsempfehlungen ableiten – auch wenn das in den Medien immer wieder geschieht und dies zu gravierenden Missverständnissen führt. Vor allem wenn auf immer neue und unterschiedliche Studien Bezug genommen wird.

Solche Unsicherheiten machen es schwer, eine klare Handlungsorientierung zu entwickeln. Zudem schaffen derart konträre Aussagen kein Vertrauen in die Wissenschaft. Das Problem ist jedoch nicht der Stand der Wissenschaft – sondern das Unwissen darüber, wo die zuverlässigen Ergebnisse zu finden sind.

Um Ergebnisse der Grundlagenforschung im Alltag zu nutzen, bedarf es einer intensiven fachlichen Auseinandersetzung, etwa in Peer-Reviews. Zudem sind zusammenfassende Analysen aller Einzelergebnisse in sogenannten Metastudien nötig, sowie eine zweckorientierte Einordnung und Bewertung, so wie es in allen Bereichen der Wissenschaft üblich ist.

Ein weiterer Aspekt ist die Unabhängigkeit von Studien. Denn einzelne Studien können von unterschiedlichen Interessengruppen finanziert und somit beeinflusst sein. Erst ein weitreichender Diskurs und der Blick auf viele verschiedene, möglichst unabhängige Einzelstudien ergeben ein verwertbares Wissen.

Doch leider ist ein derart systematisches Vorgehen beim Thema Klimakrise oft nicht zu finden. Und vielerorts herrscht genau darum Chaos: weil sich längst nicht alle an die maßgeblichen Vorgehensweisen halten. Dabei gibt es diese.

Um zu erforschen, wie Treibhausgase entstehen und wie sie wirken, muss systematisch vorgegangen werden. Und um das zu organisieren, ist eine internationale Institution ins Leben gerufen worden: das Intergovernmental Panel on Climate Change in Genf – kurz IPCC. Gegründet wurde es 1988 von der Weltorganisation für Meteorologie (WMO) und dem Umweltprogramm der Vereinten Nationen (UNEP), anschließend wurde es durch die UN-Vollversammlung bestätigt. Im deutschen Sprachgebrauch wird das IPCC oft als Weltklimarat bezeichnet. Leider eine unglückliche Bezeichnung, denn das Wort »Rat« suggeriert, dass hier eine Gruppe von Menschen zusammenkommt und Entscheidungen trifft. Doch das entspricht nicht ganz der Funktion und auch nicht der Tätigkeit des IPCC. Dessen Funktion nämlich ist es, Metastudien zu organisieren, zu lektorieren, zu verwalten und zu veröffentlichen. »Internationales Forschungsgremium für den Klimawandel« – eine solche Übersetzung wäre schon treffender. Oder auch die wörtliche Übersetzung: »Zwischenstaatlicher Ausschuss für Klimaänderungen«.

Was macht diese Institution nun genau?

Sie fasst den Stand der wissenschaftlichen Forschung zum Klimawandel zusammen und bewertet ihn zweckorientiert. So schaffen wir die Grundlage für wissenschaftsbasierte Entscheidungen, um dem Klimawandel zu begegnen und die Maßnahmen rechtzeitig anzupassen.

In regelmäßigen Abständen werden dazu Tausende von Wissenschaftstätigen weltweit beauftragt, verschiedene Bereiche zu bearbeiten. Dies geschieht in Gruppen, die sich gegenseitig unterstützen, aber auch korrigieren. Ein unglaublich großer Aufwand, um alle zur Verfügung stehenden Informationen zu berücksichtigen.

Einige Freunde von mir waren in diese Prozesse eingebunden. Von ihnen weiß ich, wie intensiv und aufwendig diese akribische Arbeit ist. Denn die komplizierten Prozesse im Rahmen des IPCC werden obendrein ständig wiederholt, um die Ergebnisse immer wieder zu aktualisieren – anders als in vielen anderen Bereichen der Wissenschaft, wo die Lehrmeinungen viel länger auf ihrem Stand verharren. Beim Klima aber geht das nicht. Es wandelt sich, immer neue Erkenntnisse kommen hinzu. Es bringt eine unbeschreibliche Sisyphusarbeit mit sich, stets aktuelle und umfassende Ergebnisse präsentieren zu können. Ergebnisse, die in regelmäßigen »Sachstandberichten« veröffentlicht werden, in sogenannten Assessment Reports, kurz: AR. Und diese Sachstandberichte sind durchnummeriert.

Der First Assessment Report (AR 1) wurde 1990 veröffentlicht. 1995 der AR 2, 2001 der AR 3, 2007 der AR 4 und 2014 der AR 5. 2022 erwarten wir den AR 6. Zusätzlich wurden 1996, 2009 und 2019 Richtlinien zur Treibhausgasbilanzierung auf Nationalstaatenebene herausgebracht und 2018 der Spezialreport zum 1,5-Grad-Szenario.

Dieser konstante Fluss von neuen Informationen hat aber auch einen Nachteil. Wenn sich nämlich Aspekte, die die Quantifizierung von Treibhausgasen direkt betreffen, in den verschiedenen Sachstandberichten ändern, führt dies automatisch zu Unstimmigkeiten zwischen den Berechnungen – weil sie unterschiedliche Versionen berücksichtigen. Und das steht einer systematischen und vergleichbareren Methodik entgegen.

Um dieses Problem zu vermeiden, wird immer nur ein Sachstandbericht als Referenz für die Treibhausgasbilanzierung auf Nationalstaatenebene benannt. Dieser Bericht muss darum nicht automatisch auf dem neuesten Stand sein. Doch so haben alle Staaten genügend Zeit, sich an die Veränderungen anzupassen – und die Ergebnisse so lange wie möglich vergleichbar zu halten. Denn vor allem das entscheidet über effektives Handeln. Aus demselben Grund ist für alle regulierten Treibhausgasbilanzen immer nur ein und derselbe Sachstandbericht zu benutzen. Aktuell ist dies der AR 4 aus 2007 – für alle buchhalterischen und anwendungsorientierten Zwecke also der geltende Standard, bis das IPCC den Referenzbericht aktualisiert.

Der gültige AR ist also die zentrale Basis, um überhaupt mit den Treibhausgasen umzugehen – und somit auch mit dem Klimawandel. Alle, die sich mit dem Thema befassen – ob beruflich, politisch oder wirtschaftlich –, finden hier die zuverlässige und vor allem eindeutige Informationsquelle. Alles andere ist nicht nur Zeitverschwendung. Es ist kontraproduktiv, weil es unnötige Verwirrung stiftet.

Für ein grundsätzliches Verständnis der Situation sind also bisher vor allem zwei Dinge entscheidend: Zum einen gibt es weitaus mehr und auch weitaus schädlichere Treibhausgase als das Kohlenstoffdioxid – und sie lassen sich durch den Bezug auf den richtigen IPCC-Sachstandbericht eindeutig und vergleichbar beschreiben. Zum anderen sollten wir das Kind beim Namen nennen und beim Thema Klimawandel nicht mehr von CO_2 oder etwa Methan sprechen – sondern von menschengemachten Treibhausgasen.

Begriffe, Namen und Bezeichnungen können noch auf anderen Ebenen zu falschen Annahmen und Fehleinschätzungen führen. Manche beschreiben zum Beispiel Methan als einen viel größeren »Klimakiller« als das CO_2. Diese Wortwahl aber scheint mir unsachlich, emotional aufgeladen und wenig hilfreich. Das Wort »Klimakiller« weist von vornherein Schuld zu. Es fokussiert den Blick auf etwas Endgültiges und Statisches – und hilft nicht wirklich, Lösungen zu finden. Vielmehr hält der Kraftbegriff uns davon ab, uns sachlich, objektiv und neugierig mit dem Thema Klimawandel auseinanderzusetzen.

Warum? Bleiben wir beim Beispiel Methan. Wie wir gesehen haben, ist es erstens nicht ganz trivial, den genauen Treibhauseffekt von Methan im Vergleich zu CO_2 quantitativ zu beschreiben und damit handhabbar zu machen. Zweitens gibt es unglaublich viele Prozesse, bei denen Methan freigesetzt wird. Wir dürfen aber nicht alle über einen Kamm scheren, sondern müssen die Fälle einzeln betrachten.

Wir brauchen Entdeckergeist, die Lust, uns in Details und genaue Betrachtungen zu vertiefen. Nur so kommen wir am Ende auf wirklich clevere Lösungen.

Es gibt allerdings noch einen weiteren Grund, warum ich es irreführend finde, Treibhausgase beispielsweise als Klimakiller zu bezeichnen. Denn wenn es schon um Leben und Tod geht, dann sollte uns bewusst sein, wessen Existenz auf dem Spiel steht. Das Klima jedenfalls wird nicht zugrunde gehen, ebenso wenig wie die zunehmenden Treibhausgase in der Atmosphäre der Erde etwas anhaben werden. Klima wird es immer geben, und die Erde wird sich auch dann noch weiterdrehen, selbst wenn sämtliche Erdteile zu kochend heißen Wüsten veröden. Eine tödliche Gefahr stellt die Erderwärmung an erster Stelle für uns Menschen dar. Die anthropogenen Treibhausgase sind also keine Klimakiller. Wenn schon, sind sie Menschenkiller.

Das Wort erscheint auf den ersten Blick vielleicht zu drastisch. Tatsache aber ist, dass viele genau das schon erfahren mussten. Laut einem Bericht der Bundesregierung starben aufgrund der Hitzewellen 2003, 2006 und 2015 insgesamt 19.500 Menschen allein in Deutschland. Laut der medizinischen Fachzeitschrift *The Lancet* waren es 2018 in einem Jahr bereits 20.200 Todesfälle bei über 65-Jährigen, die in Zusammenhang mit Hitze registriert wurden – ebenfalls nur in Deutschland. Und wir könnten in dieser Hinsicht sogar besonders stark betroffen sein. Die Modellrechnungen der Forscher haben ergeben, dass die Zahl der Hitzetoten in Deutschland im weltweiten Vergleich weit vorn liegt. Der Grund dafür ist die Zunahme der Hitzetage pro Jahr in Kombination mit dem steigenden Anteil der Bevölkerung über 65 Jahre.[3]

In der Landwirtschaft führte der Klimawandel 2018 zu Ernteausfällen, und zwar in Höhe von 700 Millionen Euro. Noch weitaus beunruhigendere Zahlen präsentierte bereits 2009 der Ex-UN-Generalsekretär Kofi Annan, der damals das Global Humanitarian Forum (GHF) leitete. Einem Umweltschutzbericht zufolge seien über 300.000 Tote pro Jahr auf den Klimawandel zurückzuführen, weltweit würden über 300 Millionen Menschen unter der Erderwärmung leiden. Die erschreckende Aussicht: Bis 2030 soll sich sowohl die Zahl der Opfer als auch die Anzahl bedrohter Menschen dem Bericht zufolge verdoppeln.[4] Demnach würden rund 660 Millionen Menschen von den Folgen der Klimakrise betroffen sein. Und dies aus verschiedenen Gründen: Viele verlieren durch Unwetter ihre Häuser oder haben mit Wasserknappheit zu kämpfen, mit Hunger oder Krankheiten.

Auch wenn solche Botschaften im Detail mit Vorsicht zu lesen sind, weil die Kausalitäten im Einzelnen noch mit vielen anderen Faktoren zusammenhängen – eines steht fest: Wenn Treibhausgase irgendetwas mit dem Tod zu tun haben, dann mit dem Tod von Menschen. Und natürlich auch mit dem Tod von Tieren und Pflanzen.

Mir geht es jedoch zunächst um eines: die wesentlichen Begriffe des Klimawandels von ihrer Missverständlichkeit zu befreien und die zentralen Mechanismen klar herauszustellen. Es wird bei der weiteren Argumentation helfen. Es sorgt für Trennschärfe. Und es veranschaulicht das Prinzip, um das sich am Ende alles dreht.

Emissionen und ihre Quellen: Das sind unsere dicksten Brocken

Nachdem wir wissen, wie der Treibhauseffekt funktioniert und dass es ständig zunehmende anthropogene Treibhausgase sind, die für die Erderwärmung sorgen, sollten wir uns nun die wichtigsten Emissionen und ihre Quellen näher anschauen. Wie schwer die menschengemachten Treibhausgase jeweils ins Gewicht fallen, hängt dabei nicht nur von ihrer Konzentration in der Atmosphäre ab, sondern auch von ihrer Haltbarkeit dort.

Mit 76 Prozent trägt das CO_2 am stärksten zum anthropogenen Treibhauseffekt bei. Grund: Es kommt in höherer Konzentration in der Atmosphäre vor als alle anderen Gase und hat zudem eine Verweildauer von mehreren Jahrtausenden. Eine reichlich schlechte Nachricht. So lange nämlich dauert es, bis das Kohlenstoffdioxid durch chemische oder physikalische Prozesse von der Natur wieder abgebaut wird.

Nach dem Kohlenstoffdioxid hat mit 16 Prozent das durch menschliches Handeln hinzugeführte Methan (CH_4) den zweithöchsten und Lachgas (N_2O) den drittgrößten Anteil am von uns verursachten Treibhauseffekt.

Als Nächstes stellt sich die Frage, woher die meisten menschengemachten Treibhausgase denn nun kommen? Wer verursacht sie? Und in welchem Umfang?

Auch für diese Information gibt es eindeutige und zuverlässige Quellen.

Und zwar die nationalen Treibhausgasbilanzen.

Neben dem IPCC als wissenschaftlichem Gremium auf internationaler Ebene gibt es noch eine politische Ebene. Die Grundlage der politischen Aktivitäten bildet die United Nations Framework Convention on Climate Change (UNFCCC), auf Deutsch: Rahmenübereinkommen der Vereinten Nationen zum Klimawandel. Sie ist seit 21. März 1994 in Kraft und wurde aufgrund der wissenschaftlichen Bewertung des IPCC etabliert.

Die zentrale und festgelegte Aufgabe des UNFCCC ist es, die Stabilisierung der Treibhausgaskonzentrationen in der Atmosphäre auf einem Niveau zu halten, das gefährliche anthropogene Störungen des Klimasystems verhindert. Als Teil dieser Aufgabe beinhalten die Vereinbarungen im Rahmen des UNFCCC die Verpflichtung aller Unterzeichnerstaaten, jährlich ihre nationalen Treibhausgasbilanzen zu erstellen und zu berichten. Diese Praxis ist der Grundstein der geregelten Treibhausgasbuchhaltung, aber auch die wichtigste globale Informationsquelle, um die Frage zu beantworten, woher die Treibhausgase kommen.

Aus allen veröffentlichten Berichten zusammen ergibt sich ein eindeutiges Muster der menschengemachten Treibhausgasquellen. Natürlich existieren nationale Unterschiede und auch drastische Divergenzen zwischen Ländern im globalen Norden zu jenen im globalen Süden. Trotzdem lässt sich ein ziemlich klares globales Muster er-

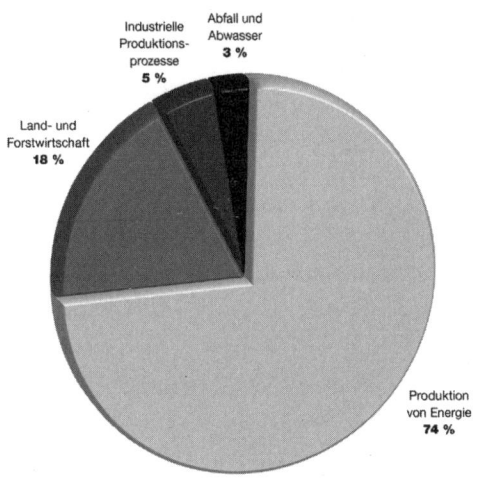

Industrielle Produktionsprozesse 5 %

Abfall und Abwasser 3 %

Land- und Forstwirtschaft 18 %

Produktion von Energie 74 %

Vereinfachte Darstellung, basierend auf der Analyse globaler Emissionen 2016 von Our World in Data[5]

kennen. Damit es sich leichter identifizieren lässt, sind die folgenden Prozentzahlen gerundet.

Im typischen Profil aller Länder ist leicht zu erkennen, dass fast drei Viertel aller Emissionen – genauer: 74 Prozent aller Treibhausgase – durch die Produktion von Energie verursacht werden. Und zwar unabhängig davon, wofür diese Energie benutzt wird. Innerhalb der 74 Prozent entfallen 25 Prozent auf die Industrie, 18 Prozent auf Gebäude und 16 Prozent auf den Transport. Innerhalb des Transportsektors ist die Luftfahrt für etwa 2 Prozent und der Straßenverkehr für 12 Prozent aller Emissionen verantwortlich. 6 Prozent sind diffuse Emissionen, die unter anderem vom Methan herrühren, das aus Gaspipelines ausdünstet oder vom Kohleabbau stammt. In Deutschland lag 2018 der Anteil der durch die Produktion von Energie verursachten Treibhausgase sogar bei 84 Prozent (National Inventory Report for the German Greenhouse Gas Inventory 1990–2018).

Neben dem Energiebereich ist die zweitgrößte Treibhausgasquelle in der Land- und Forstwirtschaft zu finden: zu etwa 18 Prozent. Innerhalb dieses Bereichs stellt die Tierhaltung mit 6 Prozent den größten Einzelbereich dar in dieser Kategorie. Emissionen, die direkt aus industriellen Produktionsprozessen kommen, repräsentieren weitere 5 Prozent als Kategorie. Hierbei handelt es sich um Prozesse, bei denen Treibhausgase entstehen oder Treibhausgase direkt genutzt werden, zum Beispiel als Kühlmittel. Übrig bleiben 3 Prozent: Sie werden von den Bereichen Abfall und Abwasser verursacht.

Wichtig zu wissen ist, dass die hier beschriebenen Sachverhalte die Fundamente des Klimawandels darstellen. Darum geht es. Damit hängt alles zusammen. Und daraus resultiert alles andere – ob nun Kohleausstieg oder die persönliche Entscheidung, auf veganes Essen umzustellen. Auf diese wesentlichen und entscheidenden Aspekte des Klimawandels sollten wir uns konzentrieren. Denn sosehr die eben genannten Aspekte die Angelpunkte des Übels sind, so sehr können auch nur sie uns dabei helfen, die Klimakrise zu bewältigen.

Ich möchte es einmal mit einem Loch in einer Raumstation vergleichen. Mit einer Leckage, durch die lebenswichtiger Sauerstoff entweicht. Wir könnten jetzt anfangen, langsamer zu atmen, um Sauerstoff zu sparen. Wir könnten ausgebuffte Masken erfinden, nach anderen Sauerstoffquellen forschen, das Leck möglichst lange ignorieren, um es anschließend mit grün lackierter Mullbinde zu stopfen. Aber wäre es nicht am sinnvollsten, das Loch schnellstmöglich, effektiv und langfristig zu schließen?

Ich möchte also noch einmal herausstellen, wie wichtig es ist, sich die zentralen Zusammenhänge, Fakten und Zahlen des Klimawandels vor Augen zu führen – sonst stehen wir wie der Ochse vorm Berg. Wir scharren zwar alle ordentlich mit den Hufen, aber kommen nicht voran. In Anbetracht der großen Faktoren mag auch deutlich werden, warum während der Coronapandemie weltweit weniger Treibhausgase ausgestoßen wurden, warum während Lockdown und Homeoffice weniger Autos auf den Straßen fuhren, weniger Flugzeuge flogen und weniger Kreuzfahrtschiffe ablegten – und warum all dies dem Klimaschutz jedoch nicht wirklich genützt hat.

Tatsächlich haben Klimaforscher für das erste Halbjahr 2020 weltweit einen Rückgang der CO_2-Emissionen festgestellt. Einer

Studie unter Beteiligung des Potsdam Instituts für Klimafolgenforschung (PIK) zufolge wurden weltweit mehr als eine Milliarde
Tonnen weniger CO_2 in die Atmosphäre gepustet als im Vergleich
zum Jahr davor. Der Rückgang der Emissionen fiel teils sogar stärker
aus als während der Ölkrise 1979 und der Finanzkrise 2008. Und
schließlich sahen wir Berichte von den Lagunen Venedigs, die wieder klarer und sauberer wurden. Sahen, dass sich in der Adria und
vor dem Bosporus erneut Delfine und Wale zeigten. Und weil viele
Fischereiflotten an Land blieben, genossen einige Fischbestände eine
Fangpause wie nach dem Zweiten Weltkrieg nicht mehr.

Doch die globale Treibhausgaskonzentration hat von alldem
kaum profitiert. Der Effekt war vielerorts nur von kurzer Dauer.
Anhand sogenannter Zeitreihenanalysen stellte man fest, dass der
reduzierte Ausstoß mit den Lockdowns in den einzelnen Ländern zu-
sammenhing. So erklärte es der Hauptautor der Studie, Dr. Zhu Liu
von der Tsinghua-Universität Peking. Im April 2020 seien die Emissionen um 16,9 Prozent zurückgegangen, und vergleichbare Zahlen
gebe es »normalerweise nur kurzfristig an Feiertagen wie Weihnach-
ten oder dem chinesischen Frühlingsfest«.[6]

Die Wissenschaftler wiesen jedoch darauf hin, dass die meisten
Volkswirtschaften nach dem Ende der starken Coronabeschränkun-
gen zu ihrem gewohnten Kohlendioxid-Niveau zurückgekehrt seien.
Die einzige Ausnahme habe sich beim Verkehr gezeigt, der weiterhin
geringer stattfand. Allerdings: Eine langfristig positive Auswirkung
auf die menschengemachte CO_2-Konzentration in der Atmosphäre
würde sich selbst dann nicht zeigen, wenn die Länder hier bei ihren
niedrigen Werten verharren würden. Fazit der Klimaforscher: Durch
Corona haben sich bei der Erderwärmung so gut wie keine positiven Folgen gezeigt. Schon gar keine langfristigen. Der verzeichnete
Rückgang der Emissionen sei zwar »beispiellos« gewesen, sagte der
Gründungsdirektor des Potsdam Instituts für Klimafolgenforschung,
Hans Joachim Schellnhuber. Doch ein »Rückgang menschlicher Aktivitäten« dieser Art könne nicht die Antwort sein auf das Klimaproblem: »Worauf wir uns wirklich konzentrieren müssen, ist die Verringerung der CO_2-Intensität unserer globalen Wirtschaft.«[7]

Diesen Satz kann ich in seinem Tenor unterstützen. Allerdings würde ich ihn korrigieren und sagen: Es geht bei der Verringerung der Treibhausgase nicht nur um CO_2 – sondern um die Minimierung der Treibhausgasintensität sämtlichen menschlichen Handelns. Alle Treibhausgase müssen dafür berücksichtigt werden, letztlich alles menschliche Handeln, nicht nur das wirtschaftliche.

Stürmische Zeiten vor unserer Haustür: Die Folgen des Klimawandels

Dies ist das größte Fass, das wir routiniert beim Thema Klimawandel aufmachen. Es vergeht kein Tag, an dem ich in den Nachrichten, in Dokumentationen oder Reportagen nicht davon erfahre. Egal, wo auf der Welt ich den Fernseher einschalte oder die Zeitung lese, überall zeigen Bilder und Beiträge, wie das sich verändernde Klima uns jetzt schon zusetzt und was es in Zukunft mit uns und dem Planeten anstellen wird. Wir alle kennen die Szenarien inzwischen zur Genüge. Und wohl jedem fallen diverse Beispiele ein, wie das Klima unsere Welt langsam auf den Kopf stellt.

Steigende Meeresspiegel, in den Fluten versinkende Inseln von Mikronesien bis zu den Malediven. Skifahren in den Alpen? So wie wir es kennen, wird es bald der Vergangenheit angehören. Immer wieder hören wir von der Arktis, von Grönland und der sich öffnenden Nordostpassage. Das ewige Eis rund um die Polkappe der nördlichen Halbkugel ist kein ewiges Eis mehr. Das Packeis zieht sich zurück, gigantische Brocken – zuletzt größer als die Insel Mallorca – brechen aus den Kanten der arktischen Regionen ins Meer, derweil die Eisbären über braune Landschaften ziehen, auf vom Eis freigelegte Wasserflächen starren und keine Chance mehr haben, auf dem Eis nach Robben zu jagen.

Und es erreichen uns immer mehr dramatische Nachrichten. Mitten im Februar 2021 wurden am nördlichsten Punkt Grönlands bereits 6 Grad Celsius gemessen – plus. Die höchste jemals zu dieser Zeit registrierte Temperatur dort oben. Ein Wert, der für Regionen wie Baffin Bay gut und gern 40 Grad über dem Mittel dieser Jahreszeit liegt. Auch die Durchschnittstemperaturen vieler anderer Orte in Grönland lagen im Februar 2021 schon um 14 Grad höher als in früheren Jahren.

Was haben wir noch? Die Liste nimmt kein Ende. Von immer neuen Hitzerekorden ist die Rede, von Dürren und Überschwemmungen, die nicht mehr nur ferne Länder wie Bangladesch, Australien oder Peru heimsuchen, sondern immer häufiger auch Deutschland und seine Nachbarn. Der verheerende Tornado 2021 in Tschechien ist ein weiteres Beispiel. Er riss mehrere Dörfer nieder. Wir vernehmen die Stimmen von Landwirten, die um ihre Ernte bangen, von Feuerwehrleuten, die regelmäßiger ausrücken müssen, um Waldbrände zu bekämpfen. Die Fischer an unseren Küsten erzählen, dass der Kabeljau und andere Kaltwasserfische sich rarmachen, dafür wandern Sardinen und Makrelenarten zu uns, die eigentlich in südlicheren Gewässern leben. Der Grund: Das Meer erwärmt sich, die Fische werden zu Klimamigranten.

Auch erhöht man im Norden Deutschlands fast überall die Deiche, weil man auch dort mit heftigeren Sturmfluten und steigenden Wasserpegeln rechnet. Krasse Szenarien zeigen die Küsten Englands, Hollands, Belgiens und Deutschlands: ertrunken in einem Meer, das laut einigen Modellen bis zum Jahr 2100 im schlimmsten Fall um bis zu fünf Meter ansteigen könnte. Solche Aussagen sind laut Experten zwar mit großen Unsicherheiten behaftet. Einig ist man sich aber, dass die Situation nicht besser wird, sondern zunehmend prekärer – egal, welches Szenario in Betracht kommt.

Auch hier hilft es, auf die bereits beschriebenen Eckpunkte des Klimawandels zu schauen. Denn was auch immer zur Debatte steht, ob nun die schmelzenden Eisberge, die austrocknenden Flüsse oder Engpässe in der Spargelsaison: Auslöser all dieser Dilemmas sind der Eintrag anthropogener Treibhausgase in die Atmosphäre, der sich dadurch verstärkende Treibhauseffekt und als Folge die steigenden Temperaturen. Und sie werden weiter steigen, wenn ebenjene Treibhausgase nicht deutlich weniger werden.

Das Umweltbundesamt schreibt dazu: »Bis Ende des 21. Jahrhunderts wird sich die Erwärmung der bodennahen Luftschicht fortsetzen. Alle zugrunde gelegten Emissionsszenarien ergeben bis Ende des 21. Jahrhunderts eine Temperaturzunahme.«[8] Je nach Szenario könne die mittlere Erwärmung dabei von 0,9 bis 5,4 Grad Celsius im Vergleich zu vorindustriellen Bedingungen reichen. Und nur mit einer sehr ambitionierten Klimaschutzpolitik ließe sich der mittlere Temperaturanstieg gegenüber der vorindustriellen Zeit auf 1,5 bis 2,3 Grad Celsius begrenzen.

Besser wird es also nicht, selbst wenn wir sofort alle Hebel in Bewegung setzen würden. Um die Erderwärmung hingegen noch weiter zu drosseln – damit sie sich wieder auf einem »Normalzustand« einpegeln würde wie vor der Industrialisierung –, wäre schon jetzt eine Operation planetaren Ausmaßes nötig.

Davon wird hier und dort auch geträumt. Die natürlichste Methode ist das Pflanzen von zusätzlichen Bäumen und die Renaturierung von Moorgebieten. Solche Maßnahmen entziehen der Atmosphäre tatsächlich CO_2, allerdings nicht in den nötigen Mengen, um die Konzentration signifikant zu verringern. Dennoch sind diese Maßnahmen gut und nötig – tragen aber lediglich zu einem Ausgleich von verloren gegangenen Wäldern und Grünflächen bei. Und alle industriellen Maßnahmen wie Carbon Capture and Storage, also die Abscheidung und Speicherung von Kohlendioxid, sind viel zu teuer und energieintensiv, als dass sie ernsthaft in einer globalen Größenordnung in Betracht gezogen werden könnten. Jedes Steuergeld, das in eine solche Bekämpfung der Symptome anstatt der Ursachen gesteckt wird, ist darum zunächst verschwendet: weil es nicht als Erstes bei der Reduzierung der Treibhausgase hilft.

Dies ist also schon strategisch der falsche Ansatz.

Das politische Wunschdenken kreist derweil um zwei Zahlen: Ist das 1,5-Grad-Ziel überhaupt noch zu erreichen? Oder müssen wir uns mit einem »weniger anspruchsvollen« 2-Grad-Ziel begnügen, bei dem die Wirtschaft weniger leiden, wir jedoch mit stärkeren und häufigeren Extremwetterereignissen rechnen müssten und Ökosysteme wie auch die Biodiversität deutlich betroffener wären?

Beim 2-Grad-Ziel käme es vermehrt zu noch stärkeren sozialen Folgen. Die Wasserressourcen würden knapp werden, Verteilungs-

kriege wie jetzt schon beim Coronaimpfstoff sich dramatisch verschärfen. Damit einher ginge der Verlust natürlicher Lebensgrundlagen, hitzebedingte Krankheiten und Todesfälle würden zunehmen.
Dabei weiß man schon heute: Bleibt es bei den erklärten Beiträgen
der einzelnen UN-Mitgliedstaaten zum Pariser Übereinkommen, ist
nicht einmal letzteres Ziel mehr zu erreichen. Machen wir also weiter
wie bisher, wird die globale Erwärmung auf + 3 Grad Celsius steigen,
in weiterer Zukunft sogar auf + 5 Grad Celsius. Und dann droht vielen Ländern, was Christine Lagarde, bis November 2019 Chefin des
Internationalen Währungsfonds IWF, im saudi-arabischen Riad pro-
phezeite: »In 50 Jahren werden wir getoastet, geröstet und gegrillt.«[9]

Klar ist: Die derzeitigen Auswirkungen des Klimawandels können wir
jetzt schon bezeugen. Auch wissen wir um die dramatischen Folgen,
die in der Zukunft auf uns und vor allem die nächsten Generationen
warten. Und dennoch, die heutigen Maßnahmen, mit denen man der
Klimakrise begegnen will, gleichen vielleicht nicht dem Tröpfchen auf
den heißen Stein, aber mehr als zwei Tröpfchen sind es nicht. Deutlich
gesprochen: Wenn wir weiterhin unsere selbst gemachten Treibhausgase in die Atmosphäre einbringen, wird sich der Planet in den nächsten Jahrzehnten massiv verändern und werden Milliarden Menschen
immer weniger Nischen zum Überleben finden.

Warum geschieht in Anbetracht derartiger Schieflagen so wenig?
Wie kann es sein, dass auf *Spiegel online* trotz der offenkundigen Bedrohungen noch im Februar 2021 Überschriften zu lesen sind wie
diese: »Alle wollen das Klima retten – aber niemand will was tun!«[10]

Die Katastrophe scheint noch immer zu abstrakt zu sein. Zu weit
weg, zu groß, zu verrückt. Der Schriftsteller Jonathan Safran Foer
findet die Gründe für das ausbleibende Handeln in der menschlichen Unzulänglichkeit, derartige Bedrohungen zu realisieren und
entsprechend zu agieren. Und vielleicht können wir Ähnliches in Regionen beobachten, wo Vulkane bereits ausgebrochen sind, wo Tsu-
namis schon Tausende Opfer gefordert haben oder Erdbeben stets
aufs Neue ganze Stadtviertel einstürzen lassen. Die Menschen aber
siedeln weiterhin dort, errichten ihre Bleiben, wo andere erst kürz-

lich ihr Leben ließen – obwohl sie um die Wahrscheinlichkeit wissen, dass ähnliches Unheil sie jederzeit aufs Neue heimsuchen kann.

Aufs Klima bezogen ließe es sich so sagen: Die Krise hat uns noch nicht hart genug am Kanthaken. Vor allem in den nördlichen Industrienationen sind die Kühlschränke noch immer prall gefüllt und liegen die Probleme in erträglicher Ferne. Die Pein, um notgedrungen und von ganzem Herzen zu reagieren, ist hier noch nicht schmerzlich genug angekommen. Beim Klima wird sich jedoch ein gravierendes Problem stellen: Wenn die Pein nämlich erst einmal da ist, könnte es zu spät sein und die weitere Erderwärmung wie eine Kettenreaktion unwiderruflich ihren Lauf nehmen.

Sogenannte Kippelemente stellen die Achillesfersen im Erdsystem dar. Gemeint sind Systeme von überregionaler Größe, die im globalen Zusammenspiel derzeit noch halbwegs harmonieren und sich gegenseitig zu unseren Gunsten beeinflussen. Doch weisen erste dieser Kippelemente bereits ein Schwellenverhalten auf, bei dem ab jetzt schon kleine weitere Störungen genügen, um einen neuen qualitativen Zustand hervorzurufen. Und diese Kipppunkte im Klimasystem könnten gleich eine Reihe von Prozessen auslösen.

Durch das Schmelzen des Meereises nimmt die Albedo in der Arktis ab. Gemeint ist das Maß des Rückstrahlvermögens von Oberflächen, wobei weiße Flächen sich weniger stark erhitzen als dunkle. Bedeutet: Je mehr Eis schmilzt, desto mehr treten dunklere Wasseroberflächen und dunkler Erdboden zum Vorschein, der sich deutlich stärker erwärmt. Des Weiteren könnte durch das Schmelzen des Grönländischen und Westantarktischen Eisschildes der Meeresspiegel ansteigen. Die ozeanische Zirkulation im Nordatlantik wird gestört. Das El-Niño-Phänomen nimmt zu. Der indische Monsun gerät aus den Fugen. Die Sahelzone wird immer trockener und instabiler. Der Regenwald am Amazonas sowie boreale Wälder kollabieren. Permafrostböden tauen auf, setzen gewaltige Mengen an Methan und Kohlendioxid frei. Natürliche Tauprozesse im Frühjahr setzen früher und stärker ein und dabei immer mehr Kohlenstoffdioxid frei. Als Nächstes schmelzen vermehrt die Gletscher im Himalaya, was auch dort zu einer Abnahme der Albedo führt. Anschließend versauern die Ozeane und nehmen weniger Kohlendioxid auf, wonach auch die Meeresböden immer größere Mengen an Methan freisetzen. So in etwa könnte der Dominoeffekt aussehen, wenn mehrere Kipppunkte überschritten sind und ein Point of no Return erreicht ist.

All diese Aspekte sind wichtig, und vieles von dem haben wir schon gehört. Doch haben wir es hier stets mit Begriffen und Aussichten zu tun, die letztlich eher entfernt anmuten. Sie klingen theoretisch, vielleicht nicht weit hergeholt, aber doch weit weg und global. Sie verschlechtern unsere Lebenswirklichkeit heute noch nicht akut und direkt. Sie stellen auch keinen direkten Bezug zu unserem Wirtschaftsleben dar. Ich bin überzeugt, dass es anschaulicher und auch aufschlussreicher ist, andere Beispiele heranzuziehen, um die Auswirkungen der Klimaveränderungen zu verdeutlichen. Ganz konkrete Situationen, die unseren Alltag und unser Leben direkt betreffen werden. Und dafür muss man nicht weit ausholen.

Nehmen Sie nur die Fenster, die sich in Ihrer Nähe befinden. Die Fenster in Ihrer Wohnung, Ihrem Büro, Ihrem Haus. All diese Fenster sind nach festgelegten Normen konstruiert und müssen bestimmten Belastungen standhalten. Die wichtigste Norm für den Fenster- und Türenbau ist die DIN 18055 in Deutschland. Sie legt die Mindestanforderungen für alle Fenstertypen fest. Wärmeschutz, Fugendurchlässigkeit, Schlagregendichtheit, Widerstandskraft gegen Windlast, Stöße und andere Einwirkungen. Einem ausgewachsenen Sturm bieten diese Fenster heute noch die Stirn. Auch halten sie Starkregen aus und trotzen Hagelkörnern – allerdings nur bis zu einer gewissen Windstärke, einer gewissen Korngröße und einem bestimmten Einschlagswinkel. Nehmen diese Faktoren jedoch zu und verschieben sich geografisch, werden die Fenster den neuen Kräften irgendwann nachgeben und zerbersten. Und dass Stürme und Windgeschwindigkeiten zunehmen, registrieren wir bereits jetzt. Auch in Deutschland.

Bei immer heftigeren Winden und Stürmen, bei stärkerem Regen und Hagelschlag in unseren Breiten ist es darum nur eine Frage der Zeit, bis auch bei uns die Fensterscheiben bersten. Wie Wetterexperten schreiben, hätte der Tornado im Juni 2021 in Tschechien ebenso gut München oder Wien erwischen können. Es werden mit hoher Wahrscheinlichkeit immer öfter Wetterphänomene auftreten, die wir in unseren Breiten so noch nicht kennen. Windgeschwindigkeiten in Orkanstärke, selbst wenn sie nur kurz auftreten, Hagelkörner, so groß wie Tennisbälle, die waagerecht durch die Luft rasen. Die Fenster in Ihrem Haus oder in Ihrer Wohnung werden diesem Beschuss irgendwann nicht mehr standhalten.

Dies wird der Beginn einer weitreichenden Kettenreaktion sein: Die Versicherungen werden das Fenster nach dem zweiten untypischen Sturm nicht mehr versichern, und sie werden bald auch das Haus nicht mehr bezahlbar versichern können. Denn die heftiger werdenden Stürme werden irgendwann auch die Dächer davonreißen. Die Folge: Es wird Engpässe bei neuen Scheiben geben, ein Nachrüsten wird zudem teuer oder nicht ohne Weiteres möglich sein. Damit steigen Betriebskosten, Risiken, Versicherungen. Bis die Kosten nicht mehr realistisch sind. Kurzum: Wir stoßen auf eine Situation, auf die wir nicht vorbereitet sind. Die gewohnten Mechanismen unseres alltäglichen Lebens geraten aus den Fugen, und das betrifft auch das wirtschaftliche Handeln. Damit ist klar, dass die Folgen des Klimawandels in vielen Bereichen auch schlecht fürs Geschäft sein werden.

Und die Fenster sind ja nur ein einziges, ein winziges Beispiel. Wir müssen die Auswirkungen auf alle Bereiche hochskalieren. Brücken, Straßen, Autobahnen. Die Laternen, die Strommasten, die Kräne auf den Baustellen. Die Flughäfen. Die Schifffahrt. Die Landwirtschaft. Und so weiter und so fort.

Wer glaubt, dass dies wilde Zukunftsszenarien sind, liegt falsch. Längst beziehen etwa Banken sogenannte Nachhaltigkeitsrisiken in ihre Kalkulationen ein und weisen die Kunden ausdrücklich darauf hin. Im März 2021 schickte die Deutsche Bank ein Schreiben an ihre Depotkunden, das die ESG-Risiken umriss: Darin werden Ereignisse oder Bedingungen aufgeführt, deren Eintreten tatsächlich oder potenziell wesentliche negative Auswirkungen auf den Wert der Investitionen haben könnten – dies in den Bereichen Umwelt (Environment), Soziales (Social) und Unternehmensführung (Corporate Governance). Diese Risiken könnten separat oder kumulativ auftreten, könnten ein zelne Unternehmen betreffen, aber auch ganze Sektoren, Branchen und Regionen. Als Beispiel für ein solches Nachhaltigkeitsrisiko führt die Bank auf: »Durch vermehrt auftretende Extremwetterereignisse infolge des Klimawandels können Produktionsstätten einzelner Unternehmen oder ganze Regionen beeinträchtigt oder zerstört werden, was zu Produktionsausfällen, steigenden Kosten zur Wiederherstellung sowie zu höheren Versicherungskosten führt. Ferner können Extremwetterereignisse infolge des Klimawandels, wie zum Beispiel anhaltendes Niedrigwasser in Trockenperioden, den Transport von Waren beeinträchtigen oder gar zeitweise unmöglich machen.«[11]

Zu einem festen Teil der Anlageberatung ist der Klimawandel also längst geworden. Hier und heute, mitten in der Realität von Wirtschaft und Finanzwelt.

Viele Menschen wollen sich solche Szenarien dennoch nicht ausmalen. Viele glauben auch nicht daran, dass globale Temperaturveränderungen von 2 oder 3 Grad derart verheerende Konsequenzen haben könnten. Die fortwährende Projektion zukünftiger Horrorszenarien scheint mir darum auch nur bedingt hilfreich zu sein. Zudem: Die Motive nutzen sich ab. Irgendwann gehen solche Unkenrufe ins linke Ohr herein und durchs rechte wieder hinaus.

Der prophetische Blick in die Zukunft ist jedoch gar nicht nötig. Es genügt ein Ausflug in die Vergangenheit, um zu sehen, was mit der Erde geschieht, wenn Aerosole unkontrolliert in die Atmosphäre gelangen. Oder besser: was mit den Menschen geschieht, die auf der Erde leben. Denn wir haben Ähnliches schon erfahren – und es ist gar nicht lange her.

Im April 1815 brach der auf der indonesischen Insel Sumbawa gelegene Vulkan Tambora aus. Die Eruption erreichte eine Intensität von sieben auf dem Explosivitätsindex für Vulkane: Es war der gewaltigste Vulkanausbruch seit über 22.000 Jahren. Über 70.000 Menschen starben allein auf Sumbawa und der Nachbarinsel Lombok, weltweit verloren 100.000 Menschen ihr Leben. Die vulkanische Asche flog bis Borneo und Sulawesi, bis nach Java und zu den Molukken. Die Aerosole, die durch den Vulkanausbruch in die Atmosphäre getrieben wurden, sorgten bald für einen Klimawandel, der fast die gesamte Erde erfasste. Vor allem in Nordamerika und Europa kam es zu drastischen Auswirkungen, die zunächst »nur« das Wetter betrafen. Nachdem der Vulkan Tambora sich entladen, mehr als 160 Kubikkilometer Staub und Asche sowie 130 Megatonnen an Schwefelverbindungen in die obere Atmosphäre geschleudert hatte, legte sich ein Schleier um den gesamten Erdball. Als Folge sanken die Temperaturen weltweit um 0,5 bis 2 Grad Celsius – was ausreichte, damit das folgende Jahr 1816 als das »Jahr ohne Sommer« in die Geschichte einging und Deutschland in Monate des Elends stürzte. Die Deutschen nannten es bald »Achtzehnhundertunderfroren«, die Nordamerikaner »Eighteen hundred and froze to death«. Das Jahr bescherte Hunger und Tod.

Die Strahlungsverminderung am Erdboden führte in den zwei Jahren nach dem Tambora-Ausbruch zu einer globalen Abkühlung. Wie stark sie tatsächlich ausfiel, ist allerdings nicht ganz klar. Vorliegende Messungen genügen nicht, um eine globale oder hemisphärische Abweichung präzise zu bestimmen. Nur der Temperaturdatensatz Berkeley Earth reicht so weit zurück. Demnach jedoch lag die Temperatur der Landoberfläche auf der Nordhemisphäre 1816 um 1,4 Grad Celsius unter dem Durchschnitt der Jahre 1821 bis 1830. Eine derart große Abweichung wurde in diesem Datensatz seither nicht wieder erreicht.

Was geschah auf der Erde, vor allem in Nordamerika und in Europa? Im Juli schneite es in der Schweiz bis in die Täler hinein. Der Rhein und andere Flüsse traten mitten im Sommer über die Ufer. Im kanadischen Quebec fielen während der eigentlich wärmsten Jahreszeit 30 Zentimeter Schnee. Im Süden der USA ruinierten Nachtfröste die Ernte, die Leute verzehrten »die unnatürlichsten, oft ekelhaftesten Sachen, um ihren Heißhunger zu stillen«, wie ein Zeitgenosse berichtete.[12] Auch in Süddeutschland litten die Menschen wegen des Klimawandels, der sie überfiel, Nässe und Kälte ruinierten die Ernten. Im Jahr 1816 stieg der Getreidepreis erst aufs Doppelte, dann aufs Dreifache. In der Schweiz hungerten die Menschen bitterböse, »die Kinder weideten im Gras wie die Schafe«, ist in einem Bericht von damals zu lesen.[13] Selbst der Zar im fernen Sankt Petersburg war über das Elend derart entsetzt, dass er angefragten Getreidelieferungen zustimmte.

In vielen Teilen der nördlichen Hemisphäre kam es zu Missernten, Tausende von Nutztieren starben, und es folgte eine der schlimmsten Hungersnöte des 19. Jahrhunderts. In dem Tagebucheintrag von Johann Peter Hoffmann, Landwirt und Friedensrichter aus dem Elsass, ist über den Juli 1816 zu lesen: »Der Regen hält noch immer an, es ist kein Tag, an welchem es nicht regnet. Der Jammer ist nicht zu beschreiben. Seitdem es mir gedenk, ist keine so bedenkliche Zeit gewesen.«[14]

Inzwischen sind diverse Bücher und Abhandlungen über den Ausbruch des Tambora und die Auswirkungen auf das Klima erschienen. Alle verfügbaren Daten wurden zusammengetragen, verschiedenste Rekonstruktionsmodelle angewandt. So konnte man auch die Temperatur- und Bewölkungsdaten für den Sommer 1816 kombinieren, die durchschnittliche tägliche Temperaturspanne für wolkenlose Tage berechnen und schließlich ein Maß für die direkte Strahlungswirkung der vulkanischen Aerosole bestimmen. Wie stark auch immer die ausgestoßenen Aerosole des Tambora das Klima dabei letztlich beeinflussten, fest steht, dass sich die Welt bereits bei einer vorübergehenden Abkühlung von maximal 2 Grad Celsius drastisch veränderte. Im Rahmen eines Climate Change Research des Oeschger Centre der Universität Bern ist über den Sommer 1816 beispielsweise zu lesen: »Eine Wetterlagenklassifizierung für Genf, basierend auf Druck, Druckveränderung und Wind, zeigt eine Zunahme von Tiefdrucklagen um einen Faktor von 2,5 und ein fast vollständiges Fehlen von Hochdrucklagen.«[15]

Der vulkanische Winter, ausgelöst durch den Ausstoß kleinster Teilchen, verursachte am Ende rund um den Globus eine atmosphärische Trübung, die über mehrere Jahre andauerte. Die Temperaturen sanken, führten zu Unwettern hier, zu Dürren dort. Eintragungen aus dem Jahr 1816 von einer Wetterstation im bayerischen Hohenpeißenberg lesen sich so:

Den 10. Juni Hochgewitter, große Verwüstung in Langweid, Apheim,
Lützelburg, Verwüstung auch in Pöttmes. Die Isar hinab Hagel. In
der Nacht vom 15. auf den 16. Juni fürchterlicher Wolkenbruch in
der Gegend von Bamberg, 17 Dorffluren sind mehr oder weniger zer-
stört. Hagelschlag in der Markung von Frickenhausen im Würzbur-
gischen. Juli: Schnee im Berner Oberland. Hagelwetter in Bietigheim,
Murnau, Wallersen. Schrecklich. Abends vernichtete ein fürchterlicher
Hagel den reichsten Segen unserer Fluren. Mehrere Pfarreien sind
verwüstet. Der Hagel erstreckte sich bis ins Mühlviertel – 15 Stunden
lang. Schaden: 100.000 Schäffel Land. Mehr als 20 Steuerkreise sind
verödet, das Futter verschlammt. Zahl der Unglücklichen bei uns:
mehr als 2.000, größtenteils große Güterbesitzer.[16]

Es sind Schilderungen, die unter die Haut gehen. Doch im Vergleich
zu 1816 stehen wir beim heutigen Klimawandel einer Situation
gegenüber, die weitaus bedrohlicher ist. Die Temperaturen werden
keine Abkühlung bringen, sondern eine weitere Erwärmung, was
die Lage verschärft. Der Eintrag von Treibhausgasen hat zudem über
einen massiv längeren Zeitraum stattgefunden – und findet weiter
statt. Die Temperaturen werden sich wahrscheinlich noch viel deutlicher verändern, zudem über einen wesentlich längeren, wenn nicht
sogar unabsehbaren Zeitraum. Auf gut Deutsch: Der Ausbruch des
Tambora war ein vorübergehender Witz gegen das Szenario, mit dem
wir es zu tun bekommen werden.

Was also sage ich den Menschen, wenn sie mich fragen: Wie schlimm
steht es um den Klimawandel? Was sagt man als Treibhausgasbuchhalter? Was werden die Folgen sein?

Nun, ich verweise auf die genannten Beispiele, die wissenschaftlichen Tatsachen. Des Weiteren jedoch vermeide ich es, Katastrophen
weiter auszuschmücken. Betone lieber, dass wir etwas tun sollten – und
eben auch etwas tun können. Es ist kein Mysterium. Und ich glaube
am Ende auch nicht, dass die Menschen nicht imstande sind, zu realisieren, was gerade geschieht. Dass sie nicht wissen, was auf dem Spiel
steht – wenn wir mit klaren Fakten und Daten umgehen.

Stattdessen weiß ich jedoch und erlebe es jeden Tag, dass um den heißen Brei herumgeredet wird, wenn es um die entscheidenden Maßnahmen geht. Es wird gepokert und gefeilscht, aber nicht gehandelt. Es wird nach schnellen Vorteilen gegrapscht, nicht zu weitsichtigen und zwingenden Lösungen gegriffen. Die Wege, die derzeit gegangen werden, kommen einem Flickenteppich halbherziger Maßnahmen gleich. Das jedoch ist konfus. Es entbehrt einer transparenten und ernst zu nehmenden Methodik. Es bremst. Also sage ich den Menschen: Der Klimawandel ist ein Problem. Das größere Problem besteht jedoch darin, dass wir gerade im eigenen Strafraum herumschleichen, uns gegenseitig auf die Füße treten und extrem wertvolle Spielzeit verschenken.

Genau das ist es, was mich nervös macht.

Die größte Klimaschutzbremse: Fadenscheiniges Tun statt echten Handelns

Es gibt eine anschauliche Formulierung im Englischen, wenn der Schein das Sein ersetzt und jemand dann zur *low hanging fruit* greift. Sprich: Man nimmt sich den erstbesten Apfel in Augenhöhe und unternimmt nicht die Anstrengung, sich mit etwas systematisch zu beschäftigen. Das Ergebnis: Lug und Trug im schlimmsten, Augenwischerei im weniger drastischen Fall. Ich wiege mich also im falschen Vertrauen, etwas getan zu haben – und versäume gleichzeitig, das eigentlich Notwendige zu tun. Sicher auch, weil der Weg der *low hanging fruit* so einfach und verlockend ist.

Das beobachte ich immer wieder beim Klima, besonders in Zusammenhang mit wirtschaftlichen Praktiken, aber auch in der Politik: Ein vordergründiges Image und das Streben nach schnellem Profit scheinen bedeutsamer zu sein als konsequentes Handeln beim Klimaschutz. Schwammige, aber hochpolierte Kriterien kommen dann zum Tragen. Gängige, nicht jedoch die effektivsten Methoden. Zu vernehmen ist indes: Wortgeklingel. Von echter Entschlossenheit und Strategie keine Spur. Und selten sind es am Ende auch klar definierte Resultate, die als Messlatte dienen und die Wahrheit ans Tageslicht bringen. In der Tat erlebe ich das bei meiner Arbeit als Treibhausgasbuchhalter stets aufs Neue. Und so erlebte ich es auch in jenen Tagen, als ich auf Hawai'i weilte, um mit eigenen Augen zu sehen, wie es um unsere Atmosphäre steht.

Ich hatte damals noch einen zweiten Termin auf der Insel. Nachdem ich mich von Aidan verabschiedet und die Forschungsstation auf dem Gipfel des Mauna Loa verlassen hatte, besuchte ich am nächsten Tag ein kleines unscheinbares Industriegebiet, das westlich an den Kona International Airport angrenzt. Aus der Ferne fiel die Anlage kaum ins Auge. Zu sehen war erst mal nur eine Art Baugerüst, aus dem riesige Rohre herausragten.

Die Anlage gehört zum Ocean Energy Research Center (OERC) in Kailua-Kona, und nach einer Anfrage hatte ich bald die freundliche Einladung erhalten, das Zentrum zu besuchen. So machte ich mich auf, um auch diese Stätte einmal kennenzulernen.

Als ich näher kam, konnte ich die mächtige Rohrinstallation erkennen, die das Gelände dominiert. Sie war bestimmt vier Stockwerke hoch. Dahinter bogen sich die Palmen, breitete sich das blaue Meer aus. Nicht weit entfernt stand eine Unmenge an Bottichen herum, die alle mit Netzen abgedeckt waren. Ich parkte mein Auto und begab mich zum Informationspavillon. Hier sollte es erst mal ein Briefing geben, bevor der Rundgang stattfinden würde.

Ein Team trat in den Raum und begann mit der Präsentation. Der größte Teil des Geländes wurde dazu genutzt, um die Zucht von Oktopussen, Hummern und Algen zu erforschen. Dafür dienten auch die Bottiche mit den Netzen. Am westlichen Ende des Geländes ging es jedoch um etwas ganz anderes: nämlich um eine spezielle Form der Energieerzeugung, wobei man sich den Temperaturunterschied von warmem Oberflächenwasser und tieferen kühleren Wasserschichten zunutze macht.

Das Ocean Thermal Energy Conversion Project (OTEC) war damals erst seit zwei Jahren am Netz, und im Groben und Ganzen wusste ich, worum es ging. Das Interessante an diesem Projekt war die

Tatsache, das Ammoniak zum Einsatz kommt, um in einer Spezialturbine Strom zu erzeugen.

Sowohl Oberflächenwasser als auch Wasser aus tieferen Schichten werden dafür über eine schwimmende Plattform, die dem Gelände vorgelagert ist, aus dem Meer gepumpt. Anschließend wird Ammoniak in einem speziellen Wärmetauscher mit dem warmen Meerwasser aufgewärmt, um es danach als Dampf durch eine Turbine zu schleusen. Die Turbine wiederum ist mit einem Generator verbunden, der Strom erzeugt. Das kalte Wasser wird danach benutzt, um das Ammoniak wieder abzukühlen und dem Kreislauf zurückzuführen. Ammoniak ist eine Substanz, die auch schon in den ersten Kühlschränken als Kühlmittel verwendet wurde, wegen seines Geruchs und seiner Aggressivität heute aber nicht mehr zur Anwendung kommt. In hohen Konzentrationen eingeatmet, ist es lebensgefährlich.

Normalerweise denken wir bei Methoden der Stromerzeugung an Wasserdampf. Es sind jedoch große Mengen an Energie nötig, um aus Wasser Dampf zu erzeugen, der schließlich mit größerem Volumen den nötigen Druck erzeugt, um eine Turbine anzutreiben. Bei anderen Stoffen hingegen – wie hier beim Ammoniak – genügen wesentlich geringere Temperaturen für denselben Effekt. Der Vorteil: Es lassen sich weniger energieaufwendige Quellen nutzen, um Strom zu erzeugen. In diesem Fall das warme Meerwasser von der Oberfläche. Und dieser Teil der Geschichte klingt ja erst mal nicht schlecht.

In der Präsentation wurde mir als Nächstes überschwänglich erklärt, wie unerschöpflich diese uralte, aber inzwischen neu genutzte Energiequelle doch sei: das warme Oberflächenwasser des Ozeans. Vor allem sei dies eine besonders klimafreundliche Lösung, weil dabei kein CO_2 entstünde. Ich wurde wie immer skeptisch, als das Team von CO_2 statt von Treibhausgasen redete, und das bei einem solchen Pilotprojekt. Auch wurden die giftigen Eigenschaften des Ammoniaks mit keiner Silbe erwähnt.

Misstrauisch wurde ich jedoch noch aus einem anderen Grund. Wenn es nämlich um Temperaturen, Werte und Einheiten ging, war bei der Präsentation stets von Fahrenheit und Inches die Rede, von Fuß und Pounds. Im US-amerikanischen Alltag überrascht es nicht, dass diese Einheiten gebraucht werden, es ist bis heute Usus. In wissenschaftlichen Kreisen jedoch gilt es als missverständlich und kontraproduktiv, die üblichen US-Einheiten für Kalkulationen und Angaben zu benutzen. Es entspricht nicht dem neuesten Stand des fachlichen Austauschs.

Zudem wurde ich hellhörig, weil am Ende des Vortrags auf einmal mehreren Unternehmen aus der Industrie für ihre großzügige Unterstützung gedankt wurde. Und als die Sponsoren großspurig genannt wurden, fragte ich mich, ob ich hier auch wirklich wahrheitsgetreue Informationen und Fakten serviert bekam. Überhaupt, ob man bei diesem sensationellen neuen Energieprojekt unabhängige Absichten verfolgte. Zumal hier von Unternehmen die Rede war, die mir bisher nicht als besonders, sagen wir: naturverbunden aufgefallen waren. Wie zum Beispiel der US-amerikanische Rüstungs- und Technologiekonzern Lockheed Martin, der groß in das neue Energieprojekt auf Hawai'i eingestiegen war.

Mir schoss plötzlich etwas in den Kopf, als ich den Namen Lockheed Martin hörte. Da hatte es doch mal einen Vorfall gegeben, der Aufsehen erregt und nicht gerade für gute Schlagzeilen gesorgt hatte. Es ging dabei um ebenjene Einheiten, die die Amerikaner so stur weiter benutzen, auch wenn der Rest der Welt kaum mehr etwas damit anfangen kann und ganze Industriezweige sich seit geraumer Zeit auf andere Standards geeinigt haben – vor allem das metrische Einheitensystem, das längst auch in ein internationales Einheitensystem übergegangen ist. Der Grund: In Wissenschaft und Forschung, aber auch in Technologie, Produktion und Logistik will man schließlich eine Sprache sprechen und nicht mit zweierlei Maß messen.

Das angloamerikanische Maßsystem »Imperial« existiert hingegen in mehreren Varianten und stellt kein in sich geschlossenes Maßsystem dar. Zudem hat es keinerlei Bezug zum metrischen Dezimalsystem. Spezielle Weltkarten bilden dieses kuriose Politikum sogar ab. Fast die ganze Welt ist grün – die staatliche Einführung des metrischen Systems ist dort abgeschlossen. Nur wenige Flächen sind hingegen gelb und orange markiert. Sie zeigen jene Länder, in denen die Einführung fast oder teils durchgeführt wurde. Lediglich die USA und ein, zwei kleine Staaten sind noch immer rot. Das metrische System ist hier zwar eingeführt, aber nicht verbindlich. Der Grund: In den USA redet man geschickt von sogenannten *Common-use*-Maßeinheiten. Frei übersetzt bezeichnet dies allgemein verwendete Maßeinheiten, auf die sich jeder nach Belieben berufen kann.

Als wir den Pavillon verließen und zum Herz der Anlage gingen, fiel mir plötzlich wieder ein, worum es damals im Zusammenhang mit Lockheed Martin gegangen war. Um die Mars Climate Orbiter Mission, die 1998 startete. Nach seiner fast einjährigen Reise durch den Weltraum verglühte der Orbiter im September 1999 während des Eintritts in die Umlaufbahn des Planeten. Die Ursache war schon bald gefunden: ein Maßeinheitsfehler in der Software. Ich erinnere mich, dass ich damals viel über den Vorfall las und die Hintergründe recherchierte. Schließlich geht es bei meiner Arbeit als Treibhausgasbuchhalter wie überhaupt beim Thema Klimawandel ebenfalls und ganz besonders um Maßeinheiten. Es geht um Genauigkeit und Quantifizierung, aber eben auch darum, Werte und Ergebnisse einheitlich und präzise zu kommunizieren. Dies ist die Basis gemeinsamen Handelns. Die vereinbarte Sprache, wenn alle an einem Strang ziehen wollen.

So ist es im Prinzip auch in der Raumfahrt. Aufgrund der internationalen Kooperation verwendet die NASA darum schon seit Langem nur das metrische System. Der Zulieferer der Steuer-Software jedoch, Lockheed Martin, hatte seine Software nicht im metrischen System programmiert. Das Unternehmen hatte dafür Imperial-Einheiten benutzt, was sich als Ursache des Unglücks herausstellte. Und schon damals hatte ich mich gefragt, was wohl geschehen wäre, wenn Menschen in der Kapsel gesessen hätten.

In internen Kreisen wurde viel über die gescheiterte Marsmission diskutiert. Immerhin, es waren viele Jahre an Vorbereitung in das Projekt geflossen, viele Millionen Dollar an Entwicklungskosten. Lockheed Martin trug einen finanziellen Schaden davon, der Ruf des Unternehmens litt. Ans Tageslicht kam aber auch, dass die fehlende Sorgfalt des Staates ein ernst zu nehmendes Risiko darstellte. Zu lax wurde und wird immer noch in den USA mit der Regulierung von Maßeinheiten umgegangen, und eine Vorschrift zur einheitlichen

Nutzung wurde nie und ist auch bisher nicht erlassen worden. Ein jeder kann also weiterhin entscheiden, welche Bemessungsgrundlagen er für bestimmte Prozesse, Entwicklungen und Produkte zum Maß der Dinge macht. Und das in so ziemlich allen Bereichen, ob Wirtschaft, Technik, Forschung oder Handel. Eigentlich unvorstellbar, aber wahr. Zuletzt gab es 2013 eine Bürgerpetition in den USA, mit der verschiedene Verbände versuchten, aus der sturen Runde der verbleibenden »nicht metrischen« Staaten Myanmar und Liberia auszusteigen. Ein Repräsentant der Regierung allerdings schmetterte den Antrag ab, mit einer denkbar perfiden Ausrede.

Der mit der Beantwortung beauftragte staatliche Experte Patrick D. Gallagher, damals Direktor des National Institute of Standards and Technology und im selben Jahr danach stellvertretender Handelsminister, erklärte, dass es doch die Entscheidung eines jeden Einzelnen sei, ob er nun das metrische oder ein anderes Bezugssystem benutze. In der Regel dann eben das angloamerikanische imperiale System. Jeder nach seinem Gusto. Also: Es wird keine Entscheidung von der Regierung getroffen.

Die nonchalante Antwort spiegelte die uramerikanische Einstellung wider, staatliche Aufgaben zu minimieren, Verantwortung und Aufsichtspflichten weitgehend zu negieren. Auch ging es hier letztlich um Begriffe wie Freiheit und Individualismus – Grundpfeiler des *American dream,* die in vielen Bereichen noch immer unantastbar sind. Dem gegenüber steht das Grundverständnis, dass eine einzelne Person eben nicht über allgemeingültige Bezugssysteme entscheiden kann. Das kann nur eine Institution.

Schön und gut. Zu einem Unfall hoch über unseren Köpfen hatte dies allerdings nun schon geführt – und zu fortwährenden Umrechnungsbemühungen, Missverständnissen und Fehlkalkulationen führt dieser Unwille zur Einheitlichkeit weiterhin. Und zwar in zahllosen Branchen und Bereichen. Überall auf der Welt.

Mich erinnert dieser Umstand auf unangenehme Weise an ein weitverbreitetes Narrativ, das eben auch im Klimaschutz allzu oft zu finden ist: dass es nämlich eine Frage des individuellen Verhaltens sei, wie wir mit dem Problem umgehen. Und das beginnt schon bei der

Bemessung. Auch hier waltet allzu oft die Lockheed-Martin-Denke. Und das mit unkaputtbarer Unverfrorenheit: Wir drehen uns die Welt, wie sie uns gefällt.

Kann das funktionieren? Kann eine einzelne Person, darf ein einzelnes Unternehmen wirklich darüber entscheiden, wie man systematisch mit einer Sache umgeht, die Millionen andere ebenso betrifft? Manchmal muss ich mich schütteln. Denn beim Klimaschutz ist genau diese Haltung oft nicht nur Narrativ. Sie ist Praxis. Sie entspricht dem Modus Operandi.

Dabei wäre diese Praxis bei so vielen anderen relevanten Alltäglichkeiten gar nicht denkbar, geradezu absurd. Längst haben wir uns auf gültige Zahlungsmittel und Umrechnungskurse verständigt. Wir richten uns in der täglich funktionierenden Welt nach demselben Kalender, nach definierten Zeitzonen, nach gleichen Normen und definierten Sicherheitsstandards auf vielen Gebieten. Auch sind wir uns relativ einig, welche Gesetze unserem Verhalten Grenzen setzen, zumindest in vielen Teilen der Welt.

Bei allgemeingültigen Maßeinheiten aber hapert es oftmals. Und eben nicht nur beim imperialen und metrischen System, deren Einheiten über so vieles bestimmen. Auch bei Bemessungen, die für den Klimawandel entscheidend sind, geht es drunter und drüber – im wahrsten Sinne der beliebigen Dosierungslaunen. Als Treibhausgasbuchhalter weiß ich dies aus Erfahrung. Die exakte und auch exakt kommunizierbare Quantifizierung gehört schließlich zu meinem Job, und zwar maßgeblich. Es lässt sich also nur zu einem Schluss kommen, und nicht nur, was eine Marsmission betrifft: In jedem Bereich, in dem sich der Staat vor seiner Verantwortung drückt, riskiert er im besten Fall Missverständnisse und die Verschwendung öffentlicher Gelder. Im schlimmsten Fall riskiert er Menschenleben.

Ich hing noch meinen Gedanken nach, als wir mit der kleinen Gruppe weiter über das Gelände des neuen Energieprojekts liefen und schließlich dorthin kamen, wo die großen Rohre aus dem haushohen Gerüst wuchsen. Ich war gespannt, was als Nächstes folgen sollte. Nun, es folgte eine Vorschrift. Ironischerweise mussten wir jetzt alle einen

Helm aufsetzen und für den Fall, dass uns etwas zustoßen sollte, eine Unterlassungserklärung unterschreiben: die Voraussetzung, um die neuartige Wärmetauscheranlage zu erklimmen. Insgeheim musste ich schmunzeln. Natürlich ging es auch hier nicht um meine Gesundheit, sondern um Versicherungsvorschriften und das heilige Versprechen, den Betreiber niemals zu verklagen. Es ging ums Geld. Und hier klappte es auf einmal vorzüglich mit den »Regularien«.

Über schmale Treppen stiegen wir schließlich den Turm hoch, während die Präsentation ihren Lauf nahm. Und die Art und Weise, wie man die neue und nachhaltige Methode der Energiegewinnung im warmen Hawai'i anpries, ließ mich fast an eine der Verkaufssendungen im Fernsehen denken, wo einem in Endlosschleifen diverse »revolutionäre« Produkte unter die Nase gerieben werden. Nicht mal eine Stunde dauerte die Tour am Ende, und zum Schluss konnten wir vor der Küste auch die schwimmende Plattform sehen, von der aus das warme Wasser von oben und das kalte aus den Tiefen angesaugt wird. Es gab dann noch ein Shakehands und ein paar bunte Prospekte.

Danach saß ich wieder in meinem kleinen Mietwagen und wusste: Nein, dies würde nicht die eine Energielösung sein, mit der man dem globalen Klimawandel beikommen könnte. Sosehr sich die Lobpreisungen auch danach anhörten. Vielmehr wurde mir noch einmal bewusst, dass hier ein weiterer zentraler Mechanismus im großen Karussell der Klimathematik am Wirken war. Die Lust nach Beschönigung, das Verdrehen von Fakten und Zahlen, das Weglassen von allem Negativen und die uralte, aber ungebrochene Gier nach Gewinn. Doch spätestens dann, ich würde sofort eine Wette abschließen, mussten die Zahlen stimmen.

Ich hatte mich in Sachen Strom und Energie auf Hawai'i inzwischen schlaugemacht. Thermische Anlagen, die mit Ammoniak arbeiten, würden zunächst einmal nur in tropischen Zonen infrage kommen. Doch selbst auf pazifischen Inseln, die zwölf warme Monate im Jahr genießen, sind nur bestimmte Küstenabschnitte für solche Technologien geeignet. Zudem dürfen die Standorte nicht weit weg von tiefem Wasser liegen. Man kann also nur zu dem Schluss gelangen, dass die neue Methode für die Bekämpfung des globalen Klimawandels – wenn überhaupt – lediglich ein Nanopartikel auf den heißen Stein sein würde. Ein Nischentool in Sachen Klimaschutz.

Auf dem Rückweg zum Hotel fragte ich mich stattdessen, warum im vulkanischen Hawai'i nicht mehr Erdwärme zur Stromerzeugung genutzt wurde. Es gab zwar eine kleine Anlage namens Puna Geothermal Venture, aber das war es dann auch. Wie konnte das sein? Auf einer Vulkaninsel? An einem Ort, wo man bereits in geringen Tiefen auf so viel Wärme und damit Energie stößt, dass man sich diese quasi nur nehmen muss. Auf Island im Nordatlantik funktioniert das doch auch schon ganz formidabel. Nachhaltige Erdwärme dort, wo besonders viel Wärme in der Erde ist. Eine naheliegende, eine logische, nein: eigentlich doch eine zwingende Lösung!

Die Antwort darauf, warum das Energiemanagement auf Hawai'i nach wie vor kontraproduktiv ausfiel, konnte ich mir schnell selbst geben. Denn trotz des langen Transportwegs war und ist das Öl immer noch das billigste Mittel, um Energie zu erzeugen. Teil eins der Antwort. Teil zwei: Die öffentliche Hand auf Hawai'i hatte keinen strategischen Plan. Es fehlte ganz offenbar an Systematik und Entschlossenheit. Und auch das war Mangelware: der Wille zu verantwortlichem Handeln.

Es ist eigentlich unfassbar. Wie leicht würde man diese Inseln als Energiequelle besser, sinnvoller und nachhaltiger nutzen können? Traumhafte Inseln, die – ohne umständliche und komplizierte Maßnahmen – auch eine traumhafte Energiebilanz vorweisen könnten. Und dann wirklich etwas gegen den Klimawandel tun würden.

Hawai'i aber ist nur *ein* Beispiel. Doch leider gibt es zu viele davon. Viel zu viele. Und dies überall auf der Welt. Von Sibirien bis Samoa, von Tokio bis New York. Und leider finden sich diese Beispiele auch bei uns – fast flächendeckend in Deutschland. Es werden bei Weitem nicht die besten Mittel genutzt und nicht die effektivsten Wege gegangen – zumindest nicht im Sinne des Klimaschutzes. Das Motto lautet vielerorts doch eher: Die Industrie soll mal machen, die Politik reagiert beizeiten. So war es auch auf Hawai'i. Wie sich nämlich während der Klettertour auf die eigentliche Anlage am Ende herausstellte, ging es den mächtigen Industriepartnern des Projekts letztlich nur um die neue, auf Ammoniak basierende Wärmetauschertechnologie. Eine Technologie, die sich für industrielle Prozesse eignen und sich vor allem auch dort würde hervorragend verkaufen lassen.

Es war wie so oft. Die Sache mit dem CO_2 dient nur als Soundbite. Nichts als Marketing, Dekoration.

Und auch das gehört zum Einmaleins des Klimawandels, wenn wir darüber reden, was Sache ist. Als Treibhausgasbuchhalter kann ich ein Lied davon singen. Es wird zu viel psalmodiert und viel zu wenig gemacht.

In regelmäßigen Abständen bekomme ich Anrufe und Mails von Menschen, die behaupten, die ultimative Energielösung zu haben oder die beste aller CO_2-freien Methoden zu kennen. Nach der Schilderung des Verfahrens folgt dann meistens ein Nachsatz nach diesem Muster: »Wir« müssten jetzt nur noch den kleinen Aufwand betreiben, die neue Technologie mit einer glaubwürdigen CO_2-Bilanz zu belegen, schon würde das Geld in rauen Mengen fließen. Wenn ich dann erkläre, dass mein Team und ich unabhängig arbeiten und alle relevanten Treibhausgase ausschließlich nach anerkannten Standards quantifizieren, kühlt sich bei vielen die Begeisterung ab. Nur wenige wollen anschließend noch wissen, ob ihre Lösung einer unabhängigen Analyse auch wirklich standhält.

Das Interessante ist, dass mir auf diesem Weg oft frei Haus geliefert wird, woran viele Start-ups gerade arbeiten. Und manchmal sind wirklich gute Ideen dabei, für die wir dann auch eine Treibhausgasbilanz erstellen. Wenn diese anschließend positiv fürs Klima ausfällt, ist es durchaus möglich, unterstützende Gelder zu gewinnen. Manchmal betreuen wir die Projekte danach über einen längeren Zeitraum. Um sicherzustellen, dass sich unsere Annahmen bei einer anschließend entstehenden Pilotanlage auch bestätigen. Oder um Technologien weiter anzupassen, bis die Treibhausgasbilanz gut genug ausfällt.

Doch vor allem eines habe ich bei vielen solcher Projekte gelernt: dass es manchmal sehr lange dauert und dass bestehende Regelungen oft sogar ein Hindernis für innovative Technologien darstellen, wenn es um deren Zulassung geht. Wirklich bahnbrechende Prozesse oder neue Materialien etwa, die eine Technologie ausmachen, sind in den Zulassungsverfahren nicht vorgesehen oder schlicht unbekannt. Dann hapert es an vielem. Dann dauert es. Und oft genug geht gar nichts. Die Zulassung für den Markt wird abgelehnt.

Unverantwortlich ist es darum, auf die eine klimarettende Technologie von der Industrie oder auf eine geniale Erfindung einer jungen Firma zu warten. Auch ist es heikel, auf Ideen zu setzen, die sich noch entwickeln müssen oder die eines Tages vielleicht erst auftauchen werden. Solche Innovationen können irgendwann zur Lösung beitragen, und es ist wichtig, kluge Neuerungen auf diesem Gebiet zu fördern. Aber die Lösung kann es nicht sein. Technologien müssen jetzt zum Einsatz kommen, Probleme jetzt gelöst werden – mit Methoden und Wegen, die zuverlässig und bereits erprobt sind. Und es gibt diese bewährten Mittel und Wege längst. Wir müssen sie nur konsequent einsetzen.

Nach meiner Reise durch die Wirren und Schwächen im heutigen Klimaschutz werde ich in Kapitel 4 auf diese Lösungen eingehen. Auch werde ich Ihnen darlegen, was Gemeinden, Unternehmen und die Politik heute tun können und tun sollten, um die Klimakrise in den Griff zu bekommen. Doch vorher verhält es sich wie mit vielen modernen Phänomenen: Man muss sich von vorgefertigten Meinungen lösen und erst einmal die Fakten und Zusammenhänge ganz genau anschauen. Muss ihre Wesenszüge durchdringen, um anschließend die besten Antworten zu finden und die besten Wege zu gehen.

Beim Klima gehört dazu unbedingt, nicht der Augenwischerei zum Opfer zu fallen, sondern sich an Fakten, Sachverhalten und eben auch an anerkannten Standards zu orientieren. Und das kann doch eigentlich gar nicht so schwer sein: die relevanten Treibhausgase nach bekannten und einheitlichen Normen quantifizieren – und sie anschließend so weit reduzieren, dass der Treibhauseffekt wieder ein gesundes Niveau erreicht.

Doch die Kluft zwischen Lösung und Problem, zwischen Fakten und Fake ist noch immer zu groß. Auf Hawai'i habe ich es mit eigenen Augen gesehen – auf engstem Raum. Unten: die Unfähigkeit und der fehlende Wille, die tickende Bombe der Klimakrise zu entschärfen. Oben auf dem Gipfel die Station, wo Aidan und sein Team die bedrohliche Wahrheit jeden Abend von den Messgeräten ablesen. Nicht einmal 60 Kilometer Luftlinie liegen zwischen diesen beiden Schauplätzen der Klimakrise. Das Keeling Building hoch über den Wolken. Wie losgelöst vom Rest der Insel. Wie losgelöst vom Rest der Welt.

Leider von einem sehr großen Teil davon bisher.

2. KOPFSACHE
Emissionsarmes Frühstück ist gut, erkenntnisreiches Handeln besser: Warum wir persönlich umdenken sollten

Betrachten wir die Welt der Emissionen durch die Brille des Treibhausgasbuchhalters, sehen wir deutlich schärfer. Und müssen erkennen: Am Frühstückstisch werden wir den Planeten leider nicht retten. Vegan essen und emissionsarm einkaufen, ist zwar schon mal gut. Aber wir können – und müssen – weit mehr tun! Reden wir darum über die wirklichen Ursachen der Klimakrise, die Prinzipen des Fußabdrucks, sprechen wir auch über die wahren Lebenszyklen unserer Produkte und über das trügerische Prinzip Kompostierung. Dieses Update für den Kopf zeigt uns: Was gut und grün anmutet, ist meist noch lange nicht die beste Lösung, um die Treibhausgase zu reduzieren – und bedeutet eher vertane Zeit.

Wer das Problem ernst nimmt, sollte auch die Herangehensweise ernst nehmen

Wohl ein jeder kennt das. Ich sitze am Wochenende gemütlich am Frühstückstisch, streiche mir ein Brot, esse eventuell ein Ei, und irgendwann kommt die Frage auf: Kann ich denn eigentlich persönlich auch etwas gegen den Klimawandel tun? Und wenn ja, was wäre das? Schließlich genügt es, eine Zeitung zu lesen, die Nachrichten zu hören oder einem Podcast zu folgen – fast überall wird überdeutlich, dass irgendetwas passieren muss.

83

Prompt kommt man ins Grübeln. Hätte ich vielleicht besser keinen Kaffee kochen, keinen Tee trinken sollen? Beide wachsen immerhin nicht um die Ecke, sondern müssen erst aus Afrika, Südamerika, Indien oder sonst woher nach Deutschland transportiert, obendrein geröstet oder zumindest getrocknet werden. Und dann habe ich auch noch Wasser gekocht. Das alles hat unterm Strich sicher so einiges an Energie verbraucht – und somit wahrscheinlich auch einiges an Treibhausgasen produziert. Hätte ich jetzt am besten nur kaltes Wasser trinken sollen? Nun, das wäre zumindest weniger treibhausgasintensiv gewesen. Schon kommt der nächste Gedanke. Denn wenn Verzicht die Lösung wäre – sollte man dann allen anderen das Kaffeetrinken und den Teegenuss verbieten?

Natürlich nicht. Solche Aktionen können nicht die Lösung sein. Sicher: Ein jeder kann sich dafür entscheiden, weniger treibhausgasintensiv zu leben und damit die persönliche Lebensqualität seinen Werten anpassen. Wer in dieser Hinsicht weiß, was er tut, kann die Treibhausgase mit seinem Verhalten durchaus reduzieren und dabei auch noch gesünder leben. Aber dies gleich vorweg: Allein mit der Wahl unserer Produkte, allein mit unserem Konsumverhalten oder auch dem bewussten Verzicht auf Flugreisen bringen wir die entscheidenden Steine beim Klimaschutz noch nicht ins Rollen.

Die gute Nachricht: Mit einem besseren Verständnis der Zusammenhänge können wir persönlich weitaus mehr bewegen. Können in der Tat auf ganz anderen Ebenen ansetzen und dabei durchaus auch die großen Hebel umlegen.

Eine von vielen Alternativen zur morgendlichen Klimarettung am Frühstückstisch kann ich Ihnen schon jetzt empfehlen. Finden Sie heraus, was der Treibhausgasfußabdruck und die Klimaschutzstrategie Ihrer Stadt, Ihres Arbeitgebers, Ihrer Schule oder Universität sind. Wenn diese Informationen nicht öffentlich zugänglich oder unvollständig sind, nehmen Sie Kontakt auf, und fragen Sie, warum diese Informationen nicht zur Verfügung stehen. Und dann machen Sie diese Antworten ruhig publik. Ich verspreche Ihnen: Allein schon

diese kleine Aktion könnte deutlich mehr auslösen als all Ihre Kauf-
entscheidungen über mehrere Jahre hinweg. Sie werden feststellen,
dass der Treibhausgasfußabdruck dieser Institutionen wesentlich
größer ist als Ihr persönlicher. In manchen Fällen um den Faktor:
tausend! Und wenn Sie mit Ihrer Anfrage auf genau solche Verhältnismäßigkeiten aufmerksam machen, ist dies vielleicht der erste
Schritt, um weit mehr zu erreichen als durch eine Veränderung Ihrer
eigenen Lebensgewohnheiten.

Es sind Schritte genau dieser Art, die wirklich etwas bewegen.
Und es gibt noch weitaus mehr Handlungsoptionen in dieser Richtung, die die entscheidenden Schritte anstoßen können. Und: Sie
müssen dafür gar kein Experte in Sachen Treibhausgasbilanzierung
sein. Sie brauchen nur ein Mensch sein, der die Klimakrise ernst
nimmt für sich und uns alle – und der nachhakt, ob Institutionen
ihrer Verantwortung nachkommen.

Wie die entscheidenden Schritte konkret aussehen und was Sie in
dieser Hinsicht selbst noch alles unternehmen können, darauf werde
ich in Kapitel 4 ganz genau eingehen. Doch bis dahin möchte ich Sie
erst einmal auf Entdeckungsreise mitnehmen. Denn um beim Klimawandel voranzukommen, ist es ganz wichtig, zunächst die wesentlichen Zusammenhänge und Hintergründe dieser Krise zu verstehen.
Zu wissen, wie die heutigen Klimaschutzinstrumente funktionieren,
wo es dabei massiv hakt und wo genau die Politik ihrer Verantwortung nicht gerecht wird und was wirklich etwas bringt.

Kurzum: Wir müssen erst ein bisschen in die Tiefe gehen, müssen die eine oder andere Selbstverständlichkeit hinterfragen und uns
mit den Details beschäftigen. Dann eröffnen sich neue Sichtweisen,
andere Optionen und letztlich auch wirklich konkrete Mittel und
Wege, die zum Ziel führen.

Bei mir war es übrigens keine Spur anders. Um als Treibhausgasbuchhalter voranzukommen, musste auch ich erst einmal ordentlich
hinter die Kulissen schauen.

Entscheidend ist an dieser Stelle noch eine weitere Erkenntnis:
nämlich, dass die Änderung unseres persönlichen Verhaltens – so weit
wir auch zu gehen bereit sind – nicht die gesellschaftliche Lösung sein

kann. Schon gar nicht in einer pluralistischen und demokratischen Gesellschaft. Wenn wir nämlich die Klimakrise nur durch persönliche Verhaltensänderung lösen wollten, würde das am Ende bedeuten, dass das persönliche Verhalten in dieser Hinsicht reglementiert werden müsste, damit das funktioniert: Jetzt dürfen, jetzt müssen alle nur noch genau dies kaufen und genau das konsumieren. Das will sicher keiner. Es würde unseren freiheitlichen demokratischen Grundwerten widersprechen. Und die stehen nicht zur Disposition, schon gar nicht, wenn es wissenschaftlich nachweislich bessere Optionen gibt als die Regulierung unserer Lebens- und Konsumgewohnheiten.

Genau diese – die nachweislich besseren und auch schlechteren – Optionen werden wir im Einzelnen im Verlauf dieses Buches sehr genau anschauen.

Was die persönlichen Handlungsalternativen angeht, liegen Wunschdenken und Realität oft weiter auseinander, als uns lieb ist. Aber dies können wir nun einmal nur verstehen, wenn wir die dahinterliegenden Zusammenhänge betrachten. Dafür müssen wir allerdings bereit sein, uns von eventuellen Mythen zu verabschieden. Auch von jenen, die uns glauben machen, dass wir die Welt allein beim Frühstück retten könnten.

Kehren wir darum also erst noch einmal an unseren Frühstückstisch zurück und rollen das Feld von hinten auf.

Vor uns auf dem Tisch stehen also nun der Eierbecher, das Krustenbrot, der Brotaufstrich, der Zucker, die Kaffeekanne. Fürs Klima entscheidend sind zunächst zwei Gedanken: nämlich, dass nicht unerhebliche Mengen an Energie nötig waren, um all diese Produkte herzustellen, und dass allein die Herstellung automatisch Treibhausgase produziert hat.

Studien, wie viele das genau sind, gibt es, aber das ist nicht entscheidend für unsere momentanen Überlegungen. Entscheidend ist, wie wir anhand der Informationen aus Kapitel 1 inzwischen wissen, dass die Energieerzeugung bei Weitem die größte Quelle von Treibhausgasen ist. Logischer Schluss: Die Treibhausgasintensität der Energieerzeugung wirkt sich direkt auf die Produkte und Lebensmittel auf unserem Tisch aus – wie ja auch beim Verkehr und in der industriellen Produktion. Dort ist der direkte Zusammenhang vielleicht transparenter, weil mehr darüber berichtet wird und die Kausalitäten ersichtlicher sind.

Bei den Lebensmitteln allerdings muss man erst mal dahinterkommen, dass zum Beispiel die Energiebilanz von Fleisch auch abhängig ist von der Energiequelle und -menge, die aufgewendet wird, um den Kunstdünger zu produzieren, der wiederum für die Futterpflanzen verwendet wird. Nichtsdestotrotz: Der Zusammenhang ist derselbe.

Fassen wir zusammen: Von der Wissenschaft wissen wir, dass ein zu hoher Eintrag von Treibhausgasen den Klimawandel verursacht. Auch wissen wir von wissenschaftlichen Studien, dass die Dinge unseres täglichen Bedarfs Energie zur Herstellung benötigen und dass diese Energie bei ihrer Erzeugung große Mengen an Treibhausgasen verursachen kann. Aus einer politisch-freiheitlichen Überzeugung heraus lehnen wir es jedoch ab, das Handeln im täglichen Leben durch Gesetze im Detail zu reglementieren. Wir wollen schließlich niemandem vorschreiben, was sie oder er zum Frühstück essen soll und was nicht.

Wie also gehen wir nun mit dieser Situation um? Was soll ich jetzt wollen? Woran orientiere ich mich – an meinen politischen Überzeugungen oder an der Wissenschaft? Bei dieser Frage habe ich die Erfahrung gemacht, dass mir eine Betrachtung aller Aspekte aus dem Blickwinkel der Treibhausgasbuchhaltung auf jeden Fall entscheidende zusätzliche Informationen liefert.

Konkret heißt das: Das Deutsche Umweltbundesamt liefert Zahlen zum durchschnittlichen jährlichen Treibhausgasfußabdruck eines jeden Einzelnen in Deutschland. Der Wert liegt bei 11,63 t CO_2e.[17] In der Schweiz liegt er nach Angaben des Schweizerischen Bundesamts höher: bei 12 t CO_2e.[18] Österreich bewegt sich zwischen 10 und 13 t CO_2e.[19]

Eine Tonne CO_2 nimmt unter atmosphärischen Bedingungen ein Volumen ein, das ungefähr dem eines Heißluftballons entspricht. Genauer gesagt: dem Raum einer Kugel, die in den Ballon passen würde. Das bedeutet, dass jeder Deutsche im Jahr für fast zwölf Heißluftballons voller Treibhausgase verantwortlich ist und diese in den Himmel schickt. Bei der Betrachtung aller Menschen in Deutschland sind das etwa 996 Millionen Heißluftballons voller Abgase, die in die Atmosphäre gepustet werden. Nein, keine schöne Aussicht für den Himmel da oben.

Wer jetzt diese Zahl 996 Millionen mit der offiziellen Nationalen Treibhausgasbilanz von Deutschland von 810 Millionen t CO_2e vergleicht, wird feststellen, dass das Ergebnis höher ausfällt als die Zahl des Nationalen Inventars. Das ergibt auf den ersten Blick natürlich keinen Sinn. Zumal es wahrscheinlich viele Quellen um einen herum gibt, die nichts mit dem persönlichen Treibhausgaseintrag zu tun haben, zum Beispiel die Fabrik nebenan, die auch Produkte für den Export produziert – weshalb ja eigentlich die »persönliche« Zahl kleiner und die »nationale« größer ausfallen müsste. Man könnte an dieser Stelle meinen, dass die Berechnungen unzuverlässig sind. Doch es gibt einen guten und fürs Gesamtverständnis wichtigen Grund dafür, dass die Angabe fürs gesamte Land im rechnerischen Verhältnis kleiner ausfällt.

Die Nationale Treibhausgasbilanz nämlich berücksichtigt lediglich alle Quellen von Treibhausgasen innerhalb der territorialen Grenzen, weil ein Staat juristisch gesehen nur darauf Einfluss hat. Darum ist in diesem Zusammenhang auch von der »territorialen Quellen-Berichtsgrenze« die Rede. Bei der Betrachtung des Einzelnen hingegen werden sämtliche Quellen berücksichtigt, die im Laufe eines »Produktlebens« Treibhausgase verursachen und auf die eine einzelne Person vermeintlich Einfluss hat – egal, in welchem Land die Emissionen entstehen. Hier spielt also auch eine Rolle, wo der Tee angebaut wurde, den wir trinken, aus welchem Land der Kaffee, das Erdgas und der Staubsauger kommen, die wir benutzen. Das erklärt, warum es keinen Sinn macht, den Wert der Nationalen Bilanz durch die Einwohnerzahl zu teilen, um festzustellen, wie groß der Fußabdruck eines Einzelnen sein müsste, um die Klimakrise in einem Land zu bewältigen. Das ist aus fachlicher Sicht Unfug, weil dort Äpfel mit Birnen verrechnet werden. Dies wird im Weiteren noch deutlicher werden.

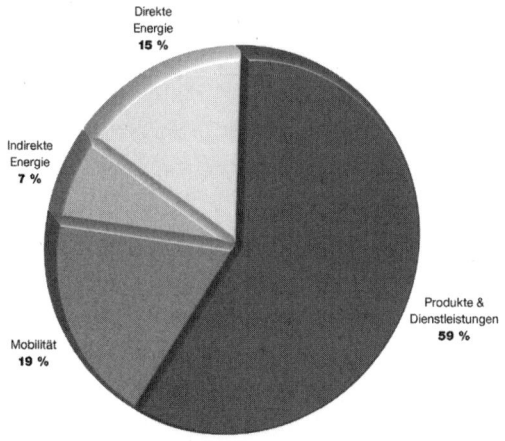

Direkte
Energie
15 %

Indirekte
Energie
7 %

Mobilität
19 %

Produkte &
Dienstleistungen
59 %

Persönliche Treibhausgasquellen
laut Umweltbundesamt

Wie in der Grafik sichtbar wird, verteilen sich die persönlich verursachten Emissionen zu fast 60 Prozent auf Dinge, die wir kaufen –
also nicht auf Quelle, die sozusagen direkt vor Ort Treibhausgase
produzieren. Um nun die Frage zu beantworten, was wir tun können,
um unseren persönlichen »Fußabdruck« zu minimieren, lohnt es
sich, einen buchhalterischen Blick darauf zu werfen, wie genau sich
das persönliche Durchschnittsinventar eines jeden Einzelnen laut
Umweltbundesamt aufteilt.

Basierend auf der aktuellen DIN EN ISO Norm 14064-1:2018[20]
zur Treibhausgasbuchhaltung in Deutschland werden die Emissionen in fünf Kategorien eingeteilt.

KATEGORIE 1: Emissionen, die direkt entstehen, zum Beispiel
durch einen Erdgasboiler im Haus.
KATEGORIE 2: Emissionen, die nicht direkt vor Ort, sondern woanders erzeugt werden. Zum Beispiel bei der Stromproduktion für
den Betrieb von Kaffeemaschinen, Ladegeräten, Fernsehern und Co.
im Haushalt – dieser Strom nämlich wird im Augenblick der Nutzung erzeugt oder aus einem Speicher abgerufen.

89

KATEGORIE 3: Hierzu zählen alle Emissionen, die im Zusammenhang mit Mobilität entstehen, also beim Weg zur Arbeit, zur Schule, zum Einkaufen oder in den Urlaub.

KATEGORIE 4: Emissionen, die in Bezug zu den Produkten stehen, die wir kaufen, oder zu Dienstleistungen, die wir in Anspruch nehmen.

KATEGORIE 5: Hierunter fallen die Emissionen einer Firma, die durch deren Produkte hervorgerufen werden – dieser Posten ist für unsere persönliche Bilanz also nicht relevant.

Die Einteilung der Emissionen in diese fünf Kategorien entspricht dem neuesten Stand. Eine simplere Methode, mit der Emissionen in lediglich drei sogenannte Scopes eingeteilt wurden, stammt aus dem Jahr 2004 und ist inzwischen veraltet und keine DIN-Norm. Diese Methode sollte nicht mehr angewendet werden.

Für ein besseres Verständnis ist es an dieser Stelle wichtig, zu verstehen, dass bei der Nationalen Berichterstattung nur die Kategorien 1 bis 3 einbezogen werden – bei der persönlichen Treibhausgasangabe des Umweltbundesamtes hingegen die Kategorien 1 bis 4. So erklären sich auch die im Verhältnis unterschiedlich ausfallenden Zahlen, wenn es um das »persönliche« und das »nationale« Inventar geht.

Das heißt: Geht es um die Verursachung von Treibhausgasen, werdenbei der Nationalen Bilanz die eingeführten Waren gar nicht berücksichtigt. Dabei wäre dies durchaus möglich – doch es wird einfach nicht gemacht. Grund: Dies ist im Internationalen Berichterstattungssystem nun einmal nicht vorgesehen. Dass beim Treibhausgasinventar für einen einzelnen Menschen hingegen die Kategorie 4 doch eingerechnet ist – also Produkte, die wir kaufen, Leistungen, die wir in Anspruch nehmen –, wird damit gerechtfertigt, dass hier der persönliche Einfluss auf die Entstehung von Treibhausgasen berücksichtigt wird. Wobei ich beim Wort »Einfluss« lieber von einem »vermeintlichen Einfluss« sprechen würde – wenn wir die Dinge genauer betrachten. Darin liegt mein Job: sehr genau hinzuschauen, auch wenn dies manchmal pedantisch und fürchterlich bürokratisch anmuten mag. Doch erst so kommen wir gewissen Wahrheiten auf die Spur. Und dann wird es interessant und: erhellend.

Werfen wir darum noch einmal einen Blick auf die Kategorien. Es hängt viel von ihnen ab, wenn wir die Sache verstehen wollen. Also: Wie verteilen sich denn nun die durchschnittlichen Emissionen auf die entsprechenden Kategorien?

Sie entfallen zu 15 Prozent (1,75 t CO_2e) auf Kategorie 1, zu 7 Prozent (0,79 t CO_2e) auf Kategorie 2, zu 19 Prozent (2,19 t CO_2e) auf Kategorie 3 und zu 59 Prozent (6,9 t CO_2e) auf Kategorie 4. Wir sehen: Mehr als die Hälfte unserer persönlichen Emissionen haben mit den Dingen und Produkten zu tun, die wir kaufen.

Kehren wir an den Frühstückstisch zurück und fragen uns, wo die einzelnen Produkte hergestellt wurden. Drehe ich Kaffeetasse und Teller um, werfe ich einen Blick auf den Produkthinweis auf der Kaffeemaschine – dann werden eher selten die Worte »Made in Germany« darauf stehen, sondern eher: Made in China, Made in Taiwan, Made in Vietnam, Made in India, Made in Korea, Made in Sonstwo. Bedeutet: Die Emissionen, die in Wahrheit während der allermeisten Produktzyklen entstehen, tauchen im Nationalen Inventar von Deutschland gar nicht auf. Sie werden quasi ignoriert.

Gleiches gilt für andere Produkte auf dem Tisch: die Erdbeermarmelade vom Discounter, die Eierbecher aus dem Dekoladen, die Messer und Gläser aus dem Einrichtungshaus. Vieles kommt nicht aus Deutschland. Die vermeintlich aus Deutschland stammende Erdbeermarmelade vom Discounter wurde in der Regel aus einem Fruchtpüree aus China hergestellt, und das Glas und das Etikett ebenfalls. Genauso wie der Salzstreuer, der Toaster, die Eieruhr. Und wie die Produkte in China, Vietnam oder Indonesien produziert wurden und werden – für uns als Verbraucher ist dies nicht nur vollkommen intransparent, es steht auch außerhalb unseres Einflusses. Selbst wenn ich mich für eine regionale Marmelade aus deutschen Erdbeeren entscheide, habe ich nur wenig bis null Einfluss darauf, ob und welcher Dünger für diese Erdbeeren verwendet wurde. Auch weiß ich nicht, wie treibhausgaseffizient das Produkt transportiert wurde. Ich weiß nicht, woher das Glas stammt. Auch bei den anderen Produkten habe ich keine Ahnung. Woher kommen die verschiedenen Teile für die Espressomaschine? Mit welcher Farbe wurde der Eierbecher gefärbt und mit welcher Technik das Brotmesser gehärtet? Dementsprechend habe ich ebenfalls keinen blassen Schimmer, woher die Energie beziehungsweise die Treibhausgasintensität stammt, mit der all diese Waren produziert wurden und mit deren Hilfe sie schließlich über irgendeine Grenze (oder auch mehrere Grenzen) nach Deutschland gelangten.

Mit anderen Worten: Wir können die genauen und kompletten Treibhausgasbilanzen der meisten Produkte beim Kauf heutzutage gar nicht kennen. Wir wissen überhaupt nicht, wie »gut« oder »schlecht« sie im Sinne des Klimawandels wirklich sind. Denn wir haben bisher keine Chance, uns über ihren wahren »Lebenslauf« schlauzumachen.

Dabei lassen sich solche exakten Bilanzen für unsere Produkte durchaus berechnen. Auch dafür gibt es eine DIN EN ISO Norm zur Treibhausgasbuchhaltung. Genauer gesagt: die ISO 14067:2019[21]. Die Analyse, die auf dieser Norm basiert, wird im Englischen als »Life-Cycle Assessment« bezeichnet. Ein wichtiger Begriff – der mit darüber entscheidet, wie wir mit dem Klimawandel umgehen. Im Deutschen wird dafür leider der Begriff der »Ökobilanz« verwendet. Das jedoch ist irreführend, weil ökologische Gesichtspunkte in dieser wichtigen und normierten Form der Bilanzierung überhaupt nicht berücksichtigt werden.

Natürlich könnten wir eine echte Ökobilanz erstellen, die ökologische Gesichtspunkte berücksichtigt. Bei einem »ISO 14067:2018 Life-Cycle Assessment« aber handelt es sich ausschließlich um eine produktbezogene Lebenszyklus-Treibhausgasbilanz – und nur davon sollte darum hier die Rede sein.

In dieser Treibhausgasbilanz werden sämtliche für ein Produkt relevante Faktoren eingerechnet: vom ersten Baum, der zum Beispiel für eine Mine gefällt wurde, die wiederum als Rohstofflieferant für Farbpigmente dient, mit denen die Papierservietten auf unserem Frühstückstisch bedruckt wurden. Diese Treibhausgasbilanzen kalkulieren auch die Emissionen mit ein, die schließlich in der Müllverbrennungsanlage entstehen, wo die meisten Produkte irgendwann leider noch am wahrscheinlichsten landen und vernichtet werden.

Immerhin also: Wir kennen die Faktoren in den kompletten Lebenszyklen unserer Produkte heute sehr genau. Auch wüssten wir um die Bilanzen, die nach so einer umfassenden Betrachtung und Berechnung am Ende herauskämen. Nur: Fast kein Hersteller erstellt solche Bilanzen – und würde die wahren Ergebnisse für seine Produkte veröffentlichen. Und selbst wenn sie veröffentlicht würden: Wir stünden dennoch vor Regalen, die mit treibhausgasintensiven Produkten gefüllt sind. An dieser Tatsache können wir nichts ändern. Wir als Kunden können nicht die Energie bestimmen, die benutzt wird, um Gläser herzustellen, Marmelade zu kochen oder den veganen Brotaufstrich von A nach B zu transportieren.

Zu welchem Schluss kann uns das also nur führen, wenn wir mal wieder am Frühstückstisch sitzen und darüber sinnieren, was Eierbecher und Salamischeibe, was Kürbiskernbrot und gesalzene Butter aus Irland womöglich mit dem Klimawandel zu tun haben? Und was wir schließlich tun könnten, um die Menschheit in dieser Hinsicht voranzubringen? Die Wahrheit ist: sehr wenig. Denn egal, wo ich eine Kaufentscheidung treffe: Weder vor dem Regal im Supermarkt noch bei mir zu Hause am Computer existiert Transparenz. Auch habe ich keinen bedeutenden Einfluss auf jene Zyklen, die bei einer umfassenden Treibhausgasbilanz in Wahrheit für die meisten Produkte ausschlaggebend sind.

Im Gegenteil: Oft wird uns durch allerlei Labels vorgegaukelt, dass wir mit dieser oder jener Kaufentscheidung etwas fürs Klima tun. Als Treibhausgasbuchhalter muss ich dann meist die Stirn runzeln – ein bisschen traurig und ein bisschen wütend. Mir jedenfalls ist noch kein Produkt untergekommen, das neben dem verheißungsvollen Etikett auch all jene Informationen bereithält, die für eine wirklich realistische Kaufentscheidung am Ende nötig wären.

Dafür bräuchte ich aus meiner Sicht mindestens eine vollständige und auch verifizierte Treibhausgasbilanz für das jeweilige Produkt –

und zwar nach DIN EN ISO Norm 14064-1. Auch bräuchte ich eine weitere vollständige Treibhausgasbilanz der Kompensationsmaßnahme nach der dafür bestimmten und verifizierten DIN EN ISO Norm 14064-2.[22] Und, um wirklich auf dem Laufenden zu sein: Beide Bilanzen müssten sich für jedes Jahr fortlaufend ausgleichen.

Und nur wenn ein Produkt-Label all diese Fakten preisgibt, würde ich die Informationen als annähernd zutreffend einschätzen – und als aussagekräftig genug, um mich im Sinne des Klimas für oder gegen das Produkt entscheiden zu können. Doch wie gesagt, ein solches – sagen wir: offenherziges, informatives und ehrliches – Produkt ist mir noch nie unter die Augen gekommen.

Noch einmal zur Erinnerung: Wir bewegen uns gerade lediglich in der Kategorie 4 – Dinge und Leistungen, die wir einkaufen. Hier haben wir also nun gesehen, wie gering unser persönlicher Einfluss ist. Wie steht es in dieser Hinsicht mit den anderen Kategorien, wie groß ist der persönliche Einfluss dort? Wie viel könnte ich als einzelner Mensch auf diesen Gebieten bewegen?

In Kategorie 1 wird alles in Betracht gezogen, das direkt mit der Energieerzeugung und dem Verbrauch meines Wohnraums zu tun hat. Womit wird geheizt? Und wie energieeffizient ist mein Haus, meine Wohnung? Als Eigentümer kann ich das natürlich beeinflussen, doch sobald ich in einer Wohnung zur Miete wohne, wird es wesentlich komplizierter. Und in Zeiten von Wohnraummangel ist es schon schwer genug, überhaupt eine schöne und bezahlbare Wohnung zu finden – bei der Suche auch noch die Energiequelle und -effizienz als Kriterium anzusetzen, dürfte in vielen Fällen ziemlich hoffnungslos sein. Und schließlich sind da noch die Kosten.

Kategorie 2. Hier kann ich mir eventuell einen alternativen Stromanbieter aussuchen, dessen Angebot weniger treibhausgasintensiv ausfällt. Doch selbst wenn ich das tue: Die Bemühungen in diesem Bereich machen gerade einmal sieben Prozent in meinem »Gesamtbudget« aus, wenn ich die persönlichen Anteile meines Eintrags von Treibhausgasen in die Atmosphäre betrachte. Das allerdings auch nur, wenn ich diese Option überhaupt habe.

In Kategorie 3 – Mobilität – könnte ich mich beispielsweise dafür entscheiden, mehr Fahrrad zu fahren. Die beste und effizienteste Alternative, wenn wir in diesem Bereich Treibhausgase vermeiden wollen. Aber das Umsteigen aufs Rad ist nun einmal nicht immer möglich. Oft ist der Weg zu weit, der Einkaufsbeutel für den Gepäckträger zu schwer oder das Wetter zu schlecht. Auch kann ich als einzelner Mensch kaum etwas dazu beitragen, dass in meinem Wohngebiet ausreichend Fahrradwege zur Verfügung stehen. Und öffentliche Verkehrsmittel herbeizaubern, in denen man problemlos und in ausreichender Zahl das Fahrrad mitnehmen kann – auch nicht so leicht. Für längere Strecken kommt die Bahn infrage, aber meist nur, wenn die Reise von Stadt zu Stadt führt. Regionale Anbindungen sind oft Mangelware, und auch hier sind meinem persönlichen Handlungsspielraum schnell Grenzen gesetzt. Erst recht auf dem Land. Hier wäre dann vielleicht ein Elektroauto ein Mittel der Wahl. Aber das muss man erst mal bezahlen können, und eine ausreichende Ladeinfrastruktur ist ebenfalls nicht über Nacht herbeigeschnipst. Selbst wenn ich mich als Individuum also bewusst dafür entscheide, im Bereich der Mobilität möglichst klimafreundlich zu leben – einfach wird es nicht.

Und es gibt noch weitere Angebote, zu agieren. Mit dem Kauf sogenannter Ausgleichszertifikate wird dem Verbraucher vermittelt, dass er auf diese Weise seinen persönlichen Treibhausgasanteil kompensiere. Diese Zertifikate sind allerdings mit äußerster Vorsicht zu genießen. Meiner Erfahrung nach sind auch diese Produkte in den seltensten Fällen in der Lage, die Integrität der Ausgleichsleistung zu belegen – nämlich anhand einer vollständigen und verifizierten Projektdokumentation und Bilanz nach DIN EN ISO Norm 14064-2. Auch fehlt häufig ein öffentlicher Registereintrag, der beispielsweise eine Stilllegung nachprüfbar bestätigt. Und dann ist es schwer bis unmöglich, die Maßnahme einzuschätzen.

Betrachten wir nun alle Kategorien zusammen, erkennen wir ein übergreifendes Szenario. Und müssen feststellen, dass es viele andere Faktoren außerhalb unserer selbst sind, die wesentlich mehr Einfluss darauf haben, wie treibhausgasintensiv wir unsere Leben gestalten können – sogar dann, wenn wir bereit wären, unser persönliches Verhalten noch so sehr zu ändern.

Das heißt natürlich nicht, dass wir in all diesen Bereichen gar keinen Einfluss haben, gerade wenn immer mehr von uns entsprechend handeln. Dennoch müssen wir uns eingestehen, dass unsere Möglichkeiten als einzelne Person sehr begrenzt sind. Und, noch wichtiger: dass unser Handeln in dieser Hinsicht immer freiwillig bleiben wird.

Und da können wir jetzt debattieren, bis wir knallrot anlaufen. Können rechnen, streiten und uns gegenseitig zerfleischen. Nüchtern und faktisch betrachtet, wird das Fazit immer nur lauten: Mit persönlichen Maßnahmen und freiwilligen Verhaltensveränderungen werden wir die Klimakrise nicht abwenden. Die gesellschaftliche Lösung des Problems kann und wird hierin nicht liegen. Wir brauchen viel effektivere Lösungen.

Leider ist darum auch dies wahr: Die Welt am Frühstückstisch retten – daraus wird nichts.

Das alles klingt ziemlich ernüchternd und wenig hoffnungsvoll. Allerdings nur, wenn wir an diesem Punkt stehen bleiben und uns nicht fragen, was denn nun alternativ möglich und effektiv ist. An dieser Stelle geht es mir noch gar nicht um konkrete Lösungswege, die wir später im Buch kennenlernen werden – sondern zunächst um eine generelle Haltung. Um eine Einstellung, die vor allem mit der Bereitschaft zum Umdenken zu tun hat. Denn wenn wir die Krise ernst nehmen, bedeutet das dann nicht auch, dass wir uns so ernsthaft, systematisch und detailliert wie möglich mit den bestmöglichen Maßnahmen beschäftigen müssen? Dass wir uns mit jenen Handlungsoptionen auseinandersetzen sollten, die uns wirklich zur Verfügung stehen?

Genau das heißt zunächst einmal, sich einer wissenschaftlichen Methodik zu bedienen und anerkannte, aktuelle Standards der Treibhausgasbilanzierung zu benutzen. In ihrer Anwendung sollten wir so ergebnisoffen und unvoreingenommen sein wie nur möglich. Dies sind die fundamentalen Grundsätze meiner Arbeit: unabhängig und wissenschaftlich vorzugehen – stets basierend auf Standards. Das klingt vielleicht nicht zwingend nach der typischen, engagierten Einstellung eines passionierten Klimaschützers. Doch das wäre die falsche Schlussfolgerung.

Ich mache diese Arbeit, weil mir das Thema wie nichts anderes am Herzen liegt. Doch gerade, weil mir das Thema so wichtig ist, darf ich mich von emotionalen und unsachlichen Argumenten erst recht nicht beeinflussen oder ablenken lassen. Nur mit dieser Herangehensweise werde ich der Klimakrise gerecht. Und nur so stellt meine Arbeit einen Wert dar, auch für meine Kunden. Denn wenn ich bloß herausfinde, was ich rausfinden will, wenn ich herausfinde, was der Kunde hören möchte – dann sind die Ergebnisse völlig wertlos.

Zur wissenschaftlichen Methodik gehört nämlich eine weitere wichtige Erkenntnis. Und zwar die, dass ich mit einer fundierten Herangehensweise dennoch auch zu einer falschen Einschätzung kommen kann. Mein Team und ich haben uns bei der Treibhausgasbuchhaltung dafür einen Namen einfallen lassen: Wir nennen es das »I could be wrong«-Prinzip. Und das funktioniert in unserer internationalen Gruppe sehr gut.

Wenn ich Informationen betrachte, komme ich meist zu irgendeiner Schlussfolgerung. Und das fühlt sich erst mal gut an. Motto: Problem verstanden, Lösung gefunden. Dabei könnte es jedoch sein, dass die Informationen, die mir zur Verfügung standen, den Sachverhalt gar nicht zu hundert Prozent abbilden.

Wenn ich dann aber mit neuen und zusätzlichen Informationen konfrontiert werde, deren Gehalt meine ursprüngliche Schlussfolgerung eventuell ins Wanken bringen – dann ist es ganz entscheidend, wie ich diese Informationen einordne und mit ihnen umgehe.

Dies ist generell ein spannendes Thema, auch bei der Meinungsbildung. Es hat viel mit dem zu tun, wie wir die moderne, schnelle Welt verstehen. Und eigentlich immer wieder aufs Neue verstehen müssen. Als Psychologe, der ich ebenfalls bin, beschäftige ich mich oft mit dieser Frage, denn schließlich ist sie auch bei der Klimakrise entscheidend.

Ich habe also zwei Möglichkeiten, mit der oben genannten Situation umzugehen. Ich kann mich entscheiden, eine neue Information als nicht relevant einzuschätzen, mich nicht aus dem Konzept bringen zu lassen und unbeirrt weiter wie vorher zu handeln. Dies ist die einfachste Option.

Die Alternative: Ich berücksichtige die neue Information, evaluiere die Situation entsprechend neu und komme möglicherweise zu ganz neuen Schlüssen. Dies ist natürlich der unbequemere, kompliziertere und schwierigere Weg. Zumal: Ich muss mir dabei womöglich eingestehen, dass ich am Anfang nicht richtiglag: *I was wrong!* Doch besticht dieser zweite Weg durch einen enormen Vorteil. Denn hierbei ist es wesentlich wahrscheinlicher, dass ich durch Berücksichtigung sämtlicher Informationen und durch ständiges Anpassen letztlich zu einer weitaus genaueren und besseren Einschätzung komme als im ersten Fall.

Aber der Mensch ist nun mal ein Mensch. Meistens entscheidet er sich für Option eins. Problem kapiert, Meinung gebildet, die Marschrichtung steht, vorgefertigte Meinung abonniert. Dieser generell eher bequeme Umgang mit Fragestellungen und Lösungsfindungen ist im täglichen Leben oft zu beobachten, auch bei der Arbeit. Und das Prinzip *»I am always right!«* kommt leider auch beim Klimawandel oft zum Tragen – und hat in anderen, wirklich krassen Situationen schon zu Katastrophen geführt. Der bis dato schwerste Nuklearunfall in einem Atomkraftwerk Mitte der Achtzigerjahre in der Stadt Tschernobyl ist für ein solches Verhalten ein Paradebeispiel. Diese Katastrophe ereignete sich aufgrund menschlichen Versagens und hat Millionen Menschen in Europa über viele Jahre betroffen. Nach Angaben der Internationalen Ärzte für die Verhütung des Atomkrieges (IPPNW) hat Tschernobyl 50.000 bis 100.000 Tote und bis zu 900.000 Invalide gefordert.[23] Ein menschliches Drama, das im Kontrollraum des Atomkraftwerks seinen Anfang nahm.

Am 26. April 1986 wurde dort zu Testzwecken ein Stromausfall simuliert. Aus der Aufarbeitung des Unfalls geht hervor, dass die ersten Anzeichen für ein Problem falsch eingeschätzt wurden. Dass etwas im Betrieb des Reaktors Nummer 4 nicht stimmte, deutete das

Personal als eine Randerscheinung des Tests – und nicht als Warnsignal, dass dort wirklich etwas schieflief. Eine Fehleinschätzung, die viel zu lange nicht korrigiert wurde. Selbst nach weiteren Warnsignalen wurde der Test nicht abgebrochen und die vorgefertigte Einschätzung nicht infrage gestellt – und so wurde der Moment verpasst, die nukleare Katastrophe zu verhindern.

Das Prinzip »*I could be wrong*« sollte uns also zu denken geben – gerade bei Fragen, die über unsere Zukunft entscheiden. Wichtig ist, nicht an vorgefertigten Einschätzungen festzuhalten, sondern diese immer wieder an neue Informationen anzupassen.

Der Gedanke beinhaltet auch, dass wir uns stets aufs Neue fragen sollten, ob unser Handeln wirklich stringent zum Ziel führt. Oder ob wir Zeit verschwenden, wenn wir zwar Verzicht üben, Zertifikate kaufen oder demonstrieren, wir gleichzeitig aber nicht hundertprozentig sicher sind, ob unser Handeln tatsächlich die wirkungsvollste aller Alternativen darstellt. Vor allem, wenn sich kein deutlicher Erfolg abzeichnet.

Die Frage, ganz besonders bei der Klimakrise, sollte darum lauten: Ist es wirklich das Bestmögliche und Wirkungsvollste, was ich in meinem Rahmen machen kann? Oder sitze ich vielleicht gerade mit anderen in einem Ruderboot, lege mich zwar mit all meinen Kräften in die Riemen – derweil das Boot jedoch gar nicht auf dem direkten Kurs zur Ziellinie steuert? Beim Klima beobachte ich diese Situation immer wieder. Viele Menschen sind mit jeder Faser bereit, etwas zu tun. Sie engagieren sich und handeln auch – können aber eigentlich nicht genau sagen, ob das, was sie machen, wirklich die methodisch effektivste und beste Alternative ist. Schnell kommt es dann zu eklatanten Missverständnissen. Und diese rühren oft daher, dass vorschnelle Annahmen nicht hinterfragt werden und sich viel zu lange halten.

Ökologie und Klimaschutz: Zwei völlig verschiedene Welten

Ein wichtiges Beispiel, wo vorgefertigte Sichtweisen uns den Weg verstellen, ist das Thema Ökologie und Klimaschutz. Es ist klar, dass alle Klimaschutzmaßnahmen prinzipiell auch ökologisch verantwortungsvoll sein sollten. Wie ja eigentlich jedes Handeln. Aber dieser Zusammenhang lässt sich nicht immer so einfach umkehren. Denn nicht alles, was aus ökologischer Sicht erstrebenswert scheint, ist gleichzeitig auch gut fürs Klima – ist also nicht automatisch die beste Handlungsalternative, um die Treibhausgase zu reduzieren. Das kann der Fall sein, muss aber nicht. Und darin liegt ein entscheidender Unterschied. Es kann durchaus vorkommen, dass eine ökologisch überaus sinnvoll erscheinende Methode sich für den Klimaschutz am Ende als kontraproduktiv erweist. Und dann wird es sogar gefährlich: wenn man die Begriffe »Ökologie« und »Klimaschutz« nicht scharf voneinander trennt und auch sein Handeln nicht entsprechend korrigiert.

Ein Beispiel: Nehmen wir den berühmten Komposthaufen. In vielen deutschen Landkreisen, in privaten Gärten, aber auch in landwirtschaftlichen Betrieben gilt der Komposthaufen als ein »grüner« und guter Weg, Biomüll sinnvoll zu entsorgen. Laub kehren wir zusammen, werfen Grasschnitt, alte Eierschalen, Kartoffelschalen und andere Essensreste auf einen Haufen, anstatt die natürlichen Abfälle einfach in den Hausmüll zu geben. Anschließend erledigt die Natur den Rest. Bei der Kompostierung, auch Rotte genannt, zersetzen Bakterien, Algen, Pilze, Insekten das organische Material, das nach einer gewissen Zeit wieder zu Komposterde wird. Alles schön ökologisch.

Aber ist es auch Klimaschutz? Ist es wirklich klimafreundlich und reduziert die Treibhausgase?

Hier kommt es entscheidend auf die Methode des Kompostierens an. Denn bei einer ungeplanten Aufschichtung der Bioabfälle entstehen bei der Zersetzung mangels Durchlüftung signifikante Mengen an Methan – Methan, das, wie wir in Kapitel 1 gesehen haben,

25-mal schädlicher wirkt als Kohlenstoffdioxid. Und dieses Methan aus dem Komposthaufen ist anthropogen. Denn ohne menschliches Zutun wäre es gar nicht erst entstanden. Wir können das gut am Laub erkennen, das jeden Herbst von den Bäumen fällt. Lassen wir es einfach wild verstreut im Garten liegen, wird es gut durchlüftet und zersetzt sich auf natürliche Weise. Kehren wir es jedoch zusammen und schichten es auf einen Haufen, entsteht bei der Zersetzung Methan – weil das Laub nun nicht mehr genug mit Sauerstoff durchlüftet wird. Und wenn dann noch schwere Küchenabfälle hinzukommen, wird dieser Prozess weiter verstärkt.

Solche anaeroben Prozesse bei der Kompostierung sind absolut unerwünscht. Sie sind kontraproduktiv. Keineswegs nur für den Komposthaufen im Garten gilt darum: Was viele für grün, ökologisch und somit automatisch auch für klimafreundlich halten, gleicht in Wirklichkeit einer Treibhausgasschleuder. Und wenn die Kompostierung im großen Stil betrieben wird, kommt zusätzlich die indirekte Emission von Lachgas hinzu. Das noch einmal 298-mal schädlicher ist.

Untersuchungen des bifa Umweltinstituts in Augsburg haben entsprechend ergeben, dass Emissionen klimarelevanter Gase maßgeblich durch die Betriebsführung und die Rottesteuerung beeinflusst werden. Das Institut schreibt: »Selbst technische Maßnahmen wie zum Beispiel Biofilter können Methan und Lachgas nicht abscheiden, daher sollte das Ziel sein, diese Gase während der Kompostierung erst gar nicht entstehen zu lassen.«[24] Und neben dem Methan entstehen als Folge der mikrobiologischen Zersetzung auch noch Ammoniak und später Lachgas, das außerdem in die Außenluft gelangt und somit den Treibhauseffekt ebenfalls weiter befeuert: und zwar noch einmal um ein Vielfaches schlimmer als selbst das Methan. Um bei der Kompostierung klimaneutral zu handeln, ist darum eine aerobe Rotteführung gefragt. Wobei nicht nur ein günstiges Kohlenstoff-Stickstoff-Verhältnis zählt, sondern auch ein ausreichender Wassergehalt, die Abmessungen und Gestaltung des Kompostkörpers sowie eine aktive Belüftung und die Steuerung der Rottetemperaturen wichtig sind.[25]

Auch in den Projekten, die mein Team und ich betreuen, ist klar geworden, dass Kompostierung nur mit ganz erheblichem technischen Aufwand sinnvoll ist, um keine anthropogenen Treibhausgase freizusetzen. Nötig ist immer eine aktive Belüftung, zudem sollte in dem Gebäude, in der Halle oder in der entsprechenden Anlage ein Unterdruck herrschen, um sich des Methans in der gesammelten Abluft zu entledigen und dies zu zerstören.

So einfach ist es also nicht. Wenn wir denken, wir tun das Richtige, tun wir manchmal genau das Falsche. Bringen Ökologie und Klimaschutz durcheinander – die beide ganz unterschiedliche Ziele verfolgen.

Es gibt noch einen weiteren Aspekt, bei dem die Gleichsetzung von Ökologie und Klimaschutz fatale Folgen hat. Das Problem ist, dass das Thema Ökologie eigentlich immer emotional transportiert wird. Bilder von heiler Natur und glücklichen Tieren sollen uns motivieren, ökologische Projekte zu begrüßen. Oder: Strohhalme und Plastikmüll, an denen viele Meerestiere verenden, sollen uns dazu bringen, Schutzprojekte finanziell zu unterstützen. Bei der Gleichsetzung von Ökologie und Klimaschutz wurde der gesamte Themenkomplex »Klimakrise und Klimaschutz« leider in einem Rutsch mit emotionalisiert. Die Emotionalisierung statt einer Versachlichung wurde weit in die Gesellschaft hineingetragen und immer stärker verwässert. Der nüchternen und wissenschaftlichen Betrachtungsweise einmal entrissen, ist das dringlichste Problem – der Klimaschutz – heute darum haltlos verwoben mit Ökologie, Artenschutz, Umweltschutz. Mit Bereichen also, die von gezielten Strategien zur Senkung der Treibhausgase ablenken können. Es bringt nichts, sich in Nebenschauplätzen zu verlieren. Wenn zum Beispiel Bilder von getöteten Koalabären aus Australien gezeigt werden und dann gefordert wird, dass die Menschen auf die rationalen Wahrheiten der Wissenschaft hören sollen, fehlen in dieser Verknüpfung wegweisende Einsichten, die zu direktem Klimaschutz überleiten. Sind Angst oder Verzweiflung wirklich der beste Motivator zum rationalen Handeln?

Die konfuse Verschmelzung von Klimaschutz und Ökologie lenkt vom Kern des Problems ab. Sie hat die Debatten stattdessen nur erhitzt und zu beinahe absurdem Verhalten geführt, wenn Ursache und Wirkung vertauscht werden. Artenschutz ist kein effektiver Klimaschutz, aber Klimaschutz ist effektiver Artenschutz. Viele scheinen in Bezug auf das Thema falsch programmiert zu sein – und auch das wird der Schwere des Problems nicht gerecht. Es ist im Gegenteil verantwortungslos. Die ökologische Denke führt am dringlichsten Ziel vorbei. Darum müssen wir endlich Fakten von anekdotisch getriebenem Handeln unterscheiden. Zunächst mag sich das vielleicht gar nicht gut anfühlen. Wie eine jäh verordnete Ohnmacht. Doch um es hier noch einmal klar zu sagen:

Nur was die Treibhausgase reduziert,
ist auch effektiver Klimaschutz.

Der gute alte – und oft eben gar nicht so gute alte – Komposthaufen ist dabei nur ein winziges Beispiel. Dieses Beispiel lässt sich jedoch hochskalieren, lässt sich auf all unser privates und auch industrielles Handeln anwenden: Und dann nimmt es gewaltige und verheerende Ausmaße an. Wir investieren Zeit, investieren Unmengen an Geld, Struktur und Aufwand in bestimmte Maßnahmen und Handlungsweisen, tun dies in bester Absicht und mit reinem Gewissen – und machen dabei alles nur noch schlimmer. Weil wir obendrein zusätzliche Treibhausgase produzieren.

Hinzu kommt: Wir setzen unsere Überzeugung und unser Walten nicht für den besten und wirklich effizientesten Weg ein!

Um der Klimakrise erfolgreich zu begegnen, müssen wir darum als Erstes den Blick aufs Wesentliche richten. Müssen uns gefragt haben: *Could I be wrong?* Müssen uns danach unseres zielgerichteten Handelns sicher sein und auf bewährte und verifizierte Werkzeuge zurückgreifen. Für gut gemeinte Versuche und nur vermeintlich aussichtsreiche Vorgehensweisen bleibt keine Zeit mehr. Beim Klima ist es jetzt mehr als ratsam, das Boot ohne jeden vergeudeten Ruderschlag ins Ziel zu bringen. Die Strecke bis zur Ziellinie ist weit, aber sie ist machbar. Und das – mit Verstand und Plan – in einer gerade noch akzeptablen Zeit.

Bisher habe ich eigentlich immer versucht, das Prinzip der Selbstreflexion zu praktizieren. Und ich bin dadurch schon oft – keineswegs nur in Sachen Klimaschutz – zu neuen Einsichten gekommen. Von allein ist dies allerdings nie geschehen. Ich musste im Leben immer wieder aktiv nach neuen Perspektiven suchen, mich bewusst mit anderen Sichtweisen konfrontieren. Doch habe ich dies nie als Zwang oder lästige Aufgabe betrachtet, sondern vielmehr als Möglichkeit und Bereicherung. Auch wenn ich dafür so manches Mal in völlig fremden Umgebungen landete, im fernen Ausland, in anderen Kulturkreisen.

Nach vielen solcher Erfahrungen bin ich dabei zu dem Schluss gekommen, dass es noch einen zweiten wichtigen Grund gibt, den eigenen Weg zu hinterfragen. Denn selbst wenn ein und dieselbe Information korrekt ist – oft wird sie dennoch unterschiedlich ausgelegt. Zum Beispiel von Menschen, die andere kulturelle Hintergründe haben oder auch politische Gesinnungen, die voneinander abweichen. Dann kann es schnell zu folgender Situation kommen: ein Tatbestand – viele Meinungen.

Und nun?

Anstatt starrsinnig zu argumentieren, wer richtigliegt, ist es in diesem Fall viel spannender, herauszufinden, wie und warum die andere Person zu einer anderen Einschätzung gekommen ist. Doch dazu muss ich ebenfalls erst mal akzeptieren, dass ich aus Sicht des anderen falschliege. Danach allerdings bin ich in der Lage, zu verstehen, wie unterschiedliche Sichtweisen überhaupt entstanden sind. Man könnte hier von einer Form der strategischen Empathie sprechen. Ich gehe positiv auf eine andere Meinung ein, aber nicht, um dieser zuzustimmen, sondern um zu verstehen, wie sie zustande gekommen ist. Also als Informationsgewinn. Denn so lassen sich nicht nur der Tatbestand ausleuchten, sondern auch die verschiedenen Wege und Möglichkeiten, mit diesem Tatbestand umzugehen.

In dem multinationalen Team, in dem ich arbeite, funktioniert dies hervorragend. Es bringt uns voran, jeden Tag, gerade bei kontroversen Themen. Und beim Klimaschutz kommen wir nicht drum herum. Sich neuen Informationen und Einsichten zu stellen, ist hier eine fast unausweichliche Voraussetzung, um sich der Problemlösung zu nähern. Und dabei sollten auch alle international zur Verfügung stehenden Erfahrungen und Informationen genutzt werden. Diese Sichtweise hat sich bei mir jedoch nicht über Nacht eingestellt. Über Jahre habe ich an völlig verschiedenen Orten dieser Welt gelebt, und so war die Philosophie des »*I could be wrong*« auch nicht wie eine Offenbarung plötzlich da. Vielmehr entwickelte sie sich. Musste wachsen, muss sich immer wieder aufs Neue entwickeln.

Auch habe ich erst auf vielen Etappen gelernt, dass es oft nicht viel bringt, sich im Kleinen zu verlieren. Und beim Klimawandel ist das eine nächste, entscheidende Erkenntnis – ganz besonders, nachdem wir gesehen haben, dass wir das Problem mit persönlichen Handlungen nicht lösen werden.

Ich bin davon überzeugt, dass es am Ende solche Einsichtnahmen sind, die die großen Weichen stellen und das Fundament für maßgebliches Handeln bilden. Es sind bestimmte Umstände und Kausalitäten, die – wenn wir sie erkennen – ein konstitutives Umdenken zur logischen Konsequenz machen. Einige Mechanismen, Wahrheiten und Verhältnismäßigkeiten müssen uns jedoch erst einmal bewusst werden, damit die anschließende Einsicht zum Katalysator wird.

Insbesondere bei der Klimakrise.

Mein Weg zum Treibhausgasbuchhalter war darum auch keineswegs vorgezeichnet, stringent oder besonders konsequent. Mich bestimmten Verfahren zu verschreiben oder gar wissenschaftliches Interesse daran zu entwickeln, systematisch etwas gegen den Klimawandel zu tun – das war lange gar nicht der Fall.

Rückblickend begreife ich jedoch, dass es einige Meilensteine waren, die mir wichtige Einblicke in bestimmte Funktionsweisen eröffneten und den nötigen interkulturellen Perspektivwechsel ermöglichten. Und ohne dies wird es meines Erachtens nicht klappen, das Klimaproblem in den Griff zu bekommen. Und: Es geht dabei zunächst nicht um Details und akribische Herangehensweisen, sondern vielmehr um einen holistischeren Blick. Mit ihm konnte ich jedoch ein robustes Handwerkszeug formen, um echte Wege aus der Klimakrise überhaupt entwickeln zu können.

Natürlich wandeln sich auch meine Ansichten, gewinnen an Kontur. Manchmal verschiebt sich mein Blickwinkel erneut, machen neue Erkenntnisse alte zunichte. Und interessanterweise deckt sich mein Weg der veränderten Sichtweisen in weiten Teilen mit der Evolution des allgemeinen Klimaschutzwissens auf internationaler Ebene.

Gerade wenn ich an einige meiner Erfahrungen denke, fällt mir schließlich noch ein weiterer Grund ein, warum das Ausschöpfen unseres privaten Handlungsrahmens für die Belange des Klimawandels nicht nur völlig unzureichend und weithin unrealistisch ist, sondern letztlich auch einem Luxus und sogar einer gewissen Arroganz gleichkommt. Wir sollten uns nämlich bewusst machen, dass es ein Privileg ist, solche Handlungsspielräume überhaupt zu besitzen. Darüber entscheiden zu können, was ich tue und lasse: Dies ist ein enormer Luxus, den vornehmlich Menschen in wohlhabenden Schichten der Industrienationen genießen.

Millionen, nein, Milliarden Menschen haben gar nicht erst die Wahl, auf ein Elektroauto umzusteigen, Nahrungsmittel mit Biolabel zu verzehren oder ein T-Shirt zu kaufen, dessen Produzent sich nachweislich den Grundsätzen einer treibhausgasreduzierten Produktion verschreibt. Diese Menschen sind froh, wenn sie einmal im Monat ein halbes Huhn zu essen bekommen. Diese Menschen müssen auf den Dächern von dieselrotzenden Pendlerzügen vierzehnmal pro Woche durch die müllverkrusteten Vorhöllen südasiatischer Megalopolen rattern. Andere hocken neben Müllhalden in Afrika und verbrennen Elektroschrott, um daraus Edelmetalle für den täglichen Broterwerb zu gewinnen.

Doch so weit müssen wir gar nicht blicken. Auch im deutschen Alltag sind nicht alle Menschen in der privilegierten Lage, sich über klimafreundliche Stromanbieter den Kopf zu zerbrechen, weil die Kosten des täglichen Lebens schon eine Herausforderung darstellen.

Kurzum: In den Augen von etlichen Millionen Menschen ist es ein unvorstellbarer Luxus, sich für ein klimaneutrales Produkt entscheiden zu können, das Leben fürs Klima umzubauen – ja, an so etwas wie das Klima überhaupt zu denken. Jeder Tag Leben bringt schon genug Probleme mit sich.

Umgekehrt ergibt sich daraus natürlich auch eine große Verantwortung für Menschen, die diese Option haben. Nämlich die Verantwortung, auch entsprechend zu handeln.

Und doch hilft es eben nicht genug. Es reicht nicht aus. Es wird nicht im großen Stil etwas bewirken. Denn es wird die Konzentration der Treibhausgase bei Weitem nicht ausreichend herunterfahren, als dass der Himmel über unseren Köpfen wieder zu seiner natürlichen Balance zurückfindet. Jahrzehnte der Industrialisierung und technischen Aufrüstung, Dekaden des zunehmenden Konsums einer stetig wachsenden Weltbevölkerung können wir auf diese Weise nicht zurückdrehen.

Darum: Wir müssen endlich begreifen, dass diese Maßnahmen in keinem Verhältnis zum Problem stehen – selbst dann nicht, wenn wir sie in höchstem Maße berücksichtigen, ausschöpfen und zur Anwendung bringen.

Fliege ich oder nicht? Rüste ich meine Heizung um? Kaufe ich bio und werde vegan? Kompensiere ich? Ohne Frage ist es gut, sich all diese Fragen zu stellen und entsprechend tätig zu werden. Noch weitaus wichtiger aber, denke ich, ist das Eingeständnis, dass die Freiheiten zu solchen Entscheidungen uns nicht zu zwingenden Lösungen führen werden. Und vielleicht mehr als das. Vielleicht kommt es nicht nur einem Luxus gleich, vielleicht ist es nachgerade verantwortungslos, zu glauben, auf diese Weise das Klima und die Welt retten zu können. Wahrscheinlich ist es sogar fahrlässig, im Zuge einer allzu eifrigen Selbstbestätigung auch noch zu vernebeln, dass wesentlich größere Anstrengungen dringend nötig sind.

Wenn wir, vor allem in den reichen Nationen, jedoch schon die Freiheit besitzen, nicht nur über das Klima nachzudenken, sondern auch das Privileg des potenziellen Gegensteuerns genießen – ist es dann nicht eine umso größere Pflicht, sich der Klimakrise zunächst ernsthaft zu stellen? Und damit eben nicht nur den Zusammenhängen und Auswirkungen entsprechendes Gewicht zu verleihen, sondern auch den Mitteln, Wegen und Werkzeugen, um etwas zu ändern?

Ansonsten verspielen wir enorm wertvolle Sendezeit. Wir verbauen uns Handlungsoptionen, die die Katastrophe gerade noch abwenden könnten. Wir reagieren zu träge, zu blind, zu eigensinnig – wie das Personal im Kontrollraum von Tschernobyl.

Aber zu diesem Standpunkt muss man erst mal kommen.

Zwischen Lochkarten, Kowloon und Kanada: Mein Weg zum Treibhausgasbuchhalter

Es war schon ein surrealer Moment, als ich im Frühjahr 2007 in dem Konferenzraum eines Hotels saß, links von mir ein Vertreter des Ölkonzerns ExxonMobil, rechts ein Abgesandter des Energieriesen Conoco Philips. Draußen vor den Fenstern ragten die Häuser von Calgary in den Himmel, während wir mit noch vielen andren Vertretern internationaler Öl- und Gaskonzerne einem Regierungssprecher der Provinz Alberta zuhörten. Der Grund für die Zusammenkunft war ein bedeutender: Der Regierungsvertreter erklärte uns gerade, wie Nordamerikas erste gesetzlich vorgeschriebene Berichterstattungs- und Reduzierungsregelung für Treibhausgase funktionierte und welche Bepreisungsregelungen ab jetzt damit verbunden waren.

Es ging hier um nichts anderes als einen Gamechanger in der Methodik: um einen echten und harten Kurswechsel in Sachen Klimaschutz. Obendrein basierte das, was hier gerade verkündet wurde, auf einer Pioniertat. Denn eine solche grundsätzliche Regelung zur Berichterstattung und Reduzierung von allen Treibhausgasen wurde sonst noch nirgends angewandt.

Surreal war der Moment jedoch aus einem anderen Grund. Denn während ich als Treibhausgasbuchhalter an dem Meeting teilnahm, waren sich die beiden Vertreter aus der Gruppe der größten globalen Treibhausgasemittenten offenbar nicht darüber im Klaren, dass ich sozusagen für ein anderes Team spielte. Vor ein paar Tagen erst hatte ich Al Gore live in Calgary erlebt, und zwar bei seinem Vortrag oder, besser gesagt, seiner Bühnenshow namens »Inconvenient Truth«. Sie ist auch das Thema des Dokumentarfilms »Eine unbequeme Wahrheit«, in dem der ehemalige US-Vizepräsident die tragende Rolle spielt. Der Film war erst kürzlich herausgekommen und beschäftigte sich unverblümt mit dem Klimawandel. Al Gore allerdings live in einem kleinen Theatersaal zu sehen war noch wesentlich eindrücklicher gewesen. Doch als die beiden Vertreter der Ölfirmen die neuen Regulierungen und zusätzlichen Berichterstattungsauflagen nach der Präsentation des Regierungsvertreters unverhohlen kommentierten, glaubten sie wohl noch immer, ich sei ebenfalls aus ihrer Branche.

Nun, das war ich nicht. Die beiden saßen neben einem unabhängigen Treibhausgasbuchhalter, der sich der Klimakrise inzwischen so systematisch wie möglich annahm – vor allem der Methoden, die dabei helfen würden, effektiv gegenzusteuern. Nun lauschte ich also den Stimmen der beiden aufgebrachten Ölvertreter, hörte die Ausführungen des Regierungsabgesandten. Und saß selbst zwischen diesen beiden Fronten im großen Geflecht der Klimakrise. Mein Interesse an diesem Konferenztisch bestand nicht darin, mich laut zu Wort zu melden oder gar Politik zu machen. Ich war stattdessen an der Methodik interessiert, um die es bei den neuen Regulierungen im Detail ging. Und an der Frage, ob sie wirklich imstande war, das Blatt zu wenden.

Doch wie war ich eigentlich hierhergekommen? Welche Reise hatte ich in den letzten Jahrzehnten hinter mich gebracht, um hier an diesem Tisch in Calgary zu sitzen? Und welche vielseitigen Facetten im großen Karussell des Klimaschutzes hatte ich in all diesen Jahren inzwischen persönlich kennengelernt, um zu meinen eigenen Ansichten zu gelangen?

Ich erinnere mich, wie in jungen Jahren alles begann und was ich während meiner Schul- und Studienzeit alles gemacht habe. Auch will ich keinesfalls vergessen, dass ich in meinem Leben später für einige Zeit auch schon mal die Seiten wechselte. Es gehört alles zusammen. Jeder Schritt, jede Phase, jeder Umbruch im Leben. Und Erfahrungen werden meist dann wertvoll, wenn sie aufeinander aufbauen und in ein Verhältnis gebracht werden.

Schon in meinen frühen Jahren als Schüler und Student bewegten mich Themen wie Umweltschutz und Gerechtigkeit, doch die Aktionen verliefen eher unkoordiniert und wenig systematisch. Später, während meiner Zeit in der etablierten Wirtschaft, erfuhr ich hingegen, wie systematisch und effektiv Handeln aussehen kann.

Ich habe in all diesen Jahren an sehr unterschiedlichen Orten der Welt gelebt und gearbeitet. Das war nie geplant, es hat sich vielmehr so ergeben. Am eigenen Leib zu erleben, dass die Welt aus einer anderen Perspektive ganz anders erscheint – und dass eben nicht nur der Wille zählt, sondern in gleichem Maß auch die Methodik, diesen Willen anzuwenden.

Wo ein Wille ist, ist auch ein Weg? Das Sprichwort darf man – besonders beim Klima – ruhig ein wenig modifizieren. Denn wo der Wille obendrein einer verlässlichen Methode folgt, kommt man garantiert schneller ans Ziel. Aber wie schon bemerkt: leichter gesagt als getan. Auch mein Weg gestaltete sich in dieser Hinsicht eher verschlungen. Er führte mich von Hamburg nach Asien und an den Pazifik, schließlich über die USA nach Kanada. Doch offenbar musste ich diesen weiten und bisweilen abenteuerlichen Weg gehen, um zu begreifen, dass man ein größeres und dringendes Problem nicht nur mit Herz, Mut, Entschlossenheit, selbst gemachtem Joghurt und bunten Plakaten löst, sondern dass dies am besten gelingt, wenn auch noch System, Zahlen, Effizienz, ein paar Normen, wissenschaftliche Methodik und gewisse Gesetzmäßigkeiten hinzukommen.

Irgendwann wurde mir klar: Das ist mein Weg. Zudem ist es eine Geschichte, deren Kapitel von Anfang an mit dem Klimawandel zu tun hatten – auch wenn mir dies früher noch überhaupt nicht bewusst war.

Meine Eltern wuchsen beide in Hamburg auf. Meine Mutter arbeitete als Sparkassenangestellte, mein Vater als Fernmeldetechniker. Allerdings hatte er schon früh damit angefangen, etliche Weiterbildungen zu absolvieren, weswegen er eines Tages einen Job in einer noch sehr jungen Branche bekam, die eine erste Generation von Technikern beschäftigte. Mein Vater wartete nun keine Telefonanlagen mehr, sondern ganz neue Gerätschaften: Dinger namens Computer, die damals noch so groß waren, dass sie halbe Turnhallen füllten. Meine Eltern hatten immer hart gearbeitet, und so war es unserer Familie irgendwann möglich geworden, an den Rand der Stadt ins Grüne zu ziehen. Ich lief durch eine idyllische Neubausiedlung, als ich damals meinen Weg in die Grundschule antrat. Alles in allem eine heile Welt. Allerdings hielten meine Eltern noch immer an jenen Tugenden fest, die es uns überhaupt erlaubt hatten, hierherzukommen. Beim Einkaufen wurde stets strikt darauf geachtet, nichts zu kaufen, was nicht auch wirklich gegessen wurde. Und wenn es im Winter kälter wurde, drehten wir bei uns im Haus nicht gleich die Heizung auf wie die Nachbarn, sondern trugen dicke Pullis. Und als mein Vater erfuhr, wie Wärmedämmung funktioniert und wie viel Heizkosten wir damit sparen könnten, machte er sich prompt daran, das Haus umzurüsten.

In dieser einfachen, aber intakten Welt erfuhr ich schon früh, dass es anderen Menschen auf der Erde keineswegs möglich war, auch nur annähernd so zu leben wie ich. Unser Gemeindepastor hatte uns von bettelarmen Kindern in Afrika und Südamerika erzählt und uns Fotos gezeigt. Von Kindern, die nicht einmal Stifte besaßen, um Strichmännchen aufs Papier zu zeichnen. Dann ließ sich der Gemeindepastor eines Tages in den Slum einer Vorstadt von Santiago de Chile versetzen. Als ich mehr von den Umständen dort erfuhr, war es für mich nur logisch, das Projekt irgendwie unterstützen zu wollen. Ich fragte mich nicht groß, warum oder ob man so etwas tun sollte. Es lag für mich einfach auf der Hand, zu handeln, und irgendwie überzeugte ich auch meine Mitschüler in der vierten Klasse von der Idee. Mit der Genehmigung der Klassenlehrerin sammelte ich Geld in meiner Klasse und zahlte es mithilfe meiner Mutter auf ein Spendenkonto ein. So landete es tatsächlich in dem chilenischen Vorstadtkindergarten, wo der Pastor inzwischen arbeitete. Es waren nur 25 Pfennig pro Kind und Woche, aber das reichte für ein paar Stifte, Papier und Kreide. Ich wusste das recht genau, denn ich führte schon damals Buch über die gesammelten Einnahmen und Ausgaben.

In der weiterführenden Schule kam ich auf eine andere Idee. Eine Idee, die den meisten meiner Mitschüler eher seltsam vorkam. Unsere Neubauschule war damals eine fantasielose graue Betonkonstruktion und, wie ich fand, kein Ort, der Raum für Ideen bot oder gar so etwas wie eine Aufbruchstimmung in uns hervorrief. Ich dachte bald über verschiedene Wege nach, wie sich das ändern ließe. Dann schnappte ich mir das Schulgesetz – und las es. Darin standen durchaus interessante Dinge. Zum Beispiel, dass die Schüler jederzeit berechtigt seien, eine Schülergruppe zu gründen, die sogar eine Art politisches Mandat besitzen würde. Mit anderen Worten: Rechte und eine Stimme. Ich war begeistert von meiner Entdeckung und sprach mit einigen Gleichgesinnten. Und prompt gründeten wir so eine erste Gruppe an unserer Schule. Wir wollten diskutieren. Wollten Dinge bewegen und verändern. Und das lag auch an den Zeiten. Um uns herum brodelte die Anti-Atomkraft-Bewegung, viele engagierten sich für die Umwelt und dachten »bio«. Bei uns an der Schule war dieses Gedankengut allerdings noch nicht so richtig angekommen. Doch das sollte sich ändern.

Ich meinte es ernst. So ernst, wie es mir in diesen Lebensjahren nur möglich war. Als Erstes setzte ich mithilfe der gegründeten Schülergruppe durch, unseren Fahrradunterstand an der Schule nach eigenen Vorstellungen umgestalten zu dürfen. Wir pinselten den grauen Beton mit grünen Bäumen und wilden Cartoons an, die den Umweltgedanken geschickt durch die Blume transportierten. Wir wollten ja nicht gleich ausgebremst werden, weil wir für zu politisch gehalten wurden.

Bald las ich über die politische Situation in Mittelamerika, wollte mehr darüber wissen, was in der Welt geschah. Ich las über die damalige Freiheitsbewegung in Nicaragua, über die Situation in El Salvador. Las von den US-finanzierten Contras und deren Gräueltaten, von Menschen in Argentinien, die einfach verschwanden. Dieses himmelschreiende Unrecht und Verbrechen an der Menschlichkeit musste ich irgendwie verarbeiten. So organisierte ich Ausstellungen in der Pausenhalle, hängte Fotos und Plakate auf, die über die Situation informierten. Denn im Unterricht und selbst in vielen Medien fanden diese Themen kaum Beachtung.

Es waren Aktionen dieser Art, die mich früh umtrieben und die ich mit Freunden ins Leben rief. Mit der Schülergruppe und einer anderen Truppe eröffneten wir als Nächstes einen gemeinnützigen Dritte-Welt-Laden, lasen gemeinsam über die Ungerechtigkeiten im Welthandel, diskutierten über Waldsterben, sauren Regen und die Verschmutzung der heimischen Gewässer. Eines Tages fiel mein Blick auf den Block, auf dem ich schrieb. Und ich dachte mir: Da stimmt doch etwas nicht. Wenn die Papierindustrie die Bäume fällt, obendrein bei der Herstellung meines Papiers mit Chemikalien unsere Gewässer verschmutzt – dann kann ich doch nicht einfach auf diesem schneeweißen Papier weiterschreiben!

Prompt startete ich eine Initiative für umweltfreundliches Papier, holte dieses in einer speziellen Werkstatt in Hamburg Altona ab und schleppte es jeden Monat in einem riesigen Rucksack bis in meine Schule. Damit nicht genug. Ich studierte Bücher über gesunde Lebensmittel, machte mich weiter schlau in Sachen Umweltverschmutzung. In der Schule rief ich Projektwochen ins Leben und ließ meine Aktionen bald sogar bei uns zu Hause steigen. Zusammen wollten wir unbedingt unseren eigenen Joghurt und sogar Käse herstellen, aus lokaler Schafsmilch. Ein ebenso schöner wie kühner Gedanke, der für ein paar Wochen das Badezimmer meiner Eltern beanspruchte. Wir brauchten die Badewanne! Nur dort konnten wir die Unmengen an Molke aufbewahren, die bei unserer autarken Käseproduktion anfiel. Auch diesen Teil der Milch wollten wir auf gar keinen Fall wegschütten, sondern irgendwas Sinnvolles daraus machen. Heute heißt das *Zero Waste* oder Kreislaufwirtschaft. Mit der Käsenummer trieb ich meine Eltern und meinen Bruder allerdings an die Schmerzgrenze, und so nahm unser alternatives Projekt nach einigen Tagen ein jähes Ende: Meine Mutter zog kurzerhand den Stöpsel der Badewanne.

Als krönenden Abschluss meiner Schulaktivitäten gründete ich eine Projektgruppe für die unteren Stufen und inszenierte Erich Kästners *Konferenz der Tiere* als Theaterstück: mit Kindern und für Kinder. Damit wollte ich künstlerisch auf den Umwelt- und Friedensgedanken aufmerksam machen.

Es waren am Ende viele Aktionen. Wir gingen ihnen mit Leib und Seele nach, mit aller Verve, die wir aufbringen konnten. Einen wirklich langfristigen Plan hatten wir nicht. Doch wir taten und agierten in die richtige Richtung, davon waren wir überzeugt. Und wollten am liebsten gleich die ganze Welt retten. Stell dir vor, es ist Krieg, und keiner geht hin! Stell dir vor, die Welt könnte ein besserer Ort werden – und alle machen mit!

Mich interessierte in diesen Jahren so ziemlich alles Neue und andere. Mit fünfzehn – inspiriert durch niederländische Literatur und mit einer Erlaubnis meiner Mutter in der Tasche, dass ich die Grenze passieren dürfe – schnappte ich mir mein Fahrrad und radelte mit einem Freund nach Amsterdam. Und ja, da war wirklich alles herrlich anders und neu. Und zudem schon damals total fahrradfreundlich. Nur zwei, drei Jahre älter, stieg ich ab jetzt jeden Sommer in den Zug, reiste vom Nordkap bis Gibraltar durch ganz Westeuropa. Selbst gemachtes Abenteuer statt organisiertem Schüleraustausch. Die Welt sehen, die Welt erleben, die Welt begreifen. Aber zu Hause immer weiter aktiv sein.

Schon mit sechzehn hatte ich das damalige passive Wahlrecht wahrgenommen, gründete den ersten Ortsverband der Grünen in unserem Dorf und sammelte die nötigen Unterschriften, damit die Partei zur nächsten Kommunalwahl zum ersten Mal zugelassen wurde. Und ich ließ mich auch gleich als erster Kandidat aufstellen, damit es bei uns im Dorf möglich war, die Grünen zu wählen, und die Stimme auf Kreisebene zählte. Zu einem Sitz im Gemeinderat reichte es nicht. Aber ein Anfang war gemacht, und nachdem das Eis gebrochen war, fanden sich andere, die weitermachten. So ging es auch bei mir weiter. Gut und beherzt. Nach der Schule entschied ich mich für den Zivildienst, arbeitete in einer Einrichtung für Jugendliche, die aus der Familie und aus dem System gefallen waren. Nebenbei machte ich noch ein Praktikum in einer Tischlerei, um meine erste Studentenbude ausschließlich mit aufgearbeiteten Möbeln aus dem Sperrmüll einrichten zu können.

Niemals würde ich heute von Aktionismus sprechen, wenn ich auf diese Zeit zurückblicke. Auf gar keinen Fall! Es war gut, sich zu engagieren. Es war richtig, die eigene Meinung kundzutun und im Hier und Jetzt zu verändern, was möglich war. Ich reagierte damals einfach immer sofort auf das, was ich gelernt, gelesen oder irgendwo entdeckt hatte. Ein paar Dinge sind damit bestimmt ins Rollen gekommen. Im Kindergarten von Santiago de Chile mögen einige Kinder genug Stifte zum Malen gehabt haben, und unser Dritte-Welt-Laden leistete seinen Beitrag dafür, dass Menschen einen gerechteren Preis für ihre Produkte bekamen. Auch meine jugendliche »Umweltpropaganda« und das Theaterstück inspirierten einige Menschen, wie ich heute weiß, zu einem nachhaltigeren Leben. Einem strukturierten Plan aber folgten all die Aktionen nicht.

Viel weniger als heute gab es damals Wege oder Perspektiven, wie man aus seiner Passion und Überzeugung einen Beruf machen konnte. Auch fehlten dazu schlicht die Vorbilder. Alles war irgendwie mehr Hobby als Profession. Dennoch stellte ich mir die Frage, was nötig wäre, um wirklich etwas zu verändern. Ich wollte schon in diesen jungen Jahren mehr, als mich nur zu fragen: Was kaufe ich? Worauf verzichte ich? Was lasse ich bewusst und gezielt links liegen? Vielmehr fragte ich mich, was ich mit meinem Leben anstellen konnte, um Konkretes zu bewirken. Um die Dinge raumgreifender ins Rollen zu bringen, und das am besten professionell.

Leider hatte ich zu diesem Zeitpunkt keine Antwort darauf. Mir blieb nichts anderes übrig, als darauf zu setzen, dass sich im Laufe meines Lebens schon ein Weg abzeichnen würde. Als Erstes studierte ich Psychologie. Es war die naheliegendste Entscheidung, denn überall hatte ich bisher mit Menschen zu tun gehabt. Bei der Projektarbeit im Dritte-Welt-Laden, bei den Spendenaktionen, beim Zivildienst und auch auf meinen frühen Reisen. Vielleicht also, dachte ich, war es das Beste, zunächst einmal die nicht so einfache Menschenseele ein wenig näher zu ergründen.

Mit meinen grünen Ideen im Kopf stand ich bald allerdings ziemlich allein auf weiter Flur da. Unter meinen Kommilitonen war ich der Einzige, der mit einem Notizblock aus hundert Prozent recyceltem Papier in Seminaren saß und der für die Workshops an den Wochenenden im Bioladen einkaufte. Dennoch: Das Studium vermittelte nicht nur eine Menge Fachwissen, sondern schenkte mir auch interessante Einblicke auf so manchem mir bis dato unbekannten Gebiet. Also blieb ich bei der Stange und machte meinen Abschluss. Danach war es jedoch an der Zeit, meine Fühler weiter auszustrecken. Ich hatte den dringenden Wunsch, das gewohnte Terrain zu verlassen. Hungerte förmlich nach neuen Eindrücken und Perspektiven. Und so saß ich bald im Flugzeug und stürzte mich in mir völlig unbekannte Welten. Auf nach Asien – so hieß das Ziel. Und das lange, bevor das Internet uns jeden Zipfel dieser Erde in Bild und Ton auf die Displays beamte.

In Fernost begann nun ein weiteres Kapitel meiner Biografie. Es sollte mich nicht nur geografisch und kulturell an völlig neue Ufer spülen, sondern mich auch näher damit vertraut machen, was geht und was nicht geht. Denn in Asien sollte ich später begreifen, wie man gewisse Dinge in dieser Welt tatsächlich wirkungsvoll bewegen kann, aber auch, welche negativen Folgen das haben kann. Und so landete ich an einem milden Frühlingstag 1995 mitten im brodelnden Hongkong.

An einem Montagmorgen einige Wochen darauf machte ich mich schließlich auf den Weg zu meiner neuen Arbeit. Um mich herum: die Wolkenkratzer von Kowloon, die Dschunken und Frachter, die von ihren Reeden Victoria Harbour anliefen, im Hintergrund die endlosen Verkehrsstaus auf dem Causeway von Hongkong Island. Schon bereute ich, dass ich kurz vor dem Fähranleger noch schnell ein Hühnchensalat-Sandwich gekauft hatte. Das Frühstück war nicht wirklich nach meinem Geschmack, und spätestens als die Luftkissenfähre auf den Wellen im Hafen torkelte, wollte es prompt wieder an die frische Luft. Neben mir dösten mehrere Chinesen zusammengesackt auf ihren Sitzen, zwei Reihen weiter kreischte ein Bündel zusammengeschnürter Hühner, das sich eine Frau über die Schulter geworfen hatte. Stoisch ließen wir die einstündige Fahrt über uns ergehen.

Bald schaukelten wir hinaus aufs Südchinesische Meer, derweil die Hafeneinfahrt von Hongkong keine Meile näher zu kommen schien und die Maschinen nach jedem Wellenberg ein ohrenbetäubendes Röcheln in die Luft schickten. Mit aller Mühe hielt ich an mich; auf dem Boot stank es erbärmlich nach Motoröl. Die reinste Ironie angesichts der Tatsache, dass wir gerade am sogenannten Dufthafen der Millionenstadt vorbeifuhren. So zumindest die Legende. Demnach soll der Name Hongkong vom Zedernduft der Räucherstäbchen stammen, die ganz in der Nähe in vorkolonialer Zeit produziert wurden. Noch immer wurden die chinesischen Duftstäbchen millionenweise von Hongkong aus exportiert, hergestellt aber wurden sie längst im sogenannten Mainland China – wie fast alles, das im überbordenden Warenparadies China an jeder Ecke zu kaufen ist.

Das galt leider auch für die Lebensmittel. Fast jede Woche kamen neue Warnungen im Radio, bestimmte Gemüsesorten aus Mainland China nicht zu kaufen. Mal wieder überschritten die Pestizide in den Nahrungsmitteln die erlaubten Grenzwerte. Ich musste an die Landwirtschaft denken, an die überdüngten Felder, an die nicht enden wollenden Kolonnen von Lastwagen, die Tag und Nacht durch das gigantische Land rauschten, um allein eine Milliarde Chinesen mit Rohstoffen, Nahrung und Produkten zu versorgen. Prompt stieg mir ein Schwall Dieselabgase in die Nase. Ich schaute von der Fähre aus in den dunstverhangenen Himmel über der Stadt. Eine Glocke aus Smog, die sich weit über die Grenzen Hongkongs hinaus erstreckte und deren winzige Bestandteile sich immer weiter in die Atmosphäre verflüchtigten. Nur eine Dunstglocke von vielen, dachte ich. Nur einer von Hunderten von Smoggürteln, die sich jeden Tag über Hunderte asiatische Großstädte legten.

Währenddessen schaukelten wir an dem Grund für diese wahnwitzige Entwicklung vorbei. Einst mittelalterlich anmutende Bauerndörfer waren schon in diesen Tagen längst durch endlose Industriegebiete im Süden Chinas ersetzt worden – und die Waren und Güter aus diesen Produktionsenklaven türmten sich vor meinen Augen: Hunderttausende Container waren es, die an den Terminals aufgereiht und übereinandergestapelt darauf warteten, auf gigantische Frachter verladen zu werden. Bald navigierte die Fähre denn auch durch eine Phalanx von Containerschiffen, die an ihren eisernen Ketten auf Reede lagen. Viele der Container am Hafen und auf den

Schiffen hatten eine vertraute Farbe: Sie waren orangefarben gestrichen und trugen einen blauen Schriftzug. Es war die Signatur der Reederei Hapag-Lloyd aus Hamburg – und unter anderem dorthin waren viele der Container auch unterwegs.

In jenem Jahr, 1995, konnte ich förmlich dabei zusehen, wie die weltweite industrielle Produktion massiv nach Südchina verlagert wurde. Tausende Firmen in aller Welt, vor allem in Europa und den USA, nutzten die Globalisierung und ließen ihre Waren zunehmend im viel günstigeren China herstellen. Es schien, als würden die Fabrikhallen, Fließbänder und Produktionshöllen im Land regelrecht überkochen, als müssten die Kolonnen aus Näherinnen, Färberinnen und Tagelöhnern rund um die Uhr am Schuften sein, so zahllos machten die mächtigen Containerschiffe an den Piers fest – und so voll beladen legten sie schon bald wieder ab, um ihre Ladung in alle Welt zu schiffen.

Was ich dort in diesen Jahren sozusagen live sah, sollte mir in seiner Bedeutung erst viel später richtig klar werden.

Keineswegs nur vom Beispiel »Frühstückstisch« wissen wir heute, dass ungeheuer viele Konsumgüter aus China stammen. Was auch heißt, dass die Emissionen, die mit deren Herstellung in Verbindung stehen, ebenfalls in China anfallen. Und dabei tut sich eine interessante Bilanz auf, was die Treibhausgase betrifft. Mit der Verlagerung der Produktion aus Deutschland haben sich nämlich auch die hiesigen Emissionen verringert. Ein Effekt, der in der Treibhausgasbuchhaltung Leakage genannt wird. Auf Deutsch: Leckage, Emissionsverlagerung. Wer sich den Anstieg der deutschen Importe aus China und die sinkenden Industrieemissionen in Deutschland von 1990 bis heute anschaut, wird signifikante Parallelen erkennen. In jenen Bereichen nämlich, die ihre Produktion nach China auslagern konnten, sanken die industriellen Emissionen in Deutschland. In anderen Bereichen hingegen, die nicht von dieser Auslagerung profitieren konnten – die Kategorien Gebäude und Mobilität –, stiegen in dem Zeitraum der letzten 30 Jahre die Emissionen deutlich.

Kurzum: In vielen Bereichen konnte die Industrie gleich zwei

Fliegen mit einer Klappe schlagen – den Schwarzen Peter der Treibhausgase erstens China in die Schuhe schieben und zweitens die Gewinne steigern, weil die Produktion in Fernost immer billiger ausfiel. Man könnte auch sagen: ein ziemliches großes Fass mit einem ziemlich großen doppelten Boden. Wie sich diese Produktionsverlagerung letztlich vor Ort abspielte und worum es dabei wirklich ging – in Hongkong hatte ich die Gelegenheit, dies noch genauer zu erleben.

In den ersten Wochen in Asien hatte ich zunächst temporär als Übersetzer in dem Hongkonger Büro eines deutschen Textilherstellers gearbeitet. Ich musste Faxnachrichten aus Deutschland ins Englische übersetzen und dann in das interne Computersystem eingeben, das die Firma bereits nutzte. Die englischen Antworten der Chinesen musste ich anschließend wieder ins Deutsche übersetzen und als Fax vorbereiten. Während dieser Tätigkeit bekam ich einen kleinen Einblick in die innersten Nervenbahnen der Globalisierung. Ich war so eine Art stille Schnittstelle zwischen den Walzen des modernen Welthandels.

Und nichts lief dabei so richtig rund. Es haperte nicht nur bei der Kommunikation, auch die Abläufe der Lieferketten gestalteten sich holprig, und manchmal kamen geradezu haarsträubende Umstände ans Tageslicht: bei der Produktion, bei Verhandlungen, bei Verladeprozessen. Die Mitarbeiter in Deutschland hatten offenbar keine Ahnung von den Produktionsbedingungen in Südchina, geschweige denn von den kulturellen Gepflogenheiten der Chinesen. Oft ging es in der Kommunikation natürlich auch um Preise und Materialien. Und alles, was mich schon als Schüler dazu gebracht hatte, eine »Fairtrade-Kooperative« – sprich: den Dritte-Welt-Laden – zu gründen, sah ich nun schwarz auf weiß vor mir. Dabei bestätigte sich aufs Ärgste, was wir damals schon anprangerten: dass man aus den Produktionsprozessen, aus Logistik, Handel und Verkauf auch noch das letzte My an Gewinn herausquetschte. Ohne Rücksicht auf die Menschen. Ohne Rücksicht auf die Umwelt. Ohne Rücksicht aufs Klima.

Mit der Verlagerung nach China waren die Probleme nur noch

massiver und rigoroser geworden. Alles, was Zeit und Geld kostete, störte das Getriebe. Alles, was in den Prozessen nicht dazu diente, die Umsätze zu steigern, wurde beseitigt und ausgemerzt. Es gab in China keine lästigen Vorschriften zu Arbeitszeiten, Arbeitssicherheit oder gar Umweltauflagen. Der eigentliche Anreiz, die Produktion dorthin auszulagern.

Aber was waren das für naive Gedanken, die mich da umtrieben? Ich bewegte mich damit weitab vom Mainstream. Alle Europäer, die ich in Hongkong kennenlernte, waren ausschließlich hier, um die Gewinne anzukurbeln und Geld zu machen. Sie waren von ihren Arbeitgebern hergeschickt worden, lebten in Luxusapartments an den Hängen, von deren Terrassen man auf die Stadt hinabblickte. Ich hingegen hatte die verrückte Idee, mir nur ein paar Quadratmeter in einem heruntergekommenen Haus zu mieten, wie Millionen anderer Menschen hier auch. Meine Zimmergenossen waren Dutzende Kakerlaken, und beim Einschlafen und Aufwachen erreichten meine Nase die Düfte der allgegenwärtigen Garküchen. Nun, mit solchen Sinneseindrücken in der Fremde hatte ich gerechnet.

Womit ich nicht gerechnet hatte, war der offene Rassismus, der mir entgegenschlug. Als die Menschen im Viertel nach einiger Zeit wussten, dass ich kein potenzieller Arbeitgeber oder typisch europäischer Vorgesetzter war, wurde ich als »Weißer Geist« angeraunzt, immer wieder ans Ende der Schlange kommandiert oder musste in den kleinen Märkten oder an den Ständen auf einmal den doppelten oder dreifachen Preis bezahlen. Oder ich wurde gezielt ignoriert.

Eine harmlose Erfahrung im Vergleich zu den rassistischen Anfeindungen, die viele andere Menschen erleben müssen. Zudem wusste ich nach einem Blick in die Geschichtsbücher, dass die Beziehung zwischen Europäern und Chinesen oft eine schwierige gewesen war und die Reaktion somit zu einem gewissen Grad verständlich ausfiel. Dennoch: Wenn einem regelmäßig das Gefühl gegeben wird, ein Mensch zweiter Klasse zu sein und nicht dazuzugehören, dann ist das nicht sehr angenehm. Dies am eigenen Leib zu erfahren verändert die Perspektive. Auch verändert es den Blick auf jene Menschen, die Rassismus ein Leben lang erdulden müssen.

Ich lebte in Wan Chai auf Hongkong Island, und mein Weg zum zentralen Fähranleger führte direkt über den Straßenmarkt. Zuerst kam ich an den Fleischständen vorbei, wo mir der süßliche Geruch von frisch geschlachtetem und ungekühltem Schweine- und Rinderfleisch entgegenschlug. Dann folgten die Fischstände mit all den Welsen, Haien, seltsamen Aalen und knallbunten Barschen, in deren halb aufgeschnittenen Leibern das Herz noch pochte, zum Beweis, wie frisch sie waren. Zum Ende des Markts wurde das lebendige Geflügel feilgeboten. Ich stierte auf kreischendes Gefieder in winzigen Käfigen, auf Berge und Gläser voller Eier, eingelegt in schillerndem Grün oder eingebettet in schwarzbraune Mischungen aus Asche und Kalk. Um die strapazierten Sinne zu entspannen, spazierte ich zum Schluss immer noch an den Gemüseständen vorbei, sah die Blumenverkäufer und die Wagen mit den Reissuppen, und dann wurde ich wieder ausgespuckt auf die von Doppeldeckerbussen, Doppeldeckerstraßenbahnen, Taxis und Lieferwagen wuselnden Straßen Hongkongs.

Ich lebte mittendrin. Nicht abgeschirmt in der Luxuswelt der meisten Expats. Hier hatte ich gar nicht die Wahl, mich für Lebensmittel mit Biolabel zu entscheiden, mir womöglich einen umweltfreundlichen Stromanbieter zu suchen oder gar darauf zu achten, wo meine Tassen, mein Toaster oder meine Schlappen herkamen. Hier gab es, was es gab. Basta. Und sich in Wan Chai nach Produktionsmethoden zu erkundigen, nach Arbeitsbedingungen oder gar nach dem ökologischen Fußabdruck einer Ware wäre nicht nur absurd gewesen, sondern der blanke Hohn. Die Menschen hätten mich angeschaut wie einen Geisteskranken oder eben einen überheblichen Europäer.

Hier wurde mir überdeutlich, dass jeder Raum für soziales Engagement den reinsten Luxus bedeutet. Einen Luxus, den ich in Deutschland entdeckt hatte – und für den es hier nicht einmal ein entsprechendes Wort gab. Ich verstand, dass allein die Möglichkeit, sich für Umwelt- und Klimaschutz, gerechte Arbeitsbedingungen oder verträgliche Produktionsmethoden einzusetzen, eine seltene Errungenschaft ist. Ein höchst vulnerables Gut abendländischer Denke, das andernorts überhaupt nicht existiert oder mit einem Fußtritt zunichtegemacht wird, sobald es die profitablen Prozesse auch nur ansatzweise stört. Die allermeisten Menschen um mich herum lebten nach völlig anderen Prioritäten. Weil sie kulturell eine unterschiedliche Sicht auf die Dinge hatten – oder weil ihre Lebensumstände überhaupt nichts anderes zuließen. Wer hier ohne Job war, fiel in den Abgrund.

Ich sah und hörte mich um in Hongkong. Es gab damals fast überhaupt keine Basis, keinerlei Infrastruktur für irgendeine Form des sozialen oder ökologischen Engagements. Keine Schülerinitiativen, keine alternativen Parteibüros, keinerlei signifikante Bewegungen, die sich um so etwas wie Umwelt- oder Klimaschutz bemühten. Das Einzige, das ich in dieser Hinsicht auf meinen Streifzügen fand, waren einige Wanderwege in Hongkongs Bergen. Hier pflegten ein paar einsame Seelen die Pfade und kümmerten sich um den Baumbestand, während die Jumbojets ihre Steilkurven vor dem Checkerboard Hill flogen, um einer nach dem anderen auf dem alten Flughafen von Kai Tak zu landen.

Ansonsten: Fehlanzeige. Probleme tauchten gar nicht erst auf dem Radar auf – von eventuellen Maßnahmen gegen diese Probleme ganz zu schweigen. Und dies war ein tief verwurzeltes Phänomen, wie mir schien. Ein inhärenter Bestandteil der hiesigen, aber auch der neuen globalen Kultur, die sich rasend schnell ausbreitete. Und wenn man schon mal etwas gegen gewisse Schieflagen zu tun gedachte, wehte einem prompt ein Gegenwind anderer Art ins Gesicht. Auch das sollte ich bald zu spüren bekommen, als ich endlich meinen eigentlichen Job in Hongkong antrat, für den ich vorab jedoch mehrere Wochen auf einen nötigen Sicherheitscheck der Vereinten Nationen hatte warten müssen.

Aber dann war es so weit.

Als ich nach gut einstündiger Schaukelfahrt zermürbt aus dem Luftkissenboot ausstieg, schlug mir eine Windböe aus dem Norden entgegen. Ich marschierte durch die südwestlichen New Territories in Tuen Mun. Der Wind kam vom Perlfluss her, direkt von den Industriegebieten Südchinas. Diese Luft war so voller Feinstaub und Rußpartikel, dass es sich anfühlte, als flögen mir tausend Nadeln auf die Haut. Der Wahnsinn, der sich hier abspielte, schlug mir im wahrsten Sinne des Wortes direkt ins Gesicht. Ich hielt kurz inne. Und dann wurde mir bewusst: Hier begannen die Niederungen der globalen Produktion, ab hier mäanderten die Fließbänder des weltweiten Konsums ins Bodenlose, ins Endlose. Genau hier begannen die Ausläufer der zyklopischen Industriegebiete Südchinas, und es waren nur kleine Vorgeschmäcker, bevor sich die Wiegen der Warenwelt zu einem Infinitum der Produktionsprozesse komprimierten.

Alles schien bisher immer so weit weg. Aber das war es nicht. Alles war – und ist – ganz nah. Die Ozeane und schier nicht endenden Schübe an Produkten, die bis heute hier produziert werden, finden sich überall auch in unseren Haushalten wieder. In unseren Häusern in Deutschland, Frankreich, Italien, Spanien, England, in unseren Wohnungen eigentlich weltweit. Und wenn Sie heute im Netz in irgendeinem Forum die verwegene Frage stellen, ob es sich womöglich überhaupt noch lohnt, in Deutschland die Treibhausgase zu reduzieren, wenn denn nicht China als der mit Abstand größte Emittent auf dieser Erde genau damit anfängt – dann tippen Sie diese Frage mit sehr hoher Wahrscheinlichkeit auf einer Tastatur, die aus China kommt.

Ich marschierte weiter. Zu Fuß zu meiner neuen Arbeitsstelle, wo ich als Sozialarbeiter und Lehrer in einem Flüchtlingslager des UNHCR anfangen sollte.

Ein hoher Zaun und Barrikaden aus Stacheldraht umfingen das Camp. Als ich langsam näher kam, sah ich bewaffnete Sicherheitsbeamte, die am Eingang standen. Das hatte ich nicht erwartet. Waffen, eine Atmosphäre der Anspannung? Warum? Im Camp lebten immer noch Boatpeople aus Vietnam.

In einer ersten Periode der Migrantenbewältigung waren die Flüchtlinge in Drittstaaten weitergeleitet worden, danach hatte Hongkong damit begonnen, viele der Fliehenden selbst aufzunehmen. Ab 1982 jedoch stufte man die Flüchtlinge schließlich als illegale Migranten ein und sperrte sie fortan in sogenannte Close

Camps. Vor einem solchen stand ich nun, sah es das erste Mal mit eigenen Augen und versuchte mir einen Reim darauf zu machen, warum so viel Anspannung in der Luft hing.

Die Aufnahmestaaten hatten ihre Quoten für die Boatpeople drastisch heruntergefahren. In Hongkong war es darum längst Usus, viele der Flüchtlinge zurück nach Vietnam zu schaffen. Und das schien auch das inoffizielle Ziel in dieser Epoche zu sein: sämtliche Flüchtlinge vor 1997 loszuwerden – vor dem Handover von Hongkong an China. Die Menschen im Camp hatten alles aufgegeben, hatten auf ihrer Flucht unsägliche Qualen erlitten. Verständlich, dass sie auf keinen Fall zurückwollten, ausgeliefert jenem undemokratischen System, vor dem sie geflohen waren. Doch auch in Hongkong war aus ihrem Traum mit der Zeit ein Albtraum geworden. Sie saßen hinter Gittern, und da war es kein Wunder, dass sie nicht gut auf UNHCR und das Wachpersonal zu sprechen waren.

Meine Arbeit in den nächsten Wochen sollte das nur bestätigen. Hier ging es nicht um Freiheit, sondern um Freiheitsentzug. Und in diesem Camp waren vornehmlich schwierige Fälle »untergebracht«. Teils waren die Flüchtlinge straffällig geworden, weshalb sie andernorts von vornherein abgewiesen wurden. Meine Aufgabe war es, einer kleinen Gruppe von Kindern Deutsch beizubringen und als Sozialarbeiter auch ihre Familien zu betreuen. Dies war Teil eines von Österreich organisierten humanitären Programms, vietnamesische Familien aufzunehmen – allerdings nur, wenn die Kinder Grundkenntnisse in Deutsch vorweisen konnten.

Ich merkte jedoch schnell, dass es mit dem Lernen im Camp schwierig war. Es gab keinen stillen Raum hier, nicht mal eine Ecke, wo man sich in Ruhe hinsetzen konnte. Ständig waren die Kinder abgelenkt, war ich abgelenkt. Zwar war eine Baracke vorhanden, die als Schule deklariert war, aber die lag gleich neben dem Büro des UNHCR und dem Wachturm. Nein, dies waren keine guten Voraussetzungen zum Lernen. Schon gar nicht, wenn ich mit den Eltern der Kinder zusammensaß und sie von den Verhältnissen in ihrer Heimat erzählten, von den verstörenden Details ihrer Flucht. Und immer wieder gab es für uns Mitarbeiter im Camp »Riot Alarm«. Dann kochte plötzlich alles hoch. Und dann hieß es jedes Mal, sich schleunigst aus dem Camp zu entfernen, wenn einem das eigene Leben lieb sei. Dann war der Moment gekommen, in dem der Frust in blanke Gewalt umschlug, nachdem einige Männer unter den Flüchtlingen mal wieder genug Zeit gehabt hatten, sich irgendwelche Waffen zusammenzuimprovisieren – Messer, Macheten, kleine Geschosse –, und sich ihre Wut unter spontanen Attacken einen Weg bahnte. In solchen Momenten schnappte ich nur noch meine Sachen und rannte davon. Wie alle anderen Sozialarbeiter auch.

Man mag sich jetzt fragen, was das alles mit dem Thema des Buches zu tun hat. Mag sich fragen, warum ich diese Anekdote erzähle. Ich erzähle sie, weil sie in der Tat eine Menge mit dem Klimawandel zu tun hat. Weil das in Hongkong Erlebte sogar äußerst direkt mit der Klimakrise verknüpft ist – wie auch mit dem eigenen Umdenken, das ich in diesem Kapitel anspreche. Das Flüchtlingscamp der Boatpeople in Hongkong hängt darum auch unmittelbar mit der persönlichen Verantwortung zusammen, der wir uns alle stellen müssen, wenn wir die Treibhausgase nicht schnell und vehement reduzieren. Die Erzählungen der Flüchtlinge und meine eigene Zeit im Camp verdeutlichten mir hautnah, was für eine zutiefst unmenschliche und degradierende Situation es ist, ein Flüchtender zu sein. Und das Camp, in dem ich eine Zeit lang arbeitete, ist nichts anderes als eine winzige Blaupause für das, was uns der Klimawandel in einem Ausmaß bescheren wird, von dem wir noch überhaupt keine Vorstellung haben.

Nicht Hunderttausende, sondern Millionen von Menschen auf der Erde werden sich in ähnlich unmenschlichen Situationen wiederfinden. Eingesperrt und darbend in Camps: weil sie nicht mehr dort werden leben können, woher sie kommen – und weil sie nicht erwünscht sind, wo sie einzig noch werden überleben können.

In Europa und in den USA erleben wir den Beginn dieser Entwicklung schon jetzt. Viele der Menschen, die aus Syrien fliehen, die sich von Afrika aus übers Mittelmeer wagen oder die durch Zentralamerika wandern bis an die Grenze von Mexiko zu den USA, kommen nicht nur wegen Kriegen und Gewalt. Sie kommen zu Teilen heute schon, weil Dürren das Leben in ihrer Heimat erschweren, weil das Wasser dort längst knapp geworden ist und die Existenz auf einer immer kärgeren Basis kaum mehr möglich ist.

Es wird Flüchtlinge des Klimawandels geben. Viele! Menschen, die massenhaft vor Überflutungen und Hungersnöten entkommen müssen. Und es wird sie in einer Anzahl geben, die die restlichen Länder der Welt nicht mehr werden bewältigen können. Diese Ströme werden Dimensionen annehmen, die nicht nur das Leben der Migranten unerträglich machen werden, sondern auch unser Leben zunehmend ungemütlich und unsicherer.

Darum erzähle ich diese Anekdote. Damit wir alle eine leise Idee davon bekommen, wohin uns die Klimakrise noch treiben könnte.

Ich selbst musste mir in Hongkong nach einiger Zeit eingestehen, dass der psychische Stress eine enorme Belastung war. Jeden Tag unter diesen Umständen zu arbeiten, in den einfachen Wohnverhältnissen zu leben und das tägliche Außenseitertum zu ertragen, lastete auf meiner Seele. Hinzu kamen das tropische Klima und die Tatsache, dass ich selbst nicht immer gut mit den Offiziellen des UNHCR zurechtkam. Hier prallten Welten aufeinander. Die vom Schicksal gebeutelten Menschen auf der einen Seite, die Bürokratie einer globalen Organisation auf der anderen. Manchmal kaum zu ertragen. Um unter diesen Umständen nicht völlig auszubrennen, war es darum wichtig, auch hier die Grenzen meiner Möglichkeiten zu erkennen. Immerhin war es mir bisher geglückt, wenigstens zwei Familien die Einwanderung nach Österreich zu ebnen. Aber nun suchte ich nach anderen Optionen.

Auf dem Gelände des UNHCR war noch eine weitere gemeinnützige Organisation tätig, betrieben und finanziert von der in Hongkong ansässigen Fluggesellschaft Cathay Pacific. Weil ich mit den Mitarbeitern in engem Kontakt stand, ergab sich die Gelegenheit, in deren Abteilung für Organisationsentwicklung zu arbeiten; während meines Studiums war genau dies einer meiner Schwerpunkte gewesen. Hier bot sich also auch eine Möglichkeit, das Gelernte konkret in der Praxis anzuwenden. Dass ich mit diesem Schritt abermals neues Territorium betreten und sozusagen die Seiten wechseln würde, war mir in diesem Augenblick noch nicht bewusst. Nur eines wusste ich: In Hongkong keinen Job zu haben war keine Option.

Von nun an arbeitete ich also im Organisationsmanagement der Firma Cathay Pacific. Und dabei ging es wieder einmal um Menschen. Schnell merkte ich, dass ich zwar auf einem ganz anderen Gebiet tätig war, einige Gesetze jedoch immer die gleichen zu sein schienen. Das Personalmanagement hatte sich Nachhaltigkeit groß auf die Fahnen geschrieben, doch sobald auch nur die kleinsten ökonomischen Schwierigkeiten drohten, waren alle hehren Versprechungen keinen Pfifferling mehr wert. Auch hier ging es nur um eines: Kosten runter, Profit hoch. Da es in Hongkong keinerlei Arbeitsrechte gab, wurde mir diese Wahrheit noch viel bewusster als in Deutschland. Wer den angeschalteten Turbo im Kapitalismus einmal hautnah erlebt, macht sich keine Illusionen mehr. Dennoch nahm ich meinen Job im Organisationsmanagement ernst, lebte weiter in Hongkong und fasste in der Fremde so langsam Fuß. Und erst nach zwei Jahren war es schließlich ein kurioses und völlig unverhofftes Ereignis, das mir abermals eine neue Tür öffnete.

Ich war von Cathay Pacific als Kontaktperson eingeteilt worden und fungierte in dieser Rolle auch ein bisschen als Aufpasser, als es eines Tages darum ging, den Besuch des deutschen Bundeskanzlers hinter den Kulissen mit zu betreuen.

Eine Firma der Lufthansa-Gruppe sollte vor Ort das Catering für die Kanzlermaschine übernehmen: die Lufthansa Service Gesellschaft LSG, die von Hongkong aus die Asiengeschäfte koordinierte. Ich traf das Team der LSG am Flughafen am Tag der Abreise, wir besprachen kurz den Ablauf und gingen dann zur Bundeswehrmaschine, die im VIP-Bereich des Flughafens auf dem Vorfeld parkte. Es mussten jetzt eigentlich nur noch die Einschübe mit dem Essen geladen werden. Und bei der Planung war alles wie immer gemacht worden – leider. Niemand hatte sich die Frage gestellt, ob man nicht etwas vergessen, womöglich sogar etwas falsch gemacht hatte.

Could we be wrong?

So hatte sich auch niemand gefragt, ob die Einschübe in den Catering-Trolleys in der Bundeswehrmaschine die gleichen Abmessungen hatten wie in einem Flugzeug der Lufthansa. Nun, das hatten sie nicht! Nichts passte, nichts ging – so würde die Maschine nicht wie geplant starten können. Für eine Firma wie die LSG schon ein arger Patzer. Wie dem auch sei, die warmen Mahlzeiten standen auf einem kleinen Lieferwagen, parat für den langen Rückflug – doch konnten sie nicht verladen werden. Und um zur Flugküche zurückzufahren und den Fehler zu korrigieren, blieb keine Zeit mehr. Der Tross der Politiker würde jeden Moment eintreffen.

In den offiziellen Abläufen der Airlines wäre es jetzt für mich höchste Zeit gewesen, Alarm zu schlagen und unser VIP-Management auf den Plan zu rufen. Doch das hätte in diesen immer hektischer werdenden Minuten auch nicht viel gebracht – außer massivem Ärger für die LSG. Also wusch ich mir mit dem LSG-Teamleiter gründlich die Hände und füllte das Essen mitten auf dem Flugfeld, versteckt hinter einem der Triebwerke, in Windeseile um: von den Lufthansa-Einschüben in die der Bundeswehrmaschine. Ich hatte noch den letzten Schwung Schupfnudeln in Händen, als die Limousinen auf das Flugzeug zurollten. Es haute gerade so hin. Planmäßiger Abflug nach Deutschland. Mit Kanzler und komplettem Speiseprogramm an Bord.

Der Vorfall war eine willkommene Abwechslung im neuen, schnellen Arbeitsalltag, letztlich eine lustige Anekdote. Und ich hatte keinen blassen Schimmer, was diese kleine Randgeschichte mit meinem späteren Werdegang als Treibhausgasbuchhalter noch zu tun haben würde. Doch ausgerechnet dieses Ereignis sollte auf seltsame Weise eine weitere Kehrtwende bringen.

Wegen meines spontanen und solidarischen Einsatzes warben mich kurze Zeit später die Hongkonger Kollegen der LSG kurzerhand ab. Ich hatte neben der Arbeit bei Cathay inzwischen damit begonnen, meinen MBA zu machen, und dachte: Die Gelegenheit, zur Lufthansa zu wechseln, kommt nur einmal. Zudem wäre dies eine Möglichkeit, weitere Einblicke in die Welt der globalen Wirtschaft zu gewinnen. So wurde ich zum Assistenten des CEO der LSG Asia und hatte bald Zugang zu vielen Geschäftsbereichen.

Ich sollte als Nächstes vor allem den Einkauf optimieren und musste mich mit den Einzelverträgen für verschiedene Produktgruppen beschäftigen. Obwohl die LSG neben der Lieferung der Bordverpflegung an diverse Airlines auch zahlreiche andere lokale Catering-Services betrieb, gab es noch keine Einkaufsrahmenverträge. Der englische Einkaufsmanager hatte gerade erst damit angefangen, ein System dafür aufzubauen. Wobei ich immer schmunzeln musste, als mein Chef vom internen »System« sprach. Denn ein effizientes System steckte, wie ich fand, nicht wirklich hinter all den zu koordinierenden Abläufen.

So saß ich eines Tages in dem Büro und starrte auf die Wand mit den Regalen, in denen all die Ordner, Listen, Bestellnummern und Formulare abgeheftet waren. Das alles, dachte ich mir im Stillen, war zwar feinsäuberlich angelegt und folgte der guten Absicht, die Prozesse so schnell und reibungslos wie möglich für alle zu gestalten. Aber dann erinnerte ich mich plötzlich an meine Kindheit, an meine Spielzeugkiste und an meinen Vater. Denn schon als Knirps hatte ich bereits Kontakt gehabt mit gewissen Methoden und technischen Möglichkeiten, die damals meine Spielkameraden als Märchen abgetan hatten. Und so saß ich versunken in dem kleinen Büro der Lufthansa-Außenstelle in Hongkong und beamte mich zurück in meine Kindheit.

Der Hang zu technischen Dingen wurde mir quasi in die Wiege gelegt. Wenn man so will, sogar die Affinität zu Technologie und zu algorithmischem Denken. Als kleiner Junge zeichnete ich meine ersten Strichmännchen nämlich nicht etwa auf ein Blatt Papier, sondern auf die ausgedienten Lochkarten, die man früher nutzte, um Computer mit Daten zu füttern. Zwischen den Holzklötzen und Legosteinen in meiner Spielzeugkiste lagen damals auch schon mal ausrangierte Computerchips, Platinen und Magnetspeicherplatten herum. Mein Vater war von Anfang an dabei gewesen, um die ersten großen Rechenzentren zu betreuen, und die Überbleibsel aus dieser Zeit waren bald in unserem ganzen Haushalt verstreut. Sogar meine Mutter schrieb ihre Einkaufslisten auf die Rückseiten der alten Lochkarten. Damals, als die Rechner noch so groß waren, dass nicht mal unser Haus ausgereicht hätte, um die mächtigen Gehäuse und die darin verborgenen Leitungen, Speicherplatten und Kabelkilometer unterzubringen.

Später wurden die Rechner kleiner, und bald passten sie immerhin halbwegs in ein Bücherregal. Ich wusste als Junge noch nicht genau, was man mit den verkabelten und mit bunten Chips bestückten Dingern alles anstellen konnte. Doch ich lauschte gebannt, wenn mein Vater versuchte, es mir zu erklären. Ganz schnell rechnen konnte man damit, und sie konnten sich ganz viele Zahlen und Abläufe merken. Für mich waren sie darum bald Teil meines Alltags.

Später nahm mich mein Vater an den Wochenenden öfter mit zum Hamburger Flughafen, wenn er mal wieder die neueste Baugruppe für einen Kunden abholen musste. Im Frachtterminal wartete dann ein Paket, das über Nacht aus den USA eingeflogen worden war. Danach ging es gleich ins Rechenzentrum, wo die Techniker die neue Baugruppe schon sehnsüchtig erwarteten, um die Anlagen wieder störungsfrei zum Laufen zu bringen. Mein Vater machte sich an die Arbeit, und ich durfte bleiben, bis ein erster Test abgeschlossen war. Ich beobachtete die Männer, die diverse Kabel anschlossen und dann auf den Tastaturen herumdrückten, um seltsame Prozesse in Gang zu setzen. Es war die perfekte Gelegenheit, ein Rechenzentrum live zu erleben. Und so wurde das, was man heute Datenverarbeitungstechnologie nennt, bald etwas Selbstverständliches für mich.

Als Schüler verdiente ich mein erstes eigenes Geld, indem ich Zeitungen austrug. Meine Ersparnisse gingen nicht nur für die damaligen Musikanlagen drauf, sondern auch für einen eigenen Computer: einen IBM Personal Computer XT, der 1983 auf den Markt kam. Im Grunde zwei beigefarbene Kisten mit einer monströsen Tastatur und einem Bildschirm, auf dem Buchstaben und Zahlen flimmerten. Normal war das damals nicht. Gerätschaften namens Computer standen bestenfalls in modernen Büros herum, in großen Firmen, nicht aber in mit Postern beklebten Zimmern von Jugendlichen, die fürs Abitur lernten und danach an die Uni wollten. Mich aber reizten diese kuriosen Kisten. Ich wollte selbst ausprobieren, was man damit alles anfangen konnte.

Dass ich in dieser Hinsicht wohl nicht ganz normal war, erlebte ich wenige Jahre später während meines ersten Semesters an der Uni, als uns die ersten Hausaufgaben im Fach Statistik gestellt wurden. Ich war der Einzige, der seine Arbeit in Form eines Computerausdrucks ablieferte, auch dies selbstverständlich auf hundert Prozent recyceltem Papier. Vom Professor wurde ich prompt zum Gespräch gebeten, was recht ungewöhnlich war. Als ich die Vorladung vom Sekretariat bekam, war ich mir jedenfalls nicht ganz sicher, was das bedeuten sollte. Hatte ich Bockmist verzapft? Mochte der vielleicht kein recyceltes Papier?

Wie sich herausstellte, steckte etwas ganz anderes dahinter. Der Professor verkündete mir, dass die Uni demnächst ein erstes Computer-Labor ins Leben rufen würde und er dringend jemand suche, der die Studenten mit den Geräten vertraut machen und die Statistikkurse auf die neue Technologie umstellen könne. Er hielt meine Hausaufgaben in Händen: einen ellenlangen Computerausdruck. Dann fragte er, ob ich mir diese Aufgabe zutrauen würde. Ich schlug sofort ein. Auch weil ich mir als studentische Hilfskraft etwas Geld hinzuverdienen konnte, um mein Studium zu finanzieren. So geschah es, dass ich bald selbst an der Uni Kurse gab, Statistikprogramme erklärte und später sogar ganze Messreihen für Forschungsprojekte betreute.

Noch hatte ich keine Ahnung, wohin mich mein frühes Faible für die neue Technologie eines Tages führen würde. Nur eines wusste ich: Mit diesen Dingern namens Computer ließen sich als Junge nicht nur bunte Raumschiffcockpits bauen – sie ließen sich auf verschiedensten Gebieten anwenden, um komplizierte Prozesse wesentlich schneller zu erfassen und zu verarbeiten.

Mit diesen Erinnerungen saß ich nun in Hongkong vor den Regalen. Und kam schließlich auf die Idee, ein umfangreiches regionales, internes Einkaufskatalogsystem für die LSG Asia mithilfe der Computertechnologie aufzubauen und dieses im Internet später online abrufbar zu machen. So würden die Einkaufsrahmenverträge viel besser und effizienter genutzt, die Einkaufsvolumen gebündelt und die Kosten gesenkt werden können. Obwohl in jenen Jahren mehr und mehr Firmen auf digitale Prozessverarbeitung umsattelten, galt eine solche Idee als gewagt und beinahe revolutionär. Nicht einmal Microsoft betrachtete das Internet damals als seriöse Alternative für Geschäftsanwendungen.

Mein Chef hörte sich die Idee trotzdem an und war interessiert. Und tatsächlich bekam ich ein kleines Budget, um ein Pilotprojekt zu entwickeln. Ein Online-Bestellsystem, mit dem die lokalen Einkaufsmanager Produkte »mit einigen Klicks« aus dem regionalen Produktkatalog würden ordern können. Ich suchte mir einen lokalen Programmierer, prompt ging es los. Die nächsten Monate vergruben wir uns in den papiernen Formularen und Aktenbergen, tüftelten und ackerten, programmierten und speisten Tausende von Daten in die digitalen Eingeweide des gemieteten Webservers ein. Bis uns am Ende die Köpfe qualmten, wir irgendwann jedoch tatsächlich eine Art Prototyp des neuen internen Katalog- und Bestellsystems hatten.

Et voilà! Die Revolution!

Ganz so einfach war es nicht. Mein Chef war zwar beeindruckt angesichts der Präsentation und der neuen Möglichkeiten. Doch die firmeneigenen Prozesse auf diese neue Schiene umzustellen schien ihm immer noch zu kühn, zu verrückt. Aber war es das? Ich erinnere mich heute, dass ich in diesen Monaten in Hongkong einen gewissen Herrn namens Jack Ma kennenlernte. Auch er experimentierte gerade mit irgendwelchen Computersystemen, fuhrwerkte mit den neuen Technologien und ihren Anwendungen herum. Inzwischen wissen wir, was aus Jack Ma geworden ist. Er rief damals eine neue Online-Bestellplattform ins Leben, gründete seine eigene Firma und nannte sie Alibaba. Heute ist sie das chinesische Pendant zu Amazon.

Bei der Lufthansa und ihrer Tochter LSG ging es deutlich träger voran. Ich galt mit dem neuen Bestellsystem eher als eine Art Pausenclown, der die digitale Idee und ihre Optionen auf vereinzelten Meetings am Rande vortragen durfte. Eines Tages gab es mal wieder ein solches Meeting, und während einer Pause präsentierte ich nicht nur das Konzept, sondern zeigte auch einige Anwendungen. Die Herren tranken Kaffee und bedienten sich an den Kanapees, während ein

LSG-Bordmitglied aus Frankfurt interessiert lauschte und sich die Kästen und Buttons auf dem Bildschirm näher ansah. Es muss in ihm erst rumort und dann klick gemacht haben. Denn das Meeting war noch nicht zu Ende, als er zu mir sagte: »Sie kommen mit nach Frankfurt! Das hier ist die Zukunft!«

Danach ging alles verteufelt schnell, und ich wurde in das nächste Abenteuer förmlich hineingerissen. Ich wechselte tatsächlich nach Frankfurt und entwickelte zusammen mit einer externen Berater-firma für die LSG ein umfangreiches internes Online-Bestellsystem. Es ging darum, die Einkaufsabläufe mithilfe des Internets zu opti-mieren – lange, bevor es üblich war. Während dieser Zeit absolvierte ich weitere Lehrgänge, lernte mehr über Wirtschaftsprüfung und Re-vision und wurde sozusagen Zeuge, wie man die Dinge ins Rollen bringen konnte: indem man nicht nur analytisch dachte und syste-matisch kalkulierte, sondern auch die Methoden den Zielen tech-nologisch anpasste und die »besten« aller zur Verfügung stehenden Maßnahmen und Strategien zur Anwendung brachte. Mir und mei-nem Team standen hierfür jetzt viele Möglichkeiten offen, und wir konnten diesen Weg zunehmend schneller und konsequenter gehen. Das neue Online-Bestellsystem wuchs zu einer eigenen Firma heran, die Geschäfte ließen sich nun deutlich effizienter, kostensparender und »attraktiver« abwickeln – bis das Unternehmen seine Tätigkei-ten auf diesem Feld immer weiter ausdehnte und später Millionen-einsparungen einfahren sollte.

Es waren Jahre des Aufbruchs, Zeiten ungeheurer Innovation. Ich erlebte dabei in Echtzeit, was sich alles auf die Beine stellen, ver-ändern und voranbringen lässt, wenn man nur innovativ und ziel-führend agiert. Die Umstellung auf die neuen Technologien ergriff keineswegs nur die Luftfahrtbranche und ihre benachbarten Ge-schäftsbereiche, sondern machte sich rasend schnell auf sämtlichen Gebieten bemerkbar. Ich sah der Digitalisierung und ihren Mög-lichkeiten mit Interesse weiter zu, schließlich steckte ich auf einem ihrer Schauplätze mittendrin. Ich sah die Chancen, das ungeheure Potenzial, und manchmal raubte es mir fast den Atem. Und doch beschlich mich bald zunehmend auch eine Skepsis. Ein Unbehagen, das mir im Magen lag. Denn auch wenn die Methoden immer schlanker ausfielen, immer schneller, effizienter und profitabler, und umso stringenter und zielführender dabei auch zur Anwendung kamen, so zweifelte ich an den Zielen, die dieser Paradigmenwechsel ebenso vehement ins Auge fasste. Es ging um Optimierung und Steigerung auf fast sämtlichen Ebenen. Dabei, natürlich, maßgeblich um die Optimierung und Steigerung der Gewinne.

Hey, Moment mal!, dachte ich plötzlich. Wohin steuern wir? Was geschieht hier gerade? Was mache ich? Wo sind meine Überzeugungen, wo meine Absichten von früher?

Schon sehr bald wurde der Hauptsitz der LSG-Start-up-Tochterfirma in die USA verlegt. Ausgerechnet von Dallas-Fort Worth, Texas, aus sollte ich fortan die Geschicke des globalen Geschäfts überwachen, weiter vorantreiben und dabei alle Möglichkeiten der inzwischen beinahe wöchentlich auf uns einstürmenden Neuerungen im Auge behalten: Updates, Hard- und Software-Entwicklungen, immer neue Applikationen. Es klang gut, es roch nach einer verheißungsvollen Zukunft. Und zum Beginn des neuen Millenniums war ich nun selbst so eine Art Start-up-Chef. Eines Morgens hatte ich mal etwas Zeit zum Frühstücken. Ich saß in der Lobby des Hotels, in dem ich anfangs einquartiert war, und wollte einen heißen Tee bestellen. Die Kellnerin sah mich an und schien nicht zu verstehen. Tee? Heißer Tee? Vielleicht auch noch Bio? Sie sah mich an wie einen Aussätzigen, und ihre Augen schienen zu sagen: Hier bei uns in Texas, Mister, trinken wir morgens Kaffee, mittags Bier, abends Whiskey. Heißer Tee? Zur Hölle damit!

Es gab ein langes Hin und Her, und nach etlichen Versuchen bekam ich schließlich meinen Tee serviert. Er bestand aus einer Tüte mit Pulver und einem Glas mit heißem Wasser. Ein Instant-Tee, der eigentlich als Eistee gedacht war, anzurühren mit kaltem Wasser und einer Monsterladung Eis. Ich starrte auf die kleine Tüte mit dem eingestanzten Schlitz zum Aufreißen. Und in der Sekunde legte sich irgendwie ein Schalter in mir um.

Bis hierher, dachte ich. Aber nicht weiter. Bei all dem Erfolg – Svend, du bist im falschen Film gelandet!

Es war natürlich nur ein symbolischer Moment. Aber ich schenkte ihm Beachtung, hörte auf meine innere Stimme. Denn mir war schon vorher klar geworden, dass ich in meinem momentanen Job nichts von dem umsetzen konnte, was mir eigentlich am Herzen lag. Nichts von dem, was ich für wichtig erachtete und wofür ich mich schon immer eingesetzt hatte. Es fühlte sich nicht richtig an, was ich tat und vorantrieb. Es fühlte sich nach schnellem, billigem Instant-Tee an. Nicht nach einem ordentlichen, leckeren und gesunden Getränk.

Ich überlegte. Immerhin, in den letzten Jahren hatte ich eines begriffen: dass es Wege gibt, viel zu erreichen, viel zu bewegen und auch viel zu verändern – wenn man nur über die richtigen Mittel verfügt und die besten Möglichkeiten nutzt. Nun besann ich mich zum Glück noch eines anderen: Man musste diese hocheffiziente Herangehensweise »nur noch« für die richtige Sache einsetzen. Den Klimaschutz. Die Emissionen, um die sich alles dreht. Ja, in diesem Bereich müsste man ebenfalls vor allem zielführend und strategisch an die Sache herangehen. Und ich war mir sicher: Auch hier würde es Mittel und Wege geben, zielstrebig ins Geschehen einzugreifen. Neue Möglichkeiten, neue Perspektiven. Innovation statt Stillstand, effiziente Handlungsmöglichkeiten anstatt altbekannter Trampelpfade.

Ich kündigte.

Etwas wirklich Neues schaffen: »Actionable Insights«

Nun stand ich also ohne Job da. Meine Vorgesetzten sagten, ich sei verrückt. Meine Karriere habe sich doch fantastisch entwickelt. Jetzt aufhören? Der reine Wahnsinn!

Doch ich verließ die Airlinebranche, verließ die USA. Ich wollte das Thema Nachhaltigkeit zu meinem einzigen Thema machen, mit all meinen neuen Erkenntnissen und Erwägungen. Noch immer nämlich hatte ich meine grünen Ideen im Kopf. Las viel, besuchte Vorträge nachhaltig gestimmter Vordenker, machte mir nun auch spezifischere Gedanken zum Thema Klima. Längst waren immer mehr Berichte bekannt geworden, dass sich die Erde stetig weiter erwärmte. Zunehmend lauter wurde die Tatsache in die Öffentlichkeit getragen, dass sich der Klimawandel zum größten aller Probleme auswachsen werde und ein Kurswechsel dringend gefragt sei.

Ich beschäftigte mich mit dem UN Kyoto Protocol von 1997, entwickelte einige Geschäftsideen zum Thema Nachhaltigkeit und hatte bald die Möglichkeit, meine Ideen mit einem kanadischen Investor zu erörtern. Voller Begeisterung legte ich ihm dar, dass das Thema Treibhausgase zunehmend eine Rolle spielen würde. Dass es auf diesem Markt obendrein einen zunehmenden Bedarf an zuverlässigen, kompetenten und integren Serviceanbietern geben werde.

Als ich mit meinem Vortrag am Ende war, herrschte kurz Stille. Dann brach mein Gegenüber in schallendes Gelächter aus, prustete förmlich, und gab mir zu verstehen, dass dies das Idiotischste sei, was er je gehört habe. In eine Firma investieren, die sich mit »heißer Luft« beschäftigen wolle? Was für ein Luftschloss! »Träumer«, sagte der Mann und ging. Ich war erst mal enttäuscht, ernüchtert. Doch schnell wurde mir klar, dass ich meinen Weg irgendwie anders gehen musste.

Ich war zu dem Zeitpunkt noch von der Start-up-Philosophie geprägt. Innovative Firmen schaffen Lösungen für die Zukunft, so lautete das Mantra. Heute weiß ich, dass es gut war, mich nicht in neue profitorientierte Zwänge zu begeben. Wer mit einem Start-up die finanzielle Unterstützung eines anderen Unternehmens einfährt, holt sich automatisch auch die Profitorientierung ins Haus. Das eine ohne das andere existiert nicht. Niemand investiert Geld in jemanden, damit dieser es ausgibt, um die Welt zu retten. Es regiert nur eine Denke: Das Investment soll so schnell wie möglich Profit abwerfen.

Daran ist prinzipiell nichts verkehrt, wirtschaftlich gesehen. So werden innovative Technologien weiterentwickelt, profitable Geschäftsmodelle verwirklicht. Arbeitsplätze entstehen, und Firmen,

136

die weniger innovativ und effizient agieren, verschwinden mit den dazugehörigen Arbeitsplätzen. Es ist Teil des kapitalistischen Systems. Allerdings ist es ein Irrglaube, dass auf diese Weise die besten Lösungen auch fürs Allgemeinwohl gefunden werden. Die Interessenkonflikte, die sich während der Coronapandemie zwischen den Impfstoffproduzenten und dem Staat auftaten, sind ein gutes Beispiel dafür. Der Impfstoff wurde von Firmen entwickelt. Diese wurden mit öffentlichen Geldern unterstützt, damit sie sich voll auf diese eine Aufgabe konzentrieren konnten. Bei der Produktion und Verteilung aber wurden die unterschiedlichen Interessen sehr deutlich. Ab dann ging es ums Geld.

Ich sprach dennoch mit weiteren Investoren. Die Idee, die Reduzierung der Treibhausgase mit einem wirtschaftlichen Modell zu verbinden, ging mir nicht aus dem Kopf. Doch auch alle weiteren Versuche scheiterten. Ich betrachtete das Scheitern irgendwann umso mehr als Bestätigung. Denn ich wusste, dass dies generell ein guter und richtiger Weg war. Ich wusste nur noch nicht, wo er begann und wo er mich entlangführen würde.

Zu diesem Zeitpunkt geschahen parallel zwei Dinge. Die Internationale Organisation für Normung (ISO) hatte den nationalen Mitgliedsorganisationen Kanada und Malaysia den Vorsitz für einen neuen Standard übertragen. Das Ziel lautete: den ersten internationalen Standard zur Treibhausgasbuchhaltung zu entwickeln und die entsprechende ISO 14064-1/2/3 bis zu ihrer Veröffentlichung 2006 formuliert zu haben.

Zweitens reagierte die Provinzregierung im kanadischen Alberta mit einer Flucht nach vorn auf mögliche föderale Treibhausgasregulierungen, die ihrer Öl- und Gasindustrie womöglich bald drohen sollten. Selbst in konservativen Kreisen etablierte sich mehr und mehr die Vorstellung, dass irgendeine Form der Regulierung nicht länger zu vermeiden war. Um jedoch zu verhindern, dass absolute Emissionsgrenzen eingeführt wurden – sogenannte Caps, die weiteres Wachstum unmöglich machen würden –, brauchten sie eine Alternative. Und diese Alternative hieß »intensitätsbasierte Regelungen«. Das bedeutete im Klartext: In Zukunft würden die Treibhausgasintensitäten eines jeden Produkts berücksichtigt und geregelt werden – nicht jedoch die absoluten Emissionen des produzierenden Unternehmens. Damit war es möglich, weiter zu wachsen, allerdings musste die Produktion gleichzeitig immer weniger Treibhausgase pro Produktionseinheit entstehen lassen. Heute wissen wir, dass eine Kombination aus absoluten Emissionsgrenzen und intensitätsbasierter Regulierung der beste Weg ist. Und auch dies werde ich in Kapitel 4 noch ausführlich erklären.

Bereits 2004 hatte Alberta zudem die Grundlage für eine gesetzlich vorgeschriebene Berichterstattungspflicht gelegt, 2007 trat schließlich die Treibhausgas-Intensitäts-Regulierung in Kraft. Und diese Regelung stach aus allen bisher üblichen Rastern hervor, weil die Reduzierung der Treibhausgase fortan direkt über Gesetze geregelt war – und nicht indirekt durch ein Handelssystem, wie es zum Beispiel in Europa der Fall sein sollte.

Dies war ein echter Gamechanger.

Um dieses Regierungsprogramm zu unterstützen, bot das Nationale Kanadische Standard Institut (CSA) erstmals ein umfangreiches Weiterbildungsprogramm in Alberta an: und zwar zur Treibhausgasbuchhaltung. Das Programm basierte auf dem gerade erst vom CSA koordinierten ISO-Standard. Das alles schien wie ein logischer Schluss für mich: Ich meldete mich sofort an – und hatte obendrein das Glück, dass einige der Lehrenden selbst an der Entwicklung des neuen Standards beteiligt gewesen waren. Die beste Möglichkeit also, die neue Methodik zu erlernen.

Damit hatte ich nicht nur einen Job vor Augen – sondern auch eine neue Berufung gefunden.

Leider wurde das ausführliche Ausbildungsprogramm später wieder eingestellt und ist nirgends zu einem etablierten Unterrichtsfach geworden. Um das auszugleichen, gebe ich bis heute Gastvorlesungen zur Treibhausgasbuchhaltung an allen Universitäten in Vancouver und an einigen anderen Fakultäten außerhalb Kanadas.

Der Lehrgang zum Treibhausgasbuchhalter war jedoch nur der erste Schritt, um einen völlig neuen Blick auf das Klimathema zu werfen. Es kamen noch weitere Aspekte hinzu. Während meiner Fortbildungen bei der Lufthansa hatte ich außerdem Kenntnisse im finanzbuchhalterischen Prüfungswesen mit auf den Weg bekommen und für eines meiner Projekte bei der LSG Asia zudem SAP-Software fürs Buchhaltungssystem implementieren sollen. Insgesamt ergab sich daraus noch mal ein viel tieferes Verständnis für Buchhaltungsprozesse und ihre Systematisierung. Man könnte sagen: Systematisierte und auf definierten Standards basierende Herangehensweisen waren von nun an bei mir selbst fest einprogrammiert.

So saß ich also im Frühjahr 2007 in Calgary bei dem Briefing des Regierungsvertreters der Provinz Alberta zur neuen Gesetzgebung. Und diese Gesetzgebung war so gestaltet, dass sie in erster Linie die Öl- und Gasfirmen betraf: die mit Abstand größten Emittenten. Für diese Branche wollte ich jedoch keinesfalls arbeiten, auch wenn meine neue Ausbildung mich dafür in bester Manier qualifizierte. Die Kommentare der beiden Öl-Repräsentanten bestätigten mich nur in dieser Entscheidung. Allerdings war mir ein zweiter Punkt klar. Denn obwohl hier gerade methodisch große Weichen gestellt wurden, um der Klimakrise beizukommen – letztlich würde auch dies nur eine Brise des gesetzlichen Drucks bedeuten, die den Öl- und Gasfirmen entgegenwehen, sie aber nicht zu sehr belasten würde. Fazit: Der große Wurf in Sachen Klimaschutz war auch dies noch nicht.

Zu meinem Glück legte im Herbst 2007 eine zweite Provinzregierung Kanadas eine derartige Neuerung in Sachen Klimaschutz auf: nämlich British Columbia (BC). Auch hier war ich schließlich persönlich dabei, und diesmal ging es einen deutlichen Schritt weiter: Vorgestellt wurden die umfangreichsten Treibhausgasregelungen, die es bis dato auf der Welt gegeben hatte. Sie berücksichtigten alle erdenklichen Instrumente, die in verschiedensten Ländern bereits zum Einsatz kamen oder die es bisher auch nur als Idee gab. Zu diesen Werkzeugen der Treibhausgasreduzierung zählten:

- Die THG-Neutralität der Regierung sowie aller staatlichen Einrichtungen, um mit gutem Beispiel voranzugehen.
- Eine Treibhausgas-Berichterstattungspflicht für Firmen ab einer bestimmten Emissionsgrenze.
- Eine geregelte Methodik zur Treibhausgasberechnung für Firmen, staatliche Einrichtungen und Städte.
- Eine Treibhausgassteuer.
- Ein Emissionshandelssystem für Treibhausgaszertifikate sowie eine Zertifikateregelung.
- Finanzierungsinstrumente sowie Berichterstattungs- und Planungsvorschriften für Städte.

Die versammelten neuen Regulierungen bedeuteten nichts anderes als einen Paradigmenwechsel. Sie waren eine Art Paukenschlag – ein Aufwachmanöver, das endlich in die richtige Richtung führte. Vor allem spiegelte sich darin eine zentrale Erkenntnis: nämlich, dass die individuellen Handlungsrahmen eben nicht die wichtigste Rolle spielen, wenn wir den Weg aus der Klimakrise gehen wollen. Vielmehr konzentrierten sich die Regelungen in erster Linie darauf, Standardisierung, Berichterstattungspflicht und technologischen Fortschritt dort anzusetzen, wo die größten Mengen an Treibhausgasen entstehen. Und das tun sie genau hier: bei der Energieproduktion, in der Wirtschaft sowie in den Städten, Gemeinden und Landkreisen.

Ich war begeistert. Hier geschah etwas Bahnbrechendes. Hier öffnete sich tatsächlich ein konsequenter Weg, um dem wohl größten Dilemma der Gegenwart gezielt etwas entgegenzusetzen. Ich betrachtete all die Instrumente, die man in British Columbia nun in der Tat zum Einsatz bringen wollte, und konnte nur zu einem Schluss kommen: BC war der perfekte Ort auf der Welt, um all mein Gelerntes endlich anzuwenden – und dies ganz im Sinne jener Angelegenheit, der sich die Menschen dringend stellen mussten.

Die Frage war nur: Was genau sollte ich jetzt tun?

In emsiger Start-up-Manier wurden in British Columbia auf der Stelle unzählige neue Unternehmen gegründet. Wie die Pilze schossen sie um mich herum aus dem Boden. Und – wen sollte es wundern – fast alle handelten auf einmal mit Treibhausgaszertifikaten beziehungsweise mit Treibhausgaskrediten. Also mit solchen Instrumenten, die als Ausgleich für anderweitig unvermeidbare Emissionen gelten sollten. Diese Firmen arbeiteten natürlich profitorientiert, und am Anfang machten sie auch sehr viel Gewinn. Weil ich mich mit interner Revision beschäftigt hatte, war mir jedoch sofort klar, dass eine Firma, die sich aus dem Handel mit Zertifikaten finanziert, niemals einen unabhängigen Treibhausgas-Buchhaltungsservice würde anbieten können.

Der grundsätzliche Interessenkonflikt wird vielleicht an einem Beispiel aus einem anderen Bereich deutlich – bei Versicherungen. Fragt man einen Versicherungsvertreter, welche man braucht und wie hoch man die jeweiligen Risiken ansetzen soll, wird man sehr wahrscheinlich mehr »einkaufen«, als einem die Verbraucherzentrale empfehlen würde, weil der Versicherungsvertreter ein finanzielles Interesse hat, so viel wie möglich zu verkaufen. Nicht ohne Grund gibt es bei der Finanzberatung darum strenge Vorschriften für den Verbraucherschutz.

In genau diesen prinzipiellen Interessenkonflikt gerät ebenfalls, wer eine Firma engagiert, um eine Treibhausgasbilanz für das eigene Unternehmen berechnen zu lassen – eine Firma wohlgemerkt, die dem Unternehmen anschließend entsprechend viele Ausgleichszertifikate verkaufen will. Die Vorgehensweise liegt auf der Hand: Je höher die auszugleichende Bilanz ausfällt, desto mehr Zertifikate kann die Beraterfirma danach verkaufen.

Wie können die oben beschriebenen Interessenkonflikte folglich das Ergebnis verfälschen? Ein gutes Beispiel hierfür sind die Ausgleichszertifikate für Flugreisen. Nutzt man die Berechnungsmodelle der Airlines, werden die Emissionen in der Regel deutlich geringer ausfallen als in jenen Ergebnissen, zu denen ein Anbieter von Ausgleichszertifikaten kommt, auch wenn es um ein und denselben Flug geht. Mein Team und ich haben hier schon mal genau hingeschaut und die Ergebnisse für viele Flugrouten, Airlines und Zertifikateanbieter geprüft. Nach diversen Tests kam heraus, dass die Ergebnisse vieler Anbieter von Ausgleichszertifikaten im Vergleich zu den Airlines um bis zu 300 Prozent höher ausfielen – für genau denselben Flug.

Bei Bildschirmen von Fernsehern zum Beispiel, aber auch bei vielen anderen Produkten kommt man natürlich schnell dahinter, welche Bildschirmgröße die richtige für einen ist, auch wenn ein Verkäufer uns dazu drängt, den größeren zu kaufen. Bei dem Thema Ausgleichszertifikate ist das schon ein bisschen schwieriger, und die Einflussnahme wiegt schwerer. Hier wird es schnell kompliziert und für Laien undurchschaubar. Das beginnt schon damit, dass zum Beispiel bei Flugreisen die Emissionen in höheren Luftschichten von manchen als schädlicher erachtet werden können als jene auf Meereshöhe. Doch woran soll festgemacht werden, ob und wie dieser Aspekt der Berechnung Berücksichtigung findet – wenn nicht von unabhängigen Experten? Gibt es obendrein keine Standards, an die sich jeder halten muss, ist die Entscheidung maßgeblich vom Interessenkonflikt bestimmt, weil jeder sein wirtschaftliches Interesse in den Vordergrund stellt. Die Airline möchte so harmlos wie möglich dastehen – der Anbieter so viele Ausgleichszertifikate wie möglich verkaufen.

Vor allem, wenn es letztlich nicht um Fernseher oder einzelne Flugreisen geht – sondern um Milliardensummen auf Unternehmensebene.

Neben kommerziellen Interessen kommt es in diesem wenig transparenten Hin-und-her-Geschacher natürlich auch zu politischer und ideologischer Einflussnahme. Eine Organisation zum Beispiel, die ihre Methoden durch klare politische oder ökologische Ziele bestimmt, kann schnell in einen Interessenkonflikt geraten – und schwerlich einen unabhängigen Bilanzierungsservice anbieten.

Was bedeutet das im Umkehrschluss für das große Ganze? Nun, nichts anderes als das: Wenn der Eintrag der Treibhausgase in die Atmosphäre der Grund für die Klimakrise ist und deren Reduzierung der entscheidende Schritt zur Lösung – dann ist es nicht besonders hilfreich, wenn wir nur unzuverlässige Information darüber haben, wie viel Treibhausgase denn nun wo und von wem produziert werden. Wenn der eine dies angibt, der andere das. So wie es jedem gerade in den Kram passt. Am besten fürs Image, am besten für den Umsatz. Und wenn kommerzielle und politische Interessen obendrein dazu führen, dass es zu reinen Absichtserklärungen kommt, wenn handwerkliche Unzulänglichkeiten die Ergebnisse auch noch verwässern – dann sind die Voraussetzungen für effektiven Klimaschutz erst recht verspielt.

Es ist ein bisschen wie beim Abnehmen. Wer sich ernsthaft vornimmt, ein paar Kilos zu verlieren, der braucht eine geeichte Waage. Nicht eine, die montags so misst, dienstags so. Und sicher auch keine, die von einem Süßigkeitenhersteller stammt. Neben einer verlässlichen Waage kann ein seriöser und konstanter Diätplan nicht schaden. Nicht jedoch einer, der heute Fasten vorsieht, morgen eine Kohlenhydratdiät und übermorgen ein radikales Bewegungsprogramm. Wer wirklich abnehmen will, der ist auch nicht gut beraten, wenn er nur darüber redet. Doch weil es beim Abnehmen insgesamt ziemlich beliebig und planlos vonstattengeht, wissen wir, was geschieht. Oft gar nichts. Oder es dauert viel zu lange. Oder es geht zu wie jedes Jahr nach Silvester: Wir haben gute Vorsätze, an die wir uns am Ende alles andere als konsequent halten.

Doch reden wir hier nicht über ein paar Fettrollchen mehr oder weniger. Wir reden über die Existenzgrundlage auf unserem Planeten. Und dabei gilt auch beim Klimawandel: Nur wenn ich genau weiß, wo ich stehe und welche Maßnahmen zu Verringerung der Treibhausgasemissionen führen, habe ich eine Chance, etwas zu erreichen.

Dieser Aufgabe gehe ich darum als Treibhausgasbuchhalter nach: erstens unabhängige und auf Standards basierende Treibhausgasbilanzierungen anzufertigen – und zweitens ebenfalls unabhängige und auf Standards basierende Reduzierungsmaßnahmen zu evaluieren und zu ermöglichen. Dies habe ich als meinen persönlichen Beitrag gewählt, um der Klimakrise zu begegnen. Nicht weil ich so gern rechne oder mit Zahlen jongliere. Sondern weil ich genau darin den größtmöglichen Hebel sehe, um Veränderungen in die richtige Richtung zu unterstützen.

Schon als ich mit meiner Arbeit als Treibhausgasbuchhalter und

Klimaschutzberater begann, veränderte sich meine Sichtweise auf viele Dinge. Die entscheidenden Prozesse, die der Lösung des Klimaproblems immer wieder im Weg stehen, sah ich bald nicht nur in einem anderen Licht, ich vermochte sie auch neu einzuordnen und zu bewerten. Die Methoden einer unmissverständlichen Treibhausgasbuchhaltung schärften den Blick in dieser Hinsicht ungemein. Und der Weg, das Emissionsdilemma zu bekämpfen, zeichnete sich immer deutlicher ab.

Wenn allerdings erst einmal klar ist, dass aller Anfang eine genaue Quantifizierung der Treibhausgase sein sollte, müssen wir uns doch sehr wundern. Denn es ist erstaunlich, wenn nicht gar beängstigend, wie wenig das heute befolgt wird. Die Wahrheit lautet: Schon bei der Quantifizierung tappen viele noch immer im Dunkeln. Firmen, Länder, Städte, Gemeinden, selbst Umwelt- und Klimaschutzorganisationen gehen bis heute nach eigenem Gutdünken vor – und ahnen nicht einmal, wie wertvoll die Zeit ist, die nicht bloß sie, sondern wir alle damit verschenken. Nicht nur, weil sich auf diese schwammige Weise niemals effektive Lösungen entwickeln lassen, sondern auch, weil bei jeder Korrektur ein Vertrauensverlust entsteht. Stellen sich Berechnungen nämlich im Nachhinein als falsch heraus oder als Resultat bewusster Einflussnahme, verlieren wir den Glauben an die Notwendigkeit des Handelns. Am Ende sprechen wir der Klimakrise damit ihre Dringlichkeit ab. Und glauben auch nicht mehr an die Effektivität der Lösungen.

Niemand, dem dieses Thema am Herzen liegt, kann das wollen.

Ein wichtiger Schritt der Treibhausgasbuchhaltung besteht darum zunächst darin, sich an einheitliche und genau definierte Bemessungsgrundlagen zu halten. Nach der präzisen Quantifizierung nähert sich die Treibhausgasbuchhaltung der Lösung schließlich auf verschiedenen Ebenen. Weiß man, wie viele Emissionen ausgestoßen werden, müssen die Quellen lokalisiert, Bilanzen erstellt und Berichte erstattet werden. Erst so gelangen wir zu jener Basis, die uns »Actionable Insights« eröffnen, wie ich sie nenne: auf Fakten basierende Einsichten, die uns effektiv handeln lassen. Erst damit gelingt es uns, die Mengen der Treibhausgase – je nach Art der Quelle und Menge der Emissionen – zielgenau und mit den besten Methoden zu reduzieren. Und bei all diesen Schritten berufen wir uns auf klar definierte Maßeinheiten und Prozesse.

Grob gesprochen stellt sich ein Treibhausgasbuchhalter also eine sehr einfache Frage, auf die sich alles herunterrechnen lässt. Sie lautet schlicht und ergreifend: Welche menschlichen Aktivitäten produzieren die meisten Treibhausgase – und wie können wir diese reduzieren? Was sind hier die effektivsten Methoden, also der beste Klimaschutz? Darauf basierend zählt nur noch Folgendes: Dort, wo am meisten anthropogene Treibhausgase entstehen, müssen sie auch als Erstes drastisch reduziert werden. Und das mit den effektivsten Methoden, die wir haben.

Mit dieser systematischen Sicht der Dinge und einer entsprechenden Methodik habe ich 2009 mit Freunden ein »Social Purpose«-Unternehmen gegründet. In Deutschland gibt es diese Unternehmensform leider noch nicht, in Kanada oder England schon. Solche Firmen sind weder wohltätige Stiftungen noch Unternehmen im klassischen Sinn, sondern wohltätige Unternehmen. Etwaige Gewinne nämlich müssen für das Anliegen eingesetzt werden. Nicht die Profitmaximierung steht hier im Vordergrund, sondern der Dienst an der Sache – ohne dabei von fremden Interessen oder Investoren beeinflusst zu werden.

Vor zwölf Jahren begannen wir mit unserer Arbeit, die sämtliche Instrumente des Klimaschutzes berücksichtigt. Seither haben wir Hunderte von Städten und Unternehmen beraten, vom Familienbetrieb bis zum Weltkonzern. Die Erfahrungen und Einsichten, die wir gewinnen konnten, sind wichtig und wertvoll. Denn unterm Strich führen sie zu den wesentlichen Erkenntnissen, die den Weg aus der Klimakrise ebnen.

Entscheidend ist dabei zunächst die Einsicht, dass wir die Grenzen unseres individuellen Handelns erkennen. Wir müssen das Verständnis unserer eigenen Maßnahmen neu ins Verhältnis setzen, müssen den Glauben an Relevanz und Wirkmächtigkeit unseres persönlichen Tuns entsprechend einer faktisch-fundierten Realität updaten. Denn nicht nur überheblich, sondern tragisch und letztlich egoman ist es, unseren eigenen Handlungsspielraum zu überschätzen und im guten Glauben an unsere persönlichen Werkzeuge keine größere Verpflichtung einzufordern: nämlich eine gesamtgesellschaftliche. Wer das nicht erkennt, spielt genau denjenigen in die Hände, die gern davon ablenken wollen, dass es einer gesamtgesellschaftlichen Lösung bedarf.

Oft höre ich von der Liebe zur Natur, lese vom Kampf gegen den Klimawandel, den jeder Einzelne von uns aufnehmen kann. Das ist verständlich und begrüßenswert. Viele Menschen haben den Wunsch, Umweltschutz, Klimaschutz und Alltag besser in Einklang zu bringen. Viele beteuern zum Beispiel, dass wir unseren eigenen ökologischen Fußabdruck durch den Verzicht auf tierische Produkte um bis zu soundso viel Prozent reduzieren können. Auch sind sich viele Menschen bewusst, dass der Umstieg auf öffentliche Verkehrsmittel sinnvoll ist, dass jeder nicht gebuchte Flug hilft. Und sicherlich können wir durch gut informiertes individuelles Handeln Einfluss nehmen auf globale Probleme wie Massentierhaltung, industriellen Ackerbau, verschmutzte Meere – und somit indirekt auch auf die Treibhausgasemissionen.

Ich verstehe diese Motivation sehr gut. Persönliches Engagement, das war lange auch meine Triebfeder.

Fatal allerdings ist es, wenn wir glauben, dass dies genügt. Verhängnisvoll, wenn wir auf diese Weise Zeit verspielen, während die Uhr tickt. Subjektives, beliebiges und eigenmächtiges Handeln wird dem Klimaproblem nicht gerecht.

Es wirkt wie ein Beruhigungsmittel, wo inzwischen nur noch eine gezielte Therapie helfen kann.

3. KURSKORREKTUR

Besser gute und gerechte Wege gehen statt draufzahlen und verlieren: Warum CO₂-Steuer und Zertifikate der Wirtschaft und uns nur schaden

Das globale Wirtschaftswachstum bahnt sich seinen Weg mit unaufhaltsamer Wucht. Industrie und Handel maximieren ihre Profite nach allen Regeln der Kunst, nicht selten an den Grenzen der Legalität. Aber spätestens beim Klimawandel wird klar: Die gängigen Instrumente, CO_2-Steuer und Emissionshandel, sind eher Zündstoff als Heilmittel – denn sie werden die Treibhausgase nicht ausreichend senken. Diesmal werden wir uns nicht aus der Krise hinaus-, sondern in die Katastrophe hineinwirtschaften. Weil marktbasierte Instrumente immer vorrangig dem Profit von Industrie und Wirtschaft dienen, schaffen sie im öffentlichen Bereich kein Gemeinwohl. Wir brauchen der Krise angemessene Regelungen, die nicht nur wirkungsvoll sind, sondern auch sozial – sonst fahren wir den Karren gegen die Wand. Dabei könnten wir mit klugen Maßnahmen sowohl die Emissionen effektiv reduzieren, den Weg zum gesunden Gemeinwohl ebnen als auch die Wirtschaft obendrein in eine Poleposition befördern.

Zwischen Palmen und Profit: Lukrative Geschäfte im Rahmen des Gesetzes

Bei komplexen Zusammenhängen hilft es manchmal, die Dinge im Reagenzglas zu betrachten. In einem überschaubaren Rahmen treten gewisse Wahrheiten schließlich deutlicher ans Tageslicht, und eine kleine Insel kann so ein überschaubares Setting sein. Ein Mikrokosmos, der Einsichten zum Beispiel darüber liefert, wie Menschen sich bestimmten Anreizen gegenüber verhalten. Etwa, wenn sich ihnen wirtschaftliche Möglichkeiten eröffnen, profitable Aussichten. Als Psychologe interessiert mich das prinzipiell. Aber auch als Treibhausgasbuchhalter habe ich genau hingeschaut. Denn während eines Aufenthalts auf so einer kleinen Insel konnte ich bestimmte Mechanismen des Markts am eigenen Leib erfahren. Praktiken, die letztlich auch darüber entscheiden werden, ob wir die Klimakrise packen oder nicht.

Im Winter 1998 bestieg ich in Hongkong ein Flugzeug der Airline Continental Micronesia und flog aufs Meer hinaus. Die Route führte mitten über die Philippinensee nach Osten und sollte mich im Grunde in ein Paradies bringen. Mein Ziel war die Insel Saipan im Westpazifik, gelegen in der nördlichen Marianengruppe, irgendwo im blauen Nichts zwischen Hawai'i, Japan, Papua-Neuguinea und den Philippinen. Die Insel könnte man als eine Art japanisches Mallorca in der Südsee beschreiben. Hotelresorts mit eigenen Stegen stehen zwischen Palmenhainen im Korallenmeer, und an den schneeweißen Stränden geht es gesittet japanisch zu, bevor abends an den Büfetts die Ukulelen spielen und die Fackeltänzer auftreten. Was ich noch nicht ahnte: Ausgerechnet in diesem vermeintlichen Urlaubsparadies sollte ich die tiefen Mechanismen wirtschaftlichen Handelns hautnah erleben. Und das intensiver, als mir lieb sein sollte.

In Hongkong war ich zu dieser Zeit in der Airlinebranche tätig. Nicht nur als Assistent der Geschäftsleitung, sondern auch als Teilzeitmitarbeiter in der konzernweiten internen Revision. Weil ich dabei unter anderem zuständig war für das Geschäft im asiatischen Raum, hatte man mich nach Saipan entsandt, um dort eine der

Firmen, die das Essen für die Bordküchen der Airlines lieferte, auf ihre Qualitätsstandards hin zu prüfen. In der Businesssprache heißt das Auditieren, wobei ich besonderes Augenmerk auf den Einkauf legen sollte. Zu Deutsch: Ich sollte dem Unternehmen auf die Finger schauen, weil es im Mikrokosmos einer kleinen Insel womöglich schwierig ist, die allgemeingültigen Einkaufsregeln einzuhalten. Es klang nach einem normalen Job: sich die Produktionsstätten anschauen, einen Blick in die Bücher werfen, ein paar Gespräche mit den Mitarbeitern führen.

Was mich am Ende jedoch auf der Insel erwartete, überstieg meine damalige Vorstellungskraft.

Der Leiter des Betriebs holte mich in einem offenen Jeep vom Flughafen ab.

»Lass uns eine Runde über die Insel drehen, bevor wir zu unserer Produktionsstätte fahren«, sagte er. »Auf dem Weg zur Flugküche kommen wir an einigen schönen Plätzen vorbei.«

Die Route führte durch eine tropische Landschaft, einmal quer über die Insel, bis hinauf zu den Anhöhen ganz im Norden, und ich fragte mich kurz, warum wir so weit fuhren, lagen die Küchen für die Bordmahlzeiten doch direkt am Flughafen. Ich war schließlich nicht zum Sightseeing hier.

Nach einiger Zeit hielten wir an einem provisorischen Parkplatz. Er sah so aus wie der Startpunkt zu einem Wanderweg. Wir stiegen aus, und der Betriebsleiter meinte, wir sollten ein paar Schritte gehen. Nach kurzer Zeit kamen wir an ein Kliff, das sich hoch über dem Meer erhob und den Blick über den halben Ozean eröffnete. Weit unten hörte ich die Wellen gegen das Ufer schlagen und konnte die zerklüfteten Felsen erkennen, die von der Brandung umspült wurden.

Wir standen am Marpi Point, an einem der beiden berüchtigten »Suicide Cliffs« von Saipan. Im Zweiten Weltkrieg hatten sich von hier oben Tausende Japaner der Kaiserlichen Armee, aber auch viele japanische Zivilisten in den Tod gestürzt. Sie liefen über die Klippen, um nicht in die Hände der US-amerikanischen Truppen zu gelangen. Die japanische Propaganda hatte deren Methoden im Falle einer Gefangenschaft immer wieder als äußerst brutal dargestellt. Ein qualvoller Tod, Folter und sogar Kannibalismus sollten demnach auf jeden Japaner warten, der den Amis in die Hände fiel.

»Laderan Banadero« heißt die einsame Stelle an der Steilküste, wo die »Selbstmordklippen« noch heute lotrecht nach unten abbrechen und in den tosenden Wellen enden. Ich stand ganz oben auf dem Plateau, keine zwei Meter von der Abbruchkante entfernt. Und wunderte mich, warum mich der Betriebsleiter an so einen tragischen Ort gebracht hatte – als erstem Anlaufpunkt nach meinem vierstündigen Flug auf die Insel.

Ich versuchte, ganz nach unten zu schauen und mir vorzustellen, was Menschen dazu getrieben hatte, einen Sprung von dieser Klippe als beste Option im Leben zu wählen. Die japanische Propaganda hatte offenbar ganze Arbeit geleistet.

Ich dachte kurz nach. In einer Situation der Einschüchterung, Ohnmacht und Angst sind Menschen noch empfänglicher für Propaganda, nehmen einfache Antworten leichter an. Gutes kommt dabei eigentlich nie heraus. Das Gleiche gilt auch für Situationen, die vielleicht nicht so unmittelbar als Bedrohung wahrgenommen werden. Wie die Klimakrise. Nein, Angst ist auch hier ein schlechter Berater.

Um sich einer Krise mit verantwortlichem Handeln zu stellen, sind vielmehr Mut gefragt, Entschlossenheit und eine realistische Einschätzung der Gefahren. Handfeste Informationen helfen dabei, das Aufzeigen von Handlungsoptionen. Eine mantraartige Beschwörung des Untergangs hingegen wird bald Panik hervorrufen. Zusammen mit Fehlinformationen die beste Voraussetzung für Verzweiflungstaten.

Ich stand noch immer auf der Klippe. Erst nach einigen Minuten der Kontemplation hörte ich wieder den Betriebsleiter ein paar Meter hinter mir, der gerade dabei war, weitere Schauplätze aus dem Zweiten Weltkrieg aufzuzählen, die es auf der Insel gab. Aber ich winkte ab. Wir mussten los, ich wollte zur Flugküche und mit meinem Job loslegen.

Als wir die Anlage endlich erreicht hatten, begann die übliche Betriebstour. Die Führung fiel allerdings sehr kurz aus, weil der Betrieb nicht besonders groß war. Zum Schluss gelangten wir in den Kühlraum, wo die Zutaten und vorgefertigten Komponenten lagerten – und wo Touren dieser Art meistens enden. Ich kannte den kleinen Trick schon von anderen Audits. In der unangenehmen Kälte sollte der Prüfer gar nicht mehr auf die Idee kommen, noch allzu viele Fragen zu stellen, sondern die Inspektion einfach schnellstmöglich beenden wollen.

So weit alles normal, dachte ich mir im Stillen. Doch was dann kam, passte nicht zum normalen Programm. Nach der ersten oberflächlichen Besichtigung des Betriebs stellte ich die Frage, wann wir in den nächsten Tagen den Einkauf im Detail durchgehen würden. Wie arbeitete die Firma? Woher kamen die Produkte? Wie wurde hier alles abgewickelt? Vom Betriebsleiter erhielt ich nur eine kurze, verhaltene Antwort. Alles Weitere sollte ich besser direkt mit dem Zulieferer besprechen. Er würde mich schon erwarten, und bei ihm könne ich mir ein Bild von allem machen. Die Situation auf der Insel sei eine spezielle, sagte er schließlich noch. Neben dem Return-Catering lohne sich der Aufwand nicht, die Rohprodukte groß einzuführen, und auf der Insel gebe es eigentlich nur diesen einen geeigneten Zulieferer.

Es klang fast wie eine Entschuldigung. Dann traten wir auch schon vor die Tür, wo bereits ein Taxi auf mich wartete. Ich stieg ein und wurde nun in jenen Teil Saipans gefahren, den man als eine Art Industriegebiet bezeichnen könnte. Ich reichte dem Taxifahrer ein paar Dollar nach vorn, stieg aus und stand bald im Büro eines mittelgroßen jungen Mannes. Er war schlank, sportlich gebaut und trug für die eher herbe Umgebung ein ungewöhnlich urbanes Markenoutfit. Nach einer kurzen Begrüßungsfloskel vergewisserte er sich, dass ich auch wirklich der Auditor aus Hongkong war. Dann verengte er die Augen und sagte mir frontal und ohne mit der Wimper zu zucken, ins Gesicht: »Schön, dass du unsere Insel besuchst. Du solltest deine Zeit hier besser am Strand verbringen, dann verlässt du Saipan auch wieder.«

Einen Moment lang herrschte Stille. Nur der Ventilator torkelte unter der Decke vor sich hin. Die Worte waren zwar in meinem Hirn angekommen, aber ich brauchte eine kleine Weile, um ihren Inhalt zu realisieren. Dann jedoch begriff ich es sehr deutlich. Andere Länder, andere Sitten. Das schoss mir kurz durch den Kopf. Nun, vielleicht war dem so. Vielleicht aber verstand man es auf dieser Insel, verstand es dieser Mann auch bloß besonders gut, gewisse Vorgehensweisen sehr ungeniert und sehr unverblümt zu kommunizieren.

Da ich mich nicht regte und nichts sagte, schien sich mein Gegenüber seines Anliegens noch einmal versichern zu wollen. »Nach dem Tag am Strand bist du dann morgen Abend zu meiner Party eingeladen, es wird ein großes Büfett geben.« Inzwischen hatte ich kapiert. Das hier war offenbar die lokale Version jenes Cocktails, den man auch »Zuckerbrot und Peitsche« nennt.

Um die Konversation möglichst unauffällig weiterzuführen, fragte ich ihn, wo die Party denn stattfände. »Hier«, sagte er. »Hier in meinem Lager.« Ich erwiderte nicht viel, gab nur ein dünnes Okay von mir. Das konnte alles heißen. Es ließ ihm alle Interpretationen offen, was ich mit seinem Vorschlag denn nun anstellen würde. Er musterte mich noch einmal genau, denn er war sich offenbar nicht ganz sicher, was er mit mir anfangen sollte. Dann sagte er: »Dein Taxi wartet immer noch draußen, es wird dich zu deinem Hotel bringen.« Eine Machtdemonstration nach Drehbuch. Ich jedenfalls hatte den Taxifahrer nicht darum gebeten, zu warten. Ich hatte damit gerechnet, dass wir uns die Lagerhallen ansehen und uns über die Bücher beugen würden.

Die Luft stand vor Hitze. Ich verließ das Büro ohne ein weiteres Wort.

Mir war inzwischen klar geworden, dass gewisse Vorgänge hier womöglich nicht mit rechten Dingen zugingen. Dass ich im Begriff war, mich in einen Prozess einzumischen, in den man sich besser nicht einmischt. In diesem Geschäft, hier auf Saipan, wurde offenbar massiver Druck ausgeübt auf alle, die ein gewisses Spiel nicht mitmachten. Dieses Spiel mochte Regeln nicht besonders und tat alles Erdenkliche, um diese Regeln auszureizen, zu umschiffen, sie notfalls zu ignorieren oder gleich selbst umzuschreiben. Und wenn einer dieses Spiel irgendwie unterbrechen wollte, nun, dann kannte bestimmt irgendeiner die nötigen Tricks, um dies zu verhindern.

War ich naiv gewesen? Zu gutgläubig, um im wirtschaftlichen Ökosystem einer kleinen Insel keine größeren Probleme zu erwarten? Ungereimtheiten, okay. Damit hatte ich gerechnet. Aber hier wurde ich persönlich bedroht, frei heraus sogar mein Leben. Ich dachte über die gesagten Sätze nach. Sie schienen geradezu surreal inmitten dieses Ferienparadieses. Sie waren wie Spuren des Makels auf einer perfekten Fassade. Und sie erschreckten mich, rissen mich aus der Projektion einer schönen Welt. So wie es immer wieder geschieht, wenn die glitzernden Sphären des Marketings und Produktmanagements einmal jäh durchbrochen werden, wenn Konzerne plötzlich die Zähne zeigen und alle Register ziehen, um ihre lukrativen Geschäfte gegen jedwede Gefährdung zu verteidigen. Auch dann tun sich Risse in den Fronten auf, klaffen auf einmal Spalten, durch die wir einen Blick in die Realität werfen können. Es sind unerquickliche Patzer. Denn sie passen so gar nicht zu den Corporate Identities, zu all den Markenbotschaften, mit denen uns Werbung und Industrie versorgen.

Ich ärgerte mich ein bisschen. Denn ich hätte mich nicht davon überraschen lassen sollen. Wir alle sollten nicht überrascht sein.

Auf Saipan zeigte sich lediglich ein Muster wirtschaftlichen Handelns. Es braucht nun mal Ressourcen, Möglichkeiten und einen starken Willen, um etwas zum Erfolg zu führen und ein lukratives Geschäft aufzubauen. Und wenn dieses Geschäft irgendwie in Gefahr gerät, hört der Wille zum Erfolg ja nicht einfach auf. Offensichtlich nahm mich dieser Mann in Saipan als eine Gefahr für sein lukratives Geschäft wahr. Das allein reichte jedenfalls aus, um zu drastischen Mitteln der Gegenwehr zu greifen. Wie realistisch diese zur Anwendung kommen würden, nun, ich wusste nicht, wie weit ich hier mit der Feldforschung gehen sollte.

Ich versuchte, mir einen Reim auf das alles zu machen. Ich wollte verstehen. Und erkannte dabei auf einmal Entsprechungen, Parallelen durchaus auch zu dem Verhalten vieler größerer Firmen, die letztlich auf sehr ähnliche Art und Weise operieren und reagieren.

Als die ersten gesundheitlichen Bedenken im Zusammenhang mit dem Rauchen aufkamen, bezahlte die Tabakindustrie damals Heerscharen von Ärzten, damit diese behaupteten, Rauchen sei unschädlich. Lungenkrebspatienten, die klagen wollten, wurden nonchalant eingeschüchtert. Auch das weiß man heute.

Agrarunternehmen oder Minenbetreiber schrecken ebenfalls nicht davor zurück, Umweltaktivisten stummzuschalten. Nicht wenige, die sich dennoch gegen illegale Abholzung aktiv einsetzten, verschwanden kurz darauf von der Bildfläche. Beispiele dieser Art gibt es viele. Und wenn man solche Fälle auch keinesfalls pauschalisieren darf, zeigen sie doch, dass gewinnorientierte Unternehmen und ihre Ressorts wenig Skrupel haben, ihre lukrativen Geschäfte mit allen Mitteln zu verteidigen.

Das Prinzip Faktenverdrehung. Fehlinformationen. Einschüchterung. Das Prinzip, sich nicht in die Karten schauen zu lassen, um dem rollenden Rubel bloß keinen Stein in den Weg zu legen. Genau das erlebte ich hier gerade auf Saipan. The Art of Business, demonstriert im Reagenzglas einer winzigen Südseeinsel, die für so einige Geschäftsfelder inzwischen zum Hotspot geworden war.

Nein, ich musste mich wegen meiner kurzfristigen Beorderung an den Strand nicht wundern. Ich hätte es ahnen können, vielleicht sogar wissen müssen.

Auch beim Klimawandel haben wir von Anfang an denselben Effekt gesehen. Die Wissenschaftsjournalistin Shannon Hall verkündetet in einem Beitrag in *Scientific American* im Oktober 2015,[26] dass ExxonMobil schon seit 40 Jahren über den Klimawandel Bescheid wusste – aber nicht handelte. Ein wissenschaftlicher Mitarbeiter von ExxonMobil namens James Black klärte das Top-Management des Unternehmens bereits 1977 über einen für sie unvorteilhaften Zusammenhang auf. Messungen auf der firmeneigenen Tankerflotte hatten längst bestätigt, dass das zusätzliche CO_2 in der Atmosphäre durch die Verbrennung von fossilen Brennstoffen herrührte. Auch legte James Black den Managern dar, dass die erhöhten CO_2-Werte zu einem massiven Klimawandel führen würden. Schon damals erläuterte er die Szenarien einer Zwei- oder Drei-Grad-Erwärmung und mahnte zu einem Kurswechsel in den nächsten fünf bis zehn Jahren.

Doch statt einen Kurswechsel einzuleiten oder die Ergebnisse gar zu veröffentlichen, passte ExxonMobil lediglich die eigenen Anforderungen an die firmeninterne Infrastruktur an. Die Spezifikationen für Bohrinseln und Pipelines zum Beispiel wurden auf die Folgen des zu erwartenden Klimawandels zurechtgeschnitten. Dies mit dem einen Ziel, im sich abzeichnenden Dilemma so vehement wie möglich weiter produzieren zu können. Das Unternehmen handelte dabei gezielt opportunistisch, bewusst in eigenem Interesse – und nicht altruistisch. Nicht zum Wohle der Gesellschaft. Im Gegenteil: Es kaschierte und verbarg.

Als die Fakten später an die Öffentlichkeit drangen und die fossilen Brennstoffe zunehmend als Übeltäter bekannt wurden, wusste ExxonMobil schon lange, welche Brisanz und welche wirtschaftlichen Folgen dies für sie haben würde. Das Unternehmen begann nun, Millionen von Dollar auszugeben, um die unkenden Wissenschaftlerinnen und Wissenschaftler zu diskreditieren. Um den Klimawandel und seine Ursachen so lange wie nur eben möglich unter den Tisch zu kehren. Die Strategie: Streue so viele Zweifel, dass sich keiner mehr sicher ist, was am Ende noch stimmt. Das Ziel: Die Menschen sollten gar nicht erst auf die Idee kommen, das florierende Geschäft mit der fossilen Energie infrage zu stellen.

Dieser Methode folgten viele Unternehmen, die mit fossiler Energie gewaltige Profite machten. Der tiefersitzende Grund dahinter ist ein einfacher: Kommerzielle Größen handeln immer gewinnorientiert. Ihren Investoren und Aktionären gegenüber sind sie dazu sogar verpflichtet. Das ist einerseits verständlich, rechtfertigt jedoch nicht, sich über gesetzliche oder moralische Grundsätze hinwegzusetzen. Doch dabei wäre es geradezu töricht, zu glauben, dass die Wirtschaft ihre Winkelzüge unterlassen würde, um vornehmlich dem Gemeinwohl zu dienen. Dies ist in ihrer DNA schlicht nicht verankert.

Eigentlich ist es längst Teil unseres Erfahrungsschatzes, dass weder Umwelt- noch Gesundheitsprobleme je von einer Industrie gelöst wurden, die genau dabei am meisten zu verlieren hat. Wenn überhaupt, will die Industrie an solchen Problemen verdienen, nicht zurückstecken. Umso kurzsichtiger wäre es darum auch, auf die Industrie zu vertrauen, wenn es um die Lösung der Klimakrise geht. Auf eine Industrie wohlgemerkt, die bis heute ausgerechnet mit jenen Produkten das meiste Geld auf Erden verdient, deren Herstellung und Betrieb auch die meisten Treibhausgase erzeugen. Die Automobilindustrie verdient bis heute ihr Geld, *weil* es über eine Milliarde Autos auf der Welt gibt, die noch immer mit fossilem Kraftstoff fahren. Die Energiekonzerne machen exorbitante Profite, *weil* sie mit Kohle, Öl und Gas Energie erzeugen. Andere Unternehmen steigern ihre Gewinne, *weil* sie ihre Produktionsstätten ins Ausland verlagern, *weil* sie auf Masse produzieren und ihre Produktionsmethoden rein nach der Profitmaximierung ausrichten.

Auf Saipan erlebte ich sozusagen das Destillat dieses ökonomischen Modus Operandi. Die inneren Codes, nach denen jeder wirtschaftliche Organismus tickt. Und dabei sollte es noch eine ordentliche Portion krasser kommen.

Auf Saipan musste ich erst einmal mit meiner eigenen Situation klarkommen. Als berufener Auditor kam ich einer eingeflogenen Spürnase gleich. Und das schien dem Chef des Zulieferbetriebs gar nicht zu schmecken. Dabei war die Technik der Einschüchterung auf der Insel offenbar Usus. Als gehörte der Einsatz aller erlaubten und bisweilen auch nicht erlaubten Mittel zur inneren Ausstattung der wachstumsorientierten Unternehmensstrategie. Der Markt in Asien verzeichnete gerade exorbitante Zuwachsraten. Die Geschäfte brummten, die Globalisierung schritt allerorten voran, und es war mehr als unwahrscheinlich, dass auch nur ein einziges Körnchen Sand in diesem Getriebe geduldet wurde.

Was sollte ich als Nächstes tun? An den Strand gehen und mich sonnen? Ich saß in meinem Hotel, überlegte und machte einen Plan. Zufällig hatte ich nämlich noch einen anderen Termin auf Saipan.

In Hongkong hatte ich neben meinem Job inzwischen meinen MBA gemacht und für meine Kursarbeit im Fach Business Strategy zu meiner Überraschung eine Auszeichnung gewonnen. Das spezielle Thema meiner Arbeit hieß: »Wie könnten Firmen bestimmte Zertifizierungen für einen Wettbewerbsvorteil nutzen – speziell bei der Zertifizierung nach dem ISO-9000-Standard fürs Qualitätsmanagement sowie beim ISO-14001-Standard fürs Umweltmanagement?«

Dass ich für solch ein Thema eine spezielle Anerkennung bekommen hatte, war für mich überraschend gewesen und hatte nur bedingt Freude bei mir ausgelöst. Der US-amerikanische Dozent in diesem Fach war mir nämlich von Anfang an unsympathisch gewesen. Schon seine erste Vorlesung hatte er mit wortreichen Metaphern begonnen und im Lauf der Vorlesungen seine Ausflüge ins moderne Business-Leben mit bizarren Allegorien ausgeschmückt, vorzugsweise von den Taktiken der Wehrmacht und ihren Panzerfeldzügen bis hin zu den Contras in El Salvador. Ich hatte zugehört und versucht, die relevanten Inhalte herauszufiltern. Ansonsten aber wollte ich mit diesem Mann nichts mehr zu tun haben. Und da kam es schon einer Ironie des Schicksals gleich, als ausgerechnet er mich lange nach Abschluss meiner Prüfungen noch einmal kontaktierte – und zwar nur wenige Wochen vor meinem Flug nach Saipan.

Er pflegte offenbar Kontakte zu diversen Unternehmen, vermittelte gelegentlich auch seine Studenten an die Firmen und machte mir aus heiterem Himmel ein Angebot. »Ich hätte da einen guten Job für dich«, sagte er zu mir. »Bei einer Firma, die ich gerade berate.« Es sei eine einmalige Möglichkeit, meinte er noch, attraktiv und gut bezahlt. Ich müsste dafür in ein Tropenparadies namens Saipan reisen, dort könnte ich genau das umsetzen, was ich in meiner Seminararbeit vorgeschlagen hatte.

Ich war total baff. Ausgerechnet dieser Dozent schien sich für meine Themen zu interessieren und wollte mich nun mit diesem Ansatz in die Hände eines Unternehmens vermitteln. Und dann sollte es auch noch nach Saipan gehen, ausgerechnet dorthin, wo ich für meinen eigentlichen Arbeitgeber sowieso schon hinfliegen sollte. Ich reagierte skeptisch, zögerte. Wie konnte das sein? Oder sollte es womöglich so sein? Schließlich sagte ich zu, mir die besagte Firma anzuschauen. Die Entscheidung, den Job wirklich zu machen, behielt ich mir jedoch vor. Neugierig war ich allerdings schon. Was war das für eine Firma? Und würde ich mein Seminarthema des standardisierten Qualitäts- und Umweltmanagements dort vielleicht wirklich praktisch anwenden können? Hm. Irgendwie war ich mir sicher, dass hier etwas faul war. Was immer von diesem Mann kam, es konnte keine wirklich seröse Option sein.

Aber man soll den Tag bekanntlich nicht vor dem Abend verteufeln. Also willigte ich bedingt ein, und der Dozent organisierte alles für meinen Besuch bei dieser zweiten Firma in Saipan.

Am nächsten Morgen holte mich ein Fahrer zur vereinbarten Zeit vom Hotel ab. Inzwischen kam mir dieser zweite Termin auf der Insel äußerst gelegen. Nach der gestrigen Machtdemonstration, meine Zeit doch besser im sorglosen Urlaubsmodus zu verbringen, würde es vielleicht ganz gut sein, die Buschtrommeln auf der Insel ein bisschen zu verwirren. Denn sicher würde es schnell die Runde machen, wo sich der aus Hongkong angereiste Auditor aufhielt.

Wir fuhren also in ein weiteres Industriegebiet der Insel, wobei ich sehr bald das Gefühl hatte, wir hätten uns verfahren. Wir hielten vor langen Hallen, deren Fronten verwittert und deren Fenster eingeschlagen waren. Das sollten die Produktionsstätten der besagten Firma sein, an die mich mein Dozent vermitteln wollte? Das Gelände glich einer ausgebombten Barackenlandschaft. Dann kam ein untersetzter Mann aus dem Gebäude und winkte mich herüber. Ich stieg aus und ging auf das zu, was man einen Eingang nennen könnte. Und je näher ich kam, desto mehr gewann ich den Eindruck, dass das Innere dieser Hallen tatsächlich belebt war.

Der Mann stellte sich als der Werksmanager vor. Er begrüßte mich freundlich und führte mich ohne Hemmungen in die Hallen. Ich folgte ihm zögerlich. Und während meine Augen nun sahen, was sie sahen, hatte ich plötzlich das Gefühl, dass alles um mich herum nicht ganz real war. Ich vernahm die Worte des Werksmanagers immer dumpfer und wie aus der Ferne, obwohl er direkt neben mir ging und mir munter und gänzlich bedenkenlos alles zeigte und erklärte.

Es war drückend heiß in den Hallen, und ich sah die Frauen vor den Nähtischen kauern wie Ameisen in einem unerlässlich vor sich hinbrodelnden Haufen. Die Nähmaschinen waren in Sechzigerreihen montiert, dicht an dicht, die Tische standen in eng gestaffelten Kolonnen, die keinen halben Meter Platz boten zwischen den eifrigen Ellenbogen, die unermüdlich hoch- und runterwippten. Ich sah die Nadeln in den Stoff dringen, die Nähfüße und kleinen metallenen Schlitten, die auf den bunten Stoffbahnen hin und her rasten. Die Stoffe lagerten auf riesigen Rollen an den Wänden, während das Surren und Klappern zu einem ohrenbetäubenden Lärm anschwoll, der sich bis in die letzten Ritzen ausbreitete.

Ich sah keine Toilette, sah nur zwei Latrinen. Ich sah keine Kantine, keinen Pausenraum, keine Bank zum Sitzen. Ich sah nur Schemel zum Kauern. Sah die Aufseher, die schweigend durch die Reihen marschierten und ihre prüfenden Blicke nicht einmal dann von den Fingern der Näherinnen nahmen, als der Werksmanager mit mir an seiner Seite durch diese vor Schweiß und Angst stinkende Arbeitshölle spazierte.

Ich sagte nichts, denn ich wusste nicht, was ich sagen sollte. Das Knirschen von Glas unter meinen Schuhen rüttelte mich auf. Ich sah hoch, es stammte von den zerbrochenen Oberlichtern im Dach. Der Werksmanager war davon scheinbar nicht überrascht. Er machte keine Anstalten, irgendetwas zu erklären oder gar zu entschuldigen. Ich stammelte vor mich hin, halb in den Raum, halb zu ihm. Ich sah die Frauen. Es waren Hundertschaften. Ihre Gesichter zeigten keinerlei Regungen. Sie kauerten und arbeiteten wie Maschinen. Ich hob die Stimme. Sagte zum Werksmanager, ich hätte nicht so viel Zeit. Ich musste raus aus diesem Gebäude. Ich musste an die Luft. Ich hätte sonst angefangen, jemanden anzubrüllen.

Es war nur ein kurzer Besuch. Aber ich hatte genug gesehen. Und das, was ich sah, war: Usus. Es war der Normalzustand in einer hermetisch abgeriegelten Welt, die den Rest der Welt bediente. Es war ein Schattendasein im Verborgenen auf einer entlegenen Insel, die nach allen Regeln der Kunst, nach allen Gesetzen, Limits und Lüsten des Marktes operierte. Als ich wieder im Wagen saß auf dem Weg zurück zum Hotel, befand ich mich noch immer in einer Art Schockstarre.

Was mich jedoch am meisten traumatisiert hatte, war der völlig entspannte Ton des Werksleiters. Wie selbstverständlich hatte er mich durch ein Lager moderner Arbeitssklaven geführt.

Die großen Widerhaken im Klimaschutz: Opportunismus, Etikettenschwindel, Greenwashing

Was ich erlebt hatte, legte die Anatomie der ökonomischen Seele offen. Die Vorgehensweisen kamen dabei nichts anderem gleich als dem Innenleben des wachstumstreibenden Handelns. In Saipan wurde überdeutlich, dass die Industrie alles tat, um den Profit zu steigern – und dies keineswegs immer außerhalb der gesetzlichen Rahmen. Die Wirtschaft tat lediglich eines: Sie agierte in höchstem Maße opportunistisch. Die Unternehmen setzten alle Mittel ein, um die Gewinne nach oben zu schrauben. Dafür gingen sie raffiniert und rigoros vor. Sie suchten sich Nischen, zogen sämtliche Register, reizten alles aus.

Ich musste an eine Definition des Begriffs Opportunismus denken: die bereitwillige Anpassung an die jeweilige Lage durch Nützlichkeitserwägungen. In der Spieltheorie bezeichnet opportunistisches Verhalten ein individuell nutzenmaximierendes Verhalten. Person A erweckt bei einer Person B Vertrauen, sodass B kooperiert. A versucht daraufhin, seinen Nutzen durch eine nichtkooperative Strategie zu maximieren. Der Wirtschaftswissenschaftler Oliver E. Williamson hat den Begriff des opportunistischen Verhaltens für sich definiert und eine eigene »Transaktionskostentheorie« aufgestellt. Die ökonomischen Akteure folgen demnach stets ihren Interessen und versuchen, durch List und Tücke ihren Nutzen zu maximieren. Der Opportunist tritt als exemplarischer Homo oeconomicus auf, der den kurzfristigen offensichtlichen Nutzen dem langfristigen und vielleicht weniger offensichtlichen Nutzen vorzieht.[27]

In diesem Sinne ist opportunistisches Verhalten keine besonders positive Charaktereigenschaft eines Menschen – zumindest nicht in einer Gemeinschaft. Im öffentlichen Diskurs wird das jedoch häufig ausgeblendet und nach dem Motto sortiert: Wer erfolgreich im Geschäft ist, handelt nicht nur erfolgreich, sondern auch gut. In Wahrheit jedoch bedeutet geschäftlich erfolgreiches Handeln nicht zwingend auch moralisches Handeln. Im Gegenteil. Wer verstanden hat, dass geschäftliches Handeln von Natur aus opportunistisch ist, muss zu dem Schluss kommen: Je erfolgreicher jemand ist, desto opportunistischer agiert er in der Regel. Desto mehr und rigoroser schöpft er die Möglichkeiten im Rahmen des Legalen aus. Ein Charakteristikum, das geschäftlich erfolgreiche Akteure nicht zwingend zu moralischen Instanzen macht, die dem Allgemeinwohl dienen. Was nicht heißt, dass geschäftliche Aktivitäten keinen positiven Effekt für die Allgemeinheit hätten. Sie haben es: durch das Bereitstellen von Produkten, durch das Schaffen von Arbeitsplätzen, durch Steuerzahlungen. Doch spätestens, wenn sich herausstellt, dass Produkte Giftstoffe enthalten oder bei der Produktion Giftstoffe anfallen, wenn Arbeitsplätze abgebaut werden und Einkünfte in Steueroasen verschoben werden, dann wird klar, dass die opportunistische Orientierung alles vereinnahmt – nicht nur die Geschäftspraktiken selbst, sondern oft auch viele andere Schauplätze.

Als private Personen können die Akteure natürlich philanthropische Ziele verfolgen. Und viele tun das auch. Doch wir reden hier über zwei sehr unterschiedliche Beweggründe des Handelns. Diese beiden Motivationen müssen sich nicht immer widersprechen, sie tun es aber sehr oft. Wenn die Leitung eines Unternehmens zum Beispiel als private Person die Bedrohung der Klimakrise erkannt hat, jedoch ein Unternehmen leitet, das äußerst treibhausgasintensiv produziert, wird es sehr schwierig, beides miteinander zu vereinbaren. Dann kann es schon mal vorkommen, dass passend gemacht wird, was sonst nicht passt. Als Folge bleibt die Wahrheit auf der Strecke. Ein Unternehmen erscheint plötzlich als Umweltvorreiter, obwohl die Realitäten ganz andere sind. Das jedoch ist am Ende sogar kontraproduktiver, als wenn rein gar nichts unternommen würde. Denn etwas Wesentliches steht dann auf dem Spiel. Jedweder Etikettenschwindel, jedwedes Propagieren falscher Fakten zerstören ein fragiles und wichtiges Gut in der Gesellschaft: Vertrauen.

Und ich frage mich: Sind dies nur beiläufige Erkenntnisse in einem belanglosen Kontext? Sind es lediglich Beispiele, die wir alle längst kennen – Dieselskandal, Panama Papers, Flowtex, CumEx, Wirecard, Maskenaffäre et cetera –, Beispiele, die wir dennoch am Ende müde durchwinken? Motto: Die tun eh, was sie wollen. Das Spiel nimmt seinen Lauf.

Oder sind diese offenbar weitverbreiteten Praktiken eher Anzeichen eines strukturellen Problems? Auf einer Hotlist der jüngeren Skandale allein in der deutschen Wirtschaft tauchen jedenfalls gleich mehrere Namen bekannter Weltunternehmen auf. Zu lesen ist von Schmiergeldaffären, Preisabsprachen, Manipulation, schwarzen Kassen. Konstatieren können wir also eines: nämlich, dass Beispiele opportunen Handelns allemal zu häufig auftauchen, um noch als Ausnahmen durchzugehen. Sie sind zumindest die Kehrseite der Medaille unserer Wirtschaftsordnung. Im geringsten Fall eine mögliche Nebenwirkung.

Ob das grundsätzlich akzeptabel ist oder nicht, soll hier jedoch gar nicht zur Debatte stehen. In Bezug auf die Klimakrise allerdings können und dürfen wir die profitgetriebene Grundeinstellung der Wirtschaft nicht ignorieren. Im Geflecht der sozioökonomischen Kausalitäten nämlich sind wir längst selbst an einem hochempfindlichen Kipppunkt angelangt. Beim Klima der Erde haben wir – was das Verhältnis von wirtschaftlichem Handeln und gesellschaftlichen Konsequenzen anbelangt – eine Schwelle überschritten, die für alle acht Milliarden Menschen auf dem Planeten brandgefährlich geworden ist.

Als Treibhausgasbuchhalter muss ich darum an genau dieser Stelle einen Pflock in die Erde rammen und mich vehement zu Wort melden. Es ist eine moralische Pflicht, die meinem Beruf geschuldet ist und meiner Überzeugung unmittelbar entspringt. Denn spätestens, wenn es um die Lebensbedingungen aller Menschen auf der Erde geht, muss das opportunistische Naturell der Wirtschaft, müssen dessen Folgen und Nebenwirkungen sich eine neue und kritische Evaluierung gefallen lassen.

Klimaschutz nur während der Öffnungszeiten ist keine Option. Wenn Klimaschutz lediglich die Unternehmen betrifft, denen es in den Kram passt, haben wir schon verloren. Anders gesagt: Wirtschaftliche Unternehmen haben kein Recht darauf, unbehelligt glücklich zu sein. Auch kein unausgesprochenes. Dieses Recht haben nur Menschen.

Das heißt allerdings ganz und gar nicht, dass ich mich einreihe in den Chorus derer, die den Kapitalismus schon immer abschaffen wollten und dies auch als Vorbedingung für den Klimaschutz anmahnen. Das wäre ideologisches Hijacking und gleichfalls zutiefst kontraproduktiv. So wie es ebenfalls kontraproduktiv ist, die Klimakrise für irgendwelche anderen politischen oder ideologischen Ziele zu missbrauchen – selbst dann, wenn diese Ziele wichtig und ehrenwert sind.

Es wird schwer genug sein, sich als Gesellschaft auf ein gemeinsames Handeln zur Reduktion von Treibhausgasen zu konzentrieren und zu einigen. Jedwede anderen politischen oder ideologischen Intentionen, die man dem Klimathema als Trittbrettfahrer unterjubeln will, werden es darum nicht leichter machen. Weil diese Nebenschauplätze meist noch viel weniger Konsens in der Gesellschaft genießen als der Klimaschutz selbst.

Ob der Kapitalismus mit all seinen plausiblen Randerscheinungen nun gut oder schlecht ist, sei letztlich also dahingestellt. Mir geht es hier lediglich um eine absolut vorbehaltlose Bewertung in Bezug auf das zu lösende Problem. Und dann stellt sich folgende Frage: Können die Mechanismen wirtschaftlichen und opportunistischen Verhaltens einen Beitrag zum wirksamen Klimaschutz leisten – oder nicht?

Dies ist eine der essenziellen Fragen. Die Antwort muss darum völlig ungeschminkt ausfallen, ohne dabei gleich unsere Wirtschaftsordnung grundsätzlich infrage zu stellen.

Und so zwang ich mich auch auf Saipan letztlich zu einer möglichst objektiven Betrachtung der Situation.

Bei meinem zweiten Termin auf der Insel war mir neben den schockierenden Arbeitsbedingungen in der Textilfabrik am Ende noch etwas aufgefallen. Ein vermeintliches Detail zunächst. Ich hatte auf einige der Labels geschaut, die in den T-Shirts, Poloshirts und bunten

Sweatshirts vernäht wurden. Darauf stand neben einigen Produktinformationen und einem weltbekannten Markennamen auch dieser Hinweis: »Made in USA« Ich wunderte mich. Wir befanden uns mitten im Westpazifik auf einer der nördlichen Marianeninseln, von Los Angeles fast 10.000, von Washington D. C. knapp 13.000 Kilometer entfernt.

Saipan war zuerst von den Spaniern besetzt worden, später gehörte es einmal 15 Jahre lang zur Kolonie Deutsch-Neuguinea. Seit die US-Armee die Insel jedoch von den Japanern im Zweiten Weltkrieg erobert hatte, ist Saipan zu einem sogenannten »Außengebiet der Vereinigten Staaten« geworden. Damit steht die Insel zwar unter der Hoheitsgewalt der USA, jedoch war sie zum Zeitpunkt meines Besuchs von den meisten US-Gesetzen befreit, und dies nicht nur in Sachen Sozial- und Einwanderungsrecht. Mit anderen Worten: Die Insel gehörte zu den USA – doch musste sich hier niemand an lästige Gesetze halten, die sonst in den Vereinigten Staaten galten, um die Dinge und das Leben zu regulieren. Als eine der *Insular areas* der USA war Saipan ein Paradies für diverse Nutznießer, bezogen keineswegs auf das warme Meer und die weißen Strände.

Und so war die Fabrik, die ich besichtigt hatte, am Ende auch sicherlich kein Einzelfall.

Die erste Textilfabrik auf Saipan, die Commonwealth Garment Factory, Inc., hatte bereits im Oktober 1983 eröffnet. Inzwischen existierten bis zu 36 dieser Textilfabriken auf der Insel, in denen an die 30.000 Näherinnen arbeiteten. 90 Prozent davon kamen aus China, junge Frauen zwischen 18 und 30, deren Durchschnittslohn weit unter der Hälfte des US-amerikanischen Mindestlohns lag. Die Frauen lebten in Wohnlagern oder wurden mit Shuttlebussen von ihren Baracken in die Fabriken gefahren. Sie trafen sich an der Fiesta Mall, kauften ihre Habseligkeiten im San José Mart oder im 99 Cents Store. Wenn sie während der Sieben-Tage-Wochen nach ihren Zwölf-Stunden-Schichten nicht schliefen oder arbeiteten, verdingten sie sich als Prostituierte in den Karaokebars und Nachtclubs oder standen an den Straßenecken der einschlägigen Westküsten-Hotspots. San José, Mutcho, Susupe, Oleai.

Das kleine Saipan hatte im Jahr 1998 allein in die USA Textilien im Wert von fast einer Milliarde Dollar exportiert. Dabei waren Millionengewinne für die Produzenten abgefallen. Das volle Ausmaß der Ausbeutung wurde erst Jahre nach meinem Besuch so richtig deutlich. Die Öffentlichkeit in Übersee, vor allen in den USA, war langsam darauf aufmerksam geworden, und es wurden erste Prozesse geführt gegen Unternehmen, die auf der Insel produzieren ließen. Viele der Frauen und Näherinnen, die während erster Anhörungen aussagten, verschwiegen ihre Namen, verdeckten ihre Identität. Sie durften anonym bleiben aus Angst vor physischer Gewalt, aus Angst, dass man sie zurück nach China oder Vietnam bringen und dort verhaften würde. Aus Angst, dass »geprellte« Vermittler, die sie nach Saipan verkauft hatten, sie und ihre Familien wegen Rückforderungen bedrohen oder ermorden würden.

Doch für eine Weile liefen die Geschäfte damals noch immer prächtig weiter. Diese Zeit wird als »The Garment Factory Era on Saipan« bezeichnet. Die letzte der Produktionshöllen schloss erst 2009. Genau in dem Jahr, in dem die US-amerikanischen Arbeits- und Einwanderungsgesetze auf öffentlichen Druck hin auch auf Saipan ausgedehnt wurden. Nur gesetzliche Regelungen also vermochten das unmenschliche Handeln zu beenden. Naiv in die Welt schauten dabei diejenigen, die nicht wussten, dass die Karawane der Textilprinzen und Markenkönige inzwischen weitergezogen war und längst neue Paradiese für sich erschlossen hatte.

Denn auch dies ist eines der wirtschaftlichen Naturgesetze. Unternehmen suchen sich aufgrund ihrer opportunistischen Orientierung jeden erdenklichen Winkel, in dem Kostenoptimierung, Gewinnsteigerung und Marktvorteile weiterhin zu haben sind. Dies idealerweise unter Ausschluss der Öffentlichkeit. Am besten unter einem Deckmantel, den womöglich auch noch Palmen dekorieren.

Die Sweat Shops auf Saipan wurden im Auftrag diverser berühmter *Brands* betrieben, darunter Tommy Hilfiger, GAP, Abercrombie & Fitch, Ralph Lauren oder Levi Strauss & Co. Ein unternehmenstaktisch durchaus raffiniertes Manöver. Auf Saipan nämlich konnten sich die bekannten Weltmarken eines ebenso Imagefördernden wie lukrativen Tricks bedienen. Sie profitierten nicht nur von günstigen Produktionsbedingungen und minimalen Kosten, bei den offiziellen Herkunftsangaben ihrer Produkte konnten sie obendrein wohlklingend täuschen. Nach außen traten die milliardenschweren Unternehmen absolut patriotisch auf, integer und rein. Das gute Gewissen wurde millionenfach in den Labels der bunten Ware vernäht. Made in USA. Dafür scheuten die Unternehmen nicht einmal die extrem langen Transportwege. Und scheuten auch nicht die damit verbundenen Treibhausgasemissionen.

Unter den gegebenen vorteilhaften Rahmenbedingungen spielten sie überhaupt keine Rolle.

Am Ende stellte ich mir vor allem die Frage, wie jemand auf die unfassbare Idee hatte kommen können, einen Qualitäts- und Umweltmanager wie mich nach Saipan zu schicken, um die Sweat Shops zu begutachten und diesen am Ende ein Zertifikat auszustellen: »unbedenklich«. Doch genau darin hatte letztlich mein Job liegen sollen. Das Schlechte als gut beglaubigen. Es offiziell als »okay« begutachten.

Und es ging hier keinesfalls nur um die Reduzierung von Produktionskosten, sondern besonders um das scheinbar so harmlose Label: Made in USA. Beruhigend, affirmativ und kauffförderlich wirkte es auf den Kunden – wenn dieser in einer Sekunde der investigativen Eingabe nicht den Umstand hinterfragte, wie ein Kleidungsstück so billig sein konnte, obwohl es doch vermeintlich in den USA produziert worden war.

Die Relevanz der Etiketten und Labels war enorm. Kleine, im Inneren der Ware eingenähte Stücke Stoff, die beim Tragen der Kleidung niemand sah, die jedoch über das Image eines gesamten Konzerns mitentschieden. Und somit auch über die Zahlen, den Umsatz. Natürlich wussten die Manager um die Wirkung dieser kleinen Etiketten. Sie sind Aushängeschilder – und wie leicht lassen sie sich doch zu einem kleinen Schwindel nutzen.

Nun sollten also noch offizielle Zertifikate ihre Wirkung tun. Sollten weiter verschleiern, unter welchen Bedingungen die Kleidungsstücke in Wahrheit hergestellt wurden. Ein Besuch, zwei zugedrückte Augen, ein paar Tage am Strand, eine nette Cocktailparty und am besten noch ein paar Scheinchen obendrauf hätten genügt, damit ich meinen Stempel unter die ganze Sache gedrückt hätte. Made in USA. Umweltverträgliche und menschenfreundliche Qualitätsprodukte. Letzten Endes völlig egal, ob Lebensmittel oder Markenmode.

Natürlich waren sie damit bei mir an der falschen Adresse.

Auch beim Klimaschutz sehe ich immer wieder, wie mit Labels bewusst getäuscht wird. Längst hat dieses Prinzip einen Namen: Greenwashing. Nachhaltiges und verantwortliches Handeln wird dabei lediglich suggeriert. Zertifikate und Etikettierungen wie »klimafreundlich«, »klimaneutral«, »carbon zero« oder »net-zero« verleihen die Firmen sich oder ihren Produkten indes meist selbst. Sehr oft folgen sie dabei keinem Standard. Und in der Regel lassen sie sich auch nicht von einer unabhängigen Institution auf ihre wahre »Klimafreundlichkeit« hin überprüfen – obwohl es ISO-Standards und DIN-Normen für die Treibhausgasbuchhaltung für Produkte sehr wohl gibt und diese Normen eine transparente und glaubwürdige Dokumentation von Nachhaltigkeitsmaßnahmen erlauben würden. In diesem Fall wäre das in der kompletten Bezeichnung die DIN EN ISO 14067:2019, »Treibhausgase – Carbon Footprint von Produkten – Anforderungen an und Leitlinien für Quantifizierung«[28].

Alle selbst gestrickten Berechnungen, alle freiwilligen und unregulierten Labels dienen hingegen meist einem Ziel: Die Firma will sich die Hände im Sinne des Klimaschutzes reinwaschen und die Marke aufwerten. Und in ebendiesem Zusammenhang erscheint mir besonders das Geschäft mit den Ausgleichszertifikaten nicht nur fragwürdig, sondern reichlich verdächtig. Es ist nichts anderes als eine Form modernen Ablasshandels.

Der gewichtigste Grund, sich mit vorschnellen Klimalabels zu schmücken, liegt darin, den Absatz steigern zu wollen. Die Kunden werden beim Thema Klimawandel immer aufmerksamer und selektieren zunehmend bewusster. Darum wird mit vermeintlichen Attributen des Produktes geworben, um so ein möglichst großes Nachfragepotenzial abzuschöpfen. Es ist mir allerdings – wie schon erwähnt – noch nie untergekommen, dass ein Produkt seinen angeblichen Eigenschaften in der Realität entsprach. Jede standardisierte Prüfung legte die klimafreundlichen Versprechen am Ende als Überhöhungen bloß.

Für den Konsumenten wird es dann umso schwieriger, sich zu orientieren. Und ich frage mich schon länger, warum der Verbraucherschutz sich nicht längst intensiver mit den sogenannten Klimalabels beschäftigt. Ein Anfang wäre damit gemacht, sich all jene Produkte vorzunehmen, bei denen das Attribut »klimaneutral« groß gedruckt auf der Packung zu finden ist, das Kleingedruckte jedoch preisgibt, dass sich diese Angabe lediglich auf die Verpackung bezieht, nicht aber auf den eigentlichen Inhalt.

Und selbst wenn es stimmen sollte, dass immerhin die Verpackung alle ausgelobten Eigenschaften der Klimaneutralität erfüllt (auch dies widerspricht allerdings meinen Erfahrungen), dann scheint mir dies in erster Linie noch immer ein gezieltes Instrument der Beeinflussung zu sein. Die Hersteller nutzen die Gunst der ersten Sekunden, wenn wir ein Produkt wahrnehmen und bewerten – und nehmen uns das Urteil gleich ab. Unterbewusst gelangen wir zum Fazit: klimaneutral – klingt gut. Darf man bestimmt nur draufschreiben, wenn es stimmt. Wir leben schließlich in einem regulierten Land mit TÜV, Verbraucherschutz und ausreichenden Gesetzen. Also: Kann ich guten Gewissens kaufen.

Natürlich sind solche Werbetricks ein alter Hut. Dem Kunden Honig um den Bart schmieren und ihn mit allen Mitteln der Kunst umgarnen. Spätestens in den 1960er-Jahren perfektionierten die Werber der Madison Avenue die Methoden, erfanden neue Werbemittel, dachten sich im Wettbewerb immer neue Raffinessen aus. Und das alles ist ja schön und gut. Es ist Teil unserer Kultur, Teil unserer Erfahrungen und Wünsche.

Doch heute geht es nicht mehr allein um Zahnpasta, Autos, Hemden, Waschmittel und die Verpackungen auf unseren Frühstückstischen. Es geht um das Problem, das mit all diesen Produkten unmittelbar verlinkt ist – unser Klima.

Dabei steht fest: Mit Augenwischerei und Opportunismus, mit

profitsteigernden Tricks und Gesetzeslücken werden wir uns in diesem Bereich garantiert keinen Gefallen tun. Darum ist auch hier der Verbraucherschutz dringend gefragt, einen größeren Beitrag zu leisten. Beim Klima ist es nun einmal entscheidend, Fakten von Fake zu unterscheiden. Doch ausgerechnet beim dringlichsten Problem auf Erden sind dem Geschäft mit dem schönen Schein noch lange keine ausreichenden Grenzen gesetzt.

Richtig schwierig wird es, wenn globale Unternehmen wie Shell neuerdings verkünden, schon bald »klimaneutral« zu sein. Shell zum Beispiel, eines der größten Mineralöl- und Erdgasunternehmen der Welt, veröffentlichte kürzlich seine Strategie, um die klimaneutrale Null zu erreichen. Seltsamerweise soll es laut diesem – selbst ausgeheckten – Plan funktionieren, die Öl- und Gasproduktion bis 2050 und sogar noch darüber hinaus mehr oder weniger auf vollen Touren zu fahren.[29] Und hier wird es nun wirklich unseriös, solche Firmen als ernsthafte Partner zur Bewältigung der Klimakrise anzusehen.

Wenn ich die heile Welt all der Klimaschutzkampagnen, Labels und Strategien vieler Firmen für bare Münze nähme, könnte ich nur zu einem Schluss gelangen: Die Wirtschaft hat die Klimakrise für uns längst gelöst – mit all ihren umfassenden Nachhaltigkeitsstrategien, innovativen Produkten und klimaneutralen Serviceangeboten, die den Planeten retten. In jährlich veröffentlichten Hochglanzberichten und Umweltreports beteuern die Unternehmen, dass sie durch ihre freiwilligen Nachhaltigkeits- und Sozialstandards alles im Griff haben. Diese eigenverantwortliche Überwachung und Berichterstattung wird häufig unter dem Begriff ESG (Environmental, Social & Governance) zusammengefasst. Was jedes Unternehmen allerdings konkret macht und wie es darüber berichtet – das ist bisher jedem selbst überlassen. Firmen überbieten sich in solchen Berichten darum meist gegenseitig, was sie in Sachen Klimaschutz schon alles getan haben und noch tun werden.

Laut diesen Berichten müsste im Grunde sonst nichts mehr passieren werden. Und mich beschleicht manchmal das Gefühl, dass genau dieser Eindruck erweckt und verbreitet werden soll. Doch in Wahrheit sind wir weit davon entfernt, die Klimakrise unter Kontrolle zu haben. Es ist daher keine realistische Lösung, auf die Wirtschaft zu vertrauen – und sonst nichts weiter zu unternehmen. Wir werden ansonsten nur von Werbekampagnen überschüttet, die versprechen: Je mehr wir von diesen Firmen kaufen, desto mehr schützen wir das Klima.

Dabei haben wir noch eine Chance, das Klima in den Griff zu bekommen. In Kapitel 4 werde ich darauf genau eingehen: wie Wirtschaft und Unternehmen sich entsprechend positionieren können – indem sie sich im Sinne des Klimaschutzes gegen Vernebelungstaktiken und für die Fakten entscheiden. Indem sie genau dies als Innovation begreifen – in einer nicht mehr zu negierenden Zukunft, in der echter Klimaschutz Profit bedeuten wird. Gelingen wird dies jedoch nicht, wenn Werbung und Marketing weiterhin die entscheidenden Wahrheiten verdrehen.

Wie also vorgehen?

Längst existieren solide DIN- und ISO-Normen, die eine akkurate, standardbasierte Berichterstattung für Unternehmen ermöglichen würden. In diesem Fall ist das die DIN EN ISO 14064-1:2019, »Spezifikation mit Anleitung zur quantitativen Bestimmung und Berichterstattung von Treibhausgasemissionen«[30]. Allein: Dieser Standard wird so gut wie nie benutzt. Aus meiner täglichen Arbeit weiß ich jedoch, wie wichtig es bei diesem so essenziellen Thema ist, Vertrauen nicht mit billigem Etikettenschwindel zu verspielen. Auch wenn ein Unternehmen also noch nicht alle Herausforderungen der Treibhausgasreduzierung gelöst hat: Es ist immer besser, den Stand der Dinge transparent und zuverlässig zu kommunizieren, als sich hinter Marketingfloskeln zu verstecken. Eine korrekte Treibhausgasbilanz nach ISO 14064-1 zu veröffentlichen, ist ein wesentlich seriöseres Aushängeschild des innovativen Nachhaltigkeitsmanagements, als dubiose Labels der Klimaneutralität zu benutzen.

Diese Bilanz nämlich ist der erste wichtige Schritt, um Klimaschutz sinnvoll zu planen und umzusetzen. Nur wer genau weiß, wo die Probleme wirklich liegen, kann dafür auch Lösungen finden. Und das ist wesentlich überzeugender.

Auch in Saipan verstand man sich hervorragend auf das Spiel des Vorgaukelns und Schönredens. Dabei war es ja nicht so, dass es auf der Insel illegal oder gar kriminell zuging. Die Gesetze und Gebote waren lediglich weit weg. Hier draußen im Westpazifik galten gewisse Regeln einfach nicht, derweil die Akteure obendrein die gesamte Klaviatur der Profitsteigerung bedienten. Zwei Termine in diesem Haifischbecken hatte ich nun erlebt, und inzwischen wusste ich, wie der Hase lief. Allerdings weilte ich noch immer auf der Insel, und die Frage war: Was sollte ich als Nächstes tun?

Ich überlegte und begriff die heikle Situation, in der ich steckte, schließlich als Herausforderung. Um meiner professionellen Verantwortung nachzukommen und mich dabei trotzdem nicht in Gefahr zu bringen, musste ich mir allerdings etwas einfallen lassen. Außerdem musste ich mir überlegen, wie ich mit meinem ehemaligen Dozenten umgehen würde. Der hatte sich nämlich zu allem Überfluss bei mir gemeldet und wollte wissen, wie es denn so lief auf der Insel. Wollte wissen, ob ich den Job annehmen würde, den er mir vermittelt hatte.

Eins nach dem anderen, sagte ich mir. Zunächst wollte ich herausfinden, was denn nun wirklich hinter dem Einkauf des Zulieferers für das Airline-Catering steckte. Und da würde ich es jetzt wieder mit jenem Herrn zu tun bekommen, der mich so nonchalant an den Strand kommandiert hatte. Am Abend nämlich stand die Party an, zu der er mich eingeladen oder besser: geordert hatte. Es gab nur einen Weg, die Sache zu erledigen. Nämlich, den Boss auf Augenhöhe abzuholen. Also legte ich mir einen Plan zurecht, der genau seiner Handlungsorientierung entsprach.

Am Abend aß ich noch in meinem Hotel und machte mich dann auf den Weg zur besagten Party im Lagerhaus. Dabei war ich mir nicht ganz sicher, ob dies am Ende wirklich eine Veranstaltung sein würde, zu der mehr als nur ich und ein paar schlagkräftige Mitarbeiter geladen waren. Zu meiner Erleichterung öffnete eine junge Frau die Tür und bat mich hinein. Dann sah ich zum Glück eine ganze Menge Leute, die ihre Drinks in Händen hielten und um ein großes Büfett herumstanden.

Die Gäste schienen eine bunte Ansammlung erfolgreicher junger Geschäftsleute der Insel zu sein. Sie trugen Markenkleidung und schicke Slipper. Und die exklusiven Speisen auf dem opulenten Büfett, dachte ich mir im Stillen, würden nicht mal in der First Class serviert werden. Ganz bewusst hatte ich bereits im Hotel gegessen; das Büfett sollte mich nicht weiter interessieren. Dann entdeckte mich der Boss und kam sogleich auf mich zu.

Er begrüßte mich jovial, aber mit prüfendem Blick. Als Nächstes fragte er mich, für alle hörbar, ob ich meine Zeit am Strand genossen hätte. Schöne Insel, meinte ich und streute ein paar Belanglosigkeiten in den Raum. Dann wandte ich mich ihm zu und sagte, dass ich ihm eigentlich von einem Projekt erzählen wolle, an dem ich gerade arbeitete. Er musterte mich, schwieg für ein paar Sekunden. Offenbar fragte er sich, ob ich bei seiner Choreografie noch mitspielte. Mit einer abrupten Geste nahm er mich schließlich zur Seite. Doch bevor er auf mich einreden konnte, ergriff ich erneut das Wort und sagte ihm, ich arbeite zurzeit an einem neuen Projekt – nämlich an der Reorganisation des regionalen Einkaufs in Asien. Darum hätte man mich geschickt.

Jetzt hatte ich seine Aufmerksamkeit. Er hörte zu.

Ich erzählte ihm von meiner Arbeit, von einer internetbasierten Einkaufslösung mit langfristigen regionalen Rahmenverträgen. Ich sagte zu ihm: »Es geht hier um eine völlig neue Strategie des Einkaufs. Da brechen gerade ganz neue Zeiten an, die vieles in der Zukunft, nun ja, optimieren würden.« Er war ganz Ohr. Schnell legte ich nach. Für moderne und innovative Zulieferer würden sich bald Möglichkeiten eröffnen, die Produktpalette zu erweitern und deutlich größere Reichweiten zu erzielen. Die Bestellprozeduren würden dabei weitaus schlanker und schneller ausfallen, was vieles vereinfachen würde. Und ich könne mir gut vorstellen, auch seine Produkte in diesem System aufzunehmen.

Er sagte noch immer nichts. Dann aber grinste er, schlug mir für eine freundliche Geste viel zu hart auf die Schulter und meinte: »*Nice move!*« Sein Büro würde mir ein Angebot mit allen Produkten und Preisen zuschicken, die ich in das System aufnehmen könne. Er drehte sich ohne ein weiteres Wort um und ging zurück zu seinen

172

Gästen. Die Strategie war scheinbar aufgegangen. Und der Teil, dass ich an dem Projekt arbeitete, stimmte ja. Nur solche Zulieferer wollte und würde ich natürlich nicht fördern. Ich machte mich derweil wieder auf den Weg zum Hotel und war heilfroh, als ich am nächsten Tag im Flugzeug saß und zurück nach Hongkong flog. Ich hatte auf die opportunistische Handlungsorientierung meines Gegenübers gesetzt und damit den Kopf aus der Schlinge gezogen. Und tatsächlich: Zwei Wochen später bekam ich Post aus Saipan. Die Sendung beinhaltete eine Menge Listen und Tabellen, darunter waren sogar all jene spezifischen Produkt- und Preisinformationen, die ich für meinen Bericht letztlich brauchte. Und nur dafür benutzte ich sie.

Mein Plan war aufgegangen. Und dabei war es doch am Ende ganz einfach gewesen. Eine Zukunft mit noch mehr Profit erhob sich über alle Zweifel. Und groß war die Angst, nicht an dieser Zukunft teilhaben und sich nicht rechtzeitig einen gewinnbringenden Platz in ihr sichern zu können. Diese Aussicht wog sogar noch schwerer als das Risiko, auf dumme Weise aufzufallen und womöglich einen wichtigen Auftraggeber zu verlieren. So einfach lief das Spiel, wenn man nur einmal hinter den Vorhang der opportunistischen Maschinerie blickte.

Zurück in Hongkong suchte ich in den nächsten Tagen auch noch meinen ehemaligen Dozenten auf. In sehr deutlichen Worten sagte ich ihm, dass ich nicht für den Betreiber von Sweat Shops arbeiten würde. Sagte ihm, dass mich anwidere, was ich in Saipan gesehen hatte. Zum Schluss gab ich ihm auch noch mit auf den Weg, was ich von seinen Unterrichtsmethoden hielt. Nie wieder habe ich einen US-Amerikaner so sprachlos gesehen.

Klare Spielregeln, klare Kriterien, klare Kante: Eine Navigationshilfe für den Markt der Zukunft

Letztlich war die Erfahrung in Saipan hilfreich. Im schnellen und großen Geschäft der Globalisierung mischten viele mit, und jeder entwickelte dabei seine eigene Perspektive. Ich entwickelte meine.

Und wusste: Die meisten, die allermeisten reihten sich ein in die Schlange der schnellen Gewinner und folgten bar jeder Zweifel der rein ökonomischen Definition des omnipräsenten Profitbegriffs. Das war damals so, und das ist heute so. Das viel beschworene Credo dabei lautet: Regeln und Gesetze stehen vor allem einer Sache immer nur im Weg – dem sogenannten freien Markt.

Dabei gibt es durchaus auch die andere Seite: Unternehmen, die beim Klimaschutz längst staatliche Rahmenbedingungen, sprich: gesetzliche Regeln einfordern. Ihnen ist inzwischen klar geworden, dass ein Augiasstall der selbst gewählten Herangehensweisen, der eigenen Standards und Berechnungsmethoden nicht zum Ziel führen wird – und vor allem bei der Klimakrise nicht dazu geeignet ist, planbar zu agieren.

Erst einmal finde ich es interessant, wenn Unternehmen nach dem Staat rufen, um etwas zu regeln. Denn es entblößt die viel benutzte Floskel vom sogenannten freien Markt – den es in Wahrheit gar nicht gibt.

Menschen sind schon früh zusammengekommen und haben sich auf Regeln für den Handel geeinigt. Was sind die gültigen Maßeinheiten? Welchen Zahlungsmitteln trauen wir? Welche Mittel nutzen wir, um Absprachen festzuhalten (zum Beispiel Verträge)? Diese Praktiken wurden mehr und mehr ausgeweitet und von einer anerkannten Autorität geregelt. Auch wurde beschlossen, wie regelwidriges Handeln geahndet wird. Somit ergab sich schließlich ein geregelter Markt, in dem wirtschaftliches Handeln langfristig planbar wurde. Und selbst alle Deregulierungswellen und neoliberalen Entwicklungen haben daran nichts geändert. Es existiert kein absolut freier Markt, wie so oft behauptet wird. Es existiert ein reglementierter Markt, in dessen Rahmen es jedem freisteht, zu agieren.

Und nur durch diese Regeln wurde es überhaupt erst möglich, wirtschaftliches Handeln, wie wir es heute kennen, langfristig zu gestalten. Wobei die Beschaffenheit der Regeln natürlich einen großen Einfluss auf die Handlungsmöglichkeiten der Marktteilnehmer hat (solange sich diese an die Regeln halten). Es existieren darunter Regeln, die einem fairen Wettbewerb dienen. Andere Regeln verhindern Monopole, wieder andere dienen beispielsweise dem Schutz von Markenrechten. Und so weiter.

Demnach wäre es keineswegs abwegig, sich zu fragen, ob die dem Markt zugrunde liegenden Ordnungsmuster inzwischen nicht vielleicht eine Ergänzung bräuchten: durch Regeln, die dazu führen würden, dass wirtschaftliches Handeln auch die Treibhausgasemissionen berücksichtigen muss. Und vielleicht gibt es genau dieses Rüstzeug ja sogar schon – Regeln und ordnungspolitische Instrumente, die das ökonomische Walten dahingehend beeinflussen, dass die Treibhausgasemissionen gezielt reduziert werden. Wohlgemerkt ordnungspolitische Instrumente und keine Marktinstrumente.

Mir kommen an dieser Stelle noch einmal Aidans Worte zurück in den Sinn, die er auf dem Vulkan Mauna Loa sprach, als wir vor den Messgeräten nahe des Keeling Buildings standen. »Was nicht klipp und klar geregelt wird, nimmt hemmungslos seinen Lauf. Von allein geschieht nun mal nichts.«

Also: Es braucht Regeln, Gesetze. Und es gibt sie ja auch schon. Wir haben uns auf sie verständigt. Denn sie sind gut, sie helfen. Und vieles machen sie überhaupt erst möglich. Und nun frage ich mich: Warum scheuen wir uns, warum scheut sich vor allem die Politik so sehr davor, dem wirtschaftlichen Betrieb noch einige weitere Regeln zuzutrauen? Regeln, die endlich geeignete Klimaschutzmaßnahmen bedeuten würden. Und damit meine ich nicht plumpe Verbote, sondern effektive Regeln, die dem Ausmaß des Problems gerecht werden – und in Anbetracht der Lage heute sogar weitaus wichtiger wären als so manches längst existierende Gebot oder Verbot. Diese Regeln würden endlich auch einen fairen Markt schaffen, weil für alle dieselben Regeln gelten würden.

Und wäre es in Zeiten des fortgeschrittenen Klimawandels nicht sogar einer gesellschaftlichen und politischen Hygiene geschuldet, sich bei der Formulierung dieser Regeln auch an klaren Kriterien zu orientieren? An Kriterien, die dem Ausmaß des Problems gerecht werden und in erster Linie dem Gemeinwohl dienen? Zu lange haben wir uns stattdessen von vorgefertigten Parolen leiten lassen, haben Politik und Ideologen das Wort führen lassen, beschworen durch die Mantras von Interessengruppen, hypnotisiert von den Leitmotiven, die von der Industrie und auch der konventionellen Landwirtschaft immer wieder vorgebetet werden.

Vor allem jedoch gilt in Anbetracht des drohenden Klimaszenarios: Grabenkämpfe um den richtigen Weg haben wir zur Genüge erlebt und erleben diese weiter. Besonders weit hat uns das nicht gebracht.

Noch mal: Es braucht immer Regeln, um Klarheit zu schaffen – Regeln, die allerdings nach entscheidenden Kriterien aufgestellt werden müssen. Denn nur so werden diese Regeln effektiv, transparent und für die breite Gesellschaft nachvollziehbar sein. Ohne solche klaren Kriterien, so scheint mir, wird es eine unlösbare Aufgabe bleiben, sich in einem gesellschaftlichen Konsens auf geeignete Klimaschutzmaßnahmen zu einigen.

Um diese Kriterien also geht es. Sie gehören zu den Schlüsseln, die uns eine Lösung beim Klimawandel bringen werden. Wie also sollten diese Kriterien aussehen?

Beim Entwurf der Kriterien besinne ich mich als Treibhausgasbuchhalter vor allem auf meine langjährige Arbeitserfahrung. Zudem greife ich auf alle bisher entwickelten ordnungspolitischen Instrumente zurück und berücksichtige auch die Resultate, die bei der engen Zusammenarbeit mit vielen Unternehmen, Städten und Regierungen bereits herauskamen. Natürlich weiß ich, dass es nicht einfach ist, diese Kriterien sachlich und unvoreingenommen aufzustellen – und genau hierin liegt einer der Knackpunkte, die uns ständig zurückwerfen. Eines ist mir wiederholt aufgefallen: Selbst jene Akteure, die sich dem Klimaschutz bereitwillig verschreiben wollen, legen am Ende doch immer wieder Faktoren in die Waagschale, die einem vollumfänglichen Vorgehen im Wege stehen. Immer wieder sind es politische Eingeständnisse, ökonomische Einflussnahmen oder interessenbasierte Limitierungen, die eine wirklich gute Lösung am Ende doch wieder verhindern. Die Folge: Die realen politischen Maßnahmen sind letztlich unzureichend. Ein ums andere Mal fallen sie Kompromissen zum Opfer.

Und das hat viel auch mit fehlender Orientierung zu tun: mit einer Messlatte für Klimaschutzmaßnahmen, die es bisher eben nie wirklich gegeben hat. Was dann geschieht, habe ich in vielen Verhandlungen selbst erlebt. Oft ließ es sich noch nicht einmal genau formulieren, wie weit die gewählten Schritte von einer effektiven Lösung entfernt waren, inwiefern politische und ökonomische Einwände, aber auch andere Einflussnahmen letztlich nur Schaden anrichteten.

Wie soll das auch gehen? Wie einem Fußballspieler die rote Karte zeigen, wenn man die Kriterien des Fair Play vorher nie festgelegt hat?

Beim Klimawandel kann und darf sich die Messlatte am Ende des Tages nur an einer einzigen Frage orientieren: nämlich, ob Treibhausgase reduziert wurden oder nicht. Wenn das am Ende nicht der Fall ist, ist es beim Klima allerdings meist schon zu spät. Das ist ein bisschen so, als würde ich ein Haus bauen, ohne vorher statische Berechnungen anzustellen. Ob ich etwas falsch gemacht habe, weiß ich dann erst, wenn das Haus bei der ersten Windbö einstürzt. Verantwortungsvollem Handeln entspricht das sicher nicht.

Darum erscheint es mir sinnvoll, ein klimapolitisches »Qualitätskonzept« zu entwickeln: einen Maßstab für jene Kriterien, nach denen die Regeln zum Klimaschutz bemessen und aufgestellt werden Dies wäre die Basis, um sowohl existierende als auch neue Maßnahmen danach zu beurteilen, ob sie nicht nur effektiv, sondern auch frei von politischen und ökonomischen Perspektiven und effektiv sind. Es wäre ein wesentlicher Schritt: Denn ein solches Instrument würde es uns endlich erlauben, die verschiedenen Aktionspläne transparent zu vergleichen und objektiv zu beurteilen

Ich betrachte es wie ein Sieb, das die verwässerten von den reinen Maßnahmen trennt – wie die Spreu vom Weizen. Was die Emissionen senkt, bleibt. Was die Emissionen nicht genug senkt, weil andere Interessen im Spiel sind, wird aussortiert. Nur so kommen wir zu wirklich guten und zielstrebigen Maßnahmen.

Und so könnten die Kriterien zur Betrachtung sämtlicher Klimaschutzinstrumente lauten:

1. Direkte Regelung der Emissionen

Das Instrument muss Treibhausgase direkt regeln. Die Emission von Treibhausgasen muss darum erster Gegenstand des Instruments sein – nicht irgendetwas anderes, das nur indirekt und »hoffentlich« einen Einfluss auf Treibhausgasemissionen hat. Diese Art der Lenkung ist nicht nur ineffizient und unberechenbar, sondern auch undurchsichtig und schwer vermittelbar.

2. Starke und quantifizierbare Lenkungswirkung

Das Instrument muss auf wissenschaftlichen und quantitativen Prinzipien basieren. Es muss garantieren, dass die Treibhausgasemissionen drastisch und messbar reduziert werden. Ein Instrument, das nur eine schwache Lenkungswirkung hat, ist Zeitverschwendung.

3. Graduelle Anpassung

Das Instrument muss sich verändern und anpassen können. Und zwar so, dass möglichst schnell die besten Lösungen mit der geringsten Treibhausgasintensität erfolgreich sind.

4. Immunität gegenüber Einflussnahme und Umgehung

Das Instrument muss so gestaltet sein, dass Möglichkeiten der Einflussnahme oder Umgehung minimal, am besten ausgeschlossen sind. Beides beeinträchtigt nicht nur die Effektivität, es führt auch zu einem generellen Vertrauensverlust in den Klimaschutz.

5. Handlungsorientierung

Das Instrument muss so gestaltet sein, dass die Entscheidungsträger direkt davon betroffen sind. Dies stellt sicher, dass ein Veränderungsprozess auch wirklich angestoßen wird. Zudem muss die Maßnahme reale Handlungsalternativen bieten in Bezug auf die Lenkung.

6. Soziale Gerechtigkeit im Einklang mit den Prinzipien des Rechtsstaats

Das Instrument muss in seinem Mechanismus sozial gerecht, demokratisch und pluralistisch sein. Es muss sich in das existierende ordnungspolitische Gefüge einordnen. Es darf keine ordnungspolitische Parallelwelt schaffen.

7. Ausschluss von »Huckepack«-Zielen

Das Instrument darf lediglich Treibhausgasemission regeln und steuern. Jedwede Kombination mit anderen politischen, ideologischen, aber auch ökologischen Zielen ist zu vermeiden. Ein gesellschaftlicher Konsens ist schon bei einem Thema schwer zu erreichen. Die Klimathematik mit anderen zu vermischen erschwert darum unnötig die Umsetzung. (Nichts hält darum jemanden davon ab, separat gute Lösungen für andere Probleme zu erarbeiten.)

8. Ausschluss von negativen Nebenwirkungen

Das Instrument darf keine negativen Nebenwirkungen zeigen. Weder im sozialen, gesundheitlichen noch ökologischen Bereich. Auch die volkswirtschaftlichen Belastungen und negativen Effekte müssen so gering wie möglich sein.

Acht Kriterien. Acht Merkmale, die in ihrer Ausrichtung klar und deutlich sind – und die das Fundament sein sollten für die Bewertung und Ausrichtung unserer Klimaschutzinstrumente. Es sind Spielregeln für den Markt, die sich an rein sachlichen Kriterien orientieren und niemandem außer dem Klimaschutz in die Hände spielen. Sie beschreiben somit ein ideales Szenario: Es würde die Reduzierung der Emissionen einerseits garantieren, andererseits den Akteuren auf dem Markt einen klaren und fairen Rahmen bieten, um in die Zukunft zu manövrieren.

Acht klare Kriterien also, die mir im Weiteren auch als Basis dienen, um zuerst einmal die heute existierenden Mittel und Wege aus der Krise unvoreingenommen zu bewerten. Im zweiten Schritt sollen die Kriterien dabei helfen, eventuell noch bessere Methoden zu entwickeln. Um Missverständnisse zu vermeiden: Hier geht es um die Qualitäten von Klimaschutzinstrumenten. Es geht noch nicht darum, welche genauen Reduktionsziele damit erreicht werden sollen. Klar ist jedoch, dass wir ohne effektive Klimaschutzinstrumente kein

Ziel erreichen. Und klar ist auch: Je ambitionierter das Ziel ist, desto besser müssen unsere Instrumente sein.

Ungerecht und wirkungslos: Die CO_2-Steuer ist ein volkswirtschaftlicher Dinosaurier

Im ersten Kapitel haben wir uns mit dem Stand der Dinge beschäftigt: Welche Fakten und Faktoren bedingen den Klimawandel? Im zweiten Kapitel haben wir feststellen müssen, dass unsere persönlichen Handlungsoptionen aus mehreren Gründen leider nicht genügen werden, um die globale Klimakrise zu bewältigen. Nun haben wir einen Blick auf die Funktionsweisen von Industrie und Wirtschaft geworfen – und müssen uns an dieser Stelle einem weiteren entscheidenden Punkt widmen. Wenn wir nämlich realisiert haben, dass auch individuelle und mehr oder weniger beliebige Maßnahmen von Unternehmen dem Klimaproblem nicht gerecht werden, bleibt unweigerlich die Frage: Welche anderen Instrumente kommen zurzeit eigentlich zum Einsatz, um die Treibhausgasemissionen zu reduzieren? Und: Sind diese Maßnahmen die besten Lösungen, die uns zur Verfügung stehen? Sind sie wirklich die erste Wahl?

Dazu sollten wir uns bewusst machen: Die beiden einzigen marktbasierten Instrumente, die zurzeit in Deutschland Anwendung finden – Stand 2021 –, sind die CO_2-Steuer und der Emissionshandel. Mit diesen beiden Maßnahmen also gedenkt unser Staat, das Klimaproblem zu lösen. Nicht übertrieben wäre da wohl die Forderung, dass diese beiden Werkzeuge dann aber auch hundertprozentig greifen müssen. Sie müssen die besten Mittel sein, die wir überhaupt haben.

Werfen wir also einmal einen genaueren Blick auf diese beiden Bewältigungsstrategien. An ihnen hängt unsere Zukunft und die der folgenden Generationen.

Das Konzept der CO_2-Steuer geht auf den englischen Ökonomen Arthur Cecil Pigou zurück – mit der ursprünglichen Idee allerdings

180

hat diese Steuer heute nicht mehr viel zu tun. Anfang des 19. Jahrhunderts entwickelte Pigou die Idee, Unternehmen finanziell entsprechend zu belasten, wenn deren wirtschaftliche Aktivitäten negative Einflüsse hatten, wie zum Beispiel Fabriken, die die Luft verschmutzten. Folgekosten, die ansonsten die Allgemeinheit zu tragen hätte, sollten demnach anteilsmäßig von den Unternehmen übernommen werden, sodass es zu einem Ausgleich käme. Würden die Unternehmen hingegen für positive Effekte sorgen, sollten ihnen entsprechende Subventionen zugutekommen. Eine solche Steuer wird auch als Pigou-Steuer bezeichnet.

Die Idee dieses Ausgleichs war nicht auf einen bestimmten Bereich oder gar nur die Umwelt ausgerichtet, sondern bezog auch soziale Aspekte mit ein. Zudem hielt die Idee eindeutig fest, dass die anteiligen Kosten für negative Einflüsse allein die Unternehmen zu tragen hätten – und diese Kosten nicht an die Kunden durchgereicht werden sollten. Letzteren Gedanken zog Arthur Cecil Pigou gar nicht erst in Betracht. Anders gesagt: Dass die Kunden durch einen indirekt auferlegten Preisdruck ihr Verhalten ändern sollten, war hier nie der Plan. Die Grundidee lag also zunächst nicht in der Lenkung, sondern in einer vermeintlich gerechteren Kostenaufteilung. Die Idee der persönlichen Lenkung taucht in manchen Texten zwar auf, entspricht jedoch nicht der ursprünglichen Absicht von Arthur Cecil Pigou.

Ziel war es somit, das Gemeinwesen durch ökonomische Mittel zu berücksichtigen. Eine übertragene Form der Kommerzialisierung: Vorgänge, die einen Einfluss auf die Gesellschaft hatten, sollten berechenbar und in Form von Kosten darstellbar werden. Eine solche Regelung ist aber auch Ausdruck einer Haltung: nämlich das Gemeinwesen nicht durch weitere explizite Regelungen schützen zu wollen. Durch Gesetze etwa, die von vornherein verhindern würden, dass es zu so etwas wie Luftverschmutzung überhaupt erst käme. Dann nämlich bräuchte der Staat ja auch keine Steuern darauf zu erheben. Das Kostenkonzept von Pigou stammt aus einer Zeit, in der solche Konzepte der Regelung unbekannt waren. Also aus der ordnungspolitischen Steinzeit.

Was aber geschieht, wenn öffentliches Interesse in irgendeiner Art und Weise mit kommerziellem Handeln verquickt wird? Nun, positiv wird sich eine solche Gemengelage wohl nie auswirken, zumindest nicht aufs Gemeinwohl. Um ein Beispiel zu nennen: Beim Bahnverkehr müssten wir nur das öffentliche Interesse an einem flächendeckenden Streckennetz der Gewinnausrichtung der Deutschen Bahn gegenüberstellen – schnell wird klar, wo hier die Grenzen liegen. Würde die Bahn nämlich die Hälfte aller Strecken streichen, dafür bei höherem Profit einfach gewisse Strafsteuern zahlen, wäre den Bürgern damit herzlich wenig gedient. Vor allem nicht, wenn diese Steuern am Ende auch noch an sie weitergegeben und die Ticketpreise steigen würden.

Man kann diese Art der Besteuerung drehen und wenden, wie man will: Kommt sie zum Einsatz, wird es an erster Stelle immer um finanzielle Aspekte und Erwägungen gehen – nicht jedoch in erster Linie um die Interessen der Gemeinschaft. Um die Belange der Bürgerinnen und Bürger.

So weit einige Grundgedanken zu dem, was bis heute als Pigou-Steuer bekannt ist. Laut Definition in den Wirtschaftslexika geht es dabei um die »Internalisierung externer Effekte, um ein Marktversagen zu korrigieren«. Ich finde bereits die Wortwahl hochinteressant. Denn wie wir lesen, geht es keinesfalls darum, ein Marktversagen zu verhindern oder gar auszuschließen, sondern lediglich darum, es zu *korrigieren.*

Kann das beim Klimawandel reichen?

Die Evolution der CO_2-Steuer, wie wir sie heute kennen, begann mit ihrer ersten Einführung in Norwegen 1990, und zwar mit dem »CO_2 Tax Act no. 21 on Petroleum Activities«. 1991 folgten Schweden mit dem »Carbon Tax Act« und Dänemark mit der »Carbon Dioxide Tax on Certain Energy Products«. Seitdem haben viele Länder und Provinzen eine CO_2-Steuer eingeführt, 2008 auch British Columbia in Kanada. Deutschland ist eher Spätzünder: Bei uns wurde eine Variante der CO_2-Steuer erst im Januar 2021 eingeführt.

Auch wenn Deutschland also noch nicht viel Erfahrung mit einer

CO_2-Steuer hat, so gibt es andere Länder, die schon seit Jahrzehnten damit hantieren. Deshalb lohnt sich ein Blick, wie genau eine solche Steuer heute funktioniert, unbedingt. Es hängt enorm viel damit zusammen. Denn die CO_2-Steuer ist wie gesagt eines von lediglich zwei Instrumenten, mit denen wir die Klimakrise in Deutschland derzeit lösen wollen.

Die Anwendung der CO_2-Steuer war und ist bisher nur auf die Produkte der Öl- und Gasindustrie ausgerichtet. Der angenommene CO_2-Ausstoß bei der Nutzung eines fossilen Brennstoffs wird dabei mit einem festgesetzten Preis pro Tonne CO_2 verrechnet. Dadurch ergibt sich der Kostenaufschlag in Form der CO_2-Steuer auf einen Energieträger. Nehmen wir eine Beispielrechnung: Bei einem Preis von 25 Euro pro Tonne und einem angenommenen Ausstoß von drei Kilogramm pro Liter Brennstoff beträgt die CO_2-Steuer $(3/1000) \times 25 = 7,5$ Cent pro Liter Brennstoff.

Leider wird in dieser Berechnung, wie der Name schon sagt, lediglich das Treibhausgas CO_2 berücksichtigt – nicht die beiden anderen wichtigen Treibhausgase Methan und Lachgas. Außerdem wird nur die Nutzungsphase in der Berechnung einkalkuliert, also jener Zeitraum, in dem der Brennstoff verbraucht wird. Der Transport des Kraftstoffs ist dabei ausgenommen, auch seine Gewinnung sowie die Weiterverarbeitung in der Raffinerie werden nicht mit einbezogen. Dabei fallen sowohl bei der Förderung von Öl und Gas sowie bei deren Aufbereitung erhebliche Mengen an Treibhausgasen an.

Diese werden bei der CO_2-Steuer in ihrer jetzigen Form jedoch ignoriert.

Was ist noch wichtig, zu wissen? Die Einnahmen aus der CO_2-Steuer sind nicht primär als neue Einnahmequelle für den Staat gedacht – allerdings auch nicht generell als zusätzliche Kosten für die Unternehmen, wie es Pigou einst angedacht hat. Die heutige CO_2-Steuer in Form der zusätzlichen Kosten soll vielmehr das Verhalten der Menschen beeinflussen und wird darum von den Unternehmen an ihre Kunden weitergegeben. Die CO_2-Steuer ist damit eine sogenannte »Lenkungsabgabe« und soll eine »Lenkungswirkung« erzielen. Ziel ist es, das Verhalten von Menschen zu ändern und in eine bestimmte Richtung zu lenken.

Es sind hier also nicht die Treibhausgase, die direkt geregelt werden – sondern die Kosten. Und dabei wird lediglich angenommen, dass das resultierende Verhalten zur Verringerung des Treibhausgasausstoßes führt.

Damit verfehlt die CO_2-Steuer das erste der acht Kriterien, nämlich die Forderung nach »direkter Regelung«. Und diese Strategie ist in ihrem Ansatz ein sehr unzuverlässiges und unberechenbares Instrument. Wir hoffen, dass es wirkt – wissen aber nicht, was genau wann passiert.

Bei der Frage nach dem Grad der Lenkungswirkung müssen wir berücksichtigen, dass der Mechanismus dieses Instruments darauf ausgerichtet ist, menschliches Verhalten zu beeinflussen. Und da erscheint es angebracht, vielleicht auch einmal Erfahrungen aus der Psychologie heranzuziehen. Denn hier ist man der Frage längst nachgegangen, wieweit Menschen sich beeinflussen lassen, wenn Kosten als Lenkungsmittel eingesetzt werden. Die Antwort: eher wenig. Von der Tabaksteuer wissen wir, dass der Preisdruck das Verhalten der Menschen nur zu 10 bis 20 Prozent verändert und dass derartige finanzielle Druckmittel zudem nur sehr langsam greifen. In British Columbia wird sogar die Einschätzung akzeptiert, dass die CO_2-Steuer ein »Verhaltens-Veränderungspotenzial« von 0 bis lediglich 15 Prozent aufweist.[31]

Das ist nicht sehr viel. Und es wird auch nicht besser, wenn man zum Vergleich Studien heranzieht, die ähnliche Lenkungsmechanismen in anderen Bereichen untersucht haben. Etwa bei Wasserzählern in Haushalten, die vorher keine Einzelabrechnung für ihren Wasserverbrauch einsehen konnten. Der Effekt danach war allerdings verblüffend: Denn nur das Installieren von individuellen Wasserzählern führte zu einer Reduzierung des Verbrauchs um 20 bis 25 Prozent – und dies, ohne die Kosten zu erhöhen.

Wir müssen feststellen: Die allgemeine Lenkungswirkung der CO_2-Steuer allein durch ihren Kostendruck fällt erschreckend gering aus. Dabei ist wichtig, zu erwähnen, dass dem Kunden der Anteil seiner CO_2-Steuer am Gesamtpreis noch nicht einmal gesondert ausgewiesen wird – genauso wenig wie die damit verbundenen Treibhausgasemissionen. Denn auch sie werden nicht dokumentiert.

Was geschieht folglich – und hat sich längst als real erwiesen?

Betrachten wir einmal den Verkehr, jenen Bereich, in dem die CO_2-Steuer angeblich besonders effektiv sein soll. Seit 1990 haben sich die Treibstoffpreise mehr als verdoppelt, die Emissionen hingegen sind in diesem Bereich seither nicht zurückgegangen – sie sind gestiegen. Dabei sollten einem schon Zweifel kommen. Darüber hinaus frage ich mich: Warum sollten sich höhere Treibstoffkosten in Zukunft auf das Verhalten auswirken, wenn sie es in der Vergangenheit nicht getan haben?

Hat sich eine hohe CO_2-Steuer woanders bewährt? Führt der reine Kostendruck wirklich dazu, dass die Emissionen wie erhofft sinken – weil die Kraftstoffpreise stetig steigen? Ein Blick nach Schweden ist in dieser Hinsicht lehrreich, weil man dies hier schon vor 20 Jahren ausprobiert hat. Ergebnis: In den ersten Jahren der CO_2-Steuer stiegen die Emissionen sogar noch. Die schwedischen Autofahrerinnen und Autofahrer ließen sich überhaupt nicht beeindrucken und fuhren trotz höherer Benzinpreise munter weiter – der Schuss ging nach hinten los.

Um die Ziele für 2020 zu erreichen, wurde in Schweden darum am Ende eine ganze Reihe anderer Maßnahmen ergriffen. Der wirksamste Schritt, der 2020 abgeschlossen wurde, war der Kohleausstieg. Auch hier wird also sehr deutlich, und zwar an empirischen Erkenntnissen aus der jüngsten Geschichte: Die CO_2-Steuer hat ganz offenkundig keine besonders starke Lenkungswirkung.

Kriterium Nummer zwei, das nicht erfüllt wird.

Beim Kriterium Nummer drei – der graduellen Anpassung – ist die CO_2-Steuer hingegen leicht handzuhaben. Hier ist eine stetige Anhebung ohne Weiteres machbar: Benzin, Diesel und Öl werden immer teurer. Allerdings ist eine Bewertung dieses Kriteriums nicht möglich, ohne auch die nächsten zu berücksichtigen.

Da ist zum einen das Kriterium der Immunität gegenüber Einflussnahme und Umgehung. Die Festsetzung der Höhe sowie jede weitere Erhöhung der CO_2-Steuer sind zwangsläufig politisch beeinflusst. Und immer wieder werden Gründe gefunden, um geplante Erhöhungen auszusetzen. Wirtschaftliche Krisen oder Naturkatastrophen beispielsweise, die es Gegnern der Steuer allzu leicht machen, ihre Argumente durchzusetzen oder die Steuer für einen gewissen Zeitraum sogar ganz zum Ruhen zu bringen. Nachteilig wirkt sich obendrein die Tatsache aus, dass hier etwas mit Kosten belegt wird, das nicht verboten oder anderweitig reglementiert ist. Denn egal, wie hoch die Steuer ausfällt: Wir dürfen und können weiterhin so viel Auto fahren, wie wir wollen, können heizen und Strom verbrauchen, wie es uns beliebt. Hier ist darum nichts planbar, im besten Fall können wir uns auf Wahrscheinlichkeiten verlassen.

Das ist für eine Maßnahme gegen den Klimawandel jedoch zu schwach und macht die CO_2-Steuer im Zweifel immer angreifbar. Sie fügt sich damit auch nicht in die etablierten ordnungspolitischen Rahmenbedingungen ein. Ihr kommt eine Sonderrolle zu. Bei Kriterium Nummer vier sieht es also auch nicht gerade rosig aus.

Kommen wir zum Merkmal der sogenannten Handlungsorientierung. Zur Erinnerung: Der Zweck der Steuer ist die Veränderung von Verhalten. Damit das jedoch funktioniert, wäre die zwingende Voraussetzung, dass es überhaupt echte Handlungsalternativen gibt. Das ist ebenfalls nicht immer der Fall. In einer Stadt mit gut ausgebautem öffentlichen Personennahverkehr ist es zwar schon möglich, bei steigenden Kraftstoffpreisen auf öffentliche Busse, Bahnen oder andere integrierte Lösungen umzusteigen. Außerhalb der Städte aber wird dies schwierig. Und damit stellt die CO_2-Steuer für viele letztlich nur eine Preiserhöhung dar – weil ihnen alternative Optionen gar nicht zur Verfügung stehen. An der regionalen Tankstelle kann ich als Kunde schließlich keinen öffentlichen Nahverkehr herbeizaubern, wenn die Preise steigen.

Wenn es also keine wirklichen Handlungsalternativen gibt und die Kosten einen empfindlichen Punkt erst einmal überschritten haben, dann dürfte es zu massivem Widerstand kommen. In Frankreich können wir das beobachten. Die Menschen gehen auf die Straßen und auf die Barrikaden – aber sie ziehen nicht mit. Und seit die Gelbwesten landesweit protestieren, kann nicht nur Präsident Emmanuel Macron mitansehen, wie finanziell motivierte Steuerungsinstrumente dabei scheitern, die Menschen hinter sich zu versammeln.

Betrachten wir die Handlungsoptionen bei der CO_2-Steuer jedoch grundsätzlich, ergibt sich schon vorher ein gravierendes konzeptionelles Problem. Wie im zweiten Kapitel schließlich deutlich wurde, sind unsere Möglichkeiten, der Klimakrise als Einzelperson adäquat zu begegnen, eher gering. Wenn die CO_2-Steuer aber nun an den Endverbraucher weitergereicht wird, um dessen (begrenzte) Handlungsoptionen zu beeinflussen – dann ist die Wirksamkeit einer solchen Steuer von Natur aus ebenso begrenzt wie die persönlichen Handlungsoptionen. Schon vom Ansatz her kann eine solche CO_2-Steuer also kein effektives Instrument zum Klimaschutz sein.

Beleuchten wir als Nächstes die Frage der sozialen Gerechtigkeit. Auch hier schneidet die CO_2-Steuer leider sehr schlecht ab. Weil sie an den Endverbraucher durchgereicht wird, stellt sie schlussendlich eine Verbrauchssteuer dar – und ist damit automatisch sozial ungerecht. Für einen Haushalt mit geringerem Einkommen bedeutet derselbe Steuersatz schließlich eine größere Belastung als für einen Haushalt mit höherem Einkommen.

Es gab und gibt Ansätze, dieser Schieflage entgegenzusteuern: mit gezielten Steuerentlastungen. Das allerdings macht Deutschland nicht konsequent genug. Die vorgesehenen Ausgleichsmechanismen über höhere Pendlerpauschalen, Strompreisreduzierung und die partielle Abfederung der Kostenweitergabe an Mieter – all das kann nicht darüber hinwegtäuschen, dass es sich immer noch um eine Verbrauchssteuer handelt, die individuelles Verhalten verändern soll. Erschwerend kommt hinzu, dass manche Ausgleichsmechanismen der CO_2-Steuer letztlich genau entgegenwirken. Die erhöhte Pendlerpauschale zum Beispiel belohnt den Individualverkehr, nicht jedoch Fahrgemeinschaften oder innovative Verkehrslösungen. Und eine Reduzierung der Stromkosten macht auch Energiesparen am Ende weniger attraktiv. Somit tricksen die Ausgleichsmechanismen die CO_2-Steuer nur wieder selbst aus: Sie haben eine gegenteilige

Lenkungswirkung. Der Ausgleich sollte jedoch sozial sein – nicht kontraproduktiv.

Hinzu kommt: Ein echter sozialer Ausgleich wäre auch nur dann glaubwürdig, wenn er eine hundertprozentige und dynamische Entlastung kleinerer Einkommen beinhalten würden. Das jedoch ist ebenfalls nur schwer umzusetzen, weil Einkommensteuersätze dann mit jeder Erhöhung der CO_2-Steuer angepasst werden müssten. Eine zusätzliche Barriere, die nicht genommen wird.

Die progressive Reduzierung der Einkommensteuersätze für Geringverdiener und viel mehr noch direkte Zahlungen in Form eines Energiegeldes würden mit der Zeit zudem eine Kritik der sozialen Umverteilung auslösen. Denn es wäre eine generelle Umverteilung, die sich der CO_2-Steuer quasi im »Huckepack«-Verfahren anschließen würde. Die Klimakrise als Steigbügel zur Kapitalumschichtung. Eine denkbar ungünstige Gemengelage – die vom wahren Problem nur ablenken würde.

Unterm Strich kann die CO_2-Steuer also nur verheerende Noten bekommen. Und auch, wenn wir das letzte Kriterium ansetzen, fällt das Zeugnis miserabel aus. Wagen wir nämlich einen Blick auf die potenziellen negativen Nebenwirkungen, die es eigentlich zu vermeiden gilt, sieht es keineswegs besser aus. Selbst dann nicht, wenn wir der CO_2-Steuer Bonuspunkte bei jener Komponente einräumen würden, die mit der Klimakrise immer wichtiger wird: Zeit. Inzwischen können wir auf 30 Jahre Erfahrung mit der CO_2-Steuer zurückblicken – müssen uns jedoch eingestehen, dass dieses Werkzeug die Emissionen nirgends groß reduziert hat. Spätestens bei der Klimakrise: eigentlich ein Totschlagargument.

Historisch gesehen ist das Konzept von Arthur Cecil Pigou ein Instrument aus einer Zeit, an der wir uns nicht mehr orientieren können: Der ordnungspolitische Umweltschutz, wie wir ihn heute kennen, existierte damals noch gar nicht. Die CO_2-Steuer ist darum nichts anderes als ein volkswirtschaftlicher Dinosaurier. Den mit Abstand größten negativen Nebeneffekt sehe ich allerdings darin, dass die positive Wirkung der CO_2-Steuer massiv überschätzt wird. Und genau diese Fehleinschätzung hindert uns daran, Instrumente zu finden, zu bejahen und zu nutzen, die nicht nur sozialer und zuverlässiger sind, sondern auch weitaus innovativer.

Und vor allem: wirkungsvoller!

Was passiert stattdessen? Wir akzeptieren die CO_2-Steuer, weil uns ihre Unzulänglichkeiten nicht bewusst sind, versinken andererseits in individuellen Verantwortlichkeiten, die ebenfalls ungenügend sind. Und: Beides verstellt den Blick auf die wirklichen Stellgrößen – was wiederum nur jenen Akteuren in die Hände spielt, die jegliche Klimaschutzmaßnahmen verhindern wollen. Und dies im Einzelfall ganz konkret. Blicken wir dafür nur nach Kanada, wo man seit Jahren Erfahrungen mit der CO_2-Steuer gemacht hat und weiß, welches Spiel am Ende mit ihr getrieben wird.

Was dabei eine Rolle spielt, ist ein Überschattungseffekt: jener zwischen der eigentlichen Höhe der Steuer und der Auswirkung der CO_2-Steuer auf die Kostensteigerungen. Diesen Effekt können wir besonders beobachten, wenn die CO_2-Steuer auf Treibstoffe wie Benzin und Diesel angewendet wird. Bereits ohne CO_2-Steuer und ohne starke Weltmarktschwankungen ist deren Preis beeinflusst von Tagesschwankungen sowie von bereits existierenden Abgaben und Steuern, die obendrein recht hoch sind. Wir kennen das aus eigener Erfahrung: An einem einzigen Tag kann der Preis für Diesel oder Benzin um bis zu 20 Cent pro Liter schwanken. Und wenn wir die Energiesteuersätze in Deutschland betrachten, erkennen wir, dass sie einen erheblichen Anteil des Verkaufspreises ausmachen: 2021 liegen sie bei 47,04 Cent pro Liter Diesel und 65,45 Cent pro Liter Benzin.

Im Vergleich dazu beträgt die CO_2-Steuer 2021 bei Benzin weniger als 7 Cent und bei Diesel weniger als 8 Cent pro Liter – ein Niveau also, das oft sogar weit unter den Tagesschwankungen liegt und auch im Vergleich zu den bestehenden Steuern deutlich geringer ausfällt. Und doch steht gerade die CO_2-Steuer im Rampenlicht. Über so erhitzen sich die Gemüter, während den anderen und deutlich höheren Abgaben kaum Aufmerksamkeit geschenkt wird. Was geschieht? Die CO_2-Steuer überschattet alle anderen Faktoren der Kostensteigerung, und es kommt zu einer perfekten Konditionierung des Kunden. Schlussendlich wird die CO_2-Steuer so zum Sündenbock für jegliche Preissteigerungen. Wenn gleichzeitig die CO_2-Steuer zum Inbegriff von Klimaschutz postuliert wird, sich aber kein wirklicher Fortschritt einstellt, ist ein negativer Lerneffekt in Bezug auf den Klimaschutz die Folge. Landläufige Schlussfolgerung: Klimaschutz ist nur ein Vorwand, uns allen noch mehr Geld aus der Tasche zu ziehen! Wollen wir das? Natürlich nicht. Noch schlimmer ist die Gefahr, diese Konditionierung des Kunden politisch auszuschlachten. So geschehen in 2020 in Ontario, Kanada. Eine erzkonservative Provinzregierung ließ Sticker auf die Zapfsäulen kleben, um die Bundes-CO_2-Steuer als Kostentreiber anzuprangern und damit allgemein Propaganda gegen die Klimaschutzpolitik zu machen. Sehr effektiv und sehr gefährlich.

Die Katze beißt sich also auch hier selbst in den Schwanz. Was bedeutet: Die Kosten via CO_2-Steuer an die Verbraucher weiterzugeben endet damit, dass die Leute den Klimaschutz verteufeln. Und so geht eine der wichtigsten Voraussetzungen verloren, die wir dringend brauchen: gesellschaftlicher Konsens.

Anachronismus Nummer zwei: Warum der Emissionshandel ein schlechter Deal ist

Bei der Suche nach effektiven Klimaschutzwerkzeugen könnte der Mechanismus der Bepreisung durchaus eine Rolle spielen – allerdings nur, wenn Treibhausgase direkt geregelt werden und der Preisdruck an die richtigen Adressaten gerichtet wird. Die Bepreisung muss die Entscheidungsträger treffen. Das ist jedoch bei der CO_2-Steuer bisher mitnichten der Fall, wie wir gesehen haben. Ein zweites Instrument, das vorgibt, dies zu tun, ist das Konzept »Cap & Trade«, das auch unter dem Begriff Emissionshandel bekannt ist. Um auch dieses Instrument besser zu verstehen, lohnt es sich, einen Blick auf dessen Entstehungsgeschichte zu werfen.

Das Grundkonzept eines »Marktinstruments der graduellen Anpassung durch Handel« wurde erstmals in den 1960er-Jahren von dem kanadischen Ökonomen John Dales und seinem amerikanischen Kollegen Thomas Crocker entwickelt.[32] Die Grundelemente dieses Instruments basieren auf dem Verständnis, dass unterschiedliche wirtschaftliche Unternehmen eventuell auch unterschiedlich schnell auf eine neue Regelung reagieren könnten. Die Idee war es, diese unterschiedliche Anpassung mit einem Marktmechanismus zu verwalten: und zwar mithilfe einer Art marktbasierter Selbstorganisation.

Es ging hier um die Mengenaufteilung einer festen Volumengröße, eines Budgets, das zu Beginn festgesetzt wird. Ein Beispiel, um das Konzept von Dales und Crocker zu illustrieren, ist der Eintrag von Pestiziden in Gewässer, verursacht von landwirtschaftlichen Betrieben, deren Ländereien alle an einen See grenzen. Anstatt jedem Betrieb einzeln vorzuschreiben, wie und wie viele Pestizide er benutzen darf – um den See zumindest ein wenig zu schützen –, wird eine Gesamtmenge pro Jahr für alle Betriebe zusammen festgesetzt: ein »Cap«, das eine definierte Obergrenze darstellt und den Pestizideintrag in die Natur somit generell deckeln soll.

Basierend auf einem Verteilungsschlüssel, der sich zum Beispiel aus der Größe einer jeweiligen Länderei ergibt, wird danach jedem Betrieb pro Jahr ein Kontingent aus dieser Gesamtmenge zugesprochen. Jedes Kontingent entspricht dabei einer gewissen Menge von Verschmutzungszertifikaten – auf Englisch Allowances –, die es wiederum erlauben, pro Jahr eine bestimmte Menge an Pestiziden einzutragen.

Einem Betrieb, der seine »Verschmutzungsrechte« nicht gänzlich aufbraucht, ist es dabei erlaubt, diese an einen anderen zu verkaufen, weil der für seine Produktion womöglich größere Mengen an Pestiziden benötigt. Diese verkäuflichen Kontingente stellen dann den Handelsanteil dar und bilden die Basis des Emissionshandels.

Beide, John Dales und Thomas Crocker, hatten ihre Konzepte für solche begrenzten regionalen Anwendungen entwickelt. Wichtig festzuhalten ist ferner: Auch dieses Instrument stammt aus einer Zeit, in der die ordnungspolitischen Werkzeuge des Umweltschutzes noch lange nicht so weit entwickelt waren wie heute.

Das erste Landesministerium in Deutschland, das sich auch dem

Namen nach mit Umweltfragen beschäftigte, ist das Bayerische Staatsministerium für Landesentwicklung und Umweltfragen. Gegründet wurde es 1970. In den USA wurde ein Umweltministerium auf nationaler Ebene ebenfalls 1970 gegründet, in Kanada 1971. In Deutschland ließ man sich Zeit, was die nationale Ebene betraf. Erst 1986 wurde ein Umweltministerium ins Leben gerufen.

Die prinzipielle Idee des Cap & Trade stammt jedoch aus einer Zeit weit davor und ist ebenso wie die CO_2-Steuer in ihrem Ursprung ein veraltetes Instrument. Die Welt war in den 1960er-Jahren noch eine andere. Politisch wie gesellschaftlich standen andere Prioritäten im Vordergrund, vom Klimaschutz war noch gar nicht die Rede. Cap & Trade ist darum vor allem auch ein wirtschaftsfreundliches Instrument. Denn es rückte früher nicht etwa den Umweltschutz an erste Stelle, sondern zielte vielmehr darauf ab, etablierten Betrieben eine möglichst wirtschaftsfreundliche Anpassung an unliebsame Auflagen zu ermöglichen.

Auch dass die Maßnahmen innovativ und zuverlässig sein mussten, spielte noch keine Rolle. Denn obwohl mit einer generellen Deckelung jedes Jahr eine Verringerung der Gesamtmenge erreicht werden könnte, war dies keineswegs der Grundgedanke und nicht mal garantiert.

Zurück zu unserem Beispiel mit den landwirtschaftlichen Betrieben. Jeweils nach einem Jahr wird also ermittelt, welche Mengen an Pestiziden jeder wirklich benutzt hat. Dafür müssen die Betriebe die verwendeten Pestizidmengen offenlegen. Wenn diese Mengen mit den Mengen der erworbenen Verschmutzungsrechte nicht übereinstimmen, ist eine Strafzahlung fällig – doch das Kind ist dann längst in den Brunnen gefallen. Die zusätzlichen Pestizide sind unwiderruflich im See, und keine Strafzahlung wird sie da wieder herausholen.

Anders könnte es so funktionieren: Der Gesetzgeber schreibt Obergrenzen pro Quadratmeter für alle Landflächen um den See vor, eine sogenannte Nutzungsintensität. Diese Nutzungsintensität basiert auf der erlaubten Gesamtmenge an Pestiziden, berücksichtigt alle relevanten Landflächen und eventuell auch noch andere Faktoren, wie zum Beispiel gesundheitliche Folgen. So wird beides – die

Nutzungsintensität und die Obergrenze – effektiv geregelt. Auch werden regelmäßig rund um den See Boden- und Wasserproben genommen, um eindeutig sicherzustellen, dass der See geschützt ist. Dies wäre eine Methode der Regulierung, die sehr zuverlässig und kontrollierbar ist. Denn der See könnte dann gar nicht mehr stark belastet werden – zumindest nicht durch die Pestizide der anliegenden Betriebe.

Wir sehen also: Es gibt durchaus geeignete Wege, an die Sache heranzutreten – eben auch dann, wenn wir diese Prinzipien auf den Klimaschutz übertragen. In Kapitel 4 werden wir das noch viel deutlicher erkennen, weil sich die Vorteile bestimmter Lösungen fast automatisch aus den Schwächen der jetzigen Maßnahmen ergeben. So auch aus der Methode des Cap & Trade, wenn wir diese noch ein bisschen weiter ausleuchten.

Die ursprünglich vor über 60 Jahren ersonnene Idee des Cap & Trade hat nämlich noch andere Mankos. Dabei geht es vor allem um die generelle Ausrichtung: Denn letztlich fördert dieses Instrument nicht den Umweltschutz, sondern nur das taktische Agieren der Betriebe. Wer mit seinen verkäuflichen Pestizidkontingenten nämlich am raffiniertesten wirtschaftet und handelt, wird am Ende den größten Handlungsspielraum und die geringsten Kosten haben. Oder sogar zusätzliche Handelsgewinne erwirtschaften. Die Handelstätigkeit ist dabei völlig losgelöst vom eigentlichen Bedarf. Die Akteure kaufen auch dann Zertifikate, wenn sie gar keine brauchen. Sie schlagen zu, wenn die Zertifikate am billigsten sind, und verkaufen, wenn die Papiere möglichst hoch im Kurs stehen. Als Marktteilnehmer ist es mir also völlig freigestellt, dieses Instrument jederzeit zum Spekulieren auf hohe Marktpreise zu benutzen. Dass der Emissionshandel aber ja eigentlich zum Reduzieren der Treibhausgase eingeführt wurde, spielt überhaupt keine Rolle mehr. Mit diesem Handelsmechanismus wird darum in erster Linie kein umweltfreundliches Verhalten angestoßen, sondern opportunistisches Verhalten belohnt. Die Folge? Klimaschutz wird zum Spielball der Spekulation.

Die opportunistischste Betriebsleitung lacht sich am Ende ins

Fäustchen: weil sie ihren Betrieb ohne hohe Kosten führen und dennoch möglichst große Mengen an Pestiziden verwenden kann. Cap & Trade ist somit mehr ein Anreiz dafür, sein Handelsgeschick auf dem Markt zu optimieren, als die Pestizide zu minimieren. Weiterer Nebeneffekt: Weil der Betrieb ausgebufft kalkuliert und handelt, wird er bei möglichst kleinen Kosten möglichst viele Pestizide einbringen und somit auch das eigentliche Produkt, um das es geht, belasten: die angebauten Lebensmittel, mit denen er sein Geld verdient.

Und noch ein Faktor kommt hinzu. Durch die vom Angebot auf dem Markt abhängigen Preise der Zertifikate ergibt sich über die Zeit ein Marktpreis für die Verschmutzung durch Pestizide – allerdings nur aus einer kommerziellen Perspektive. Dieser Preis nämlich hat nichts mit den potenziellen Folgeschäden zu tun, die entstehen, wenn, wie im Beispiel, Pestizide in ein Gewässer gelangen.

Obwohl die CO_2-Steuer und der Emissionshandel oft in einem Atemzug genannt werden, besteht ein großer Unterschied zwischen den beiden Instrumenten, wenn es um die Preisfindung geht. Bei der CO_2-Steuer gibt der Gesetzgeber den Preis vor, wobei er sowohl die Bewertung des Schadens als auch den Grad des gewünschten Preisdrucks mit einbeziehen kann.

Bei allen auf Handel basierenden Lösungen hingegen sind es allein Angebot und Nachfrage, die das Marktgeschehen regeln und den Preis bestimmen. Der Gesetzgeber kann dabei natürlich indirekt Einfluss nehmen, indem er Preisbegrenzungen festlegt und das Angebot regelt. Wenn der Preis jedoch zu sehr schwankt oder der Markt in einer Angebotskrise kollabiert, kann es trotzdem zu unvorhergesehenen Marktentwicklungen kommen. Ein solches Szenario ist wenig erstrebenswert fürs wirtschaftliche Agieren, weil der Handel im Rahmen von Cap & Trade dann zu einem Risikofaktor wird.

Bei unserem Beispiel könnte dies eintreten, wenn ein Betrieb seine Ernte im letzten Moment vor einem starken Schädlingsbefall retten will, es aber nur noch wenige verfügbare Zertifikate gibt, weil andere Betriebe dasselbe Problem haben. Die Folge: Alle brauchen, alle wollen plötzlich Pestizide einsetzen. Bei hoher Nachfrage und geringem Angebot würde der Preis darum sehr stark steigen. Gerade in einer Situation der Krise kann sich ein solches marktbasiertes Instrument also äußerst nachteilig auswirken – für alle Marktteilnehmer.

Sicher kann der Gesetzgeber versuchen, diese Risiken zu minimieren, indem er den Markt strikt reguliert. Doch stellt sich unweigerlich die Frage, ob sich das Instrument dann nicht selbst ad absurdum führt – ganz besonders, wenn es nicht um landwirtschaftliche Betriebe und Pestizide geht, sondern um eine weitaus kompliziertere Situation: um die Treibhausgasemissionen beim Klimawandel. Ich stelle mir darum die Frage: Wenn sowieso strikte Regelungen nötig sind, um ein solches Instrument handhabbar und sicher zu machen, wäre es dann nicht einfacher, gleich alles mit einer gesetzlichen Regelung zu lösen – und sich den ganzen Überbau mit seinen komplizierten Verschmutzungszertifikaten und Handelssystemen zu ersparen?

Interessanterweise haben sich John Dales und Thomas Crocker – die Erfinder von Cap & Trade – zu ebendieser Frage geäußert. Und beide kamen zu gleichen Einschätzungen: Um Treibhausgase zu reduzieren und die Klimakrise zu bekämpfen, sei das Instrument namens Cap & Trade ausgesprochen ungeeignet. John Dales beteuerte dies bereits in einem Interview 2001[33], 2009 sah es sein Kollege Thomas Crocker nicht anders. In einem Artikel im *Wall Street Journal*[34] war der Journalist Jon Hilsenrath im August 2009 der Frage nachgegangen, was denn die Erfinder von der Anwendung ihrer Erfindung hielten. Es stellte sich heraus, dass beide die Mechanismen, die für den globalen Eintrag von Treibhausgasen verantwortlich sind, für zu komplex hielten, um von ihrem System zuverlässig und erfolgreich reguliert zu werden. Und noch einmal beteuerten sie, was sie von Anfang an gesagt hatten: Ihre Lösung namens Cap & Trade würde sich nur für regional sehr begrenzte Anwendungen eignen. Zur Bekämpfung der Klimakrise hingegen bräuchte es geeignetere und wesentlich robustere Instrumente.

Nach der Theorie folgte die Praxis. Als Dales und Crocker die Idee von Cap & Trade entwickelt hatten, kam das Instrument erstmals zur Anwendung, um in Nordamerika die Ursache des sauren Regens zu bekämpfen. Wenn man einmal hinschaut, was daraus geworden ist, könnte man tatsächlich zu der Einsicht gelangen, dass es sich beim Emissionshandel keineswegs um ein Instrument erster Wahl handelt.

Was geschieht beim sauren Regen? Beim Verbrennen fossiler Brennstoffe entstehen Schwefel- und Stickoxide, und wenn diese ungeregelt in die Atmosphäre gelangen, verändert dies den pH-Wert des Regenwassers. Der Wert sinkt dabei – leider zuungunsten der Natur, bis der immer saurer werdende Regen zu einem massiven Wald- und Fischsterben führt. Verursacher der realen Misere waren die Schwerindustrien in Nordamerika, vor allem in den USA, wobei besonders die großen Waldgebiete in Kanada von den Schäden betroffen waren, aber auch in den USA selbst.

Eigentlich sollte das Problem über Gesetze geregelt werden. Und unter dem damaligen Premierminister Pierre Elliott Trudeau geschah dies in Kanada auch. Die Politik nahm das Problem ernst. Und sie nahm auch die Maßnahmen ernst, die getroffen werden mussten. Als es allerdings um die Regelung in den USA ging, war das leider nicht der Fall. Der neue Präsident im Weißen Haus, Ronald Reagan, ließ im Januar 1981 als Erstes die Photovoltaikanlage auf dem Weißen Haus abbauen. Ein mehr als symbolischer Akt: Denn Reagan beschloss ebenfalls, dass Gesetze zur Begrenzung des sauren Regens überflüssig seien, wobei er von der Industrielobby nicht ganz unbeeinflusst gewesen sein dürfte. Jedenfalls weigerte er sich, ein gemeinsames Übereinkommen zugunsten unmissverständlicher Gesetze zu unterschreiben.

Im März 1981 besuchte Reagan Kanada und wurde auf den Straßen Ottawas von Tausenden kanadischer Protestler ausgebuht. Die Menge hielt Plakate hoch, auf denen stand: »*Stop acid rain!*« Reagan beeindruckte das wenig. Und als er ein Abkommen sieben Jahre später abermals ablehnte, sagte der nunmehr amtierende Premierminister Kanadas Brian Mulroney: »Was soll ich machen? Den USA den Krieg erklären?«[35]

In Kanada hatte diese Aussage Brisanz, denn sie spielte eventuell auf den Krieg von 1812 an. Nachdem die USA unprovoziert die damalige britische Kolonie Kanada angegriffen hatten, drangen britische und kanadische Truppen bis nach Washington vor und brannten das damalige Weiße Haus nieder. Dass Mulroney sich nun auf dieses Kapitel der Historie bezog, noch dazu auf höchster politischer Ebene, war äußerst ungewöhnlich. Und es zeigte letztlich, wie verzweifelt die kanadische Seite eine Lösung erzwingen wollte – gegen den Widerstand der US-amerikanischen Industrielobby.

Erst zehn Jahre später, am 13. März 1991, unterschrieb schließlich US-Präsident George H.W. Bush den »Acid Rain Treaty«. Bush und Mulroney saßen im Lesezimmer des kanadischen Parlaments und ließen die Tinte aufs Papier fließen. Zehn Jahre waren vergangen, in denen sich die USA und Kanada über das Thema des sauren Regens stritten. Zehn Jahre, in denen man sich später annäherte und verhandelte. Zehn Jahre, nach denen man endlich ein Übereinkommen unterzeichnete. Es waren aber auch zehn weitere Jahre der weiteren Luftverschmutzung – und des Wald- und Fischsterbens.

Noch viel tragischer jedoch ist die Tatsache, dass es selbst nach diesen zehn Jahren noch immer nicht zu einer klaren und direkten gesetzlichen Regelung kam, um die Ursachen des sauren Regens zu bekämpfen. Stattdessen einigte man sich auf einen Kompromiss und setzte lediglich ein Instrument zweiter Wahl durch: nämlich Cap & Trade beziehungsweise den Emissionshandel.

Heute ist klar: Obwohl es von manchen Akteuren gern so dargestellt wird, führte das Instrument des Emissionshandels in seiner ersten großen Anwendung in Nordamerika zu keinerlei Innovation – vielmehr offenbarte sich das Tool namens Cap & Trade als kleinster gemeinsamer Nenner, auf den man notwendigen Umweltschutz und den Widerstand der Industrielobby bringen konnte. Es ist also kein Instrument, um das Problem selbst zu lösen und umweltfreundliche Unternehmen und Innovation zu fördern. Es ist ein Instrument, das es den umweltschädlichsten Unternehmen so leicht wie möglich macht.

Über Jahrzehnte fiel der saure Regen derweil weiter vom Himmel und setzte Gewässern, Wäldern, Tieren und letztlich uns Menschen mächtig zu. Wenn wir uns nun allerdings vor Augen führen, dass die

Klimakrise eine weitaus größere Bedrohung unserer Lebensgrundlage ist, sollte die Frage mehr als legitim sein, ob Instrumente zweiter Wahl noch angemessen sind. Instrumente, die noch dazu aus dem letzten Jahrhundert stammen und deren wichtigste Eigenschaft darin besteht, wirtschaftsfreundlich zu sein und nicht lösungsorientiert.

In der Europäischen Union wurde der Emissionshandel 2005 eingeführt und läuft seither unter der Bezeichnung EU-ETS (European Union Emissions Trading System). Ursprünglich war dies jedoch gar nicht der Ansatz der EU. In den 1990er-Jahren gab es zunächst den Versuch, eine EU-weite Kohlenstoff- und Energiesteuer einzuführen. Dieser Vorstoß aber scheiterte am Widerstand der Mitgliedstaaten sowie am Einspruch der Industrie, die Nachteile für ihre internationale Wettbewerbsfähigkeit sah. Ein weiterer Versuch, ein globales Regulierungssystem zu etablieren, scheiterte am Gegendruck mehrerer Länder, darunter der USA. Das ETS-System bedeutete auf gewisse Weise also nicht nur ein Instrument zweiter, sondern dritter Wahl.

In einer ersten Testphase von 2005 bis 2007 wurden erstmals die Mechanismen und verschiedenen Ausprägungen des Instruments ausprobiert. Die eigentliche erste Handelsperiode war dann auf 2008 bis 2012 festgelegt. Anfangs richtete sich das System nur an die Energiewirtschaft und einige andere treibhausgasintensive Industrien. Und leider berücksichtigte es zu Beginn auch nicht alle Treibhausgase, sondern nur das CO_2. Erst ab 2013 wurden auch Lachgas und einige perfluorierte Kohlenwasserstoffe mit einbezogen, aber noch immer nicht Methan und Schwefelhexafluorid.

In dieser ersten Handelsphase wurden Verschmutzungsrechte zu 96 Prozent frei vergeben. Zudem, und dies ist so beachtlich wie bedenklich: Die Menge der Verschmutzungsrechte übertraf in den meisten Fällen die eigentlichen Emissionen der beteiligten Betriebe. Ein offener Kuhhandel zugunsten der Emittenten – die nicht nur weiterhin emittieren, sondern nun auch noch mit überschüssigen Verschmutzungsrechten handeln konnten.

Entsprechend führte das ETS-System keinesfalls zu einem Preis-

oder Regulierungsdruck, der die betroffenen Unternehmen womöglich dazu gebracht hätte, wirklich etwas zu ändern. Stattdessen bescherte das ETS-System vielen Teilen der Industrie nur eine zusätzliche Einnahmequelle. Höchst unwahrscheinlich war es darum von Anfang an, dass ein solches Instrument auf irgendeine Weise zu einer Emissionsreduktion führen würde. Wesentlich naheliegender war die Aussicht, dass die Emissionsreduktion in der EU seit 2008 ganz erheblich von anderen Faktoren bestimmt sein würde. Und dies traf dann auch genau so ein.

Diese anderen Faktoren waren die Finanzkrise 2008 und ihre Nachwirkungen. Die horrenden Staatsschulden wirkten sich auch auf den Emissionshandel und die Emissionen aus. Beide sanken aus diesen Gründen, aber nicht aufgrund des ETS-Systems. Zudem beeinflussten die seit 2011 rapide steigenden Ölpreise sowie die voranschreitende Verlagerung der industriellen Produktion nach China die Emissionen und den Preis der Zertifikate: also das eigentliche Instrument, das durch seinen immer höheren Preis die Emissionen reduzieren sollte.

Deutlich gesagt: Beim Emissionshandel hat bisher nichts so funktioniert, wie es soll.

Die zu hohe Ausgabemenge der Verschmutzungsrechte war ein fulminanter Fehlstart, den nicht wenige Schlagzeilen eine »Abzocke« nannten. International schrieb man das überhöhte Austeilungsvolumen vor allem dem Protektionismus der europäischen Industrie und ihrer Einflussnahme zu. Dies zumindest war der eindeutige Tenor, der auf sämtlichen Konferenzen und Vorträgen herrschte, die ich in all diesen Jahren besuchte. Und nicht nur innerhalb der Klima-Community. Das Resümee zum europäischen Ableger des Emissionshandels? Das EU ETS ist das beste Beispiel, wie man es nicht macht.

Und was kam am Ende dabei heraus? Beides – die kostenfreie Ausgabe der Verschmutzungsrechte sowie deren viel zu große Menge – führte bis 2018 zu einem sehr geringen Preis für die Verschmutzungsrechte von meist unter zehn Euro. Erst Anfang 2021 überschritt der Preis die Marke von 40 Euro. Eine Marke, die gemeinhin als untere Schwelle angesehen wird, um einen echten Preisdruck darzustellen. Nach 16 Jahren!

Auch die Logik des Preisdrucks war also zum Scheitern verurteilt. Denn die realen Kosten machten es von Beginn an sehr unwahrscheinlich, dass das ETS-System einen großen Veränderungsdruck ausüben würde. Und bis heute ist dies nicht der Fall. Wenn der Preis dann allerdings plötzlich rapide steigen sollte, ist der Widerstand der Industrie garantiert – denn sie ist darauf nicht vorbereitet.

Zusätzlich erlaubt das System auch noch die Nutzung von sogenannten Offsets, auch Ausgleichszertifikate genannt. Diese dürfen bis zu 13 Prozent der auszugleichenden Menge an Emissionen jedes Emittenten ausmachen. Ausgleichszertifikate, die im ETS akzeptiert sind, werden außerhalb der EU durch Emissionsreduktionsprojekte generiert, im Rahmen des Clean Development Mechanism (CDM). Dies ist ein Mechanismus, der Emissionsreduktion und Entwicklungshilfe im »Huckepack«-Verfahren kombiniert.

Doch was geschah hier nun in Wirklichkeit? Mal ganz abgesehen davon, dass solche treibhausgasarmen Projekte außerhalb der EU schwer zu überwachen sind, führten sie in Europa letzten Endes zu einer effektiv 13 Prozent höheren Emissionsmenge als eigentlich erlaubt. Damit wird das Instrument in seiner Kontrolle noch unberechenbarer, weil vorher nicht klar ist, wer jedes Jahr von der Option der Offsets Gebrauch macht, und in welchem Maße.

Und noch ein Punkt ist von entscheidender Wichtigkeit. Denn obwohl das ETS »Europäisches Emissionshandelssystem« heißt, sind die einzelnen Mitgliedsländer mit seiner praktischen Umsetzung betraut. In Deutschland etwa ist die Deutsche Emissionshandelsstelle zuständig. In den Perioden vor 2013 nutzten die Mitgliedstaaten darum jeweils ihre eigene Methodik, um Verschmutzungszertifikate herauszugeben. Jeder kochte also seinen eigenen nationalen Brei.

Erst mit der dritten Handelsphase von 2013 bis 2020 wurden die Vergabemethoden teilweise harmonisiert. Aber jede nationale Handelsstelle übernimmt weiterhin die Verteilung in ihrem Land. Wobei lediglich die Hälfte der Verschmutzungszertifikate über eine Auktion versteigert und die andere Hälfte über eine angepasste Methodik kostenfrei verteilt wird. Resultat: Viele Industriesektoren wurden noch immer ganz und gar mit freien Verschmutzungszertifikaten versorgt, um sie im nationalen Interesse zu schützen. Auch in diesem Fall kam es also zu einer Situation, in der Konzerne mithilfe der Zertifikate zusätzliches Einkommen generierten – weil wie bisher zu viele davon verteilt worden waren. Und dabei erzielten die meisten Gewinne ausgerechnet jene Industrien, Unternehmen und Betriebe, die im Sinne des Klimas am wenigsten innovativ handelten und stattdessen nach wie vor am meisten Treibhausgase produzierten. Ihnen nämlich hatten die nationalen Emissionshandelsstellen von vornherein die meisten Verschmutzungszertifikate zugeteilt.

Hinzu kommt die Tatsache, dass nicht genutzte Zertifikate von einem Jahr ins nächste Jahr übertragen werden dürfen. Den Unternehmen gestattet dies obendrein, nicht genutzte Mengen in wirtschaftlich schwierigen Zeiten zu »horten« (Banking) und sich für die nächste Wachstumsphase »aufzusparen«.

Freiräume und Joker, wohin man schaut. Doch steht auch dieses wirtschaftsfreundliche Übertragungsrecht dem so wichtigen Innovationsdruck im Weg – und zwar gerade dann, wenn es am nötigsten wäre, weniger treibhausgasintensive Techniken bei den Unternehmen zu fördern. Insofern hat die europäische Variante von Cap & Trade insgesamt eigentlich nur gezeigt, was alles schieflaufen kann. Das bittere Fazit: Zur Reduzierung der Treibhausgase hat dieses System so gut wie nichts beigetragen – weshalb es kein Wunder ist, dass die Keeling-Kurve immer weiter steigt. Nicht zu vergessen: Europa ist immer noch der drittgrößte Emittent in der Welt nach China und den USA. Und innerhalb der EU macht Deutschland den größten Anteil daran aus.

Doch wie ging es weiter? Und was geschieht heute?

In der vierten Handelsphase, die 2021 begann, wurde ein weiteres Emissionshandelssystem innerhalb Deutschlands eingerichtet. Dieses deckt zusätzlich die Bereiche Wärme und Verkehr ab. Der sogenannte Inverkehrbringer der Brennstoffe, also etwa die Gas-

oder Mineralölwirtschaft, wird damit zum Teilnehmer am Markt und muss jedes Jahr Zertifikate erwerben. Diese werden in einer Festpreisphase (2021 bis 2025) zu gesetzlich festgelegten Preisen verkauft.

Erstaunlicherweise liegen diese Festpreise jedoch auf dem gleichen Niveau wie die in Deutschland kommunizierte CO_2-Steuer, die ebenfalls 2021 gestartet ist. Und bei genauer Betrachtung stellt sich heraus, dass dann mal von der CO_2-Steuer, mal vom Emissionshandelssystem, manchmal auch von der CO_2-Abgabe innerhalb Deutschlands die Rede ist – je nachdem, was gerade mehr zum Thema wird. Am Ende aber ist alles dasselbe. Die offizielle Bezeichnung des Umweltministeriums lautet CO_2-Bepreisung. Doch in Presseberichten werden die Begriffe wild durcheinandergeworfen.

Aber was ist denn nun gemeint, wenn von der CO_2-Bepreisung »made in Germany« geredet wird?

Noch einmal zum generellen Verständnis: Der Unterschied zwischen einer CO_2-Steuer und dem Prinzip von Cap & Trade liegt eigentlich darin, dass die CO_2-Steuer festgelegt wird und dass sich beim Cap & Trade der Preis durch den Handel mit den Verschmutzungs- und Offset-Zertifikaten am Markt etabliert. Mit der CO_2-Steuer soll im Prinzip das Verhalten der Endkunden gesteuert werden, beim Cap & Trade jenes der Unternehmen. In der Theorie jedenfalls, denn auch die Unternehmen, die am Emissionshandelssystem teilnehmen, reichen ihre Kosten an die Kunden weiter.

Beim sogenannten Deutschen Emissionshandelssystem ist allerdings kein Handel bis 2026 vorgesehen, stattdessen soll ein Festpreis die Grundlage der CO_2-Bepreisung bilden. So wie eine CO_2-Steuer. Der Charakter einer CO_2-Steuer liegt ja prinzipiell darin, dass Preise beziehungsweise Steuersätze festgelegt werden, um auf diese Weise eine zuverlässige Lenkungskraft zu garantieren. Ab 2026 wird dies bei der deutschen CO_2-Bepreisung allerdings auch nicht mehr der Fall sein – weil der Preis ab dann vom Markt bestimmt werden soll. Wir reden also im Grunde von einer deutschen Sonderlösung: einer zeitlichen Kombination beider Systeme, deren Lenkungsfunktionen sich gegenseitig aushebeln werden.

Die Aussichten im Klartext? Von 2021 bis 2026 nutzt Deutschland eine komplizierte CO_2-Steuer, die keine große Wirkung zeigen wird. Ab 2026 wird schließlich im Schockverfahren ein unkontrolliertes Handelssystem eingeführt – und die CO_2-Steuer stattdessen abgeschafft.

Wenn ich es als Treibhausgasbuchhalter einmal unverblümt sagen darf: Dieses gesamte Instrument ist nicht nur so schlecht gemacht, sondern am Ende auch so brandgefährlich, dass mir die Worte fehlen. Nicht nur, weil diese verworrene und veraltete Methode dem Klima nicht hilft, sondern obendrein jede Menge gesellschaftliche Sprengkraft birgt. Ich halte es darum für durchaus wahrscheinlich, dass dieses System spätestens im Jahr 2026 auf sehr riskante Weise implodieren wird. Dann nämlich werden es nur noch vier Jahre sein bis zum ersten großen Etappenziel 2030. Und dann dürfte sich die Lage aus mehreren Gründen zuspitzen.

In einem solchen Szenario werden die Klimaproteste zur Mitte des Jahrzehnts zunehmend extremer ausfallen, weil die Emissionsreduktionen von den gesteckten Zielen noch immer weit entfernt sein werden. Die breitere Öffentlichkeit wird entsetzt sein angesichts milliardenschwerer Rücklagen im Bundeshaushalt für Strafzahlungen, weil Deutschland seine Klimaziele 2030 sehr wahrscheinlich verfehlen wird. Gleichzeitig werden immer mehr deutsche Gelbwesten auf die Straße gehen, um die immer höheren Energiepreise anzuprangern, während die Industrie sich weigern wird, eine unberechenbare marktbasierte CO_2-Bepreisung zu akzeptieren, die von einem Tag auf den anderen das Geschehen bestimmt. Der gesellschaftliche Konsens wäre dann endgültig verspielt. Nüchtern betrachtet sind wir also gerade dabei, uns eine gesellschaftliche Zeitbombe zusammenzuschustern.

Das EU-ETS-System wird derweil parallel weiter betrieben werden. Wenn wir dieses Konstrukt – nennen wir es ruhig noch immer Cap & Trade – nun einmal anhand unserer Kriterien betrachten, dann ergibt sich zusammenfassend folgendes Bild:

Obwohl vordergründig zumindest die Treibhausgase durch Cap & Trade geregelt werden, wird deren Kommerzialisierung im Vordergrund stehen. Damit ist dieses Instrument weder besonders transparent noch ordnungspolitisch vertretbar. Außerdem besteht auch beim ETS das Problem, dass nicht alle Treibhausgase berücksichtigt werden.

Die Stärke der Lenkungswirkung hat sich bisher nicht erwiesen. Und besonders das ETS-System wird als eher uneffektiv eingestuft. Durch die Anpassung des Caps ist eine graduelle Anpassung zwar möglich. Kommen wir jedoch zu den Kriterien der Umgehung und Einflussnahme, ist das ETS-System geradezu ein Paradebeispiel dafür, wie sehr sich klimapolitische Marktinstrumente von äußeren Interessen manipulieren lassen.

Bei den Handlungsalternativen ergibt sich ein ähnliches Problem wie bei der CO_2-Steuer, wenn die Kosten an den Kunden durchgereicht werden. Bei den Unternehmen soll dies zwar anders ausfallen. Allerdings gibt es weder einen wirklichen Grund noch eine Regelung, die verhindern, dass Unternehmen die Kosten nicht doch an die Endverbraucher weitergeben. Im Gegenteil: Bei dem Stromkostenanteil aufgrund des Erneuerbaren-Energien-Gesetzes (EEG-Umlage) werden die Lasten systematisch und überwiegend auf die Endverbraucher verteilt, während Unternehmen zum großen Teil davon verschont bleiben. Und es gibt keinen Grund, weshalb es beim ETS anders wäre. Wenn es wirklich das Ziel ist, bei Unternehmen durch Kosten eine Lenkungswirkung zu etablieren, wäre es viel einfacher, sie stärker an der EEG-Umlage zu beteiligen. Würde dies dann auch noch von der Treibhausgasintensität des Unternehmens abhängig gemacht, hätte der Markt ein perfektes Preissignal und ein perfektes Optimierungsinstrument, um Innovationen effektiv zu fördern. Je geringer die Treibhausgasintensität, desto geringer der EEG-Kostenanteil. Und genau das hätte eine echte Lenkungsstärke. Auf diese Weise würden die schmutzigsten altmodischen Unternehmen am meisten für die Energiewende bezahlen – und die innovativsten am wenigsten.

Davon ist das Cap & Trade-System allerdings Lichtjahre entfernt. Seine Lenkungsstärke ist gering, seine Innovationskraft eigentlich nicht existent.

Und wie steht es mit der sozialen Gerechtigkeit, wenn der Kurs wie geplant beibehalten wird? Das hängt ganz davon ab, in welchem Maß die Kosten an die Konsumenten weitergereicht oder entsprechend abgefedert werden. Auf europäischer Ebene gibt es jedenfalls keine sozialen Ausgleichsmechanismen zum ETS, und in Deutschland ist der Mechanismus dilettantisch geregelt, wie wir schon gesehen haben. Also auch hier eher schlechte Noten für Cap & Trade.

Ein noch größeres Problem, wie mir scheint, wird jedoch darin liegen, dass sich ein Handelssystem dieser Art nicht in das existierende ordnungspolitische Gefüge einpassen lässt, ohne dass die Legislative nicht einige ihrer Prinzipien in den Wind schreibt. Neben einer sicheren Planungsgrundlage könnte dann die Aufrechterhaltung des Wettbewerbs ins Wanken geraten, könnten stabile Rahmenbedingungen abhandenkommen und die Grund- und Freiheitsrechte zukünftiger Generationen auf dem Spiel stehen, wie sogar das Bundesverfassungsgericht jüngst urteilte. Ein derart am Klimawandel vorbeigestricktes Handelssystem kann darum nur in einer ordnungspolitischen Parallelwelt Anklang finden. Und besonders für kleinere Unternehmen dürfte es dabei in Zukunft schwierig werden, ohne Verluste durch das Geflecht an Bestimmungen, Anforderungen und Auflagen zu navigieren. Ihnen fehlen dazu schlicht die Mittel.

Die Realität sieht also vielmehr so aus: Es gibt zurzeit kein Modell des Cap & Trade, das dem Klimawandel wirklich effektiv entgegenwirkt und hinter vorgehaltener Hand nicht doch andere Ziele verfolgt. Und diese extreme Wirtschaftsfreundlichkeit ist nicht ganz unproblematisch. Am Ende des Tages nämlich lässt sie den Verdacht aufkommen, dass einige Akteure bessere Lösungen zum Klimaschutz nicht nur ausbremsen, sondern diese sogar verhindern wollen.

Öffentlich wird dabei immer wieder behauptet – erstaunlicherweise auch ungefragt –, dass es ein perfektes Klimaschutzinstrument gebe: eben das Emissionshandelssystem, das volkswirtschaftlich die günstigste Lösung sei. Es stellt sich dann allerdings die Frage, ob das Prinzip »Hauptsache billig« wirklich das relevante Kriterium sein sollte, wenn die Lebensbedingungen aller zukünftigen Generationen auf dem Spiel stehen.

Die negativen Nebenwirkungen – die tunlichst zu vermeiden wären – fallen entsprechend vielfältig aus, speziell bei der deutschen Variante. Und sie sind sogar gefährlich für die Industrie selbst. Plötzliche Preisexplosionen am Ende einer Handelsperiode oder auch Preisextreme durch Spekulation können kleineren Unternehmen mit treibhausgasintensiver Produktion über Nacht sogar den ökonomischen Todesstoß versetzen.

Die Protagonisten der Wirtschaft sollten sich darum ernsthaft fragen, ob dieses vordergründig wirtschaftsfreundliche Instrument auf lange Sicht nicht eher ein existenzielles Risiko darstellt. Genau das habe ich bei meiner Arbeit nämlich schon häufig erlebt. Auch bei anderen und sogar weniger dysfunktionalen Systemen als dem ETS hat die Kombination aus festgelegter Obergrenze und Handelsmechanismus zu einer Preisexplosion geführt. Vor allem, wenn diese Chimäre am Ende einer Handelsperiode zum Tragen kam. Die Situation hat sich dann schon des Öfteren zugespitzt: Denn wenn eine Verknappung am Markt mit einem existenziellen Bedarf der Marktteilnehmer einhergeht, kann dies zu erheblichen ökonomischen Risiken führen, wie wir bereits gesehen haben. Die entscheidende Fehleinschätzung liegt in der Tatsache, dass ich mich frei entscheiden kann, eine Aktie am Markt zu kaufen oder nicht. Aber bei Verschmutzungszertifikaten ist es anders, dort kann ich als Unternehmen in eine Situation geraten, in der ich keine Wahl habe. Ich muss eventuell zu einem bestimmten Zeitpunkt kaufen. Genau zu diesem Zeitpunkt werden die Preise explodieren und das Unternehmen in den kommerziellen Ruin stürzen. Ein Szenario, das nicht weiter von einer Illusion des freien Marktes entfernt sein könnte.

Das alles hört sich fast zu betrüblich an, um wahr zu sein. Man will tatsächlich nicht glauben, dass wir der vielleicht größten und unumkehrbarsten Krise der Geschichte mit Mitteln begegnen, die ganz offensichtlich nicht geeignet sind. Das ist die schlechte Nachricht. Es ist die Nachricht, die wir dringend vernehmen sollten, wenn wir die derzeitigen Maßnahmen gegen den Klimawandel einmal näher unter die Lupe nehmen.

Die gute Nachricht: Da die bisher genutzten Strategien so offensichtlich nicht ausreichen, sollten wir nun endlich bereit sein, neue Wege zu gehen. Es sind Fehler gemacht worden. Wir blicken auf Unzulänglichkeiten, die allerdings auch einen positiven Effekt haben können – wenn wir aus ihnen lernen. Das historische Urteil des Bundesverfassungsgerichts im Mai 2021,[36] auf das ich noch kommen werde, dokumentiert dies allzu deutlich. Es hat der Legislative konsequenteres Handeln von der judikativen Seite aus verordnet. Endlich!

Die beste Nachricht jedoch: Dieses konsequente Handeln ist absolut möglich – und zwar, ohne dabei jene Nachteile mit sich zu bringen, die viele immer wieder befürchten.

Dringend gefragt: Warum ordnungspolitische Lösungen uns den Weg öffnen

In den letzten zwölf Jahren habe ich als Treibhausgasbuchhalter viele Erfahrungen gesammelt. Ich habe internationale Unternehmen, Regierungen, Städte und gemeinnützige Vereine beraten. Dabei konnte ich die Klimaschutzinstrumente verschiedener Länder sowie unterschiedlicher Ausprägung und Kombinationen beobachten. Wie sind diese Instrumente jeweils entstanden? Wer hat sie komponiert? Wie und wo kommen sie zum Einsatz? Und vor allem: Zu welchen Resultaten haben sie bisher geführt – im Sinne des Klimaschutzes, wofür sie ja eigentlich in erster Linie gedacht sind? Aber auch darüber hinaus?

Als die marktbasierten Instrumente anfangs zum Einsatz kamen, erschienen sie recht vielversprechend. Angesichts meiner praktischen täglichen Erfahrung mit diesen Instrumenten in den letzten zwölf Jahren und aufgrund meiner Analysen muss ich heute jedoch feststellen, dass wir uns mit diesen Werkzeugen keinen Gefallen tun. Ich bin mir sogar ganz sicher, dass wir auf diesem Weg die Klimaziele auf keinen Fall erreichen werden und stattdessen gesellschaftliche Konflikte und soziale Ungerechtigkeit nur noch verschärfen werden.

Gebetsmühlenartig wird fast jeder Beitrag zum Thema Klimaschutzmaßnahmen damit eingeleitet, dass die Bepreisung von Treibhausgasen der beste Klimaschutz sei. Es liegt auf der Hand. Wer Ökonomen nach Lösungen fragt, bekommt eine ökonomische Lösung als Antwort.

Aber ist es nicht an der Zeit, zu erkennen, dass wir hier vielleicht die Falschen fragen? Sollten wir uns stattdessen nicht lieber selbst fragen, ob wir uns nicht von einem ökonomischen Diktat befreien sollten, dem wir immerhin erlauben, einen enormen Einfluss auf all unsere Lebensbereiche auszuüben? Ist es eine gute Idee, zuzulassen, dass dieses Diktat entscheidenden Einfluss auch auf den eigentlich unantastbaren Schutz unseres Allgemeinguts hat? Buchstäblich sogar auf die Lebensbedingungen auf diesem Planeten?

Wenn alles immer nur profitabel sein muss, um etwas wert zu sein, wenn immer nur Lösungen zur Auswahl stehen, die profitorientierten Unternehmen helfen, dann frage ich mich: Wo spiele ich als Mensch noch eine Rolle? Wo alle anderen Menschen? Und was zählen die zukünftigen Lebensbedingungen für uns Menschen? Spielen selbst all diese Dinge, die ja keine Dinge sind, wirklich nur eine Rolle, wenn sie einen Preis haben? Einen Preis, der von opportunistisch handelnden Marktakteuren bestimmt wird – und nicht von jenen Menschen, um deren Zukunft es maßgeblich geht?

Über unsere ganze moderne Menschheitsgeschichte hinweg haben wir erfahren, dass Handelssysteme in Krisenzeiten aus den Fugen geraten. Hamsterkäufe bei Naturkatastrophen, Börsencrashs bei Finanzkrisen, Preisexplosionen bei Versorgungsengpässen. Das Resultat war immer das gleiche. Es gibt ein paar wenige Profiteure, das Nachsehen hat die Allgemeinheit. Mit dieser Erkenntnis scheint es doch geradezu irrsinnig, dass wir ernsthaft daran glauben, Handelsmechanismen und entsprechende Systeme seien die beste Lösung, um nun eine wirklich existenzielle Krise zu bewältigen. Eine Krise, die alle acht Milliarden Menschen auf der Erde betrifft und betreffen wird. Noch dazu eine Krise, von der wir wissen, dass sie sich weiter verschärfen wird. Klimatisch, aber auch: gesellschaftlich.

Der Einsatz marktbasierter Instrumente als Lösungsstrategie wird immer wieder damit begründet, dass dem Markt ein deutliches Preissignal gesendet werden muss. Ein deutliches Preissignal benötige ich jedoch nur, wenn ich marktbasierte Instrumente als geeignete Klimaschutzinstrumente überhaupt ansehe und anerkenne. Ist dies nicht der Fall, brauche ich auch kein Preissignal im Markt.

Die ökonomischen Lösungen, die uns bisher angeboten wurden, sind durchweg veraltet. Sie sind allesamt unzureichend und ineffizient. Doch ganz wichtig ist, festzuhalten: Die Klimakrise ist nicht zwangsläufig ein ökonomisches Problem, das auch mit ökonomischen Mitteln gelöst werden muss. Und wenn nun sogar schon Unternehmen lautstark andere und klare Rahmenbedingungen einfordern, dann ist die Klimakrise erst recht eine ordnungspolitische Herausforderung – und keine ökonomische. Wir sollten uns darum endlich eingestehen: Marktbasierte Instrumente sind nicht die Lösung.

Aus der Klimakrise werden wir uns nicht herauswirtschaften können. Vielmehr werden wir uns auf diese Weise in eine Katastrophe hineinwirtschaften.

Wir sollten die verbleibende und enorm wertvolle Zeit darum nicht mit Illusionen verschwenden. Wir sollten endlich ordnungspolitische Lösungen wählen und bejahen. Sollten den guten Weg nehmen, auf dem wir zum Ziel kommen.

4. AUFBRUCH
So kriegen wir die Klimakrise geregelt: Gute Gesetze fordern, kluge Lösungen fördern – und Strom und Co. von den Emissionen befreien

Absichtserklärungen, Empfehlungen, Versprechen: Die bisherigen politischen Beschlüsse sind nicht nur vage und halbherzig, sie richten sogar Schaden an. Als Gesellschaft sollten wir darum endlich ordnungspolitische Regelungen einfordern. Gesetze, die zuverlässig und transparent sind, sozial und ökonomisch gerecht. Als Produkte verstanden, ließen sich so auch die beiden kapitalen Emissionstreiber Energie und Wärme konstruktiv regulieren – ohne die Wirtschaft und unsere persönlichen Leben zu gängeln. Unterstützen müssen wir das große Wendemanöver mit Innovationen und echten Taten: Sonne und Wind besser nutzen, Meere und Moore konsequenter schützen, die Transportwende anschieben, die Gemeinden klarer einbinden – und uns selbst zielgerichteter einbringen. So aber wird er klappen, der Weg aus der Klimakrise.

Das internationale Tauziehen ums Klima: Eine Reise nach Nirgendwo, die endlich ein Ziel braucht

Dezember 2009. In Hamburg setze ich mich in den Zug und mache mich auf nach Dänemark. Schon bald rausche ich durch das weiß dekorierte Norddeutschland, wo sich der Schnee wie Puderzucker über die Landschaft gelegt hat. Auf mich wirkt das geradezu ironisch, denn ich bin unterwegs nach Kopenhagen, wo ab übermor-

210

gen die nächste internationale Klimakonferenz stattfindet. Das große Thema: die globale Erderwärmung.

In Gedanken bin ich noch immer bei den Demonstrationen der letzten Tage. In mehreren Städten Deutschlands sind Klimaaktivisten auf die Straße gegangen, auch in Hamburg. Anfangs bestand diese Community aus einer eher kleinen Schar. Doch so langsam werden es immer mehr Menschen in ganz Europa, die ihre Hoffnung auf die UN-Konferenz in Kopenhagen setzen und die Erwartung hegen, dass man dem globalen Klimaproblem endlich auch mit einem verbindlichen globalen Abkommen begegnen wird. Die Presse hat daraus schon »Hopenhagen« gemacht. In Dänemark will man einen großen Schritt vorankommen. Vor allem der Gastgeber selbst und seine Sonderministerin für die UN-Klimakonferenz, Connie Hedegaard, haben sich hohe Ziele gesteckt.

Der Zug rollt weiter nach Norden, rattert bald durch Schleswig-Holstein, wo die Dörfer links und rechts der Bahnstrecke unter einer trügerisch anmutenden Decke dösen. Alles friedlich, alles weiß. Wer denkt hier schon an so etwas wie den Klimawandel? An eine gefährliche Erwärmung der Erde?

Ende 2009 ist die Krise noch längst nicht so eindringlich in den Köpfen verankert wie heute. Viele Menschen reagieren auf den Klimawandel eher noch so: Ein paar Grad wärmer? Ein bisschen mehr Mittelmeer bei uns? Na, da würden wir wohl nicht Nein sagen, bei dem schlechten Wetter hier.

Die schätzungsweise 100.000 Demonstranten, die für die Protestmärsche in der Kopenhagener Innenstadt angekündigt sind, werden das sicher anders sehen. Denn bei ein bisschen mehr Sonne und einer wärmeren Ostsee wird es der Klimawandel garantiert nicht belassen. Darum konzentrieren sich nicht nur die Aktivisten, sondern auch viele der Konferenzteilnehmer nun auf das wichtigste Ziel, das neben Hunderten anderen Veranstaltungen in Kopenhagen auf der Agenda steht: endlich eine verbindliche Nachfolgeregelung für das Kyoto-Protokoll zu beschließen. Die Kyoto-Regelungen nämlich sollten 2012 auslaufen.

Hintergrund: In Japan hatten die Repräsentanten der Vertragsstaaten der UN-Klimarahmen-Konvention (Conference of the Parties – COP) 1997 erstmals ein internationales Abkommen zu Klimaänderungen unterzeichnet. Ein Abkommen, das nach und nach zur Ausgestaltung weiterer Klimakonventionen führen sollte. Erst im Februar 2005 trat dieses Abkommen in Kraft: mit halbwegs konkreten Zielvorgaben zur Reduktion von Treibhausgasen, die allerdings nur für die Industrienationen galten. Länder, die 1997 mit ihrer industriellen Entwicklung noch am Anfang standen, waren damals ausgenommen worden.

Doch schon sechs Jahre später hatte sich die Situation signifikant geändert. China war 2005 zum zweitgrößten Treibhausgasemittenten der Welt aufgestiegen, 2006 sogar zur Nummer eins. Aber auch Länder wie Brasilien, Indien und Südafrika hatten seit 1997 einen enormen wirtschaftlichen Aufschwung erlebt, wodurch in der Zwischenzeit ihre Treibhausgasemissionen rasant gestiegen waren.

Mit China als Wortführer wollten diese Länder in Kopenhagen nun unbedingt verhindern, dass sie in einem Folgeabkommen zu Kyoto dazu verpflichtet würden, ebenfalls ihre Emissionen zu reduzieren, wodurch ihre aufblühende Wirtschaft ihrer Meinung nach abgewürgt werden würde.

Ursprünglich begonnen hatte das internationale Tauziehen ums Klima allerdings schon viel früher: nämlich 1995 mit der ersten weltweiten UN-Klimakonferenz in Berlin. Die Konferenzen sind seitdem nummeriert, beginnend mit Berlin als COP 1.[37] Immerhin war man sich in Berlin damals so weit einig geworden, eine Basis zu erarbeiten, die eines Tages zu einem rechtlich verbindlichen Instrument führen sollte, um die globale Emissionsreduktion in einem bestimmten Zeitrahmen dingfest zu machen.

Nun bin ich also unterwegs, um bei COP 15 dabei zu sein. Möglichst viele Veranstaltungen will ich am Rande besuchen und auch die Proteste unterstützen. Außerdem bin ich zu zwei akademischen Symposien zum Thema Klimaschutz eingeladen.

Der Zug erreicht den Fährhafen von Puttgarden auf Fehmarn, dann setzt die Fähre zum dänischen Rødbyhavn über. Von hier aus geht es mit dem Zug weiter in die Hauptstadt Dänemarks. Ich blicke aus dem Fenster. Sehe draußen das Agrarland Dänemark vorbeiziehen. Überall Felder, Äcker, Wiesen. Dass es hier eines Tages sehr schwer sein wird, so wie heute Landwirtschaft zu betreiben, weiß ich längst. Aber auch ich muss mir dies jetzt erst einmal bildlich vorstellen. Hier im Norden scheint doch alles in bester Ordnung zu sein. Zudem verkauft sich Dänemark zu dieser Zeit – trotz seiner Kohlekraftwerke – als Musterschüler des Klimaschutzes.

Aber ich weiß natürlich um die globalen Klimaszenarien, denn schon 2009 hat man die Fakten klar vor Augen. Die Keeling-Kurve hat sich erstmals über den Wert von 380 ppm erhoben und nähert sich kontinuierlich dem Schwellenwert 400. Mit anderen Worten: Die Welt weiß zu dieser Zeit längst, woran sie ist – und weiß auch jetzt schon, dass dringend gehandelt werden muss.

Es ist die Zeit, nachdem ich Al Gore live erlebt habe, die Ausbildung zum Treibhausgasbuchhalter abgeschlossen habe und nach Wegen suche, Klimaschutz und Beruf unter einen Hut zu bekommen. Besonders in diesem Jahr riecht es nach Aufbruchstimmung, was den Klimawandel betrifft. Neue Fürsprecher wie Arnold Schwarzenegger in seiner Funktion als Gouverneur von Kalifornien haben sich öffentlich dazu bekannt, endlich strenge Maßnahmen gegen das globale Problem zu treffen. Und ich habe meinen Lebensmittelpunkt nach British Columbia verlegt, weil dort schon 2007 das weltweit ambitionierteste und umfangreichste Gesetzeswerk zum Klimaschutz auf den Weg gebracht worden war. Dieses Regelwerk enthielt bereits ein sehr detailliertes Programm für Städte und Gemeinden, und bei diesem Programm arbeitete ich inzwischen mit. In dieser Phase hatten einige Provinzen in Kanada nämlich die Initiative ergriffen und handelten durchaus progressiv, obwohl auf Bundesebene eine erzkonservative, Trump-ähnliche Regierung an der Macht war. Die offizielle kanadische Regierungsdelegation, die nach Kopenhagen kommen sollte, würde das demnächst zu spüren bekommen. Die Nichtregierungsorganisationen sollten die Kanadier in den nächsten Tagen immer wieder zum »Dinosaurier des Tages« erklären. Grund: die totale Blockadehaltung der kanadischen Regierung bei den Verhandlungen. Auf Bundesebene nämlich lief in Kanada in Sachen Klimaschutz zu dieser Zeit so gut wie nichts – was einige Provinzen jedoch nur dazu angestachelt hatte, die Sache umso beherzter anzupacken.

Als ich in Kopenhagen ankomme, ist die Innenstadt voller Buden und kleiner Stände, vor denen Initiativen und Organisationen aus aller Welt Flyer verteilen, T-Shirts verkaufen und zur Diskussion einladen. Ein internationaler Jahrmarkt der Gleichgesinnten. Mitten im Getümmel prangen bunte Kunstinstallationen, und immer wieder laufen Menschen mit Bannern und Plakaten auf. Zum Geschehen gehören aber auch die Pavillons einiger großer internationaler Technologieunternehmen, die ihren Standpunkt in Kopenhagen ebenfalls vertreten wollen. Bis jetzt ist das alles noch ein friedliches Miteinander. Tagsüber widme ich mich meinem Programm, an den Abenden treffe ich mich mit der inoffiziellen Delegation Kanadas, die aus NGOs, Regierungsvertretern der Provinzen sowie Oppositionspolitikern des Bundes besteht. Sie alle werden uns auf dem Laufenden halten, was bei den Hauptverhandlungen passiert.

Doch schon bald merken wir, dass die Nachrichten keine guten sind. Im Gegenteil: Jeden Tag erreichen uns immer entmutigendere Neuigkeiten. Denn das internationale Zusammenspiel ist in Wahrheit keines, sondern kommt einem erbitterten Konkurrenzkampf gleich.

In der Innenstadt ist mitten zwischen den Ständen inzwischen die Skulptur eines Eisbären aufgestellt worden. Der lustige rundliche Bär besteht außen aus Eis, innen trägt ihn ein Eisbärenskelett aus Metall. Trotz der winterlichen Temperaturen schmilzt er nun jeden Tag ein bisschen stärker vor sich hin und zerrinnt mehr und mehr zu einem verstörenden Skelett. Wie der Eisbär zerfließt nun jeden Tag auch unsere Hoffnung ein Stück mehr. Denn das erhoffte verbindliche Abkommen zur globalen Treibhausgasreduktion wird inzwischen immer unwahrscheinlicher. Und dann dauert es auch nicht mehr lange, bis die hässliche Wahrheit ans Tageslicht tritt.

Immer deutlicher wird, dass die dänischen Gastgeber die Konferenz völlig unzureichend vorbereitet haben. Die Verhandlungen münden darum bald in ein heilloses Chaos, denn ohne diplomatisches Konzept stoßen die diametral entgegengesetzten Sichtweisen und Standpunkte unversöhnlich aufeinander. Dabei stehen sich in Kopenhagen im Prinzip sechs Lager gegenüber.

Da sind zunächst die Europäer, vertreten durch die Gastgeber in Dänemark, die ein verbindliches Abkommen mit moderaten Regeln für alle entwickelten Länder irgendwie durchdrücken wollen. Dann gibt es die Gruppe um China, die alles verhindern will, wozu sie sich beim Klimaschutz verpflichten müsste. Als Nächstes nehmen die nicht so stark entwickelten Länder eine Position ein, die vor allem finanzielle Hilfen fordert. Hier sind auch die Inselstaaten aus dem Pazifik vertreten, deren Existenz bis heute auf dem Spiel steht. Und natürlich fordern diese kleinen Inselstaaten schon in Kopenhagen sehr strenge Regeln für alle entwickelten Länder, um die Erderwärmung wirklich aufzuhalten. Schließlich gibt es noch die Totalverweigerer, zu denen 2009 Kanada und Saudi-Arabien gehören. Und dann ist da die Obama-Administration der USA.

In seiner ersten Amtszeit hatte Präsident Obama andere Sorgen als die Klimakrise und war auch schon in seinem Wahlkampf nur zögerlich mit dem Thema umgegangen. Ganz klar war jedoch, dass die USA keine verbindlichen Regeln akzeptieren würden, denn das passte schon kulturell nicht ins Konzept. Ohne ein hohes Maß an diplomatischem Geschick und ohne interkulturelle Brückenschläge war eine Annäherung hier eigentlich von vornherein zum Scheitern verurteilt. In seinem Buch *Ein verheißenes Land* beschreibt Obama die damalige Situation später aus seiner Sicht.[38] Wie es am Ende ausging, lässt sich aus seiner Sicht salopp so zusammenfassen:

Obama weilte ungefähr zehn Stunden in Kopenhagen. Er traf sich mit den Europäern, um sie davon abzubringen, weiter auf ein verbindliches Abkommen zu pochen. Dem würde er sowieso nie zustimmen. Schließlich war es Bundeskanzlerin Angela Merkel, die in Kopenhagen einlenkte und die Aufgabe übernahm, die anderen Europäer auf Linie zu bringen. Dann richtete Obama die Pistole auf die Brust der Chinesen und malte ihnen aus, wie sie letztlich dastünden, würde man sie für das Scheitern der Konferenz verantwortlich machen. Einer unverbindlichen Erklärung hingegen zuzustimmen – das würde China öffentlich in ein wesentlich besseres Licht rücken.

Das wirkte. Und so weit die Darstellung von Barack Obama.

In diesen Tagen habe ich in Kopenhagen derweil die Gelegenheit, mit dem damaligen »Climate Czar« Obamas, dem Nobelpreislaureaten für Physik Steven Chu, zu reden. Und danach ist mir schon klar, dass ein verbindliches internationales Abkommen mit der Obama-Administration hier und jetzt nicht zu machen ist. Steven Chu redet die ganze Zeit nur von tollen Erfindungen, von technologischen Innovationen und der Genialität von Silicon Valley. Von einer internationalen Vereinbarung aber will er nichts wissen, so scheint mir.

Was also kommt letzten Endes in Kopenhagen heraus?

Lediglich eine unverbindliche Erklärung. Eine laxe Erklärung, die von allen toleriert wird. Eine Erklärung, die nicht das Papier wert ist, auf dem sie geschrieben steht. Die Konferenz scheitert grandios. Mit egomanen Argumenten haben die Länder der Welt den möglichen Schulterschluss zur Rettung des globalen Klimas verhindert.

Dieses Scheitern hat sich zwar schon früh abgezeichnet, doch alle Angereisten werden nun immer frustrierter. Eine kleine Gruppe will mit gewalttätigen Aktionen reagieren, die meisten in meinem Umfeld aber sind einfach nur grenzenlos frustriert. Am Ende geht COP 15 als das »Desaster von Kopenhagen« in die Geschichtsbücher ein. Auch wenn ein Zwei-Grad-Ziel im Abschlusstext des sogenannten Copenhagen Accord (Kopenhagen-Vereinbarung) vorkommt, liegt das Problem darin, dass die ganze Erklärung nun einmal völlig unverbindlich ist. Und sie wird auch lediglich »zur Kenntnis genommen«, wird nicht einmal verbindlich verabschiedet. Es ist also im Grunde egal, was in der Erklärung steht. Sie kommt einer Art Selbstgespräch der Teilnehmer gleich – ohne jedwede Konsequenzen.

Fazit der Veranstaltung: nichts als Absichten, freiwillige Reduktionspflichten und wohl formulierte Ankündigungen, den Entwicklungsländern bei Maßnahmen zum Klimaschutz mit Anschubfinanzierungen zu helfen. Im Klartext: Dem Problem der sich erwärmenden Erde wird 2009 mit nichts als heißer Luft begegnet. Damit, den Schwarzen Peter weiterzuschieben und sich vor der Verantwortung und Verpflichtung zu drücken. Entsprechend fallen die Schlagzeilen aus: »Resignation nach dem Desaster«, »Gipfel zu Ende, historische Chance verpasst«, »Kopenhagen fährt sich vor die Wand«, »Kopenhagen endet als Farce«.

Auch ich bin ernüchtert. Und nicht nur, weil in Kopenhagen keine grundlegenden Maßnahmen beschlossen worden sind, sondern weil viele Länder das Scheitern obendrein als Ausrede missbrauchen, um sich mit dem Thema nicht weiter befassen zu müssen. Das Narrativ klingt derweil so: In Kopenhagen habe sich klar gezeigt, dass es einfach nicht möglich ist, ein internationales Abkommen zu erreichen. Punkt.

Ich habe das Glück, nach dem Kopenhagen-Tiefpunkt zurück nach British Columbia reisen zu können, um mich dort voll auf meine Arbeit mit den Städten und Gemeinden zu konzentrieren. Die aus Deutschland Angereisten haben diese Option damals nicht. Dort gibt es noch keine Lösungen auf kommunaler und Landesebene. Das eine Ziel, ein internationales Abkommen, für das sie sich so engagiert eingesetzt haben, ist nicht erreicht worden – weshalb sie mit leeren Händen und restlos enttäuscht zurückfahren. Und dies kommt nicht nur einer Absage gleich. Es wird daraus ein herber Rückschlag mit bitteren Konsequenzen.

Rückblickend betrachtet führte das Scheitern von Kopenhagen in meiner Wahrnehmung zu einem Kollabieren der breiten Klimabewegung in Deutschland. Und das für mehrere Jahre. Jahre, in denen keine Erfahrungen gesammelt wurden, in denen nicht weitergedacht und auf breiter Front diskutiert wurde. Von einem Handeln ganz zu schweigen. Die Staatsschuldenkrise in Europa tat schließlich ihr Übriges. Wann immer ich jedenfalls in den folgenden Jahren nach Deutschland kam und von meiner Arbeit in Kanada erzählte – ich starrte in resignierte Gesichter.

Auch darin liegt für mich bis heute die Motivation, dieses Buch zu schreiben. Denn genau diese Zeit bedeutete für Deutschland eine besonders bittere Pille in Sachen Klimaschutz. Darum will ich die Erfahrungen aus diesen wichtigen Jahren teilen und sie für andere nutzbar machen. Denn es gibt nichts Schlimmeres, als aus Fehlern nicht zu lernen. Oder vielleicht doch: Es gibt nichts Schlimmeres, als den Kopf in den Sand zu stecken.

Trotz aller Enttäuschung reiste ich damals nicht mit ganz leeren Händen aus Kopenhagen zurück nach Kanada. Während des Gipfels nämlich hatte ich die meiste Zeit auf Veranstaltungen und Symposien verbracht und mit Menschen aus aller Welt über Klimaschutz und Klimagerechtigkeit diskutiert. Und wer diesen Streitpunkten mit offenen Augen und Ohren begegnete, wer sich dabei um ein tieferes Verständnis bemühte, das auch den Gedanken des »I could be wrong« zuließ, der konnte damals unglaublich viel lernen und erfahren.

Alle Sichtweisen und Einschätzungen, von denen ich zu dieser Zeit selbst überzeugt war, wurden herausgefordert und kamen auf den Prüfstand. Und dabei geschah etwas: Denn außerhalb der großen Konferenz praktizierten wir genau das Gegenteil von dem, was drinnen unter den Politikern und Delegierten passierte. Dort nämlich versuchten die Europäer hartnäckig und ohne Unterlass, alle davon zu überzeugen, einzig den europäischen Weg einzuschlagen. Die Parole lautete: »Lasst es uns genau so machen, wie wir es sagen – dann wird alles gut.« Einander zuzuhören hingegen, miteinander zu reden oder sich gar in kritischer Selbstreflexion zu üben – dazu war es gar nicht erst gekommen.

Derweil knüpfte ich mit meiner Perspektive wertvolle Kontakte zu Menschen aus vielen Ländern, lernte Neues und Wertvolles hinzu. Und die Teilnehmer der Workshops und Treffen waren nicht nur geografisch bunt gemischt, sie hatten auch verschiedenste Hintergründe und Biografien. In Kopenhagen tauschte ich mich mit Klimaaktivisten und Politikern aus, diskutierte mit Unternehmern und Wissenschaftlern, lernte Menschen aus Technologie und Landwirtschaft kennen, dazu Abgesandte indigener Ureinwohner. Die vielleicht wichtigste Einsicht brachten mir damals die Veranstaltungen zum Thema CDM-Projekte. CDM steht für »Clean Development Mechanism«. Der Begriff bezeichnet ein Instrument, das als Teil des Kyoto-Protokolls entstanden war und zur nachhaltigen Entwicklung beitragen sollte. Denn es verbindet Klimaschutz mit Entwicklungshilfe. Eigentlich eine gute Idee, theoretisch zumindest. Und mich interessierte dieser Mechanismus natürlich umso mehr, weil das Thema Gerechtigkeit schon früh in meinem Leben eine Rolle spielte. Die Gründung des »Dritte-Welt-Ladens« in der Schulzeit war dabei nur eine von vielen Aktivitäten, die mich umtrieben.

Was hatte es nun mit diesem CDM-Instrument genauer auf sich?

Es sollte entwickelten Ländern ermöglichen, ihre Emissionsreduktionsziele zu einem gewissen Teil durch den Ausgleich mit CDM-Krediten zu erreichen. Dieser prinzipielle Gedanke ist auch der Grund, warum das europäische Handelssystem diese Kredite akzeptiert. Die Absicht dahinter: Projekte, die in weniger entwickelten Ländern zur globalen Emissionsreduktion beitragen, sollen auf diese Weise finanziert werden. Darunter kann zum Beispiel die Finanzierung von Windrädern fallen, doch es werden auch wesentlich einfachere Projekte unterstützt, etwa die Aufforstung von Wäldern. Im Fall der Windräder funktioniert es so: Für jede Tonne Treibhausgas, die ein Projekt bei der Stromerzeugung vor Ort weniger produziert, wird ein Kredit ausgestellt, der ebenjener Tonne Treibhausgas entspricht. Doch wie man sich vorstellen kann, ist das »Ausstellen« eines solchen Kredits stets von einem äußerst aufwendigen bürokratischen Prozess begleitet.

Das ist einerseits gut, um die Integrität der Kredite zu gewährleisten. Andererseits machen es solche bürokratischen Hürden schwer, die Dinge ins Rollen zu bringen. Weniger entwickelte Länder sind solche Abläufe oft nicht gewöhnt, auch fehlt es an Know-how und Infrastruktur, um die Prozesse vor Ort abzuwickeln. Was also geschah am Ende in Wirklichkeit?

Die meisten CDM-Projekte kamen entweder aus China oder wurden letztlich von Firmen in Industrieländern abgewickelt – sehr zur Frustration jener lokalen Akteure, die vor Ort eigentlich am Projekt hätten beteiligt sein sollen. Man könnte zur Idee des Clean

Development Mechanism auch sagen: gut und multilateral gedacht, letztlich allerdings knallhart und einseitig vollstreckt. Genau das war denn auch die einhellige Meinung all jener Menschen, die aus dem globalen Süden kamen und bei vielen CDM-Projekten am Ende eher zusahen als mitmachten. Menschen, die nach Kopenhagen gekommen waren und mit denen ich ausgiebig über die Situation sprach. Kurzum: Viele Menschen aus Asien, Afrika und Südamerika waren völlig desillusioniert von dem Konzept.

Sicher gab es immer wieder auch Projekte, die im Rahmen der CDM-Prozesse gut funktionierten. Doch im Großen und Ganzen geschieht dabei Folgendes: Weil die Menschen vor Ort letztlich wenig Einfluss haben und in der Regel auch nur in geringem Maße an der finanziellen Wertschöpfung beteiligt sind, sehen sie in diesen Projekten am Ende nur eine Weiterführung der kolonialen Verhältnisse. Denn sie werden benutzt, um anderen kommerzielle Vorteile zu verschaffen.

Mit effektivem Klimaschutz hat das alles wenig zu tun.

Viel wichtiger wäre es dabei, echte Hilfe zu leisten. Die Projekte so zu fördern, dass Vorteile tatsächlich vor Ort entstehen, Werte und Perspektiven lokal geschaffen und insgesamt natürlich auch die Treibhausgase reduziert werden – und zwar vorrangig im Interesse der betroffenen Regionen im globalen Süden. Die Folgen des Klimawandels nämlich werden nicht vorrangig in den nördlichen Industrienationen, sondern als Erstes und besonders heftig genau hier zu spüren sein. Die Industrieländer sollten also erst einmal ihre Hausaufgaben machen und die eigenen Emissionen drastisch reduzieren, anstatt mit Zertifikaten zu handeln und die Lebensumstände anderer Menschen wie Kolonialware zu behandeln.

Die Wahrheit über die viel besungenen CDM-Projekte war natürlich nicht das, was ich damals hören wollte. Ich hatte nämlich zunächst gedacht: Hört sich gut an, eine prima Sache. Doch je länger ich mich mit Menschen aus Ländern unterhielt, in denen die besagten Projekte abgewickelt wurden, desto mehr kam mir der generelle Mechanismus bekannt vor. Es war genauso wie beim Kaffee, Tee, Kakao oder bei diversen anderen Produkten, die aus dem globalen

Süden kommen: Der eigentliche Gewinn bleibt bei uns im Norden. So auch bei jenem gehypten Heile-Welt-Tool namens CDM – denn eine Art Fair Trade der Ausgleichszertifikate hat es nie gegeben und scheint es auch nie zu geben.

Aus heutiger Sicht allerdings würde ich sagen, dass wir eine solche Lösung, mit der wir zwei Fliegen mit einer Klappe schlagen, auch gar nicht brauchen. Denn zwei Ziele miteinander zu verbinden – das geht selten gut. Klimaschutz bei uns, Entwicklungshilfe dort? Nein, beides sollte besser voneinander getrennt werden. Beide gewichtigen Themenkomplexe können dann ehrlicher und direkter angegangen werden. Und auch viel effektiver.

Wir sollten darum anfangen, unsere Hausaufgaben ordentlich zu machen. Sollten vor der eigenen Haustür kehren, bevor wir anderen erzählen, was gut für sie ist. Danach allerdings wäre es wichtig, auch Projekte in Schwellen- und Entwicklungsländern zu fördern. Separat, gezielt. Um den Menschen vor Ort wirklich zu helfen und nicht, um selbst finanzielle Vorteile zu schinden. Derweil behaupten viele immer wieder, dass die Gelder, die auf Basis der Klimaneutralitäts-Zertifikate fließen, die Projekte in benachteiligten Ländern überhaupt erst ermöglichen. Es ist ein fadenscheiniges Argument. Würde das Geld nämlich direkt vor Ort und auch nur zur direkten Hilfe eingesetzt werden, käme viel mehr davon in den betroffenen Regionen an. Das Geld würde dann nicht dort hängen bleiben, wo in den Maschen von Handel und Bürokratie ordentlich abgefischt wird: beim Zwischenhandel und bei der Zertifizierung.

Offene Ohren statt vorgekauter Meinungsnahrung: Nur so einigen wir uns auf einen guten Weg

Ich war nun endlich wieder auf dem Weg zurück nach Kanada. Nach einem langen Flug landete ich auf dem Flughafen von Vancouver, der direkt am Pazifischen Ozean liegt. Wann immer ich hier ankomme, will ich so schnell wie möglich raus aus dem Gebäude, will einen tiefen Atemzug Meeresluft einatmen. Die Luft im Westen Kanadas schmeckt nicht so salzig wie jene dicken Winde, die einem auf den Deichen der Nordsee entgegenschlagen und die mir als Norddeutschem noch immer ein Gefühl von Heimat vermitteln. Hier am Pazifik weht einem vielmehr ein weicher, feuchter, fast beruhigender Duft in die Nase. Vielleicht kommt daher auch der Name »Stiller Ozean«; irgendwie erfüllt mich sein Anblick immer mit einer ungreifbaren Zufriedenheit.

Auch sind die Strände in Vancouver nie weit weg, und so machte ich mich nach der Ankunft prompt auf den Weg ans Meer. Bald saß ich im Sand, genoss die Weite des Wassers und blickte auf den Strait of Georgia. Gegenüber lag das zerklüftete Vancouver Island in der See, noch mal dahinter dehnte sich das Meer über Tausende Seemeilen gen Westen. Kurz musste ich überlegen, was ich am anderen Ende dieses Ozeans schon alles erlebt hatte. Während meiner Zeit in Asien. In Hongkong und auf Saipan, in Zentral- und Südchina. Was hatte ich noch alles gesehen durch meine Arbeit? Singapur, Japan, Taiwan, Philippinen, Australien, Neuseeland. Doch an all diesen Orten und auch während meiner Zeit in den USA und Kanada ging es mir nie darum, ein weiteres Fähnchen in die Landkarte zu stecken. Das Arbeiten in anderen Ländern, das Leben in fremden Kulturen hatte für mich stets einen anderen Sinn. Immer wieder war es mir nie wichtig, mich neu zu orientieren, die Welt durch neue Blickwinkel zu sehen und die Menschen neu zu verstehen. Ja, überhaupt: immer wieder neu zu denken.

Und genau das war jetzt auch wieder nötig. Nach dem fatalen Rückschritt von Kopenhagen.

Nach meiner Rückkehr musste ich erst mal resümieren. Musste kapieren und auch ein bisschen schlucken. Denn viele Dinge, die ich bisher als wichtig und wirksam erachtet hatte, funktionierten eben doch nicht. Jedenfalls nicht so, wie sie bisher angegangen wurden. Ein globales verbindliches Abkommen zur Treibhausgasreduzierung – es sollte einfach nicht zustande kommen. Ebenso wenig, wie sich Entwicklungshilfe und Klimaschutz wirklich verbinden ließen. Auch die Handelssysteme allgemein zeigten keine Erfolge. Leider fielen damit wichtige Elemente des Klimaschutzes wie ein Kartenhaus in sich zusammen: jene Säulen, die in Kyoto ein Fundament gefunden hatten und die in Kopenhagen hätten weiter zementiert werden sollen.

Auch dämmerte mir in jenen Tagen, dass meine persönlichen Anstrengungen die Kuh keinesfalls vom Eis holen würden. Meine eigenen Bemühungen würden immer nur kleine Veränderungen bedeuten, mit denen man nicht viel erreichen konnte. Und auch das begriff ich jetzt immer deutlicher: Die marktbasierten Instrumente, die sowohl in Europa als auch in Quebec oder etwa Kalifornien »zusammengemixt« worden waren, zeigten ebenfalls nicht die gewünschte Wirkung.

Was also tun? Wie sollte es weitergehen, um die große Klimafrage zu beantworten?

Ich wollte nicht verzagen. Also entschied ich, nicht zu verzagen. Stattdessen stellte ich mir – wie immer – die Frage: Was war falsch gelaufen? Und was lief noch immer falsch? Warum klappte ausgerechnet das nicht, von dem ich, von dem alle überzeugten Klimaschützer angenommen hatten, es wäre der Schritt zur Lösung?

Where were we wrong?

Mir kam bei diesen Überlegungen eine Anekdote in den Sinn, die mir eine Kollegin aus meinem Team einmal erzählte, nachdem sie das erste Mal Deutschland bereist hatte. Sie war mit ihrem Freund nach München zum Oktoberfest gefahren, hatte anschließend einige Schlösser und Burgen besichtigt. Das entsprach natürlich den üblichen Deutschlandklischees, und ich erwartete keine neuen Erkenntnisse von ihren Urlaubsberichten. Was sie mir dann jedoch berichtete, überraschte mich. Denn es sagte am Ende viel mehr, als wir beide zuerst dachten. Es waren nicht das Bier, die Stimmung auf dem Volksfest oder die Architektur der Schlösser, von denen sie berichtete. Am eindrücklichsten erschien ihr ein eigentlich banales Erlebnis. Es hatte sich bei ihrer Abreise aus München ereignet, als sie an der Rezeption des Hotels stand und sich nach den Optionen erkundigte, wie sie zum Flughafen kommen könne. Wohlgemerkt hatte sie nach den Optionen gefragt.

Der Mann an der Rezeption sagte ihr, sie solle am besten die Straßenbahn nehmen und dann in die S-Bahn zum Airport umsteigen. Bevor sie fragen konnte, welche anderen Möglichkeiten es noch gebe, schaltete sich eine Frau neben ihr ein und meinte, der lange Weg mit der Bahn sei viel zu kompliziert für Touristen. Das Hotel solle ihr am besten ein Taxi rufen. Schließlich mischte sich noch eine dritte Person ein und beteuerte, das Beste wäre doch, sie nähme ein Taxi zum nächsten S-Bahnhof, um dann den Rest mit der Bahn nach Norden zum Flughafen zu fahren.

Bald entwickelte sich unter den dreien fast so eine Art kleiner Streit. Denn jeder von ihnen insistierte, dass sein Vorschlag die beste Methode sei, um zum Flughafen zu gelangen. Menschen, die in Kanada aufgewachsen sind, können solche konfrontativen Auseinandersetzungen schnell befremden. Und weil die drei offenbar gar nicht damit aufhörten, ihren eigenen perfekten Weg zum Flughafen zu verteidigen, kam es meiner verdutzten Kollegin irgendwann regelrecht bizarr vor. Denn nach einigen Minuten interessierte sich niemand mehr für die Frage, die sie eigentlich gestellt hatte. Dabei hatte sie sich doch einfach nur nach den »Optionen« erkundigt, wie sie zum Flughafen kommen könne.

Die drei Auskunftswilligen warfen sich bald nur noch gegenseitig ihre Meinungen an den Kopf. Am Ende gab es viel Gezeter, das natürlich nirgends hinführte. Statt um eine schlichte, sachliche Auskunft schlauer, stand meine Kollegin verwirrt und ratlos da. Sie ließ die Diskuteure bald einfach unter sich, studierte stattdessen die ausgelegten Prospekte im Hotel und entdeckte, dass es auch noch einen Flughafenbus gab, der auf seiner Route gar nicht weit weg vom Hotel hielt. Den nahm sie am Ende. Für sie schien dieser Bus die beste Option zu sein – was letztlich sowieso nur sie selbst für sich hatte entscheiden können.

Ihr Resümee dieser heiteren Randanekdote *made in Germany?* Sie hatte nach nüchternen Informationen gefragt, stattdessen jedoch nur vorgefertigte Meinungen serviert bekommen.

Nachdem sie mir das alles erzählt hatte, überlegten wir beide eine Weile und mussten herzlich lachen. Doch dann kamen wir zu dem

224

Schluss, dass wir etwas Ähnliches beide bereits des Öfteren erlebt hatten. Es wird mit Meinungen anstatt mit Informationen hantiert. Ein Phänomen, das vielleicht schon ein bisschen typisch deutsch ist, dem man aber durchaus auch andernorts auf der Welt gern mal begegnet. Fragen zeitigen nun einmal nicht immer sachliche Antworten, ebenso wenig wie viele Themen keineswegs objektive, ungefärbte Betrachtungen nach sich ziehen. Oft triggern sie etwas völlig anderes. Dann werden routiniert gefüllte Schubladen ausgeschüttet – und man bekommt lediglich Vorgestanztes zu hören.

Und ist das nicht auch beim Thema Klimaschutz so? Sehen wir nicht auch in vielen Diskussionen, ob privat oder öffentlich, dass wir uns oft nur gegenseitig Meinungen an den Kopf werfen? Vermeintliche Fakten, Zusammenhänge und Maßnahmen, die sich in unseren Gedanken längst eingeschliffen haben, die zu so etwas wie einem unumstößlichen Meinungsgebilde erstarrt sind? Hier und da sogar zu einer Lebenshaltung?

Mir führte die Anekdote meiner Kollegin – und ihre Übertragung aufs Klimathema – jedenfalls noch einmal deutlich vor Augen, wie wichtig es ist, dass wir nicht aufhören, gemeinsam nachzudenken. Dass wir gemeinsam so viele Informationen und Optionen wie möglich berücksichtigen sollten, um wirklich die besten Lösungen zu finden. Hier geht es schließlich nicht um eine Fahrt zum Flughafen.

Wenn wir stattdessen jedoch mit vorgefertigten Meinungen hantieren, geht bei einer solchen Gemengelage eventuell die eigentlich dringendste Aufgabe unter: nämlich den besten Weg zu finden, um überhaupt noch ans Ziel zu kommen.

Dabei geschieht gerade bei den Diskussionen ums Klimathema, was mich immer wieder an die absurde Szene an der Rezeption denken lässt. Die einen behaupten stur und steif, es lasse sich alles nur über Marktinstrumente oder Bepreisungen lösen – und das müsse man jetzt einfach mal glauben. Die anderen trichtern uns ein, es liege nur an uns selbst, die Welt zu retten. Wir sollten uns also unserer Klimaschuld bewusst werden und endlich verzichten lernen. Wieder andere erzählen uns, wir bräuchten so etwas wie eine Ökodiktatur – sonst werde das alles nichts.

Bringt uns so ein Schlagabtausch wirklich weiter? Betrachten wir diese Positionen, wird eher klar, dass wir so auf keinen gemeinsamen Nenner kommen. Um an einem Strang zu ziehen, scheint es mir darum äußerst hilfreich zu sein, dass jeder seine Positionen noch einmal kritisch auf den Prüfstand stellt: Was sind wirklich sinnvolle Kriterien, anhand derer wir Entscheidungen bewerten?

Und ja: Manchmal ertappe ich mich auch als Treibhausgasbuchhalter dabei, dass ich meine Meinung als Information verkaufe. Wann immer ich mich jedoch dabei erwische, versuche ich, mich sofort zu korrigieren. Und dies ist auch das vereinbarte Grundprinzip, das mein Team und ich bei der Arbeit streng beherzigen: Das Thema der Treibhausgasbuchhaltung und Emissionsreduktion behandeln wir unabhängig und objektiv – geleitet ausschließlich von Standards und wissenschaftlicher Methodik.

Vorgefertigte Meinungen, wie die Welt zu retten ist, ob nun politisch, ideologisch oder sonst wie motiviert: Nein, diese Meinungen dürfen keinen Platz haben, wenn wir die Klimakrise lösen wollen. Das ist ganz wichtig!

Die entscheidende Frage ist nun: Wie setze ich, wie setzen wir das um? Jeden Tag? Wie führe ich die entsprechenden Gespräche – und wie analysiere ich die Optionen, um zu den besten Lösungen zu kommen?

Eine sehr lehrreiche Erfahrung war für mich die Tatsache, dass ich seit vielen Jahren für verschiedene Städte und Gemeinden arbeiten konnte und dies bis heute tue. Und je kleiner und »schwieriger« die Gemeinde, desto besser. Vielen kleinen Landkreisen und Provinzen fehlen dabei Mittel und Geld. Oft treffen zerstrittene Gemeinderäte aufeinander. Und nicht selten sind wirtschaftliche Akteure am Walten, die für Gegenwind sorgen, aber viel zu sagen haben.

So brach ich schon so manches Mal zu einer Präsentation auf und war besorgt, wenn ich meine Fakten vor einer lokalen Handelskammer oder vor einer Runde von Gemeinderäten darbieten sollte. Wenn ich vor Gremien und Menschen sprach, die mit Klimaschutz offensichtlich nichts zu tun haben wollten. Doch kam es häufig vor, dass die Beteiligten am Ende des Tages völlig überrascht waren über das, was sie hörten.

Ich erlebe das immer wieder: Die Zweifler schenken den Fakten, nicht emotionaler Angstmache, ihr Ohr und sind schlussendlich regelrecht erstaunt darüber, dass sie noch so viel Neues zu hören bekommen. Und dann geschieht etwas. Dann wendet sich ein inneres Blatt. Und oft ereignet sich danach tatsächlich Folgendes: So manchem Antrag für effektive Klimaschutzmaßnahmen, den engagierte Angestellte der Gemeinde mit unserer Hilfe ausgearbeitet haben, wird dann doch wider Erwarten zugestimmt. Und genau darum laden mich viele Angestellte zu Gemeinderatssitzungen als Sachverständigen ein.

Sicher, es funktioniert nicht immer. Und natürlich habe ich auch schon sehr frustrierende Erfahrungen gemacht während solcher Präsentationen. Aber insgesamt war und ist dies eine sehr gute Schule im harten Alltag der Realpolitik. Man muss dort, wie es so schön heißt, bestehen.

Nach einiger Zeit kamen auf mein Team und mich auch Firmen zu, die wissen wollten, wie sie faktenbasierten Klimaschutz in ihre Prozesse und Produkte einfließen lassen könnten. Und ich meine: wirklich faktenbasierten Klimaschutz. Dadurch erweiterte sich letztlich nicht nur unser Portfolio, sondern immer wieder auch unser Horizont. Dabei war es wichtig, genau solche Lösungen zu entwickeln, die einerseits soliden und echten Klimaschutz darstellen, gleichzeitig aber auch den kommerziellen Notwendigkeiten eines profitorientierten Unternehmens gerecht werden. Diese Dualität ist von enormer Bedeutung, um den Erfolg der Maßnahmen zu sichern. Oft steht man dann vor einer Aufgabe, die ganz und gar nicht einfach zu lösen ist – die sich mit der richtigen Einstellung aber eben doch lösen lässt.

Bei manchen Unternehmen stellt sich heraus, dass die angestrebte Balance zwischen echtem Klimaschutz und Profitorientierung zugunsten eines Greenwashings verschoben werden soll. Dann verabschieden wir uns oder gehen gar nicht erst an die Arbeit.

Mittlerweile haben sich auch Regierungen und Umweltgruppen zu unseren Klienten entwickelt. Zunächst dachte ich, dass wir mit unserer Ausrichtung als »Purpose-Unternehmen« eine solide Grundlage gelegt hatten, um unseren Grundsätzen treu zu bleiben. Schnell erkannten wir jedoch, dass diese Art zu arbeiten zwar effizient und hilfreich war – aber noch immer nicht gut genug funktionierte. Uns wurde klar, dass wir uns selbst anders organisieren mussten: dass wir Vielfältigkeit noch mehr in den Vordergrund stellen und die Dinge viel intensiver hinterfragen mussten. Und auch dies war zusätzlich nötig: neue Herangehensweisen entwickeln, neu denken. Menschlich, personell.

Eine traditionelle Firmenkultur, die im Grunde auf Hierarchien aufgebaut war, konnte das nicht leisten. Auch auf dieser Ebene war also Innovation gefragt. Und bei dieser neuen Art des Arbeitens steht nun der Mensch in seiner Vielfältigkeit im Fokus, nicht die singuläre Profitorientierung. Es zählen Kollaboration, Respekt, Diversität – denn nur sie ermöglichen eine neue Art der Zusammenarbeit. Dann jedoch ist es möglich, mit einem interdisziplinären Team innovative Lösungen und sozial gerechte Konzepte zu entwickeln – im Dialog.

Und es sollte sich herausstellen, dass wir nicht die Einzigen waren, die etwas dazugelernt hatten. Klar wurde auch, dass bei den Klimakonferenzen auf internationaler Ebene ebenfalls ein neuer Ansatz vonnöten war, um überhaupt irgendwas zu erreichen.

Von British Columbia lernen, wie es geht: Deutschland muss als größter Emittent Vorreiter in Europa sein

Sechs Jahre nach Kopenhagen sollte 2015 in Paris eine weitere Klimakonferenz stattfinden: COP 21. Und schon am Anfang des Jahres erreichte mich sozusagen ein erster Vorbote dieser wegweisenden Veranstaltung. Die Regierung von British Columbia fragte bei mir an, ob ich nicht beim Wissenstransfer von der kanadischen Provinz British Columbia nach Deutschland mithelfen wolle. Der Fokus lag dabei auf einem speziellen Bereich: Klimaschutz auf Gemeindeebene. Dabei ist wichtig, zu wissen, was im Westen Kanadas nicht nur in die Wege geleitet, sondern auch bereits in die Tat umgesetzt worden war.

Seit 2007 gibt es in British Columbia eine Übereinkunft aller Städte und Gemeinden für ein einheitliches Klimaschutzprogramm. Es trägt den Namen »B.C. Climate Action Charter«. Die Provinzregierung unterstützt dieses Programm auf verschiedenen Ebenen. Das bedeutet konkret: Sie hat sich erstens selbst einer Berichterstattungspflicht unterworfen und hält sich zweitens auch an eine strikte Berichterstattungsmethodik. Ferner hat die Provinzregierung nicht nur einer *gewissen* Reduzierungspflicht, sondern der »Net Zero«-Pflicht zugestimmt und dafür zusätzlich ein Finanzierungsprogramm ins Leben gerufen. Die Net-Zero-Verpflichtung beinhaltet die Vorgabe, ab 2012 jedes Jahr genau so viele Treibhausgase nachweislich in der Gemeinde zu reduzieren, wie durch die gemeindeeigenen Betriebe ausgestoßen werden. Hinzu kommen spezielle Förderprogramme für kommunale »Klimamanager«. Diese sollen die Treibhausgasprofile aller Gebäude und Serviceleistungen evaluieren und effiziente Reduzierungsprogramme implementieren.

All diese Maßnahmen zusammen sind in der Form weltweit einmalig. Es sind Elemente des Klimaschutzes, die sich als innovativ herausgestellt haben – und als sehr effektiv. Entscheidend dafür sind drei Dinge: die Anteile der öffentlichen Berichterstattungspflicht, der Berichterstattungsmethodik und der Reduzierungspflicht. Denn nur so kommt es zu einer Strategie, die diesen Namen verdient. Zu einem verlässlichen Weg, die Treibhausgase kontinuierlich zu reduzieren. Deutlich gesagt: In British Columbia hatte man sich dazu verpflichtet, Treibhausgase anhand einer offiziellen Methodik zu erfassen, die Wahrheit entsprechend auf den Tisch zu legen und danach auch entsprechend zu handeln.

Keine Empfehlung. Sondern: Pflicht. Wir machen das jetzt!

In Deutschland wussten die zuständigen Behörden sehr wohl um diesen wichtigen Fortschritt, der an der kanadischen Pazifikküste real funktionierte. Und dessen Strategie dazu geführt hatte, dass die Provinzregierung und viele Städte inzwischen tatsächlich klimaneutral waren.

Das Konzept des Kommunalen Klimamanagers hatte darum auch das deutsche Umweltministerium 2015 bereits weiter ausgebaut, als

Teil eines gemeinsamen Projekts mit British Columbia sowie im Rahmen eines Förderprogramms für Kommunen. Dabei geschah jedoch Folgendes – oder besser: Es geschah eben nicht. Denn die strategisch so wichtige Treibhausgas-Berichterstattungspflicht, die Berichterstattungsmethodik sowie die Reduzierungspflicht übernahm das deutsche Umweltministerium leider nicht. In Deutschland weigerte man sich einfach, die entscheidenden Schritte zu gehen, die sich in British Columbia als zielführend erwiesen hatten. Dies scheint mir ein zentraler Grund dafür zu sein, warum deutsche Städte und Gemeinden beim Thema Klimaschutz heute noch lange nicht so weit sind, wie sie sein könnten.

Im Oktober 2015 wurde ich zu einer Konferenz nach Deutschland eingeladen, um den Klimagipfel in Paris mit vorzubereiten. Der Fokus dieser Konferenz lag auf der strategischen Rolle, die vor allem der kommunale Klimaschutz spielt. Und darum war ich auch hier: weil ich mich bei meiner Arbeit größtenteils auf Städte und Gemeinden konzentriert hatte und auf diesem Gebiet spezielle Erfahrungen besaß.

Den Blick auf die kommunalen Ebenen zu schärfen ist wichtig. Denn viele Aspekte unseres täglichen Lebens werden genau hier entschieden. Gibt es lokale Programme für Biotonnen und Recycling? Wird in sichere Fahrradwege investiert? In Ladestationen für Elektroautos? Über genau solche Fragen entscheiden meist die jeweiligen Kommunalverwaltungen. Auch haben sie zu weiten Teilen das Sagen darüber, wie der öffentliche Nahverkehr vor Ort gestaltet wird, wie klimafreundlich die Bauvorschriften ausfallen oder etwa wie viel Grünflächen es im Verwaltungsbereich gibt. Und so wichtig all diese Themen für unser Leben sind, so wichtig ist es, dass kommunale Ziele und Entscheidungen dieser Art strategisch in ein Programm zur Treibhausgasreduzierung auf Landesebene eingebunden sind.

Dies war jedoch nicht der Fall, als ich zur Vorbereitungskonferenz nach Deutschland kam. Und eigentlich ist es das bis heute nicht.

Die Zeitung *taz* veröffentlichte im Mai 2021 die Ergebnisse einer Befragung vom Februar und März 2021 alle kreisfreien Städte und Landkreise zu diesem Thema. Demnach wissen 41 Prozent aller deutschen Städte und Landkreise nicht, wie ihre Treibhausgasbilanz ausfällt. Und jene, die über Daten diesbezüglich verfügen, gaben an, dass 45 Prozent dieser Daten von 2014 stammen oder gar noch älter sind.[39]

Es sind Versäumnisse, die schmerzen. Und die keineswegs nur mich als Treibhausgasbuchhalter schockieren dürften. Denn diese Ergebnisse zeigen, dass das Umweltministerium es schlicht verpasst hat, eine Berichterstattung in Sachen Treibhausgase zu etablieren. Ob Programme zum Klimaschutz also überhaupt einen Beitrag leisten, um nationale Reduktionsziele zu erreichen, und wenn ja, inwiefern – dies bleibt unberechenbar und obliegt einer völlig unzuverlässigen Form der Organisation.

Im Klartext bedeutet das: In großen Teilen des Landes macht man sich in Deutschland noch nicht einmal die Mühe, die alles entscheidenden Treibhausgase zu quantifizieren und somit auch ihre Quellen genauer zu erfassen. Geschweige denn, hierbei methodisch und aktuell vorzugehen. Und: Von einer Pflicht, über die Emissionssituation zu berichten, ist gar nicht erst die Rede.

So kann es natürlich nicht klappen. Es ist das bewusste Verschließen der Augen vor der Realität.

Nach der Konferenz in Deutschland wurde ich zu einer weiteren Vorbereitungskonferenz eingeladen, diesmal nach Dänemark. Auch dort fiel auf, wie stark der Fokus inzwischen auf eine regionale und kommunale Sicht gelegt wurde. Anscheinend saß der Schock vom gescheiterten und stark global ausgerichteten Klimagipfel in Kopenhagen so tief, dass nur noch auf viel kleineren Ebenen gedacht und geplant wurde.

Zu meiner Überraschung stellte ich fest, dass zu meiner Präsentationsgruppe für die anstehende Konferenz in Paris auch Connie Hedegaard gehörte. Sie hatte die Konferenz in Kopenhagen 2009 geleitet. Nun hatte ich die Gelegenheit, direkt mit ihr zu sprechen und einige Themen zu vertiefen, auch nach den offiziellen Gesprächen. Allerdings bekam ich während unseres Austauschs schnell den

Eindruck, dass aus den Ereignissen von 2009 keine Lehren gezogen worden waren. Keine Öffnung für neue und diversere Sichtweisen, kein Hinterfragen von Annahmen. Selbstkritik schien also auch in Dänemark nicht zu den favorisierten Techniken zu gehören. Und das enttäuschte mich.

Die neuen Gastgeber der Paris-Konferenz schienen hingegen einen anderen Ansatz zu verfolgen. Ich merkte das schnell während eines weiteren Vorbereitungsworkshops, zu dem ich von der französischen Botschaft in Kanada eingeladen wurde. Hier ging es nun viel stärker darum, einen internationalen Dialog auch wirklich zu ermöglichen: Was können wir erreichen, wenn sich viele Länder an einen Tisch setzen? Und *wie* kriegen wir das hin? Dabei ging es nun immerhin schon um ein diplomatisches Konzept, um für die anstehende Konferenz ein solides Fundament auf die Beine zu stellen.

Besonders begeistern konnte mich dieser Ansatz inhaltlich anfangs trotzdem nicht. Denn lediglich auszuloten, was der kleinste gemeinsame Nenner bei einem solchen Gipfel sein könnte, kam mir vor wie ernüchternder Realismus. Und das war noch immer weit weg von dem, was ich damals für nötig hielt.

Heute denke ich jedoch anders über das Ergebnis der Konferenz von Paris. Und dafür ist es ganz wichtig, zu verstehen, mit welchem Ansatz die Generalsekretärin des UNFCC-Sekretariats die Konferenz damals vorbereitete. Die aus Costa Rica stammende Christiana Figueres hatte die Leitung des Sekretariats sechs Monate nach der Konferenz in Kopenhagen übernommen – und stand am Anfang ihrer Arbeit vor einem Scherbenhaufen. In einem Zeitraum von viereinhalb Jahren entwickelte und implementierte sie mit ihrem Team dann jedoch einen neuen Ansatz, der sich fundamental von allen vorherigen unterschied.

Seit der »Earth Summit«-Konferenz in Rio de Janeiro 1992 war es bisher immer nur darum gegangen, was salopp formuliert in etwa so klang: »Lasst uns die Erde retten – und alle Länder sollen dazu beitragen.« Sämtliche Folgekonferenzen liefen stets nach einem ähnlichen Denkschema ab. Die Länder trafen sich, um einen globalen Vertrag auszufechten. Und um das große gemeinsame Ziel zu erreichen, sollten sich schließlich alle zu solch einem internationalen Vertrag verpflichten.

Das Problem: Je konkreter und verbindlicher die Beiträge der einzelnen Länder jedoch ausfallen sollten, desto schwieriger wurden die Verhandlungen.

Kyoto hatte man zunächst zwar noch als Erfolg verbuchen können. Allerdings waren die Ziele für die 37 teilnehmenden Industriestaaten damals noch relativ niedrig gesteckt: Anfangs ging es um eine Emissionsreduktion von lediglich fünf Prozent bis 2012. Zudem räumten mehrere Mechanismen des Emissionshandels (wie zum Beispiel CDM) den Ländern viele Handlungsoptionen ein. Damit ließen sich Reduktionen zwar erreichen, aber es würde nicht wirklich viel verändern.

Als 2009 in Kopenhagen schließlich konkrete und höhere Reduktionsziele für alle Staaten vereinbart werden sollten, lief es über diesen Ansatz komplett schief. Und auch ein weiterer Versuch, dieses Ziel zu erreichen, führte ins Leere. In Doha die zweite Phase des 2012 beschlossenen Kyoto-Protokolls auszurufen – diesmal mit einem Reduktionsziel von 18 Prozent –, scheiterte daran, dass am Ende nicht genügend Staaten die Vereinbarung ratifizierten. Jedes Land pochte auf seine Einzelinteressen und fand einen anderen Grund, nicht zuzustimmen.

Die Einzelinteressen wogen letztlich stets schwerer als das eine große Ziel. Und je mehr sich dieser Konflikt über die Zeit verschärfte, desto deutlicher wurde, dass das ursprüngliche Konzept zum Scheitern verurteilt war – und in Wahrheit nicht funktioniert.

Genau dies war und ist eine wichtige Erfahrung. Sie sollte unbedingt bedacht und berücksichtigt werden. Gerade dann, wenn wir mal wieder über die Wirksamkeit des europäischen und deutschen Emissionshandels sprechen – und über die Erwartungen, die daran geknüpft sind.

Solange diese marktbasierten Instrumente nämlich sozusagen im Leerlauf operieren, sind alle davon begeistert – und alles funktioniert angeblich »sehr gut«. Wenn dann jedoch die eigentliche Wirkung dieser Instrumente einsetzt, wenn also der Preis beim Emissionshandel signifikant steigt oder höhere Reduktionsziele als Teil der internationalen Vereinbarung verbindlich festgelegt werden sollen, fällt das Kartenhaus in sich zusammen.

Man könnte sagen: Wenn nach dem Reden das Machen kommt, ziehen alle lange Gesichter – und nicht mehr mit. Motto: Die Einschnitte sind mir dann doch zu hart. Und erst dann wird allen klar: Es funktioniert nicht. Die harmlose Vorlaufphase verschleiert diese Tatsache.

Doch solche Fehlschläge und Leerlaufrunden können wir uns bei der Klimakrise einfach nicht mehr leisten. Und mir fällt bis heute nicht ein triftiger Grund ein, warum sich das Verhalten der Nationalstaaten in dieser Hinsicht in irgendeiner Form ändern und dieses Konzept in der Zukunft plötzlich funktionieren sollte.

Ähnlich muss auch Christiana Figueres gedacht haben, denn ein weiteres Scheitern bei der Pariser Klimakonferenz war für sie einfach keine Option mehr. Und darum brauchte es schon damals eine andere Herangehensweise.

Als die Pariser Konferenz schließlich vorüber war, erklärte Christiana Figueres ihren neuen Ansatz in unzähligen Interviews und Reden, so auch in »The inside story of the Paris climate agreement« im Februar 2016.[40] Und dabei stellte sie neben einer generell optimistischen Grundhaltung vor allem eines heraus: nämlich die Konzentration über die Eigeninteressen der Industrie zu den Eigeninteressen der Nationalstaaten zu lenken. Die Nationalstaaten sollten also nicht mehr aus Völkerverbundenheit, sondern aus purem Eigeninteresse heraus einem Abkommen zustimmen. Auf der Pariser Konferenz wehte folglich ein ganz anderer Wind. Und das war bereits während der Vorbereitungen zu spüren, bei denen ich mitarbeitete. Schon dabei ging es weniger darum, das Augenmerk auf globale Übereinkommen zu legen, als vielmehr darum, die Nationalstaaten davon zu überzeugen, dass sie bei entsprechendem Klimaschutz zu ihrem eigenen Vorteil handeln würden. Ein höchst interessanter Perspektivwechsel. Nicht mehr die Nachteile und lästigen Zugeständnisse im Rahmen eines internationalen Zusammenkommens standen im

Vordergrund, sondern nunmehr die Vorzüge des Handelns in eigenem Interesse.

So erklärt sich auch der wichtigste Mechanismus, der beim Übereinkommen von Paris schließlich herauskam: nämlich die »Nationally Determined Contributions« (NDCs) – die sogenannten »Nationalen selbstbestimmten Zusagen.«

Diese Zusagen sind eine nationale Selbstverpflichtung, die die Nationalstaaten dem Sekretariat melden. Und darin wird aufgeführt, wie und welche Reduzierungsziele jeweils auf nationaler Ebene erreicht werden sollen. Der gemeinsame internationale Rahmen besteht in der Verpflichtung, mit den NDCs schließlich einen wesentlichen Beitrag zu leisten: nämlich die globale Erderwärmung deutlich unter 2 Grad Celsius zu halten und den Temperaturanstieg durch weitere Maßnahmen idealerweise auf 1,5 Grad Celsius zu begrenzen.

Dazu ist es allerdings notwendig, den weltweiten Scheitelpunkt der Treibhausgasemissionen so bald wie möglich zu erreichen, wobei den Entwicklungsländern dafür mehr Zeit eingeräumt wird. Und mit dem Übereinkommen von Paris wurde noch mehr ins Visier genommen: Die raschen Emissionssenkungen sollen im Einklang mit den besten verfügbaren wissenschaftlichen Erkenntnissen stattfinden, um in der zweiten Hälfte dieses Jahrhunderts ein Gleichgewicht zwischen Emissionen und dem Entzug von Treibhausgasen herzustellen. Das heißt: Bis 2050 soll das globale »Net Zero« erreicht werden.

Was heißt das genauer?

Bei »Net Zero« werden nur so viele Treibhausgase in die Atmosphäre emittiert, wie der Atmosphäre durch andere Prozesse auch wieder entzogen werden. Außerdem sieht das Rahmenabkommen weitere nationale Anstrengungen vor, mit denen sich die Länder auf die Veränderungen durch den Klimawandel vorbereiten sollen. Dazu zählen etwa Anpassungen, um die drastischen Folgen des Klimawandels abzumildern oder auszugleichen. Neben dieser Anpassung und den nationalen Beiträgen zur Treibhausgasreduzierung sollte es zusätzlich noch ein internationales Finanzierungsinstrument geben, um die nötigen Veränderungen auch in weniger entwickelten Ländern zu unterstützen.

Das Pariser Abkommen kam damit einem ganz neuen Gerüst gleich, auf das sich die Welt bei der Bekämpfung des Klimawandels fortan würde stützen können. Man hatte endlich ein Konzept.

In Polen wurden 2018 auf einer weiteren Konferenz schließlich die Details für all die anvisierten Mechanismen und Instrumente festgezurrt, die der Prozess der NDC überwacht. Das sogenannte »Regelwerk von Kattowitz« – ein auf der UN-Klimakonferenz COP 24 im Dezember 2018 angenommenes Umsetzungspaket von Maßnahmen – enthält gemeinsame und detaillierte Regeln, Verfahren und Leitlinien für die Umsetzung des Übereinkommens von Paris. Und dieses Regelwerk deckt vor allem die großen Säulen der Emissionsbekämpfung ab: Transparenz, Berichterstattung, Anpassung. Nicht einigen allerdings konnten sich die Staaten bisher darauf, wie die Finanzierungsinstrumente und eventuellen Handelsmechanismen geregelt werden sollen. Beides muss in zukünftigen COP-Treffen vereinbart werden.

Was aber ist nun entscheidend für unsere weiteren Betrachtungen? Welche Eckpfeiler all dieser Entschlüsse sind letztlich die wichtigsten, wenn wir uns wirklich zielführenden Lösungen annähern wollen? Dies sind vor allem die Regeln der Transparenz und Überwachung. Und diese Regeln sind im sogenannten Pariser Regelbuch zusammengefasst.

Wo also stehen wir gerade? Und wohin soll die Reise führen?

Basierend auf den bisher vereinbarten Regeln, soll die genauere Betrachtung der nationalen Reduzierungsanstrengungen 2022 beginnen, danach folgt 2023 eine technische Evaluierung, deren Auswertung 2024 veröffentlicht wird. So der festgelegte Fahrplan. Und dieser Prozess soll in einem Fünf-Jahres-Rhythmus wiederholt werden. Er dient dazu, dass die Vorgehensweisen der einzelnen Staaten auf ihre Effektivität hin überprüft und dann jeweils angepasst und verbessert werden. Dieser Prozess wird auf Englisch als »Global Stocktake« bezeichnet. Damit besteht das Abkommen nicht nur aus einer einmal getroffenen Vereinbarung, sondern stellt einen langfristigen Rahmen für Anpassung und Finanzierung der Treibhausgasreduzierung dar.

So weit hört sich alles sehr offiziell und strategisch durchdacht an, nach einem echten Konzept. Die konkrete Umsetzung obliegt allerdings den einzelnen Nationalstaaten. Die müssen daraus nationale Pläne machen. Umso wichtiger ist es, sich auch mit diesen derzeitig national zugesagten Maßnahmen noch einmal kurz zu beschäftigen. Sonst schaffen wir es einfach nicht, die wirklich effektiven Wege zu erkennen und einzuschlagen.

Die aktuellste Einschätzung der UN-Umweltbehörde UNEP wurde 2020 im »Emissions Gap Report 2020« veröffentlicht.[41] Und die Evaluierung der bisher zugesagten nationalen Beiträge – der NDCs – ergibt, dass diese nicht ausreichen, um das gemeinsame Ziel zu erreichen, die Erderwärmung auf 1,5 Grad zu begrenzen. Es ist also bekannt, dass zwischen Ziel und Realität Lücken klaffen. Diesen begegnet man indes mit der Erwartung, dass sich die Staaten dem gesteckten Ziel sehr schnell annähern – mithilfe des »Global Stocktake«. Die einzelnen Länder müssen also immer mehr tun, um ihre Treibhausgase zu reduzieren.

Dies muss man als ein ganz wichtiges Fazit zum neuen Ansatz von Paris betrachten: Denn spätestens mit diesem Mechanismus der Verpflichtung auf Nationalstaatsebene und dessen Überwachung wird nun ein oft benutztes Gegenargument müßig: nämlich, dass erst auf globaler Ebene etwas geschehen muss, bevor man als einzelnes Land selbst die Zügel anzieht. Nach dem Motto »Es gibt viel zu tun – fangt schon mal an« darf es also nicht mehr laufen. Die Übereinkunft von Paris legt die Verantwortung eindeutig auf jeden einzelnen Nationalstaat und im Falle von Europa auf die EU. Und dort steht zwangsläufig jenes Land besonders unter Zugzwang, das die meisten Treibhausgase produziert: Deutschland.

Es bleibt jetzt also gar keine Wahl mehr: Wir müssen uns dieser Verantwortung stellen. Deutschland muss die Ziele aus dem Pariser Abkommen und den entsprechenden Zusätzen zügig, konsequent und zielstrebig erreichen. Und vor diesem Hintergrund ist es darum auch wenig sinnvoll, noch bis 2024 zu warten – um erst nach der dann anberaumten »technischen Evaluierung« zu schauen, ob die »Reduzierungsanstrengungen« denn auch ausreichend waren, um die nationale Quote zu schaffen. Es wäre sogar geradezu fahrlässig, sich auf eine solche vage Vorgehensweise einzulassen, anstatt jetzt wirklich konsequent zu handeln. Denn dann würde die Emissionsreduzierung noch immer nach dem Prinzip »Schauen wir mal« vonstattengehen. Eine Art Blindflug, verbunden lediglich mit der Hoffnung, irgendwann irgendwo sicher zu landen.

Hinzu kommen noch andere Aspekte. Denn je länger wir zaudern, desto schwieriger wird es, den Reduktionszielen hinterherzulaufen. Zudem würden Wirtschaft und Industrie bei einem solchen Hinausschiebemanöver international abgehängt werden. Und drittens ist es inzwischen auch aus verfassungsrechtlicher Sicht nicht mehr zulässig, die Handlungen weiter hinauszuzögern und die Aufgabe mehr und mehr den zukünftigen Generationen zu übertragen.

Im Wettlauf um die Klimaziele nimmt Deutschland also eine entscheidende Rolle ein. Und dabei wäre es nicht nur verantwortungsvoll, sondern auch äußerst klug, sich dieser Aufgabe jetzt mit aller Macht und Entschiedenheit zu stellen – und dabei im besten Fall zum Vorbild zu werden. Zu einem Vorreiter, der beweist, wie man die gesteckten Ziele auch tatsächlich erreicht. Deutschland würde sich damit international positionieren und eine enorme Wirkung erzielen. Klimatechnisch. Wirtschaftlich. Gesellschaftlich.

Was das entschlossene Reduzieren der Treibhausgase angeht, bleibt also nur eins: Wir dürfen jetzt wirklich keine Zeit mehr verlieren!

»Neugift« oder die Wasser-Analogie: Warum ordnungspolitische Maßnahmen unsere Pflicht sind

Wie viele andere Länder zuvor hat Deutschland seine Reduktionsziele endlich auch gesetzlich festgelegt: mit dem Bundes-Klimaschutzgesetz, das am 25. September 2019 in Kraft trat. Dieses Gesetz allerdings wurde am 24. März 2021 vom Bundesverfassungsgericht in Teilen als unzulässig erklärt: weil es nicht mit den Grundrechten vereinbar ist und die Rechte zukünftiger Generationen verletzt. Die angegebenen Ziele in diesem Gesetz nämlich waren nur bis 2030 festgelegt worden – für die Zeit von 2030 bis 2050 hingegen gab es keine Zielvorgaben. Und eben darin sah das Bundesverfassungsgericht die Grundrechte zukünftiger Generationen verletzt. Das Argument: Die Versäumnisse der jetzigen Gesetzgebung würden zukünftigen Generationen eine zu große Reduktionsbürde auferlegen, um diese Versäumnisse auszugleichen.[42]

Im Klartext: Man würde es sich jetzt noch immer zu leicht machen und zu viel Last auf die Schultern der Jungen legen. Wie Eltern, die sich verschulden und sagen: Die Kinder kriegen das später schon irgendwie hin.

Mir erscheinen an der Begründung des Urteils zwei Aspekte sehr bemerkenswert. Zum einem wird auf Artikel 20a des Grundgesetzes Bezug genommen. Darin heißt es: »Der Staat schützt auch in Verantwortung für die künftigen Generationen die natürlichen Lebensgrundlagen und die Tiere im Rahmen der verfassungsmäßigen Ordnung durch die Gesetzgebung und nach Maßgabe von Gesetz und Recht durch die vollziehende Gewalt und die Rechtsprechung.«[43]

Ich lese daraus, dass im Grundgesetz sowohl eine Art Generationengerechtigkeit verankert ist als auch eine Art gesetzgeberische Sorgfaltspflicht in Bezug auf den Schutz der natürlichen Lebensgrundlagen. Und nach der Interpretation des besagten Urteils ist das Klima in diesen Rechten und Pflichten miteingeschlossen. Folgerichtig bedeutet dies letztlich nichts anderes, als dass der Gesetzgeber ordnungspolitische Maßnahmen treffen muss, um das Klima für künftige Generationen zu schützen.

Es ist also nachgerade hinfällig, noch weiter zu lamentieren und zu behaupten, dass nur gemacht werden könne, was politisch leicht umsetzbar und gefällig sei. Vielmehr ist es ab jetzt eine verfassungsrechtliche Maßgabe, das zu tun, was nötig ist.

Der zweite Aspekt, der mir beim Urteil aufgefallen ist, liegt in einem Wortlaut der Erläuterung. Dort ist die Rede von »Vorkehrungen zur Gewährleistung eines freiheitsschonenden Übergangs in die Klimaneutralität«. Ich lese daraus, dass Einschränkungen in das persönliche Leben der Bürger trotz aller Maßnahmen zum Klimaschutz so weit wie möglich minimiert werden sollten.

Für mich ergibt sich daraus etwas Weiteres. Denn mit dieser Forderung nach »Freiheitsschonung« bestätigen sich nur meine insbesondere in Kapitel 2 beschriebenen Bedenken: nämlich, dass jeder Weg zur Reduktion der Treibhausgase, der darauf basiert, persönliches Verhalten gesetzlich zu regeln oder einzuschränken – wenn dies nicht unbedingt nötig ist –, kein guter Weg ist, sondern der falsche.

Und genau daraus ergibt sich nicht nur ein akademisches Interesse, ordnungspolitische Alternativen zur CO_2-Steuer und zum Emissionshandel zu entwickeln, sondern eher die verfassungsrechtliche Pflicht dazu. Mit anderen Worten: Sobald es effektive Alternativen zu den derzeit eingesetzten Klimaschutzinstrumenten gibt, sind CO_2-Steuer und Emissionshandel womöglich nicht mehr mit den Grundrechten vereinbar, weil sie dann unnötigerweise das persönliche Verhalten der Bürger einschränken.

Das ist der eine Grund, warum ein Umdenken eventuell sogar gesetzlich zwingend ist. Der zweite Grund liegt jedoch vor allem darin, dass wir auch ohne diese Sichtweise dazu verpflichtet sind, effektive Alternativen zu berücksichtigen – denn diese sind dringend notwendig.

Und: Was ist seither geschehen?

Nach dem historischen Urteil des Bundesverfassungsgerichts wurde das Bundes-Klimaschutzgesetz am 12. Mai 2021 aktualisiert. Wenig reuevoll, im nahenden Wahlkampf dafür umso hurtiger machten sich die Politiker daran, nachzubessern. Nach der Novellierung sieht das Gesetz nun vor, dass die nationalen Treibhausgasemissionen bis 2030 gegenüber 1990 um 65 Prozent sinken sollen und bis 2045 die Klimaneutralität erreicht werden soll. Das bedeutet also den Ausgleich von Treibhausgasemissionen und den Entzug aus der Atmosphäre. Die berühmte Netto-Null.

Das Gesetz hat jedoch zwei entscheidende Schwachpunkte. Erstens: Das Erreichen der Reduktionsziele ist in Deutschland den verschiedenen Bundesministerien zugeschrieben worden. Damit ist es nach wie vor eine rein politische Entscheidung, wie diese Ziele in den jeweiligen Verantwortungsbereichen erreicht werden – ob in Verkehr, Bau oder auch in Wirtschaft und Energie. Die Entscheidung, wie wir

240

in Sachen Klimaschutz vorankommen, orientiert sich also weiterhin nicht an den Notwendigkeiten, die sich aus dem Profil der deutschen Treibhausgasemissionen ergeben: also nicht an den faktischen Erfordernissen. Die Entscheidung obliegt den Ministerien und somit den Politikern, die dort regieren.

Die zweite Schwachstelle im Gesetz wiegt jedoch wesentlich schwerer. Denn es sind noch immer lediglich Ziele, die formuliert worden sind. Prinzipiell eine gute Sache: sich bestimmte Marken zu setzen und klare Etappen abzustecken. Allerdings ist es bei den formulierten Klimaschutzzielen eher so, wie wir es alle von Silvester kennen. Für das neue Jahr nehmen wir uns vor, mehr Sport zu machen, weniger zu trinken, gesünder zu essen. Und dann? Gehen wir die Sache einfach mal an und schauen, wie weit wir kommen. Das Ergebnis besteht nicht selten darin, dass viele der guten Vorsätze schon bald wieder in den Wind geschrieben werden. Zu anstrengend, zu lästig, zu drangsalierend. Zu unpopulär.

Und seien Sie gewiss: Dieser Vergleich hinkt leider nicht. Denn bei der so großen und alles entscheidenden Aufgabe, den Klimawandel zu stoppen, spielt sich derzeit tatsächlich noch immer nichts anderes ab. Wir haben uns bisher nur Ziele gesteckt – mehr nicht.

Genau das ist völlig unzureichend. Denn diese Ziele sind eben nur erreichbar, wenn wir den Weg kennen und uns dabei an eine definierte und abgesicherte Vorgehensweise halten. Wir brauchen dafür einen guten, einen hieb- und stichfesten Plan. Und da ist es schon sehr erstaunlich, dass solch ein konkreter Fahrplan mit ordnungspolitischen Instrumenten der praktischen Umsetzung bis heute nirgends zu finden ist – weder in den Papieren und Absichtserklärungen der Regierungen noch in den vielen Studien und Forderungen diverser Nichtregierungsorganisationen.

Fakt ist: Ein exakter Ablaufplan samt Tools existiert nicht.

Wir stehen vor dem neuen Bücherregal und wollen es aufbauen. Aber wir haben weder Aufbauanleitung noch Schraubendreher zur Hand.

Es gibt zwar den Verweis auf die CO_2-Bepreisung, aber wie die Ziele dahinter genau erreicht werden sollen, ist nirgends dokumentiert. Stattdessen finden wir nur die üblichen Hinweise auf zukünftige Innovationen oder neue Energietechnologien wie etwa Wasserstoff. Flugzeuge sollen eines Tages damit fliegen, die Städte auf diese Weise mit Energie versorgt werden. Doch dies sind nichts als Schlagworte, um die allgemeine Ratlosigkeit zu kaschieren. In der Tat ist es geradezu erschreckend, dass niemand einen wirklichen Plan hat für die praktische Umsetzung. Erklären lässt sich das eventuell damit, dass es an echten Handlungsoptionen bisher gefehlt hat und dass darum so wenig in dieser Richtung passiert ist.

Umso wichtiger ist es also, dass wir endlich Optionen haben, mit denen wir die Treibhausgase wirklich, praktisch und effektiv herunterschrauben können. Und dass wir diese Optionen dann auch einfordern – und nutzen.

Um dies zu erreichen, erscheint mir ein Schritt am sinnvollsten: als Nächstes zu prüfen, welche effektiven und etablierten ordnungspolitischen Instrumente es bereits gibt – und diese Evaluierung sollte am besten aus dem Blickwinkel der Treibhausgasbuchhaltung heraus stattfinden. Denn eine solche Betrachtung wird uns zu einem erstaunlichen Ergebnis führen.

Dazu ist vorab eine Frage ganz wichtig: Wie gehen wir in unserem modernen Rechtsstaat eigentlich sonst mit Umweltbelastungen um? Wie mit ebensolchen Einflüssen, die die menschliche Gesundheit bedrohen? Nichts anderes bedeutet schließlich die Klimakrise. Und weit mehr als das: Sie ist sogar eine Bedrohung der Lebensbedingungen auf dem gesamten Planeten.

Um sich besser vorstellen zu können, wie der Staat gewöhnlich ähnliche Probleme behandelt, hilft ein Beispiel. Nehmen wir an, in unserem Trinkwasser würde plötzlich eine Substanz entdeckt, die besser nicht im Wasser enthalten ist: eine Substanz, die gesundheitsschädlich ist. Geben wir dieser Substanz einen Namen und nennen sie einfach »Neugift«, um das Beispiel besser zu illustrieren.

Es werden nun wissenschaftliche Untersuchungen eingeleitet, um festzustellen, ob das Neugift nachweislich gesundheitsschädlich für uns Menschen ist. Wenn sich aufgrund der wissenschaftlichen

Forschung schließlich herausstellt, dass das Neugift tatsächlich gesundheitsschädlich ist, liegt es in der Verantwortung der gesetzgebenden Politik, Menschen vor dieser gesundheitlichen Gefahr zu schützen. Und hierin liegt keine Option, etwas zu tun, das möglich ist. Es liegt darin die Verantwortung, das zu tun, was notwendig ist. Wenn das Neugift die Gesundheit von Menschen bedroht, ist es also zwingend erforderlich, die geeigneten Gegenmaßnahmen zu treffen. Notfalls auch entsprechend viele davon. Und zwar Maßnahmen der Kontrolle, des Managements und der Prävention.

Der nächste und allerwichtigste Schritt in einer solchen Situation liegt anschließend darin, das Neugift als eine »zu kontrollierende Substanz« in die Trinkwassergesetzgebung aufzunehmen. Damit wird die Substanz vom Gesetzgeber nachweislich als gesundheitsschädlich eingestuft. Entscheidend bei diesem – sonst übrigens sehr üblichen – Prozedere ist die Tatsache, dass die schädliche Substanz damit zu einem Teil der kontrollierten Qualitätseigenschaften des »Produkts« Trinkwasser wird. So wie zum Beispiel auch der Gehalt von Kolibakterien oder anderen giftigen Substanzen in einem Produkt schlicht als schädlich eingestuft wird. Damit hat der Gesetzgeber anschließend die nötige Handhabe, um die Bevölkerung vor der Gefahr der neuen Substanz zu schützen – effektiv und rechtsverbindlich.

In weiteren Schritten wendet man sich nunmehr entsprechenden Maßnahmen der staatlichen Kontrolle zu. Um als Trinkwasser zu gelten, muss dieses fortan stets auf Neugift getestet werden. Dürfen wir es bedenkenlos trinken? Oder macht es uns krank? Um das herauszufinden – einheitlich und zuverlässig –, brauchen wir staatlich vorgeschriebene Messverfahren und Teststandards. Und zwar nicht irgendwelche. Beide müssen sinnvollerweise speziell auf die Substanz namens Neugift abgestimmt sein.

Der eigens dafür entwickelte »Neugift-DIN-Standard« beschreibt dabei erstens, auf welche Weise, zweitens, wie oft das Trinkwasser auf Neugift getestet werden muss. Und beide Regelungen müssen vom Gesetzgeber vorgeschrieben werden, um eine zuverlässige und flächendeckende Kontrolle zu ermöglichen. Um die Bevölkerung zu schützen, müssen sodann Grenzwerte für den zulässigen Gehalt an

Neugift im Trinkwasser festgelegt werden. Und diese sollten auf wissenschaftlichen Erkenntnissen basieren und so gering wie möglich ausfallen, wenn sich Neugift erst einmal als gefährlich für uns Menschen erwiesen hat.

Im Zuge dieser Schritte geschieht aber noch mehr. Denn während erforscht wird, wie das Neugift auf den Menschen wirkt, kommt man auch dem Ursprung der Substanz auf die Spur. Stammt sie aus einer Quelle? Aus mehreren? Wie, wo und warum gelangt die Substanz in unser Trinkwasser?

Denn natürlich ist es wichtig, zu wissen, welche Prozesse oder womöglich auch andere Produkte für das Vorkommen des Neugifts im Trinkwasser verantwortlich sind. Und wenn das Neugift dann offiziell als »gesundheitsschädlich« eingestuft ist, hat der Gesetzgeber die Handhabe, ebendiese Prozesse und Produkte in ihren Eigenschaften als Neugiftproduzenten gesetzlich zu regeln.

Das mag sich alles etwas ungewöhnlich und abstrakt anhören – ist es aber nicht. Im Gegenteil: Solche Absicherungsprozesse sind bei Produkten seit Langem Usus.

Wir wollen doch auch nicht, dass etwa im Kinderspielzeug oder in Flipflops aus China Gift steckt. Darum werden diese Produkte regelmäßig überprüft. Es ist Vorschrift. Es ist Gesetz. Zumindest in Deutschland, in weiten Teilen Europas und der Welt. Zudem sind diese Prozesse und Prüfungen nach genormten Standards festgelegt. Und eigentlich kommen in unserer geregelten Welt so ziemlich alle Produkte erst einmal auf den Prüfstand, bevor sie auf uns losgelassen werden – zum Glück!

Um das moderne Leben sicherer zu machen, übernehmen beauftragte Prüfinstitutionen und technische Dienstleister diese Aufgaben. Sie testen Cashewkerne aus Vietnam, prüfen schädliche Stoffe in Solaranlagen oder spüren in Turnschuhen Giftstoffen nach. Längst mischen die Prüfer vom Dienst sogar beim Fußball mit und untersuchen, ob unsere Stadien sicher sind – bevor zu den Spielen zigtausend Menschen dort hineinströmen. Hält das Dach? Sind die Flutlichter gegen Brand abgesichert? Die Fluchtwege für den Fall einer Panik gut genug ausgeschildert?

Produkte jedweder Art müssen also geprüft werden: zu unser aller Sicherheit. Und alle einzelnen Aspekte im Rahmen dieser Verfahren und Maßnahmen sind wichtig, damit sie im Zusammenspiel effektiv sind. Einfach nur testen reicht dabei eben nicht. Ohne Teststandards ist das Messen erstens nicht zuverlässig und liefert zweitens keine vergleichbaren Ergebnisse. Und ohne Klarheit über den gesetzlich eindeutigen Status auch des in unserem Beispiel besagten Neugifts sind alle anderen Maßnahmen angreifbar. Außerdem lässt sich die Gefahr für Menschen nur mit einem eindeutigen Grenzwert abwenden.

Und auch um diese Tatsache kommen wir nicht herum: Seiner staatlichen Verpflichtung und moralischen Verantwortung, die Bevölkerung vor den Gefahren des Neugifts zu schützen, kommt der Gesetzgeber erst nach, wenn er sämtliche Maßnahmen zusammen berücksichtigt.

So weit der Normalfall. Und bei den allermeisten Produkten läuft es darum auch genau so.

Lassen Sie uns an dieser Stelle einige Alternativen betrachten. Wie könnte man die Menschen womöglich noch vor den Gefahren eines potenziell schädlichen Produkts bewahren? Um bei unserem Beispiel zu bleiben: den Gefahren des Neugifts? Was wären andere mögliche Vorgehensweisen, um einem gefährlichen Konsum des Giftes vorzubeugen?

Würden Sie es in diesem Fall zum Beispiel für eine akzeptable Alternative halten, wenn der Staat der Bevölkerung einfach nur empfiehlt, weniger Wasser zu trinken? Wenn er lediglich dazu rät, doch besser auf das Wasser zu verzichten? Nach dem Motto: Wer weniger Wasser trinkt, nimmt auch weniger Neugift auf? Sehr wahrscheinlich nicht. Das Trinkwasser wird davon schließlich nicht gesünder, nicht sicherer. Das Neugift steckt noch immer drin.

Womit ließe sich das vergleichen? Auf welche Situationen prinzipiell übertragen? Nun, auf viele. Denn das wäre letztlich auch so, als würden Sie weniger Strom verbrauchen – der Strom dadurch aber nicht weniger treibhausgasintensiv werden. Es wäre so, als würde der Verbraucher weniger heizen – das Heizen selbst dadurch aber auch nicht klimafreundlicher ausfallen. Auch wäre es so, als würden Sie Ihren Kindern einfach weniger Spielzeuge kaufen – die aber noch immer ebenso belastet wären.

Was könnte der Staat noch machen? Nun, er könnte alternativ eine Steuer auf das Neugift im Wasser erheben und diese Steuer anschließend den Wasserwerken berechnen. Wie würde das im Detail funktionieren?

Die Höhe der Steuer berechnet sich in so einem Fall nach der Menge des Neugifts im Wasser. Damit soll ein finanzieller Anreiz geschaffen werden, etwas zu verändern, das Wasser sauberer und gesünder zu halten – so wie es beim Klimawandel eigentlich mit der Besteuerung des CO_2 gedacht ist.

Was aber machen die Wasserwerke? Die für sie attraktivste und schnellste Lösung besteht darin, die Kosten einfach an die Kunden weiterzureichen – anstatt unter dem Kostendruck noch mehr Geld für Innovation sowie ein besseres, gesünderes Produkt auszugeben. Da nämlich keine gesetzliche Forderung existiert, die Konzentration des Neugifts im Wasser zu reduzieren, und weil kein Grenzwert für den Schadstoff im Trinkwasser festgelegt wurde, gibt es auch keinen Handlungsdruck, etwas zu verändern und zu verbessern, und keine Handlungsorientierung, was verändert werden soll.

Was ist für die beschriebene Situation noch entscheidend? Man muss zunächst bedenken: Die Wasserversorgung ist ein Allgemeingut. Vergleichbar mit der Allmende oder Gemeindeflur. Auch dies ist gemeinschaftliches Eigentum – wie unser Trinkwasser. Beides wird darum zentral verwaltet, es obliegt nicht den Gesetzen des Marktes. Es gibt darum nur ein Wasserwerk in einer Region. Und es kann auch nur eines geben. Deshalb ist es zu Recht staatlich geregelt und nicht privatwirtschaftlich. Da das Wasserwerk und die Wasserversorgung somit jedoch ein physikalisches Monopol darstellen, gibt es auch keinen Marktdruck, der dazu führen könnte, ein neues und besseres Produkt zu entwickeln und anzubieten. Was ist die Folge? Die Lenkungskraft eines marktbasierten Instruments ist im Fall einer geregelten Infrastruktur völlig wirkungslos. Es würde das Trinkwasser nicht sicherer, sondern nur teurer machen.

Übertragen wir das Beispiel nun einmal aufs Stromnetz – wie wir inzwischen wissen, aus einem triftigen Grund: Denn Strom und Energie bilden jenen Sektor, in dem mit Abstand am meisten Treibhausgase produziert werden. Beim Stromnetz wie auch bei dessen Einspeiseverwaltung und Vergütung handelt es sich ebenfalls um eine Art physikalisches Monopol. Denn auch die Stromversorgung ist eine Art gemeinschaftliches Gut. Ob wir Strom bekommen und unter welchen Rahmenbedingungen, obliegt ebenfalls nicht dem offenen Markt. Es kann darum nur ein Stromnetz geben, nur eine Einspeiseverwaltung (in Deutschland ist das die Bundesnetzagentur) und auch nur eine Vergütungsregelung (in Deutschland für erneuerbare Energien das Erneuerbare-Energien-Gesetz).

Mehrere privatwirtschaftliche Produzenten liefern uns zwar den Strom, doch deren wirtschaftliche Rahmenbedingungen werden durch die Einspeiseverwaltung und die Vergütungsregelung vorgegeben. Somit ist es auch in diesem regulierten Bereich ziemlich ineffektiver Unfug, mit einem Marktinstrument etwas erreichen zu wollen. Der Grund liegt auf der Hand: Die regulierten Rahmenbedingungen nämlich entscheiden, wie treibhausgasintensiv der Strom ist, der im Netz zur Verfügung steht.

Das Beispiel mit dem schädlichen Trinkwasser macht vor diesem Hintergrund nun sehr deutlich, dass es folglich nur einen Weg geben kann: nämlich eine klare Regelung, die den Gehalt des Neugifts im Trinkwasser exakt limitiert – und genauso muss logischerweise auch mit dem Strom umgegangen werden. Jede alternative Vorgehensweise, die dieses Ziel nicht erreicht, ist inakzeptabel, weil sie die Menschen nicht schützt. Und wenn Grenzwerte für das Neugift im Wasser nicht gesetzlich festgeschrieben sind, wird es immer wieder dazu kommen, dass Menschen dieses gesundheitsschädliche Wasser trinken.

Auch um diese Wahrheit kommen wir nicht herum: Ein Gesetzgeber, der dermaßen fahrlässig handelt und diese Tatsache ignoriert, wäre am Ende ein Gesetzgeber, der sich vor seiner Verantwortung drückt und moralisch versagt.

Und die Bevölkerung? Nun, die Bürgerinnen und Bürger würden wohl zu Recht erwarten, dass der Staat sie mit den effektivsten Instrumenten zuverlässig schützt. Sie würden verlangen, dass der Staat das Neugift im Wasser mit den geeigneten ordnungspolitischen Instrumenten gesetzlich regelt. Und ganz sicher würden sie es nicht willkommen heißen, wenn der Staat mit ineffektiven Marktinstrumenten auf die Situation reagieren würde. Mit Maßnahmen, die nur die Kosten steigern und die Untätigkeit der gesetzgebenden Obrigkeit vernebeln.

Denn das heißt: Wir zahlen drauf und ruinieren am Ende doch unsere Lebensgrundlage.

Ganz oben auf der Liste: Eine saubere Antwort auf die große Energiefrage

Wie lässt sich die Herangehensweise an das Problem mit ordnungspolitischen Maßnahmen – die bei Schadstoffen im Trinkwasser so offensichtlich erscheint – nun auf die Klimakrise anwenden? Dazu sollten wir uns folgende Tatsachen noch einmal in Erinnerung rufen. Fast 75 Prozent der Treibhausgasemissionen stammen aus dem Bereich Stromerzeugung, Wärme und Mobilität. Beim Thema Mobilität und Wärme liegen die angestrebten Lösungen meist in der Elektrifizierung. Bei der Mobilität zählt dabei die direkte Elektrifizierung der Fahrzeuge – doch auch bei der Verlagerung des Personen- und Gütertransports auf die Schiene wird Strom zur entscheidenden Energiequelle. Genauso im Bereich Wärme. Durch die Nutzung von Wärmepumpen und Geothermie ist es hier ebenfalls der Strom, der zur entscheidenden Ressource wird, um diese Technologien anzutreiben.

Damit ist ganz klar: Die Stromerzeugung ist die absolute Schlüsselressource – und gleichzeitig auch die größte Treibhausgasquelle. Genau hier liegt also der Großteil des Problems: Und darum müssen wir genau hier mit aller Macht ansetzen.

Viele Publikationen und Beiträge hingegen legen den Fokus auf andere Bereiche. Besonders bei der Ernährung, dem Mobilitäts- und Konsumentenverhalten werden uns alle möglichen Lösungen und

Tipps zum Klimaschutz vermittelt. Doch findet sich im Nachsatz immer wieder die Einschränkung, dass das alles nur funktioniert, wenn wir gleichzeitig die erneuerbaren Energien ausbauen oder über sogenannten Grünen Strom verfügen.

Und an dieser Stelle frage ich mich: Wäre es da nicht wesentlich sinnvoller, sich in erster Linie auf das zu konzentrieren, was bei all diesen Ansätzen lediglich als Vorbedingung durchgeht? Auf den Strom? Dies ist schließlich das alles entscheidende Kriterium. Dies ist das Schlüsselthema: der Casus knacksus. Und wenn wir nicht hier mit allem Nachdruck eine wirklich gute Lösung finden, dann sind die anderen Maßnahmen reine Zeitverschwendung.

Wie aber gehen wir vor? Wie handhaben wir die Situation? Denken wir noch einmal an das Beispiel mit dem Trinkwasser – das von der Art der Ressource ja absolut vergleichbar ist mit dem Strom. Beides sind Allgemeingüter, auf die wir als Menschen einen universellen Anspruch haben. Wenn uns nun obendrein klar ist, dass bei der Lösung des Klimaproblems alles von den Treibhausgasen abhängt und diese vor allem mit der Stromproduktion zusammenhängen – sollten wir dann nicht das Produkt Strom zunächst klar definieren, und zwar in all seinen Eigenschaften, die für den Klimaschutz relevant sind?

Wie wir schon am Beispiel mit dem Trinkwasser gesehen haben, reicht es dabei jedoch nicht, lediglich von »sicherem« oder »sauberem« Trinkwasser zu sprechen. Denn damit lässt sich gesetzlich nicht umgehen, lässt sich ordnungspolitisch nichts anfangen. Was ist denn in dem Fall schon sicher? Was genau bedeuten »sauber« und »gesund« überhaupt? Und wo verlaufen die Grenzen? Wenn die Ressource also gar nicht näher definiert ist, lässt sie sich nicht messen und auch nicht regeln. Im Umgang mit ihr ist dann überhaupt nichts planbar.

Genauso ist es auch mit Grünem, Öko- oder erneuerbarem Strom. Ob dieser nun grün oder öko ist oder nicht – bisher ist dies eine Frage der Interpretation geblieben. Doch auch bei den erneuerbaren Energien liegt das Problem nun einmal darin, dass sie zwar erneuerbar, aber eben nicht unbedingt frei von Treibhausgasemissionen sind. Strom aus Holz oder anderer Biomasse zum Beispiel ist zwar erneuerbar, aber keinesfalls emissionsfrei.

Darum ist genau dies der wichtigste Schritt: Die Eigenschaft, um die es geht, muss ordnungspolitisch handhabbar gemacht werden. Und das heißt nichts anderes, als dass die Treibhausgasintensität von Strom quantitativ exakt gesetzlich festgelegt werden muss – genauso wie der Grenzwert in unserem Beispiel. Denn was das »Neugift« in unserem Trinkwasser ist, sind die Emissionen in unserer Stromproduktion. Beides ist nicht gut für uns. Und beides durchaus tödlich.

Bei der Energie eine Intensität festzulegen, würde bedeuten, dass ein Strom, der dem Kriterium der exakten Quantifizierung nicht zu hundert Prozent entspricht, nicht gesetzeskonform ist – und somit am Markt auch keine Zulassung findet. Am Ende ist es ganz einfach. Beim Strom verhält es sich dann wie beim Wasser, wie beim Kinderspielzeug, wie bei allen anderen Produkten: Wenn diese mit Schadstoffen verseucht sind und wir um die Giftstoffe darin wissen, dann werden wir gar nicht wollen, dass sie auf den Markt kommen. Ob diese Stoffe nun direkt im Produkt sind oder bei jeder Einheit produziert werden, ist dabei egal.

Wenn wir den Strom also endlich als ein solches Produkt begreifen und deklarieren, den Strom, um den sich alles dreht, dann können wir auf diese Weise zuverlässig verhindern, dass die Giftstoffe – in diesem Fall die Treibhausgase – ihre negative Wirkung entfalten.

Auf den ersten Blick scheint es vielleicht nur eine Nebensächlichkeit zu sein, die Treibhausgasintensitäten von Strom gesetzlich festzulegen. Das Gegenteil ist der Fall. Um besser zu verstehen, wie enorm wichtig dieser Schritt ist, lohnt es sich, einen Blick darauf zu werfen, wie die Intensitäten genau berechnet werden und wo diese Methode auch schon genutzt wird.

Die Intensität – oder auch der Fußabdruck – eines jeden Produkts lässt sich wie bereits erwähnt präzise kalkulieren. Und zwar nach einer festgelegten Norm, einem sogenannten »Standard«. Dieser trägt die Bezeichnung »DIN EN ISO Norm 14067:2018 Treibhausgase – Carbon Footprint von Produkten – Anforderungen an und Leitlinien für Quantifizierung«. Das heißt: Ebenso wie es eine Treibhausgasbilanz für Organisationen oder Unternehmen gibt, existiert ein solcher Standard auch für einzelne Produkte. Und damit wir mit Treibhausgasen zuverlässig umgehen, ist es wichtig, sich an diese Standards zu halten.

Bei dem Produktstandard gibt es jedoch eine wichtige Besonderheit. Denn hier ist es zulässig, bei der Herstellung des Produkts nur Teilbereiche zu betrachten – solange dies transparent ausgewiesen wird. Schauen wir uns die Einteilung der Produktionsschritte dafür einmal genauer an, inklusive der englischen Begriffe, die normalerweise verwendet werden und die diese Prozesse gut veranschaulichen.

Analysiert man den vollständigen Lebenszyklus eines Produkts, von der Wiege bis ins Grab, spricht man von »Cradle to Grave«. Allerdings lassen sich in der gesamten Kette eines Produktlebens auch nur Teilprozesse beschreiben. Für ein produzierendes Gewerbe zum Beispiel werden die Prozessabschnitte, die lediglich die eigentliche Produktion darstellen, mit den Begriffen »Gate to Gate« beschrieben. Der Fußabdruck des Produkts wird in diesem Fall nur für folgende Schritte in dessen »Leben« berechnet: von der Anlieferung der Rohmaterialien am Eingangstor bis zur Auslieferung des fertigen Produkts am Ausgangstor.

Es gibt also zwei Möglichkeiten der Berechnung: Entweder, es werden die treibhausgasrelevanten Aspekte innerhalb des gesamten Lebenszyklus berücksichtigt, oder eben nur eines Teils dieses Gesamtzyklus.

Nehmen wir eine Teetasse. So eine, die bei uns morgens auf dem Frühstückstisch steht. Will man wissen, wie viele Treibhausgase in Bezug auf diese eine Tasse emittiert wurden und auch noch werden, sollten bei der Bilanzierung sämtliche Schritte in ihrem »Leben« berücksichtigt werden. Das geht los mit der Extrahierung der Rohmaterialien, führt über die Produktion, den Transport sowie die Nutzung und berücksichtigt am Ende auch das Vernichten der Tasse, zum Beispiel in einer Müllverbrennungsanlage. Denn in jeder dieser Phasen entstehen nun mal bestimmte Mengen an Emissionen. Mithilfe der Treibhausgasbilanzierung lässt sich genau ermitteln, wie viele Treibhausgase bei jedem dieser Lebensabschnitte entstehen – und diese Werte werden anschließend auf das Produkt heruntergerechnet.

Wenn wir etwa die Emissionen nehmen, die entstehen, wenn ein Lastwagen die Teetasse von A nach B transportiert und dabei entsprechend viel Diesel verbrennt, dann werden diese Emissionen durch die Anzahl der Teetassen auf der Ladefläche des Lastwagens geteilt. Daraus ergibt sich für die Emissionen – bezogen auf das einzelne Produkt – der »Transportanteil« für genau diesen »Transportabschnitt«. Wir wissen also, für welche Menge an Treibhausgasen die Teetasse verantwortlich ist, wenn sie beispielsweise vom Porzellanwerk in Ungarn zum Großhändler nach Hamburg gefahren wird.

Um es bei den Emissionsmengen der Teetasse noch genauer zu machen: Sagen wir, es kommt beim Beispiel des Lastwagentransports 1 g CO_2e pro Tasse heraus, sprich: ein Gramm CO_2-Äquivalent pro Tasse. Dann haben wir schon mal den Fußabdruck dieses kleinen Abschnitts im Lebenszyklus der Tasse. Am Ende der Analyse werden die Anteile sämtlicher Etappen und Lebensphasen zusammengerechnet. Und nehmen wir einmal an, wir kommen hier am Ende auf einen Wert von 15 kg CO_2e. Dieser Wert beinhaltet 1 g CO_2e, das vom Transport ausgeht, sowie die Anteile sämtlicher anderen Lebensabschnitte. So kommt man schlussendlich auf einen Treibhausgaskennwert – und dieser Kennwert ist die genaueste Art, um die Gesamtbilanz sämtlicher Schritte zu beschreiben.

Mit anderen Worten: Wir wissen am Ende sehr genau, wo die Teetasse wie viele Treibhausgase »produziert«. Und das kann überhaupt gar nicht schaden. Denn nun kommen wir der Sache immer weiter auf die Spur. Nun dringen wir langsam in jenes Reich vor, das ich die inneren Nervenbahnen der Klimakrise nennen möchte.

Bei der Teetasse haben wir es mit einem festen Gegenstand zu tun. Was geschieht jedoch, wenn wir stattdessen einen Treibstoff wie etwa Benzin betrachten? Dann kommt hinzu, dass dieser Treibstoff zur Nutzung verbrannt wird – und das stellt zumeist auch den treibhausgasintensivsten Teilschritt dar.

Bei einem festen Gegenstand wie einer Teetasse reden wir darum von einem Produktfußabdruck. In unserem Beispiel lag er bei 15 kg CO_2e pro Tasse. Bei einem Treibstoff jedoch ist das »Produkt« im Grunde nicht das Benzin selbst – sondern die Energie, die damit erzeugt werden soll. Wir wollen das Benzin schließlich nicht in die Hand nehmen, um irgendetwas damit anzufangen – wir wollen, dass es unsere Autos antreibt. Das eigentliche Produkt ist darum nicht das Benzin, sondern die damit erzeugte Energie.

Noch etwas kommt hinzu: Denn wir nutzen ja nicht nur die Energie eines Liters Benzin, sondern wir verbrennen dieses Benzin im Motor kontinuierlich, um das Produkt Energie zu erzeugen. Deshalb sprechen wir hier von Intensität. Und in so einem Fall berechnet sich der Fußabdruck des Produkts »Energie« genauso wie bei einem physikalischen Produkt – basierend auf der ISO-Norm. Mit einem Unterschied: nämlich, dass ein großer Teil der Emission aus der Verbrennung resultiert und wir die Intensität nicht per Liter Benzin, sondern per resultierender Energieeinheit beschreiben. Und dabei kommen dann für Treibstoffe am Ende Werte wie etwa dieser heraus: 80.13 g CO_2e pro Megajoule Energie. Dieser Wert beziffert zum Beispiel die gesetzlich geregelte Treibhausgasintensität für Benzin in British Columbia für 2020 und basiert auf einer Lebenszyklusanalyse. 2021 ist dieser Wert bereits auf 79.17 g CO_2e pro Megajoule Energie reduziert worden. Und so geht es sukzessive weiter runter. Benzin mit einem höheren Wert darf in British Columbia gar nicht mehr verkauft werden. Und jedes Jahr müssen die Produzenten mehr Anstrengung unternehmen, um die Vorgabe einzuhalten.

Diese Methode ist nicht nur sehr erhellend, sondern auch überaus zielführend: Denn genau so und nur so lassen sich verschiedene Treibstoffe eindeutig und präzise in ihrer Klimafreundlichkeit beschreiben – und auf diese Weise eben auch regulieren.

Welches Bild ergibt sich, wenn wir als Nächstes den Strom als Produkt in Augenschein nehmen? Jenes Produkt, das maßgeblich für die Klimakrise verantwortlich ist? Wüssten wir um die Treibhausgasintensität auch für den Strom, dann würde diese quantitativ exakt beschreiben, welche Menge an Treibhausgasen produziert wurde, um eine Kilowattstunde Strom zu produzieren. Und was würde schließlich dabei herauskommen, wenn wir eine gesamte Lebenszyklusanalyse einmal für die Stromerzeugung durch Kohle bemühen würden?

253

Es würden dann nicht nur die Mengen an Treibhausgasen einbezogen werden, die bei der Verbrennung der Kohle erzeugt werden, sondern auch die gigantischen Mengen an Methan, die beim Tagebau freigesetzt werden. Ebenfalls würden nun auch jene Mengen an Treibhausgasen ins Kalkül gezogen werden und ans Tageslicht kommen, die entstehen, wenn Dörfer zerstört und neue Abbaugebiete erschlossen werden.

Die Treibhausgasintensität, die bei einer solchen Bilanzierung herauskäme, wäre nichts anderes als erschreckend. Gleiches gilt übrigens für den Atomstrom. Denn würde man auch bei dieser Methode der Energieerzeugung einmal den gesamten »Lebenszyklus« berücksichtigen, würde deutlich werden, wie der Uranbergbau, der Transport, die Herstellung des Stahls für die Atommüllbehälter und der Energiebedarf des Endlagers über Tausende von Jahren letztlich auch den Atomstrom zu einem äußerst treibhausgasintensiven Energieträger machen. Und genau diese Methode der Berechnung würde die gesamte Stromerzeugung wesentlich transparenter und somit auch ehrlicher machen – basierend auf dem fundierten Standard der ISO-Norm. Erst dann würde die Stromerzeugung in Bezug auf die Klimakrise endlich auch regelbar und planbar werden – weil wir endlich um ihre tatsächliche Treibhausgasintensität wüssten.

Und, noch einmal: Die Stromerzeugung ist global die mit Abstand größte Quelle von Treibhausgasen, die es zu reduzieren gilt. Darum wäre es eigentlich schleunigst, dringlichst und zwingend erforderlich, auch hier endlich eine genaue und effektive Kennzahl zu benutzen. Eine Messlatte, mit der wir die Reduzierung erkennen, planen – und vor allem anstoßen können.

Und auch dies sei hier noch einmal betont. Obwohl wir von aufgeklärten modernen Zeiten sprechen und man es in Anbetracht der Schwere des Problems kaum glauben kann: Diese Messlatte gibt es – aber sie wird einfach nicht angewandt!

Regeln statt nur kennzeichnen: So kriegen wir den Strom in den Griff

Falls Sie jetzt denken, dass beim Strom alles ausgewiesen ist und wir bereits Klarheit darüber haben, was er in puncto Klimafreundlichkeit bedeutet, dann werfen Sie einmal einen Blick auf Ihre Stromrechnung. Dort sind in der Regel Informationen ausgewiesen, wie sich der Strom zusammensetzt, mit dem Sie zu Hause Ihre Handys laden und Ihren Haushalt betreiben. Diese Angaben auf der Stromrechnung basieren jedoch lediglich auf statistischen Werten, beziehen zudem sogenannte Zertifikate mit ein und beinhalten auch das, was unter »Graustrom« läuft: Strom nämlich, dessen Herkunft unklar ist und dessen Erzeugung sich keiner bestimmten Form der Energiegewinnung zuordnen lässt. Oft stammt dieser Graustrom aus Kohle- oder Atomkraftwerken und wird zudem an der Strombörse gehandelt.

Das heißt: Oft wissen wir gar nicht, woher unser Strom kommt – und können es auch gar nicht wissen. Was die Treibhausgasintensität angeht, haben wir es hier mit einem totalen Blindflug zu tun. Denn dies ist nun mal das Ergebnis eines unpräzisen, undurchschaubaren und ineffizienten Systems. Und ich würde einmal behaupten, dass ein solcher Blindflug mindestens waghalsig, wenn nicht zutiefst verantwortungslos ist, wenn wir doch wissen: Der Strom und die Art seiner Gewinnung sind maßgeblich für die Klimakrise verantwortlich – und werden ebenso maßgeblich darüber entscheiden, ob und wie wir sie bewältigen werden.

Was also ist die Lösung? Was sollten wir unbedingt tun? Die Idee ist, den Strom als Produkt vor der Einspeisung ins Netz zu regulieren – und nicht erst danach. Anschaulich gesagt: Der Strom darf uns nicht mehr wie die Katze im Sack verkauft werden. Weil dies unzulänglich ist und wir überhaupt nicht wissen, wohin die Reise geht. Denken wir noch mal an das Beispiel vom Trinkwasser mit dem Neugift. Der gravierende Unterschied ist, ob ich im Nachhinein feststelle, dass dummerweise Gift im Wasser ist, oder ob wir gezielt und von vornherein verhindern, dass das Gift überhaupt erst ins Wasser gelangt. Genauso verhält es sich mit dem Strom. Nur dass wir hier leider und unbegreiflicherweise noch immer bei Variante A sind und uns wundern, warum wir die Emissionen nicht in den Griff bekommen

Wer jedoch glaubt, mit der Wahl eines Ökostromanbieters dieses Problem schon gelöst zu haben, der irrt leider. Denn haben wir wirklich eine Wahl bei der Treibhausgasintensität des Stroms in Deutschland? Wie viele Stromanschlüsse haben Sie? Und können Sie sich tatsächlich aussuchen, wie Strom produziert wird in Deutschland? Kaum. Denn eigentlich haben wir hier keine Wahl, ebenso wenig wie beim Trinkwasser. Wenn wir das könnten, würden wir wahrscheinlich gar keinen Kohlestrom mehr kaufen und die Kohlekraftwerke abschalten.

Diese Entscheidung zu treffen liegt jedoch nicht in der Macht des Kunden. Diese Entscheidung wird staatlich kontrolliert. Kunden können zwar Grün- oder Ökostrom-Zertifikate kaufen, aber das macht die physikalische Stromerzeugung in Deutschland insgesamt nicht treibhausgasärmer.

Doch darum geht es. Ganz genau darum.

Der Ökostrom, den Sie kaufen, wird in der Regel nur durch Zertifikate zum Ökostrom. Durch Zertifikate, die meist von skandinavischen Wasserkraftwerken stammen. Die Elektronen in Ihrer Steckdose jedoch kommen zum Teil noch immer von einem Kohlekraftwerk in Deutschland. Und das Wasserkraftwerk in Skandinavien produziert sowieso Strom, egal ob Sie die Zertifikate kaufen oder nicht. Da die Art der Stromproduktion also nicht in der Entscheidungsmacht des Kunden liegt, sondern staatlich geregelt ist, muss es die verfassungsrechtliche Verantwortung des Staates sein, die Treibhausgasintensität der Stromproduktion effektiv zu reglementieren. Und das funktioniert am besten, wenn dies über die Treibhausgasintensität des Produkts Strom geschieht. Dies ist der mit Abstand effektivste Weg. Und wenn wir diesen Weg nun auch noch mithilfe unserer zuvor in Kapitel 3 aufgestellten Kriterien für geeignete Lösungen betrachten, kommen wir zu folgendem Ergebnis:

- Treibhausgase würden mit einer Treibhausgasintensität direkt geregelt. Und zwar mit einer hundertprozentigen Lenkungswirkung, die sich über die Intensitätskennzahl anpassen lässt. Die Intensitätskennzahl beschreibt dabei die Menge an Treibhausgasen, die für eine Megawattstunde Strom über den gesamten Lebenszyklus entstehen, in der Einheit CO_2e pro MWh. Damit sind schon mal die ersten drei Kriterien zu hundert Prozent erfüllt: die direkte Regelung der Emissionen, die starke und quantifizierbare Lenkungswirkung und die graduelle Anpassung. Zusätzlich ließe sich so die Treibhausgasmenge der Stromproduktion zuverlässig für jedes Jahr regulieren.
- Auch bei der Frage der Manipulation bietet diese Lösung viele Vorteile. Anstatt eines komplizierten Steuer- und Handelssystems mit unzähligen intransparenten Manipulationsmöglichkeiten bietet die Intensitätskennzahl nur wenige Optionen der Einflussnahme. Und wenn Einfluss genommen wird, lässt sich der Effekt sehr leicht feststellen. Bei der Multiplikation der Intensitätskennzahl mit dem produzierten Strom lässt sich nämlich schnell berechnen, wie eine Änderung der Intensitätskennzahl sich in Treibhausgasemissionen niederschlägt. Der Weg der Regulierung ist somit besonders robust gegenüber jeglicher Einflussnahme.
- Bei der Frage der Handlungsoption punktet dieses Konzept ebenfalls. Denn Stromproduzenten haben sowohl eine breite Auswahl an existierenden Technologien als auch das Kapital, um treibhausgasarmen Strom zu erzeugen. Ganz anders als wir, die Kunden. Der Weg der Regulierung ist also auch sozial gerecht und fair. Es gelten die gleichen Regeln für alle. Und: Dies wäre eine Regelung, die für die Produzenten des Stroms gilt und nicht für die Kunden. Auch verfolgt das Konzept der Regulierung keine anderen Ziele und zeigt keine wirklichen Nachteile. Ganz im Gegenteil: Die Regulierung hat unglaublich viele Vorteile.

Lassen Sie uns zumindest drei dieser Vorteile einmal genauer benennen.

Vorteil Nummer eins: Eine Regelung der Treibhausgasintensität jenes Stroms, der zur Einspeisung zugelassen wird, bietet zunächst einen volkswirtschaftlichen Vorzug. Der Staat reglementiert dann nämlich keine Industrie oder Technologie, wie es beim Kohleausstiegsgesetz der Fall ist – der Staat reglementiert nur ein Produkt. Und das ist für den Gesetzgeber nichts anderes als ordnungspolitisches Tagesgeschäft. Im Fall von Treibhausgasen sogar eine verfassungsrechtliche Maßgabe. Und: Anders als wenn der Gesetzgeber die Industrie gängelt, setzt er sich auf diesem Weg auch nicht dem Risiko von Schadensersatzforderungen aus. Gegenüber einer Regelung der Treibhausgasintensität bedeutet das derzeit geltende Kohleausstiegsgesetz nämlich obendrein auch eine Verschwendung von Steuergeldern: und zwar in Höhe von 4,35 Milliarden Euro.

Vorteil Nummer zwei: Es bietet sich die Möglichkeit einer direkten quantitativen Verknüpfung, indem die Treibhausgasintensität des Stroms mit der total produzierten Treibhausgasmenge eines Jahres gekoppelt wird. Und das ist ganz einfach: Man multipliziert die Intensität mit der Menge an produziertem Strom und bekommt die maximale Menge an Treibhausgasen als Ergebnis. Dann weiß man exakt, wo man steht. Und schließlich könnte man anhand eines Treibhausgasbudgets auch planen, wie sich die Einhaltung des Pariser Klimaabkommens bis 2050 regeln ließe – und zwar Jahr für Jahr, zuverlässig. Und: Dies wäre nicht nur der wichtigste Schritt, um dem größten Verursacher der Klimakrise die Emission zu nehmen. Es wäre auch ein europäisches und globales Vorbild, wie sich die nationalen Ziele einhalten lassen. Ein Weg mit riesiger Signalwirkung.

Vorteil Nummer drei liegt in der Umsetzbarkeit in Deutschland selbst. Die Stromproduktion in Deutschland sowie deren Einspeisung werden nämlich noch immer auf nationaler Ebene geregelt – wir müssen also nicht erst auf den Rest Europas warten, um diese Lösung umzusetzen. Ganz im Gegenteil: Wenn wir den Strom in Deutschland als Produkt erfolgreich regulieren, wird dies alle anderen europäischen Lösungen enorm beeinflussen. Im Grunde ist dieser Ansatz also ein Weiterdenken jener Konzepte, die sich in den Regelungen und Planungen auf europäischer Ebene nur andeuten. Das europäische Konzept zum Klimaschutz heißt, wir alle kennen das Wort längst: Green Deal. Als Teil dieses Regelungswerks ist am 1. Januar 2021 eine Berichterstattungspflicht für Unternehmen in Kraft getreten, die unter anderem regelt, was als klimafreundlich gilt und was nicht. Diese Regelung heißt EU-Taxonomie. Dort ist für jeden Industriebereich festgelegt, was als nachhaltige Praxis gelten kann und was nicht. Zwei Dinge werden damit erreicht: Zum einen soll diese Regelung durch klare Kriterien Greenwashing verhindern, zum anderen Unternehmen eine Orientierung bieten, was sie im Bereich Nachhaltigkeit denn nun anstreben sollen.

Die Regelung bietet somit die Möglichkeit zur Einordnung, Bewertung und Orientierung. Eines von vielen Kriterien für Klimaschutz ist dabei die Treibhausgasintensität des Stroms, der für bestimmte Industrieprozesse benutzt wird. Das Konzept der Regulierung kommt hier also schon mal zaghaft zum Tragen – allerdings noch im Kinderschuhformat sozusagen. Denn es spielt erst bei der Nutzung eine Rolle, nicht jedoch vor der Einspeisung. Zudem: Das Konzept ist nicht verbindlich, und ihm fehlt noch immer eine genaue Berechnungsgrundlage. Aber immerhin, das Konzept taucht im Green Deal wenigstens schon einmal auf, allerdings in Form einer Hilfskonstruktion mit Stützrädern. Ein kleiner Trost: Die Einführung eines verbindlichen Standards ist damit gar nicht mehr so weit weg, wie es vielleicht scheint. Doch von allein wird dies nicht geschehen. Und darum müssen wir uns genau dafür jetzt einsetzen! Für eine robuste professionelle Lösung – und keine Hilfskonstruktion.

Das Resultat wäre überaus vorteilhaft: Mit einer regulierten Treibhausgasintensität für Strom würde sich Deutschland ganz vorn positionieren – in Sachen Klimaschutz und in Sachen Zukunft.

Regulieren und unterstützen:
So drücken wir die Stromemissionen Richtung null

Eine berechtigte Frage an dieser Stelle lautet: Haben wir bereits irgendwelche guten Erfahrungen mit dem Konzept der Intensität oder Kennzahl gemacht? Erfahrungen, die bereits angewendet wurden und auch Resultate gezeigt haben?

Dazu müssen wir gar nicht weit schauen. Das Beispiel basiert zwar nicht eins zu eins auf einer vollständigen Treibhausgasintensität, beinhaltet jedoch einen ähnlichen Mechanismus. In diesem Fall die regulierte CO_2-Charakteristik für eine Produktkategorie, genauer die CO_2-Abgas-Standards, die für Autos in der EU gelten – wonach alle verkauften Autos eines Herstellers im Durchschnitt nur noch so und so viel CO_2 pro Kilometer ausstoßen dürfen.

Hierbei beschreibt der Regulierungsmechanismus, wie kohlenstoffdioxidintensiv ein gefahrener Kilometer sein darf: ausgedrückt in CO_2 pro km. Und dies ist unabhängig von der Art des Treibstoffs sowie auch der Art der Antriebstechnologie. Ganz wichtig ist hier, diese nicht mit den Intensitäten eines spezifischen Produkts zu verwechseln. Denn beide sind völlig verschieden!

Der Knackpunkt: Dieser EU-CO_2-Standard für Autos ist lediglich ein sogenannter Performance-Standard und entspricht nicht der Intensität des wirklichen Fußabdrucks. Es ist lediglich ein statistischer Mittelwert, der für alle verkauften Fahrzeuge eines Herstellers gilt. Mit dieser Methode wird also nur die Charakteristik der Abgase beschrieben – nicht aber jene Emissionen, die beim Autofahren tatsächlich entstehen. Hinzu kommt noch: Berücksichtigt werden bei dieser Methode ebenfalls nur das CO_2, nicht jedoch andere Treibhausgase. Der Kennwert, der am Ende herauskommt und an dem sich alle orientieren sollen, basiert also rein auf der Verbrennungsphase und zieht andere Aspekte gar nicht ins Kalkül. Verglichen mit einer echten Intensität ist es darum ein sehr ungenauer Kennwert. Er beschreibt keineswegs, wie viele Treibhausgase unsere Autos tatsächlich ausstoßen und wie viele bei der Herstellung des Autos oder des Treibstoffs emittiert wurden.

Doch immerhin haben wir hier überhaupt einen solchen Kennwert – und dabei konnten wir erleben, wie positiv sich selbst dieser ausgewirkt hat. Betrachten wir einmal, was mit unseren Autos geschehen ist, seit dieser Mechanismus greift. Seit 2020 gilt ein Limit von 95 g CO_2 pro Kilometer als Mittelwert für Pkw, das ist eine Verschärfung um 30 Prozent im Vergleich zu dem Wert von 2015. Damals durften unsere Autos nämlich noch mit dem Flottendurchschnittswert von 130 g CO_2 pro Kilometer verkauft werden. Der Effekt: Die Verschärfung um 30 Prozent bedeutete eine technische Herausforderung für die Hersteller, Verbrennungsmotoren entsprechend »sauberer« zu konstruieren.

Deutlich wird dies, wenn man den eigentlichen Wert eines Verbrenners ansieht. Ein Dieselfahrzeug, das 7 Liter auf 100 Kilometer verbraucht, hat nämlich noch immer einen viel zu hohen Wert: 185 g CO_2 pro Kilometer. Deshalb hat auch die Verschärfung erst dazu geführt, dass erstmals seit 2020 alle im europäischen Markt vertretenen Autohersteller plötzlich Elektroautos anbieten, um ihre Durchschnittswerte über die gesamte Flotte zu reduzieren.

Der plötzliche Elektroauto-Boom hat sicher nicht eingesetzt, weil wir Kunden das schon immer so wollten und lauthals einforderten. Auch die technologische Entwicklung steckt nicht dahinter. Der Hersteller BMW zum Beispiel hatte mit dem i3 schon 2013 – sieben Jahre zuvor – ein völlig alltagstaugliches Elektroauto auf den Markt gebracht. An fehlender Technologie und Wissen lag es also definitiv nicht, dass die Umstellung sich nicht schon viel früher vollzog.

Vielmehr lag es daran: Es war das Ergebnis einer klaren quantitativen Vorgabe an den Markt und an die Industrie, die sich somit an einer wesentlich eindeutigeren Produktspezifikation ausrichten konnten als am Preis für CO_2. Deutschland hat allerdings trotzdem weiterhin ordentlich auf die Klimabremse getreten: indem die Verantwortlichen in den Verhandlungen versucht haben, diese Verschärfung der EU-Richtlinie so lange wie möglich hinauszuzögern. Das Argument lautete: Die deutschen Autohersteller bräuchten mehr Vorbereitungszeit. Dies war jedoch nur eine Verhinderungspolitik, so wie wir es auch bei den erneuerbaren Energien gesehen haben. Mir ist an dieser Stelle jedoch eines viel wichtiger: Denn am Beispiel der klaren quantitativen Vorgabe können wir sehr deutlich sehen, wie effektiv und direkt ein solches Lenkungsinstrument funktioniert: Es hat zu einer massiven Technologietransformation geführt – und genau das zählt.

Auch die Ankündigung der Autohersteller, ab 2025 oder 2028 keine Fahrzeuge mit Verbrennungsmotor mehr herzustellen, zeigt, dass die weitere Verschärfung der Intensität ab 2025 ihre Wirkung nicht verfehlt. Wir lernen: Es geht also ohne Verbrennungsmotor. Es geht ohne Ausstiegsgesetz. Und somit geht es auch ohne direkte Schadensersatzforderungen. Und: Es geht schnell.

Das Instrument der Intensitätsregulierung funktioniert, wie wir sehen. Und darum brauchen wir es jetzt auch, um den wirklich großen Treibhausgassünder in die Schranken zu weisen – die Stromerzeugung.

Schritt eins: Die Treibhausgasintensität für Strom muss basierend auf der Lebenszyklusanalyse reguliert werden. Schritt zwei: Die zulässige Einspeiseintensität muss geknüpft sein an die Budgetierung im Sinne des 1,5-Grad-Ziels – dann wird sich die Menge an Treibhausgasen auf diesem Sektor in den nächsten Jahren gegen null orientieren.

Damit haben wir das passende Instrument zur Hand: Es ist glasklar und hundertprozentig wirksam.

Energie klug speichern: Pumpspeicherwerke sind das Mittel der Wahl

Ohne Unterstützung wird aber auch dieses Instrument nicht genügend greifen. Im Fall der Autoindustrie dient darum zusätzlich eine Kaufprämie dazu, dass die Hersteller ihre Elektroautos auch verkaufen und so den vorgeschriebenen Flottenmittelwert erreichen. Die Kombination aus klarer gesetzlicher Vorgabe und strategischer Förderung funktioniert also ebenfalls: Die Verkaufszahlen für Elektroautos sind in letzter Zeit rapide gestiegen – und steigen weiter.

Wie schaffen wir das alles nun mit dem Strom? Genauer: Welche Förderung brauchen wir nach der staatlichen Regulierung noch auf Bundesebene, damit die festgelegte Treibhausgasintensität des Stroms zum Erfolg führt? Im Grunde ist das ganz einfach: Es müssen all jene Wege, Mittel und Möglichkeiten gefördert werden, die treibhausgasarmen Strom produzieren und ermöglichen. Und das bedeutet in erster Linie den Ausbau von Solar- und Windenergie, aber auch der Geothermie. Es bedeutet auch, dass die »Speicherung« deutlich vorangetrieben werden muss. Denn die Speicherung ist ein absolut entscheidendes Element, um die Energie von Solar und Wind wesentlich besser nutzen zu können.

Dazu noch einmal zum Verständnis: Die Energie aus Windkraft oder auch Solaranlagen ist in der Regel lediglich »zur Verfügung stehende« Energie. Das heißt, dass der von Windrädern und Solaranlagen erzeugte Strom sofort ins Netz eingespeist und auch sofort verbraucht werden muss. Nicht so einfach ist es nämlich, diesen Strom einzufangen, zu speichern und nach Belieben abzurufen. Und jeder weiß, dass die Sonne oft nicht scheint und der Wind nicht immer genau dann weht, wenn der meiste Strom gebraucht wird. Die Natur liefert uns keine Energie auf Knopfdruck.

Wind und Sonne sind darum keine Quellen, um eine Region oder ein Land kontinuierlich mit Strom zu versorgen. Während der Arbeitszeiten werktags ist der Stromverbrauch besonders hoch, zudem kommt es mittags und abends zu Verbrauchsspitzen, besonders im Winter, wenn die Lichter länger brennen.

Da die erneuerbare Energie aus Windparks und Solaranlagen aber eben nicht kontinuierlich zur Verfügung steht, muss das Speichern von Energie immer mehr zum Thema werden. Das Ziel wäre es, durch kluge Ideen die Speicherleistung der Grundlast des deutschen Netzes anzupassen. Sollte dies gelingen, könnten wir bestehende sowie neue Wind- und Solaranlagen um bis zu 40 Prozent effektiver nutzen. Und wenn wir durch einen massiven Ausbau der Speicherkapazität die sogenannte Grundlastspeicherkapazität erst einmal hätten, bräuchten wir kein einziges Kohle- und Gaskraftwerk in Deutschland mehr. Zusätzliche Spitzen können dann durch in

Europa dazugekauften Strom gedeckt werden. Natürlich unter der Maßgabe, dass der Strom die deutschen Emissionsintensitätswerte erfüllt. Damit hätte die Regelung auch einen europaweiten Effekt.

Als Stromspeicher wird oft Wasserstoff ins Spiel gebracht. Damit ließe sich der Strom, für den es im Augenblick der Produktion keinen Bedarf gibt, zwar »auffangen«. Doch bei Bedarf wäre dieser Strom nicht schnell verfügbar. Keine sehr effektive Methode also. Denn bei der Umwandlung von Strom zu Wasserstoff und zurück geht eine Menge Energie verloren, und es dauert, bis ein zukünftiges Wasserstoffwerk erst mal hochgefahren werden würde. Zudem: Solche Kraftwerke gibt es noch gar nicht.

Wir brauchen aber massive Speicher – jetzt! Speicher, die in Sekundenschnelle Strom liefern können, damit wir ein stabiles Netz haben. Denn dass abends plötzlich zu Hause die Lampen ausgehen und wir vor dem Fernseher in die Röhre gucken – nein, keine Alternative. Dabei verfügen wir längst über geeignete Technologien, und das sogar schon seit geraumer Zeit: in Form von Pumpspeicherwerken und deren moderner Variante, den Gravitationsspeicherwerken. Beide erfüllen die Voraussetzung, viel und auch schnell verfügbaren Strom zu speichern. Und das sehr effektiv. Das Problem besteht darin, geeignete Standorte zu finden. Und: Leider ist es auch mit der dringend nötigen Anfangsfinanzierung nicht gerade weit her bei uns.

Nehmen wir ein Beispiel. Um regional erzeugten Strom zukünftig speichern und ausregeln zu können, wollen die Stadtwerke Trier an der Mosel bei Ensch und Mehring ein Pumpspeicherkraftwerk (PSKW) mit einer Leistung von 300 Megawatt einrichten und auch nutzen. Nun ja, eigentlich. Denn wollen ist hier leider nicht gleich können.

Die Anlage läge in der Verbandsgemeinde Schweich, wo zwei Wasserreservoirs von einer Größe zwischen 45 bis 70 Hektar errichtet werden sollen: mit einem Höhenunterschied von nur 200 Metern! Es braucht also kein Hochgebirge. Das Oberbecken würde als künstliches Speicherbecken genutzt, während das Kautenbachtal mithilfe einer Talsperre als künstliches Unterbecken dienen könnte. Beide Becken zusammen würden ein Speichervolumen von circa sechs Millionen Kubikmeter umfassen.

Das Prinzip solcher Anlagen ist ein altbekanntes. Die Wassermassen aus den oberen Becken werden bei Bedarf freigegeben, wobei das Wasser durch die Gravitation nach unten rauscht, durch Leitungen strömt und an deren Enden Turbinen antreibt. Bei diesem Prozess erzeugen große Generatoren Strom, der entsprechend ins Netz eingespeist wird – genau dann, wenn Strom gebraucht wird. Wenn Wind und Sonne Strom produzieren, den aber niemand braucht, wird dieser genutzt, um mit dem Strom das Wasser wieder in das obere Becken zu pumpen. Das klingt schon mal sehr gut. Das Beste kommt aber noch: Denn wenn ich zu einem Zeitpunkt etwas kaufe, das sonst niemand haben will, dann ist es billig. Und wenn ich etwas im Moment des Bedarfs wieder verkaufe, kann ich einen guten Preis erzielen. Theoretisch das perfekte Geschäftsmodell. Der Haken an der Sache: Leider lassen die Regelungen in Deutschland ein solches Geschäft für Pumpspeicherkraftwerke bisher nicht zu.

Und so etwas kann mich nun wirklich auf die Palme bringen, sogar den nüchternen Treibhausgasbuchhalter. Denn hier könnten Marktmechanismen wirklich etwas Gutes in die Wege leiten, im Sinne des Klimas, im Sinne der Betreiber, im Sinne des Geschäfts – aber hier wird es den Machern und Vorreitern verboten!

Ein weiteres Problem liegt in der Tatsache, dass bei den heutigen Bedingungen nicht klar ist, wie der Strom denn nun produziert wurde, mit dem das Wasser wieder hochgepumpt wird. Und wenn der nicht ebenfalls entsprechend treibhausgasarm ist, dann nützt uns das ganze Pumpspeicherwerk nichts. Mit einer vorgeschriebenen Treibhausgasintensität für Strom wäre auch das Problem behoben. Warum? Weil der Strom, der zum Hochpumpen benutzt wird, dann ebenfalls durch eine maximal vorgeschriebene Intensität geregelt wäre – und somit wiederum automatisch auch der Strom, der dann erneut durch die Gravitation erzeugt würde. Die ganze Kette der Stromproduktion hätte in diesem Fall kein einziges »schmutziges« Glied mehr – ein wesentlicher funktionaler Vorteil und letztlich natürlich Sinn und Zweck einer regulierten Treibhausgasintensität.

Die Pumpspeicherkraft ist ein zentraler Baustein der zukünftigen

Energieversorgung. Weil wir hier eine sehr zuverlässige Technologie haben: Wir können elektrische Energie speichern und bedarfsgerecht bereitstellen. Emissionsfrei. Eine alte Idee, die bis heute kaum zu schlagen ist – aber nicht genügend Beachtung findet. Vor allem würde diese Technologie enorm dabei helfen, die Emissionen bei der Stromerzeugung zu reduzieren, weil Solar und Wind dann endlich reale Netzeigenschaften besäßen. Erneuerbarer Strom würde auch dann zur Verfügung stehen, wenn er gebraucht wird. Nicht umsonst hat man dem Projekt in Trier den Namen »PSKW-Rio« gegeben: Der Arbeitstitel bezieht sich auf die UN-Klimaschutzkonferenz, die 1992 in Rio de Janeiro stattfand.[44]

Und auch wenn gewisse Teile der Natur für solche Projekte umgewandelt oder anders nutzbar gemacht werden müssen – im Vergleich zur Zerstörung im Kohletagebau ist dies mehr als vertretbar. Wie das Beispiel Rio zeigt, reichen schon 200 Meter Höhenunterschied, um ein Pumpspeicherwerk anzulegen. Im Flachland lassen sich Gravitationsspeicher auch im Boden versenken. Dies könnte eine sinnvolle Nutzung der Tagebaunarben in Deutschland sein. Auch bei der geografischen Standortsuche sollten wir unseren Horizont erweitern. Hier allein mit Norwegen zusammenzuarbeiten und auf eine Leitung durch die Nordsee zu setzen reicht nicht. Es sollten Partnerschaften im europäischen Sinne gesucht werden. Warum also nicht auch mit unseren südlichen und südöstlichen Nachbarn kooperieren? Gemeinsam würde man weit kommen. Viele Bergregionen zum Beispiel werden mit dem Voranschreiten des Klimawandels erleben, dass immer weniger Schnee fällt, was vor allem den Wintertourismus und das Skifahren reduzieren wird. Die Stromspeicherung wäre da eine lukrative Option.

Vor allem jedoch fürs Klima wären Pumpspeicherkraftwerke ein großer Schritt nach vorn. Darum noch einmal kurz zurück nach Trier: Hier ließe sich mit dem geplanten Pumpspeicherkraftwerk der Stromverbrauch der gesamten Region ausregeln. Es wäre die Verwirklichung eines Konzepts, mit dem man Mengen an regionaler Überschussenergie aus einer erneuerbaren Quelle direkt und ohne lange Leitungswege in der Region speichern und bei Bedarf wieder einspeisen könnte. Doch wie die Macher selbst schreiben: »Da die aktuellen gesetzlichen Rahmenbedingungen zurzeit keinen wirtschaftlichen Betrieb unseres Projekts zulassen, sind wir vorerst gezwungen, keine weiteren Aktivitäten zu unternehmen.«

Ich frage mich, warum das so ist. Angesichts der drängenden und bedrohlichen Lage beim Klimawandel ist es geradezu verrückt, solche Projekte nicht schnellstmöglich umzusetzen. Ganz besonders, weil hier auch die Bevölkerung vorbildlich in den Entscheidungsprozess miteinbezogen wurde.

Was obendrein fehlt – und das ist ganz klar –, sind »Investitionsanreize«. Bei einem Projekt wie in Trier reden wir über ein Investitionsvolumen von ungefähr 500 Millionen Euro. Das kann ein Stadtwerk allein nicht stemmen. Dazu ist ein staatlicher Energie-Infrastruktur-Fonds nötig, der Projekten mit zinslosen Krediten bei der Anschubfinanzierung hilft. Es sind genau solche Projekte, die wir dringend brauchen, und eine gezielte Unterstützung würde diese Projekte ermöglichen.

Noch ein Pluspunkt käme hinzu: Ein Energie-Infrastruktur-Fonds wäre eine perfekte Alternative zur derzeitigen »Einspeisevergütungsfinanzierung«, die den Strompreis nur immer weiter in die Höhe treibt. Derzeit macht die Politik aber nur eines: Sie verhindert die treibhausgasarme Stromproduktion – und darum muss diese Rückwärtsdenke dringend durch eine kluge Strategie des Ausbaus abgelöst werden.

Die jetzige Einspeisevergütung, die den Strompreis nach oben treibt, wird uns nämlich nicht ans Ziel bringen. Ebenso wenig ein Handelssystem mit seinen extremen Preisschwankungen. Die derzeitige Reduzierungspolitik in Sachen Einspeisevergütung bietet der Industrie bestimmt keinen Anreiz, in neue treibhausgasarme Stromproduktion zu investieren.

Die Lösung des globalen Klimaproblems liegt also zu einem sehr großen Teil darin, dass wir uns endlich den Strom vorknöpfen. Oder besser: klüger und besser damit umgehen. Und dazu sind eigentlich nur zwei Dinge nötig. Erstens: die klare Zielvorgabe in Form einer Treibhausgasintensität für den Strom. Zweitens: ein Infrastruktur-fonds, der gezielt solche Projekte anschiebt, die saubere Energie erzeugen und speichern. Eine Win-win-Kombination in jeder Hinsicht. Sie würde uns in mächtigen Schritten voranbringen. Zügig und zuverlässig.

Wo klimaneutral draufsteht, muss auch klimaneutral drin sein

Neben der Stromerzeugung gibt es natürlich noch andere Bereiche, für die wir eine gute Lösung brauchen. So auch bei den »Spezifikationen und Vorschriften für Konsumgüter«. Gemeint sind damit all jene schönen Dinge, mit denen wir uns das Leben nett machen. Teetassen, Handys, Tische, Stühle, Schminkspiegel, Fußballtrikots, Turnschuhe, Toaster, Fototapeten und, und, und. Denn alle diese feinen Sachen sind nicht nur potenzielle Treibhausgasverursacher – sie sind reale Treibhausgasverursacher und machen bis zu 60 Prozent unseres individuellen Treibhausgasinventars aus.

Bei den Konsumgütern sollte die Intensitätsregelung dabei auf europäischer Ebene ansetzen und als Teil des Binnenmarkts geregelt werden – also nicht wie beim Strom, sondern wie bei den Autos. Auf nationaler Ebene wiederum könnte die Treibhausgasintensität des Produktfußabdrucks effektiv über eine Deklarationspflicht angegangen werden. Warum? Weil der Kunde hier eine Auswahl hat – im Gegensatz zum Strom. Darum würde die Regulierung des Produktfußabdrucks in diesem Bereich eine gute Wirkung erzielen. Ganz wichtig ist jedoch auch hier, welche Abschnitte im Lebenszyklus eines Produkts in die Quantifizierung miteinbezogen werden.

Nehmen wir noch einmal den Treibstoff als Beispiel. Wenn ich einem Treibstoff eine treibhausgasärmere Komponente beimische, etwa Bioethanol, dann spiegelt sich der Effekt in der Intensität wider. Wenn allerdings sehr viel Energie aufgewendet wird, um wiederum dieses Ethanol herzustellen, wird die wahre Intensität des Treibstoffs logischerweise erst sichtbar, wenn wir auch den ganzen Lebenszyklus analysieren. Die Herstellung des Ethanols muss also Teil der Analyse sein – und Teil der Regulierung. Und auch das kann eigentlich nur einleuchten.

Analysieren wir nämlich immer nur einen Teil des Zyklus und beziehen bei einem Produkt zum Beispiel die Herstellung gar nicht mit ein, kann sich ein völlig falsches Bild ergeben. Beim Produktfußabdruck ist es darum – wie beim Strom – nicht ganz unerheblich, welche Option gewählt wird. Sonst kann es in der Kommunikation zum Kunden schnell zu Missverständnissen kommen. Und dem wollen wir vorbeugen.

In einem Bereich werden solche »Missverständnisse« zwischen Hersteller und Käufer noch immer gern billigend akzeptiert, wie wir bereits in Kapitel 3 gesehen haben: beim so inflationären wie hippen Produkt-Label »klimaneutral«, das derzeit bei uns noch immer nicht gesetzlich geregelt ist. Wenn also auf einem Produkt »klimaneutral« draufsteht, steckt noch lange kein klimaneutral drin. Meiner Erfahrung nach fehlen auf fast allen Produkten grundsätzlich transparente Angaben. Und dann stehen wir im Nebel. Nach welchen Standards wurde das Produkt eigentlich hinsichtlich der Treibhausgase geprüft? Welche Produktionsschritte wurden bei der Quantifizierung berücksichtigt? Genau das würde ich gern erfahren. Um endlich zu wissen, ob das hübsche Label »klimaneutral« dann noch immer stimmt oder sich am Ende als Etikettenschwindel entpuppt.

Ohne die oben genannten Fakten ist das Attribut »klimaneutral« jedenfalls völlig bedeutungslos. Der Kunde weiß nicht, worauf sich die Angaben beziehen. Nur auf die Herstellung? Nur auf den Transport? Nur auf die Komponenten? Und so weiter und so sofort. Bei genauer Prüfung stellt sich heute meist heraus, dass im besten Fall nur ein Teil des Gate-to-Gate-Fußabdrucks berücksichtigt wurde – also nur die Produktion, und das auch noch, ohne sich an irgendeinen Standard zu halten.

Ich muss es also noch einmal wiederholen: Der Verbraucherschutz hat noch jede Menge Aufholarbeit vor sich – und das am besten mit offizieller Rückendeckung. Denn gerade hier kann eine gesetzliche Regelung, den wahren Fußabdruck von Produkten zu deklarieren, einen erheblichen Beitrag leisten – für den Verbraucher und für den Klimaschutz. Sicher, diese Anforderung an ein Produkt wäre mit einem Kostenfaktor verbunden, allerdings auch mit einem klaren Mehrwert für den Kunden. Denn er hätte dann endlich die Möglichkeit, mündig zu entscheiden, ob er nun wirklich klimafreundlich einkauft oder nicht.

Und ich bin mir ganz sicher: Viele, sehr viele und am Ende sogar immer mehr Menschen würden sich *für* das Klima entscheiden. Ohne dabei hinters Licht geführt zu werden, sondern endlich wissend, was Sache ist.

Betrachten wir Kosten und Nutzen, wäre eine solche Regelung besonders sinnvoll für Produkte, die deutlich treibhausgasintensiver sind als andere. Also: Baumaterialien, Fahrzeuge, Elektrogeräte, Sportgeräte, Möbel. All dies nämlich sind Produkte, die bei der Herstellung viel Energie benötigen, eine größere Investition darstellen und in der Regel auch länger genutzt werden. Wenn die Produzenten einen ISO-konformen Fußabdruck des gesamten Lebenszyklus auf ihren Produkten ausweisen würden und dies letztlich auch müssten, dann hätten sie eine weitaus bessere Möglichkeit, zu kommunizieren, was und wie sie zur Bewältigung der Klimakrise beitragen. Und wenn ihre Bemühungen effektiv sind, würden sie sich zwangsläufig in einer niedrigen Treibhausgasintensität niederschlagen – wahrhaftig werbewirksam und für alle auf dem Label ersichtlich. Genau das wäre wesentlich glaubwürdiger als ein Etikettenschwindel oder das beliebte Greenwashing.

Jetzt erkennen wir auch sehr deutlich den Nachteil der CO_2-Bepreisung, mit der wir das Klima derzeit zu retten gedenken. Zumindest der Gesetzgeber. Der Preis wird an den Kunden weitergegeben, und dies auch noch auf intransparente Weise. Die positive Wirkung aufs Klima muss dabei zwangsläufig geringer ausfallen. Würden wir die Produkte jedoch, vor allem jene in den oben genannten Kategorien, einer Informationspflicht unterwerfen, würde sich der Markt automatisch optimieren – und dies auf eine sozial wesentlich gerechtere Art und Weise. Dem Kunden ist es dann nämlich selbst überlassen, eine Entscheidung zu treffen – anstatt mit einer zusätzlichen Bepreisung in seinem Verhalten gegängelt zu werden.

Glück, in der Natur zu sein

Ob zu Fuß an ruhigen Bächen, mit dem Kajak auf idyllischen Flüssen oder auf Erkundungstour mit dem Kanu – Flusslandschaften faszinieren Menschen. Flüsse und Bäche bieten vielen seltenen oder vom Aussterben bedrohten Tier- und Pflanzenarten einen einzigartigen Lebensraum. Eine Erkundungstour der besonderen Art.

Erscheint am 25.03.2022

Ulrike Fokken | BACHGEFLÜSTER
Hardcover | € 24,00 [D]

»Das wunderbare Buch *Der Braune Bär fliegt erst nach Mitternacht* lässt die Hoffnung jedenfalls am Leben, dass wir eines Tages wieder zu einem naturverträglicheren, bunteren Leben in Deutschland zurückkehren. Es kann nur jedem an der Natur interessierten Menschen zur Lektüre empfohlen werden.« *Daniel Lingenhöhl, Spektrum der Wissenschaft*

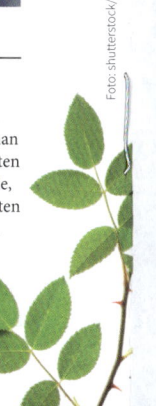

Johanna Romberg
DER BRAUNE BÄR FLIEGT ERST NACH MITTERNACHT
Hardcover | € 28,00 [D] | Auch als E-Book erhältlich

»Den Autorinnen ist ein beeindruckendes Buch gelungen, bei dem man es sich aussuchen kann, auf welcher Ebene man den Text lesen will. Entweder nur als spannende Geschichten über das bunte Leben der Tiere oder als Informationsquelle, etwa wenn man wissen will, wer die Fichtenzapfen im Garten angeknabbert hat und wie man herausfindet, ob ein Igel in der Hecke wohnt.« *Peter Iwaniewicz, FALTER*

Stefanie Argow, Ulrike Fokken | SPUREN LESEN
Hardcover | € 24,00 [D]

QUADRIGA
Das Magazin

Ausgabe # 1

Foto: shutterstock/jopelka

Unsere FUCKING Zukunft

Egalitärer, nachhaltiger und enkelfitter muss sie sein ❯ *Seite 8*

Wie passt das zusammen?

Selbständige verlieren massenhaft ihre Existenz und Aktionäre feiern ❯ *Seite 6*

Foto: Gordon Welters

Einfache Wahrheiten für eine komplizierte Welt.

**Katharina Nocun,
Pia Lamberty
FAKE FACTS**
Hardcover
€ 19,90 [D]
Auch als Taschenbuch, E-Book
und Hörbuch erhältlich

Katharina Nocun und Pia
Lamberty beschreiben,
wie sich Menschen aus der
Mitte der Gesellschaft durch
Verschwörungstheorien
radikalisieren und die Demo-
kratie als Ganzes ablehnen.

**Katharina Nocun,
Pia Lamberty
TRUE FACTS**
Hardcover
€ 12,00 [D]
Auch als Taschenbuch, E-Book
und Hörbuch erhältlich

Wie kann es uns gelingen
Verschwörungserzählungen
zu entlarven? In diesem Ratgeber stellen die Autorinnen
die wichtigsten Tipps zum
Umgang mit Verschwörungs-
theorien vor.

2

Inhaltsverzei

Vom

© Tristan Horx

Wir sehen: Die Intensität der Treibhausgase zu regulieren würde nicht nur beim Strom sinnvoll sein, sondern auch bei anderen Produkten funktionieren. Und: Dies würde sich mitten in unserem persönlichen Leben bemerkbar machen – als ein Marktinstrument, das uns durch die Deklarationspflicht endlich freie Bahn schenken würde, uns für das Klima einzusetzen.

Bäume, Moore, Meer: Der natürliche Weg zur Netto-Null

Der erste Teil der Lösung ist geschafft. Die menschengemachten Emissionen aber nur zu reduzieren reicht nicht, um die Keeling-Kurve nach unten zu zwingen. Woran wir sehen, wo wir bereits stehen. Also, und auch das ist inzwischen hinlänglich bekannt: Neben dem Herabdrosseln unserer Emissionen müssen wir effektivere Maßnahmen treffen, um der Atmosphäre zusätzlich Kohlendioxide zu entziehen. Der Plan, lediglich ein paar mehr Bäume zu pflanzen, wird hier nicht genügen. Denn es wird – bei allen Anstrengungen – noch immer einzelne Bereiche und Aktivitäten geben, bei denen wir die Treibhausgasemissionen nicht ganz auf null herunterfahren können. Und für genau diese verbleibenden Emissionen brauchen wir in Deutschland geeignete Ausgleichsmöglichkeiten.

Sicher, jeder Baum hilft. Jeder Quadratmeter Wald, der nicht für neue Autobahnen abgeholzt wird, hilft. Die Bäume speichern große Mengen an Kohlendioxid und entziehen es so der Atmosphäre. Aber: Bäume sind nicht die besten CO_2-Speicher – das sind die Moore. Der Naturschutzbund NABU nennt die Moore nicht umsonst die »unterschätzten Klimaschützer«.[45] Denn sie sind die wichtigsten natürlichen Kohlenstoffspeicher sämtlicher Lebensräume auf dem Land und weitaus effektiver als jeder Wald.

Leider jedoch befindet sich ein Großteil der Moore in Mitteleuropa in einem sehr schlechten und nicht natürlichen Zustand. Und leider kommt es noch bitterer: Denn in manchen Fällen sind die Moore schon so dysfunktional, dass sie selbst zu Treibhausgasquellen werden – indem sie inzwischen Treibhausgase freisetzen.

Kohlendioxid und Methangase entstehen, wenn durch Entwässerung Pflanzen absterben und sich zersetzen. Um diesen Prozess umzukehren, bedarf es gezielter Renaturierungsmaßnahmen. Ganz besonders wichtig ist es darum, jegliche Form menschengemachter Entwässerung oder gar Trockenlegung sofort zu unterbinden. Denn nur so kann sich das System Moor wieder erholen und natürlich entwickeln.

Wir brauchen intakte Moore. Anders als Bäume geben die Torfmoose den gespeicherten Kohlenstoff nämlich nicht mehr ab, sondern wachsen immer weiter und konservieren den Kohlenstoff. Und dieser Prozess kann sich über Hunderte von Jahren ziehen. Immer wenn ich durch so ein Moor gehe, erinnert mich diese urtümliche Landschaft darum besonders an den Balanceakt, den die Erde über viele Millionen Jahre vollbracht hat, um jenes hauchdünne Klimafenster zu erschaffen und zu erhalten, in dem wir Menschen leben können.

Bäume sind dabei natürlich auch ganz wichtig. Doch sie geben den aufgenommenen Kohlenstoff zu einem Teil wieder in die Atmosphäre ab, weil ihre Blätter abfallen und sie irgendwann ja auch absterben. Das passiert in einem Moor nicht. Letztlich sind die Moore darum sogar bessere Kohlenstoffspeicher als alle teuren technologischen Lösungen, die wir kennen, wie zum Beispiel das sogenannte Carbon Capture and Storage. Bei dieser Technologie wird Abgasen in der Luft Kohlendioxid durch Filter und Pumpen künstlich entzogen und anschließend unterirdisch gespeichert. Eine Methode, die sehr teuer ist, aufwendig und riskant. In diesem Fall ließe sich darum tatsächlich auch das Argument volkswirtschaftlich relevanter Kosten anwenden: Alle technischen Lösungen zur Kohlendioxidreduzierung sind gegenüber den natürlichen keine sinnvolle Alternative.

Was also tun? Darauf hoffen, dass zukünftige Hightech-Start-ups bald neue Technologien erfinden werden, um das Kind zu schaukeln? Das wäre unklug – und in diesem Stadium der Klimakrise einfach zu riskant. Anstatt also abzuwarten, wäre es deutlich besser, die natürlichen Kohlenstoffspeicher massiv auszubauen. Die Moore, die

Wälder. Darüber hinaus aber auch die Seegraswiesen an den Küsten. All diese Biotope gilt es zu erhalten oder wiederherzustellen. Und zwar mit allen Mitteln und Wegen, die wir haben.

Beginnen wir mit den Mooren. Für sie brauchen wir eine nationale Moor-Initiative, die Folgendes beinhaltet: Soweit noch nicht der Fall, sollten alle Moore in Deutschland unter Naturschutz gestellt werden. Das aber ist noch nicht genug. Denn wie bereits erwähnt, sind die meisten Moore in Deutschland nur noch traurige Flickenteppiche, weil Torfabbau und Entwässerung ihre Wachstumsfunktionen außer Kraft gesetzt haben. Wir müssen uns also dringend um die Moore kümmern.

Mit der Universität Greifswald hat Deutschland zum Glück ein führendes Kompetenzzentrum auf diesem Bereich. Und das sollten wir nutzen. Für alle Moore in Deutschland benötigen wir eine Renaturierungsverpflichtung. Der Torfabbau muss aufhören, der Import und Verkauf von Produkten aus Torf verboten werden. Und das als Teil des Green Deals am besten in ganz Europa. Darauf sollte Deutschland aber nicht warten. Wir müssen hier sofort handeln. Die Moore sind entscheidend!

Auch wird die Rolle der Meere für den Klimaschutz meist unterschätzt. Und das ist fatal: Denn die Ozeane sind der größte und wichtigste Kohlendioxidspeicher, den wir überhaupt haben – allerdings sind sie bereits über alle natürlichen Maße mit Kohlendioxid gesättigt und schon jetzt völlig übersäuert. Diese Veränderung des pH-Werts ist eine gefährliche Entwicklung, weil sie alles Leben im Meer gefährdet. Ein wichtiger Kohlendioxidspeicher im Meer sind die weltweiten Seegraswiesen. Doch auch sie haben wir an vielen Küsten bereits zerstört. Wir brauchen darum verlässliche Initiativen, um auch sie zu schützen, wieder wachsen zu lassen oder neu anzupflanzen.

Ein dritter wichtiger Aspekt ist der Schutz von Bäumen. Als Erstes sollten wir verhindern, dass Holz weiterhin als Brennstoff genutzt wird. Und hier ist wahrscheinlich wirklich ein Verbot nötig, denn in wohl keinem anderen Bereich stehen sich landläufige Meinung

273

und wissenschaftliche Erkenntnis so diametral gegenüber. Holzöfen oder das Heizen mit Holzpellets verbinden viele noch immer mit einem Bild grüner Idylle. Leider ist das Gegenteil der Fall. Holz zu verbrennen ist zum einen gesundheitsschädlich, weil der dadurch entstehende Feinstaub krebserregend ist. Zum anderen entstehen beim Verbrennen von Holz Abgase und somit Emissionen, die als menschengemachte Treibhausgase in die Atmosphäre entweichen.

Holz sollte in Zukunft nur noch so genutzt werden, dass der darin enthaltene Kohlenstoff erhalten bleibt. Holz für Möbel oder Baumaterialien zu verwenden ist zwar weiterhin möglich und verträglich – bei der Nutzung im Bau ist allerdings auch Vorsicht geboten. Denn wenn wir eine gesetzliche Vorgabe hätten, nur mit Holz zu bauen, wird es dabei sogar gefährlich: Der riesige Bedarf würde unsere Wälder ganz schnell verschwinden lassen. Sinnvoller wäre darum eine gesetzliche Regelung, die Folgendes zum Ziel hat: Der Anteil der wiederverwerteten Materialien in einem Gebäude sollte einen Mindestwert haben, zum Beispiel 50 Prozent. Die Gründe liegen auf der Hand: Bei der Wiederverwertung lässt sich Holz erstens am einfachsten weiterverwenden, ohne weitere Bäume zu fällen, zweitens wird der gespeicherte Kohlenstoff langfristig aus der Atmosphäre ferngehalten.

Doch geht es nicht nur um den Schutz der Bäume, sondern auch darum, sie clever zu nutzen. Die sogenannten »Knicks«, die in Norddeutschland fast jedes Feld umranden, sind nur ein Beispiel. Diese Wallhecken schützen die Felder vor Erosion und helfen dabei, die Feuchtigkeit zu halten. Ein hilfreicher Effekt, den wir bestens auch für Gebäude nutzen können. Eine Hecke aus Nadelbäumen auf der Wetterseite reduziert den Wärmebedarf eines Gebäudes signifikant. Wenn dann noch auf der Sonnenseite Laubbäume im Sommer Schatten spenden und im Winter das Licht hindurchlassen, können wir den Energiebedarf eines Gebäudes um bis zu 30 Prozent senken. Eine so simple wie erfolgreiche Methode. Und was Kosten und Nutzen betrifft: Hier ist sie unschlagbar.

Effektiv sind auch schnell wachsende Pappeln. Mit ihrer Hilfe können wir Abwasser wesentlich emissionsärmer entsorgen. Heute werden dafür jedoch meist Becken aus Beton genutzt, was sich extrem treibhausgasintensiv auswirkt: Das Abwasser nämlich, das in diesen Becken lagert, wird zur Methanschleuder. Anders geht es so: Nur leicht verschmutztes Haushaltsabwasser lässt sich mit einem System der Tröpfchenbewässerung direkt an Pappeln »verfüttern«, ohne dass dabei der Boden kontaminiert wird. Wir entsorgen also Abwasser und nutzen es für die Natur. Das wachsende Pappelholz lässt sich dann wiederum zu Baumaterialien verarbeiten, zum Beispiel Dämmplatten oder Verkleidung. Eine weitaus gesündere Alternative jedenfalls, als dafür unsere intakten Waldbiotope zu nutzen. Und diese immer weiter zu gefährden.

Wir sehen: Es gibt so viele Möglichkeiten, mit der Natur viel besser und cleverer umzugehen. Und die Liste mit guten Ideen ließe sich fast endlos fortsetzen. Ein besseres Verständnis der Treibhausgasbuchhaltung hilft dabei auch hier enorm, einfache, aber effektive Lösungen zu entwickeln. Denn wir müssen immer erst genau begreifen, wie, wo und in welchen Mengen Treibhausgase entstehen, müssen verstehen, wie, wo und in welchen Mengen sie aus der Atmosphäre wieder entnommen und gespeichert werden können – erst dann können wir wirklich klug planen und erfolgreich handeln.

An dieser Stelle ist mir ein Aspekt noch sehr wichtig. Denn die eben genannten Vorschläge und Beispiele können schnell den falschen Eindruck erwecken. Können glauben machen, es gehe hier auch um Ökologie. Nein, das tut es nicht. Die ökologischen Vorteile solcher Maßnahmen sind natürlich sehr willkommen – aber nicht Sinn und Zweck der Sache. Wie schon öfter erwähnt: Ökologie mit Klimaschutz zu verwechseln ist kontraproduktiv. Nicht nur der Komposthaufen aus Kapitel 1, sondern auch die Dachbegrünung ist dafür ein gutes Beispiel. Dächer sollten zur Stromerzeugung mit Solaranlagen genutzt werden. Die kleinen Pflanzen einer Dachbegrünung speichern nur geringe Mengen an Kohlendioxid im Vergleich zur fossilen Stromproduktion. Eine Kombination aus ebenerdigen Regenwasserspeichern und Straßenbäumen ist eine wesentlich bessere Kohlendioxidspeicheralternative. Dachbegrünung sieht zwar schön grün aus, hat aber nichts mit effektivem Klimaschutz zu tun.

E-Autos, autonome Minibusse und die richtige Schiene fahren: So klappt die Transportwende

Bisher haben wir kaum über den Transportsektor gesprochen. Doch auch dies ist ein wichtiger Puzzlestein für die Klimalösung. Was also machen wir mit dem Thema Mobilität? Wie schaffen wir Güter und Waren von A nach B? Wie bewegen wir uns selbst fort, ohne der Atmosphäre weiter einzuheizen? Dass Mobilität und Warentransport in der modernen und globalisierten Welt nicht mehr wegzudenken sind, muss man nicht sagen. Wir müssen irgendwie zur Arbeit kommen. Wir wollen reisen, Freunde besuchen. Und wir werden auch weiterhin mal eben von München nach Berlin kommen wollen.

Derzeit werden drei wichtige Lösungskonzepte diskutiert: die Elektrifizierung des Individualverkehrs mit Elektroautos, der Ausbau des öffentlichen Nahverkehrs und die stärkere Verlagerung des Personen- und Güterverkehrs auf die Schiene.

Bei der Elektrifizierung des Individualverkehrs mit Elektroautos haben wir gesehen, dass es bereits Lenkungsinstrumente gibt, die auf einer Form der Intensitätsregulierung basieren. Auch gezielte Förderungen existieren bereits. Auf die Frage, was sich noch verbessern lässt, antworte ich: Die Politik muss hier endlich verantwortlich handeln. Im Fall der Stromproduktion ist es die gebotene Maßgabe, die Treibhausgasintensität auf Bundesebene zu regeln. Wenn wir diese Regulierung an eine Budgetierung im Sinne des 1,5-Grad-Ziels anbinden, wird sich die Treibhausgasintensität in den nächsten Jahren gegen null orientieren. Ohne Zweifel. Damit haben wir hier ein klares und 100 Prozent wirksames Instrument zur Hand.

Um dasselbe auch bei der Mobilität zu erreichen, sollten wir den Blick auf jene politischen Ebenen richten, wo die Mobilität im Alltag gesteuert wird: nämlich in den Städten und Kommunen. Die Verantwortung hierher zu verlagern ist zudem ein Schritt, der ausdrücklich im Pariser Klimaabkommen aufgeführt ist.

Für die Städte bedeutet dies: Sie sind dazu verpflichtet, das Einhalten des 1,5-Grad-Ziels im Rahmen ihrer ordnungspolitischen Mittel zu ermöglichen. Auch geht es auf die Kappe der Städte, in den urbanen Zentren für saubere Luft zu sorgen. Sprich: Sie müssen die Gesundheitsbelastung durch Luftverschmutzung minimieren.

In der Vergangenheit waren Städte jedoch nicht in der Lage, dieser Verantwortung nachzukommen, speziell bei der Reduzierung des Feinstaubs. Längst wissen wir alle darum: Wir blicken aufs Handy, wo uns Apps und Wetterberichte verraten, wie stark die Luftbelastung gerade ist. Wie kann das sein? Stellen wir uns doch nur einmal vor, der Verbrennungsmotor würde jetzt gerade erst erfunden, und es fände nun eine politische Debatte darüber statt, ob wir diese Technologie in den Städten zulassen sollten oder nicht. Ob wir damit leben wollen, dass Unmengen an gesundheitsschädlichen Abgasen ausgerechnet dort in die Luft geblasen werden, wo die meisten Menschen leben.

Die Diskussion würde uns absurd vorkommen. Als würden wir darüber streiten, ob es gesund ist, während der Schwangerschaft zu rauchen oder jeden Tag drei Gläser Wein zu trinken. Es wäre unverantwortlich, ähnlich Kontraproduktives zu erlauben, überträgt man es auf die öffentliche Ebene – weil es garantiert zu erheblichen Gesundheitsschäden führen würde. Darum gibt es nur eine Schlussfolgerung: Damit Städte ihrer klima- und gesundheitspolitischen Verantwortung nachkommen, müssen Verbrennungsmotoren in den Zentren größerer Städte bis spätestens 2025 verboten werden. Und würden die fünfzig größten deutschen Städte diesen Weg gehen – das Momentum wäre groß genug, um die Transformation zu schaffen.

Es würde sich ein enormer Veränderungsdruck aufbauen. Und zwar genau dort, wo wir am meisten Alternativen und Handlungsoptionen haben und die politische Akzeptanz meist auch am höchsten ist. Mehr noch: In vielen Städten und Stadtvierteln wünschen sich immer mehr Menschen längst die autofreie City. Und verlangen teils sogar danach. Paris geht diesen Weg bereits und will mit dem Programm »Paris respire« – Paris atmet – den Verkehr mehr und mehr beruhigen. Auch in Hamburg passiert einiges. Die Initiative »Kurs Fahrradstadt« will den Hamburger Stadtteil Eimsbüttel fahrrad- und menschenfreundlicher machen, nach dem Vorbild von Barcelona. Das Motto lautet: »Mensch statt Auto im Vordergrund« oder auch »Kiss 'n' Drop statt

Verkehrschaos«. Noch parken die Autos in Eimsbüttel zwar, wo man geht und steht. Doch die Sehnsucht nach einem atmungsaktiven Lebensraum bricht sich Bahn. Das Viertel Eimsbüttel, wünschen sich viele Einwohner, soll zu einem »Superbüttel« werden.

Und das alles kann und wird auch funktionieren. Denn viele Städte haben ein relativ gut ausgebautes Netz an öffentlichen Verkehrsmitteln. Viele besitzen die Infrastruktur für den Ausbau von Radwegen. Und Städte verfügen meist auch über ausreichend finanzielle Ressourcen, um das Ladesystem für Elektroautos zu erweitern. Dies alles mit Nachdruck anzuschieben, am besten mit dem Willen und der Einbindung der Bewohner, wäre eine wirkungsvolle Maßnahme, die neben dem Klima- auch noch das Gesundheitsproblem der Städte lösen würde.

Was als Nächstes mit dem öffentlichen Nahverkehr tun? In kleineren Städten, vor allem auf dem Land? Ich habe hierzu schon zahlreiche Ideen gesehen und geprüft, zudem in den letzten Jahren mit vielen Städten und Gemeinden diverse Möglichkeiten in Betracht gezogen, mithilfe der Kriterien der Treibhausgasbuchhaltung, aber auch unter dem Aspekt der Machbarkeit. Und dabei kam in den allermeisten Fällen heraus: Der bedarfsorientierte elektrische und autonome Minibus scheint die beste aller Optionen zu sein.

Auf Sylt und in Nordfriesland wurde die Idee dieses »autonomen Fahrens on demand« schon angegangen, und das mitten im touristischen Einsatzgebiet. Vor Reetdachhäusern und Ferienhotels hielten schon blaue Kleinbusse und fuhren Gäste testweise über die Landstraßen bis ins nächste Dorf, ohne Fahrer, ohne dieselqualmende Motoren. Man wollte herausfinden, ob der Pendlerverkehr auf diese Weise wirklich stattfinden kann: mithilfe von selbstständig fahrenden Elektrobussen, die vernetzt sind, auf Anfrage abgerufen werden können und ihre Routen und Stationen durch intelligentes Streckenmanagement optimal planen. Hier hieß das Projekt »NAF«-Bus: »Nachfragegesteuerter Autonom Fahrender« Bus.

Genau solche Projekte brauchen wir. Es müssen nicht immer die finalen Lösungen sein, aber sie sind ein großer Schritt in die richtige

Richtung. Als Nächstes will das Projekt »NAF«-Bus herausfinden, welche Ergebnisse weitere Risiko-Nutzen-Abwägungen bringen und wo man noch tüfteln und verbessern muss. Bei vielen Einwohnern und Gästen ist die Idee jedenfalls schon mal gut angekommen. Und in nicht allzu langer Zeit könnten die ersten kleinen Sammeltaxis on demand dann wirklich über die Insel und durch die Marschwelten surren. Auch dies mit Vorbildcharakter. Gemütlich, leise, klimafreundlich und auf Abruf zur Arbeit oder zur Promenade pendeln – welcher Nutzer des öffentlichen Verkehrsnetzes würde das nicht wollen?

Als Drittes spielt bei der Transportwende die Verlagerung des Verkehrs auf die Schiene eine entscheidende Rolle. Schon lange verfolgen die Verantwortlichen im Verkehrsministerium sowie bei der Bahn diese Strategie. Dabei beteuern sie wieder und wieder, dass sie dieses Anliegen mit aller Kraft vorantreiben wollen. Sie tun es aber nicht. Schienennetz und Infrastruktur sind teils völlig überlastet und marode. Es gibt nicht genügend Züge, Verspätungen und Zugausfälle sind die Regel, vor allem werden immer mehr Güter mit Lkw statt mit der Bahn transportiert. Das Bild auf den Straßen und Autobahnen kennt inzwischen jeder: Laster fräsen sich Stoßstange an Stoßstange quer durch Europa, quer durch Deutschland, mitten durch die Städte. Das ist nicht nur schädlich für Klima und Umwelt. Die meisten Verkehrsteilnehmer und längst auch die Brummifahrer selbst sind inzwischen restlos entnervt und erschöpft.

Wenn Theorie und Praxis, Wunsch und Wirklichkeit jedoch seit Jahrzehnten so weit auseinanderklaffen, dann können wir doch nicht so ideenlos sein, einfach immer nur den Ruf nach Veränderung in die Welt zu schmettern, letztlich aber überhaupt nichts zu unternehmen. Zur Abwechslung könnte darum auch hier die Frage nicht schaden: *Where are we wrong?*

Nun ist der Schienenverkehr eine ziemlich komplexe Angelegenheit. Darum lohnt auch hier ein kurzer Blick hinter die Kulissen. Unbeachtet von der breiten Öffentlichkeit und überschattet von der Coronapandemie kam es erst vor Kurzem zu einem denkwürdigen Ereignis: Nach 24 Jahren wurde das wichtigste Experiment in der Geschichte des Schienenverkehrs beendet und für gescheitert erklärt – und das ausgerechnet im Mutterland der Eisenbahn. Ein Experiment übrigens, das nicht einmal die Privatisierungsweltmeisterin Margaret Thatcher gewagt hatte – weil sie genau wusste, dass die Privatisierung der Eisenbahn den Verlust des Schienenverkehrs in der Fläche bedeutet hätte. Viele kleine Städte würden links liegen gelassen werden, Tausende Dörfer keine Anbindung mehr haben. Erst ihr Nachfolger John Major machte diesen fulminanten Fehler mit noch weitreichenderen Folgen.

Entsprechend verkündete der britische Transport Secretary Grant Shapps am 21. September 2020, dass die Eisenbahnbetriebsvergabe an privatwirtschaftliche Unternehmen nicht mehr funktioniere und nur noch staatliche Eisenbahngesellschaften den Betrieb aufrechterhalten könnten. Die Coronapandemie hatte einem nicht funktionierenden System endgültig den Todesstoß versetzt.

Vorausgegangen war diesem Beschluss eine jahrzehntelange Odyssee von Bahnhofsschließungen und Schienenabbau in der Fläche, hinzugekommen waren Vertragsverletzungen, diverse Pleiten und Pannen privater Betreiber. Und jedes Mal, wenn es hart auf hart kam, musste der Staat eingreifen und mit temporären staatlichen Eisenbahngesellschaften die Lücken füllen, damit der Eisenbahnverkehr nicht restlos zum Erliegen kam. Und das ist natürlich kein Wunder: Denn der marktorientierte Privatisierungsgedanke ignoriert fundamentale physikalische Realitäten.

Es ergibt nun einmal keinen Sinn, mehrere Eisenbahnstrecken zwischen zwei Städten zu bauen. Sonst würden wir das halbe Land mit Trassen verbauen. Mit einer einzelnen Schienentrasse wiederum ist es jedoch kaum möglich, dass zwei oder vielleicht drei Anbieter auf einer Strecke gleichzeitig die attraktivsten Verbindungen zu den attraktivsten Zeiten anbieten können. Auf einer Strecke kann eben nur ein Zug zur selben und besten Zeit fahren. Sagen wir, von Hamburg nach Berlin um acht Uhr morgens. Ein Gleis, auf dem die Züge von zwei, drei, vier verschiedenen Anbietern zur selben Zeit um die Wette und die Gunst der Kunden fahren? Geht nicht. Es ist physikalisch nicht möglich.

Wenn jedoch, wie es heute in Deutschland der Fall ist, der Staat die Strecken immer nur an einen privaten Anbieter über ein Bieterverfahren vergibt, dann entscheiden darüber am Ende ein paar wenige Beamte, nicht aber die Kunden. Dieses Prinzip allerdings hat nicht mehr viel mit einem wirklichen Markt zu tun. Schlimmer noch: Wenn die Strecke nur an einen Betreiber vergeben wird, besteht für die Zeit der Betriebskonzession ein Monopol – in Form des einen privaten Betreibers für die eine Strecke. Was haben die Kunden davon? All die Pendler und Reisenden, die nun einmal von A nach B wollen, oft sogar müssen? In ihrem täglichen Leben sind sie auf Gedeih und Verderb den ökonomischen Interessen und dem wirtschaftlichen Opportunismus des einen Anbieters ausgeliefert.

Wie schon beim Trinkwasser und beim Strom deutlich geworden ist, scheitert das neoliberale Narrativ, dass die beste Lösung vom Markt generiert wird, auch hier an den physikalischen Limitierungen. Strom, Wasserversorgung und Eisenbahn sind nun mal keine Joghurts oder Jogginghosen. Betrachten wir die Sache also rein sachlich, entpuppt sich die Erzählung von marktbasierten Superlösungen in diesen Bereichen als gefährlicher Unfug für alle Fragen des Gemeinguts.

Sicher haben einige Beispiele im Transportsektor gezeigt, dass auch private Anbieter in manchen Regionen akzeptable Angebote liefern können. Aber dies stets nur in Regionen und auf Strecken, wo die Züge jeden Tag zu attraktiven Zeiten von A nach B fahren. Das sind dann die Rosinen im Kuchen: die lukrativen Zeiten und Verbindungen. Zwischen vielen abgelegeneren Orten und auf vom Profit her nicht so verlockenden Strecken kommt es jedoch nicht zu solchen Angeboten. Die Folge: Die Kunden bekommen kein attraktives Angebot – und nehmen das Auto. Das wiederum ist wesentlich treibhausgasintensiver. Und nicht Sinn der Sache.

Wie würde es anders gehen?

Es braucht eine Organisation, die beides betreibt: die lukrativen und die weniger lukrativen Strecken. Und der erzielte Gewinn der lukrativen Strecken sollte dann nicht in exorbitante Manager-Boni fließen und in Form von Dividenden an die Anteilseigner gehen, sondern für die Aufrechterhaltung eines breiten Angebots in der Fläche genutzt werden. Nur: Die Gewinnorientierung einer privatwirtschaftlichen Aktiengesellschaft steht einem solchen Verhalten diametral entgegen.

Das heißt, die Bahn AG in ihrer jetzigen Form kann und wird niemals das leisten, was wir von ihr brauchen und wollen, um die Klimakrise auf dem Transportsektor adäquat zu bewältigen. Bedeutet das aber nun im Folgeschluss, dass die Bahn verstaatlicht werden muss? Nein, denn auch das hat nicht ideal funktioniert, wie wir wissen. Man müsste sich jetzt also fragen, ob es nicht eine Alternative gibt, mit der sich die Vorteile beider Optionen womöglich kombinieren ließen. Und genau diese Alternative gibt es.

Häufig wird bei der Klimakrise von Innovation gesprochen, von Erneuerung als wichtigstem Rezept. Die meisten verbinden damit technologische Lösungen. Und die brauchen wir auch, wie zum Beispiel in Form autonomer Minibusse oder auch neuer Pumpspeicher. Aber wir brauchen Innovationen noch auf anderen Ebenen. Brauchen einen frischen Wind auch im Denken sowie in der Wahl unserer ordnungspolitischen Instrumente – ganz besonders bei der Treibhausgasintensität. Auf diese Weise könnten wir auch den gordischen Knoten bei der Transportfrage lösen, wo die Verlagerung von Personen- und Güterverkehr auf die Schiene bis heute einfach nicht klappen will. Wir brauchen dafür eine neue Gesellschaftsform für Unternehmen – wir brauchen endlich das »gemeinnützige Unternehmen«.

Dieser Schritt würde einen wohltuenden Wandel mit sich bringen. Und in einen Kurs münden, bei dem das wirtschaftliche Handeln nicht mehr allein der Gewinnmaximierung dient, sondern eher das Ziel verfolgt, den maximalen gemeinnützigen Nutzen zu schaffen. Diese Gesellschaftsform für Unternehmen gibt es wie gesagt auch schon. Im Englischen trägt sie verschiedene Namen: Purpose, Community Contribution oder auch Benefit Company. Und in einigen englischsprachigen Ländern und Provinzen, wie zum Beispiel British Columbia, ist diese Gesellschaftsform für Unternehmen bereits gesetzlich geregelt und offiziell anerkannt. Dort funktioniert das Umdenken.

In Deutschland allerdings ist es bisher nur möglich, über ein Stiftungsmodell eine nicht-gewinnorientierte Organisation zu führen. Der große Nachteil liegt darin, dass eine Stiftung nun einmal nicht wirtschaftlich und mit Profit handeln darf. Zudem haben wir es hier mit einer eher intransparenten Gesellschaftsform zu tun, weil in einem solchen Konstrukt im Regelfall auch private Gelder verwaltet werden.

Für ein Unternehmen des Bundes eignet sich das in keinster Weise. Transparenz ist hier oberstes Gebot. Wenn wir in Deutschland also eine echte Transportwende sehen wollen, sollten wir uns entschieden dafür einsetzen, dass das gemeinnützige Unternehmen auch in Deutschland eingeführt wird – und zwar als gesetzlich geregelte Gesellschaftsform für Unternehmen. Ein solches Unternehmen wäre durch gesetzliche Vorgaben verpflichtet, seine Zielorientierung statt auf Profit auf die Erfüllung einer gesellschaftlichen Aufgabe umzupolen. An dieser Vorgabe müsste sich auch das wirtschaftliche Handeln entsprechend ausrichten. Das heißt: Gewinne werden nicht ausgeschüttet, sondern zur Aufgabenerfüllung reinvestiert.

Dies wäre der erste Schritt. Der nächste würde schließlich darin liegen, die Bahn AG in genau diese Unternehmensform umzuwandeln.

Nur dann nämlich passen Unternehmensform und gesellschaftlicher Auftrag zusammen. Und nur dann wird es auch wesentlich wahrscheinlicher, dass eine Bahngesellschaft ihren Auftrag erfüllt. Und zwar auf ganzer Strecke – das Klima betreffend sowie unser aller Recht darauf, sicher und möglichst pünktlich von A nach B zu kommen.

Unternehmen: Regulierter Klimaschutz bedeutet Zukunft

Das Festhalten an alten Mustern und halbherzigen Strategien hat noch nie zum wirtschaftlichen Erfolg geführt. Das Gegenteil ist der Fall. Mit innovativen Lösungen haben es einige Start-ups sogar geschafft, in kurzer Zeit ein ganzes Marktsegment für sich zu erobern. Und Innovation bedeutet in diesem Fall: die bessere Lösung für den Klimaschutz als Chance zu nutzen. Unternehmen sollten eine Intensitätsregelung der Treibhausgase darum als das ansehen, was sie ist: das beste und klarste Planungskriterium, das wir haben. Der unberechenbare Kostenfaktor in der CO_2-Bepreisung – der obendrein den Schwankungen eines Handelssystems ausgesetzt ist – kann hingegen nur eines bedeuten: eine gefährlich schwammige Zukunft ohne ordentlichen Vorwärtsgang.

Und wer noch immer aufschreit, derartige Regulierungen würden die Industrie zerstören, der sollte uns erklären, warum es noch Brauereien in Deutschland gibt – obwohl sie sich in Deutschland strikt an das Reinheitsgebot halten müssen. Eine Regelung der Treibhausgasintensität für Energie, aber auch für Produkte wäre nichts anderes: Sie stellt nicht nur das beste Planungskriterium und für alle fairste Instrument dar – sie bietet der Wirtschaft entscheidende Vorteile. Sie ist sogar wettbewerbsneutral, weil sie für alle gleich gilt. Darum wird auch im hinterherhinkenden Deutschland ein Ruf immer lauter, der eine nicht zu unterschätzende Sorge an die Politik richtet. Grund für die Panik in zunehmend mehr Firmen ist der Stand unseres Klimaschutzes – der sich immer mehr zum Wettbewerbsnachteil auswächst. Auch hier ist das Instrument der Intensitätsregelung allen anderen Lösungen überlegen. Eine CO_2-Bepreisung lediglich in Deutschland führt nämlich tatsächlich zu einem Wettbewerbsnachteil: durch höhere Kosten. Die Intensitätsregelung zeigt diesen Effekt nicht. Denn sie regelt die Charaktereigenschaften eines Produkts – und nicht die der Produktion.

Das bedeutet in der Realität: Wer außerhalb Deutschlands ein Produkt billiger, aber dafür treibhausgasintensiver produziert als ein Akteur in Deutschland, der kann das Produkt in Deutschland nicht auf den Markt bringen. Es gelten nun einmal dieselben Regeln für alle. Was geschieht auf der anderen Seite bei der CO_2-Bepreisung? Sie macht die Produktion in Deutschland teurer – aber die Produkte nicht unbedingt klimafreundlicher. Bei einer Intensitätsregelung hingegen ergibt sich kein Vorteil, wenn die Produktion ausgelagert wird. Ganz im Gegenteil: Eine treibhausgasarme Stromversorgung zum Beispiel ist ein ausgesprochener Standortvorteil! Weil erstens nur so die Intensitätsregelung eingehalten werden kann. Weil sich daraus zweitens der Vorteil ergeben kann, dass die Produktion nach Deutschland zurückkehrt. Und drittens: Langfristig wird unsere Wirtschaft nur so die Nase vorn haben.

Dieser Ansatz würde zwei weitere wichtige Folgen haben. Erstens: Die Produktion in Deutschland für einen internationalen Exportmarkt mit weniger strengen Auflagen wäre (leider) immer noch möglich, weil für Deutschland Produkte, nicht aber Produktionsprozesse der Intensitätsregelung unterworfen wären. Allerdings nur theoretisch, weil durch den treibhausgasarmen Strom sowieso alle Produkte aus Deutschland klimafreundlicher wären. Wichtig ist aber, dass sich aus dieser Lösung kein direkter Exportnachteil ergibt. Ich halte das für einen temporär akzeptablen Kompromiss. Und langfristig werden sich treibhausgasarme Produkte sowieso zum Marktvorteil entwickeln. In aller Welt.

Ein zweiter wichtiger Aspekt liegt in der Frage, ob ein Exportland wie Deutschland eine Marktzugangsbeschränkung in Form von Produktanforderungen gegen eine Welthandelsbeschwerde überhaupt verteidigen könnte. Viele werden diese Frage lauthals aufwerfen. Die Antwort lautet: Ja, Deutschland könnte sich sehr wohl behaupten – trotz einer solchen Marktbeschränkung. Und dies sogar wesentlich besser als bei einer Besteuerung. Denn was geschieht bei Letzterem?

Als Teil des europäischen Green Deals soll an der Außengrenze des Binnenmarkts ein Mechanismus zum Einsatz kommen, der etwaige Kostennachteile aus einer CO_2-Bepreisung für europäische Produzenten gegenüber nichteuropäischen Importeuren ausgleicht. Das heißt: Wer in einem Land produziert, das keine CO_2-Bepreisung hat, wird nachträglich an der Grenze einen entsprechenden Betrag zahlen müssen, um der CO_2-Bepreisung auch bei diesem Produkt nachzukommen. Das besagte Instrument trägt den Namen »Border Adjustment« und ließe sich auch als »eine bei der Einfuhr erhobene Anpassungszahlung« bezeichnen. Im Grunde nichts anderes als eine

Einfuhrsteuer. Denn auch wenn sie aus dem Gedanken des Klimaschutzes heraus geboren sein sollte – hier handelt es sich nur um eine Anpassungszahlung an eine Steuer. Also eine Steueranpassung auf eine Steuer.

Für Fälle dieser Art sieht die Welthandelsorganisation WTO eine internationale rechtliche Regelung vor – und zwar das »General Agreement on Tariffs and Trade« (GATT). Diese Ausnahmenregelung ist in Paragraf 20 unter »Grundsätzliche Ausnahmen« ausdrücklich festgelegt.[46] Sie waltet darüber, wann und wie Länder bestimmte Marktzugangsbeschränkungen einführen dürfen, etwa in Form von Einfuhrbeschränkungen. Unter dem Buchstaben g findet sich die Formulierung: *»relating to the conservation of exhaustible natural resources«*. Das heißt: Ausnahmen sind in einem Fall erlaubt – wenn es nämlich darum geht, natürliche Ressourcen zu schützen. Und das heißt wiederum: Ausnahmen für den Klimaschutz gibt es zwar nicht direkt – im weitesten Sinne allerdings für den Umweltschutz.

Gegen Einfuhrsteuern auf Basis dieser Ausnahme zu klagen war allerdings bisher in jedem Fall erfolgreich. Alle Länder sind beim Versuch gescheitert, basierend auf der Ausnahme in Paragraf 20, eine Einfuhrsteuer als Anpassung für Umweltkosten gegen eine Klage eines Exportlandes zu verteidigen. Eine Steuer, wie zum Beispiel die CO_2-Steuer, zu erheben ist keine umweltpolitische Notwendigkeit. Und das ist ja eigentlich auch richtig, denn nur ordnungspolitische Maßnahmen sind notwendig. Das wiederum heißt jedoch: Eine Intensitätsregelung, die keine Steuer ist, sondern eine direkte umweltpolitische Notwendigkeit aufgrund des deutschen Verfassungsrechts, hat wesentlich bessere Chancen, gegen eine Klage zu bestehen, zum Beispiel von einem Exportland wie China.

Wenn Wirtschaft und Industrie also langfristig auf das richtige Pferd setzen und wir uns die Klimaschutzpolitik nicht von einem anderen Exportland vorschreiben lassen wollen, dann sollten Wirtschaft und Industrie überlegen, ob es nicht vielleicht doch lohnt, den besseren Weg zu unterstützen: den der Intensitätsregelung.

Der Dieselskandal sollte auch den Letzten gezeigt haben: Eine Strategie, die darauf abzielt, sich die Realitäten zurechtzubiegen, zahlt sich am Ende nicht aus. Wem also wirklich etwas am Allgemeinwohl dieses Landes liegt, der pfeift die Lobbyisten zurück. Jene Apologeten des schnellen Profits, die immer wieder dafür sorgen, dass effektiver Klimaschutz nicht umgesetzt wird.

Darum ein Rat: Unternehmen sollten sich auf eine Welt einstellen, in der Greenwashing im Bereich des Klimaschutzes nicht länger toleriert wird. Sie sollten sich dringend auch darauf vorbereiten, dass die Treibhausgase, die sie verursachen, bald quantifiziert werden müssen. Und zwar nach unbestechlichen Standards: nämlich den DIN-Normen ISO 14064-1 und ISO 14067.

Es herrschen dann klare Marktbedingungen. Und das wird nichts anderes bedeuten, als dass das neue und entscheidende Charakteristikum eines jeden Produkts seine Treibhausgasintensität sein wird – egal, ob wir von Wärme oder Strom sprechen, von einem Auto, einem Gummibärchen oder einer Teetasse. Die Treibhausgasintensität wird zur konstitutiven Qualität – sie darf nicht mehr zur Debatte stehen. Wirtschaftswachstum und Emissionen wären dann endlich voneinander entkoppelt – und der eigentliche Startschuss könnte fallen.

Statt in Zertifikate zu investieren, würden Unternehmen dann in Innovationen investieren. In wahre Innovationen, die keinesfalls nur technischer Natur sein sollten, sondern auch obsolete Methoden des Managements betreffen.

Das Problem, das wir in Deutschland und zahlreichen anderen Ländern jedoch bis heute sehen: Viele rückwärtsgerichtete Unternehmen wissen noch nicht einmal, welche genauen Mengen an Treibhausgasen sie verursachen oder wie die Treibhausgasintensitäten ihrer Produkte, ihres ganzen Unternehmens wirklich ausfallen. Genau das muss jedoch mit allem Nachdruck korrigiert werden, um den Weg nach vorn zu öffnen. Den Unternehmen stehen dabei schon lange zahlreiche Möglichkeiten offen, treibhausgasreduzierend zu agieren – und dies durchaus effektiv und ohne eingebaute Profitbremse. Ganz im Gegenteil: Innovation zahlt sich aus.

Klarheit schaffen: Die wichtigste Verantwortung der Bundesländer

Bei der Pandemie ist uns allen aufgefallen, dass viele Dinge nicht auf Bundes-, sondern auf Landesebene entschieden werden. Föderalismus: Spätestens jetzt hat das Wort die Runde gemacht – mit all seinen Konsequenzen. Diskussionen hier, Diskussionen dort. Der eine macht dies, der andere das. Während der Pandemie hat das zu einem heillosen Chaos geführt. Zu einem Durcheinander, das die Bevölkerung erst belustigte, allen bald jedoch mächtig auf den Keks ging. Den entsprechenden Kommentar hatte ein jeder zeitnah auf den Lippen. Jeder Friseurladen, jedes Restaurant, jede Boutique, jeder Pendler: In dem ganzen Wirrwarr steigt doch keiner mehr durch!

Was dieses föderale System für den Klimaschutz bedeutet, wird allzu schnell vergessen. Der Kern des Konflikts liegt in einer grundsätzlichen Frage: In welchem Maße kann, soll und darf die große Politik Einfluss darauf nehmen, was wir als Einzelperson letzten Endes tun und lassen sollen? Zwischen Berlin und Bürgern existieren allerdings noch andere politische Ebenen: nämlich die Länder, die Landkreise und die Gemeinden. Und wie schon gesagt: Viele Entscheidungen, die sich unmittelbar auf unser Leben auswirken, werden genau hier getroffen.

Für den Klimaschutz sollte nun sehr, sehr dringend gelten: Alle Ebenen müssen unbedingt an einem Strang ziehen. Und alle müssen einen Beitrag leisten. Denn Chaos und Einzelgängertum können wir uns hier wirklich nicht mehr leisten. Doch genau das herrscht vor – auch und gerade bei Fragen, wie wir mit dem Klimaschutz umgehen. Die Bundesländer sind in ihren Strukturen nun einmal so verschieden, dass allein schon ein gerechtes, durchsichtiges und aussagekräftiges nationales Treibhausgasinventar gar nicht erst entstehen kann. Bei den entscheidenden Treibhausgasen geht es bei uns vielmehr noch so vonstatten: Jeder misst, wie er will. Und jeder präsentiert seine Ergebnisse, wie er will. Das ist ein bisschen so, als würden Sie auf der Autobahn in eine Verkehrskontrolle geraten und sagen: »Hallo, ich puste in mein eigenes Röhrchen. Und den Tacho, den habe ich mir auch selbst eingebaut.«

In aller Deutlichkeit: Gegenüber manch anderen Ländern leben wir in der klimapolitischen Steinzeit.

Auf Ebene der Bundesländer brauchen wir darum als Erstes einheitliche und wichtige Basisinformationen. Wir brauchen in den Bundesländern eine Berichterstattungspflicht für die Treibhausgasinventare. Und dabei müssen auch regionale Emissionsfaktoren entsprechend berechnet werden. Denn nur so können wir wissen, wo und wie viele Emissionen in jedem Bundesland eigentlich entstehen – beim Strom, bei der Wärme, im Verkehr. Die Wahrheit in dieser brenzligen Phase des Klimaschutzes lautet hingegen so: Wie gut emissionsreduzierende Maßnahmen in den einzelnen Ländern greifen, das können wir derzeit gar nicht genau überprüfen. Für eine effektive Klimaschutzpolitik brauchen wir Kennzahlen – und zwar auf Landesebene. Denn nur so wird deutlich, wo es noch Potenzial für Verbesserungen gibt.

Um die Informationslage beim Klimaschutz zu verbessern, ist darum eine Berichterstattungspflicht für alle Industriebetriebe vonnöten – und zwar ab einer gewissen Menge an Treibhausgasen, die diese im Jahr produzieren. International hat sich hier eine Menge von 10.000 t CO_2e als der geeignete Grenzwert etabliert. Wer so viele Treibhausgase pro Jahr in den Himmel bläst, muss Zeugnis darüber ablegen. Ab dieser Menge sollten Betriebe dazu verpflichtet werden, ihr Treibhausgasinventar nach der DIN-Norm ISO Standard 14064-1 zu berechnen und dieses öffentlich zu machen.

Denn: Nur mit diesen Informationen lässt sich Klimaschutz planen. Nur mit diesen Informationen wissen wir, wo wir in der Klimakrise stehen. Und nur mit diesen Informationen können wir in der Klimakrise auch die Kurve kriegen.

Was noch? Wir müssen bekanntlich den treibhausgasarmen Strom dringend ausbauen. Um besser und schneller voranzukommen, sollte darum auch hier das Planungs- und Genehmigungsrecht erheblich vereinfacht und transparenter gemacht werden.

Zum Schluss ist noch dies gefragt: Auch in den Gemeinden muss die Berichterstattungspflicht eingeführt werden – neben gezielten Finanzierungsprogrammen.

Es ist gar nicht so viel. Doch genau dies sind die Knöpfe, die die Politik jetzt drücken muss. Es würde uns meilenweit voranbringen.

Gemeindesache: Lieber genau hinschauen als Vorgefertigtes nachmachen

Auf die Frage, was Gemeinden denn nun in Sachen Klimaschutz tun können, lautet die Antwort: Bitte innovativ denken und nicht immer wieder in vorgefertigten Denkmustern landen. Sich darauf auszuruhen ist gefährlich – weil es davon abhält, sich an den realen Fakten zu orientieren. Gemeinden sollten darum nicht mehr auf Maßnahmen von der Stange zurückgreifen, wenn sie etwas fürs Klima tun möchten. Zum Beispiel in der Verwaltung auf LED-Leuchten umrüsten und das auch noch medienwirksam als tolle Klimaschutzmaßnahme feiern. Es ist keine. Die Wirkung ist nicht der Rede wert.

Ich nehme die LED-Leuchten gern als Beispiel, weil sie neben einigen anderen Maßnahmen wie etwa dem Bepflanzen eines Gebäudedachs tatsächlich das beschreiben, womit Gemeinden noch immer denken, bei der Emissionsreduzierung voranzukommen. Ich versuche dann immer, solche Manöver mit den Grundlagen der Treibhausgasbuchhaltung zusammenzubringen und ganz pragmatisch die Realitäten aufzuzeigen.

Bei einer genaueren Betrachtung des gesamten Treibhausgasinventars einer Gemeinde stellt sich nämlich meist heraus, dass der Anteil der reduzierten Treibhausgase durch die Umstellung auf LEDs am Gesamtinventar gerade mal zwei Prozent ausmacht – wenn es hochkommt. Denn natürlich hängt dieser Anteil auch entscheidend von der Treibhausgasintensität des verwendeten Stroms ab. Vor allem jedoch: Im Vergleich zum Heizen, zum Treibstoffverbrauch der Fahrzeugflotte und zur Müll- und Abwasser-Wirtschaft der Gemeinde reden wir hier immer nur von einem Bruchteil – nicht von den großen und wichtigsten Brocken, die es als Erstes anzupacken gilt.

Und spätestens, wenn ich auf einer Gemeinderatsitzung die Verhältnisse mithilfe einer Grafik darstelle, wird eines schnell klar: Für echten Klimaschutz müssen meist ganz andere und viel signifikantere Quellen von Treibhausgasen angegangen werden als die Beleuchtung in der Verwaltung.

Als Nächstes ist es sehr hilfreich, regelmäßig Sitzungen einzuplanen und sich mindestens einmal im Jahr detailliert über das Treibhausgasinventar zu beugen. Bei der Finanzbuchhaltung macht man es schließlich nicht anders. Man schaut genau hin. Man rechnet. Man sieht, wo man steht. Und plant entsprechend. Warum nicht beim Klima – wenn man es denn ernst nimmt?

Mithilfe eines solchen Treibhausgasinventars kommen sehr spannende Dinge heraus. Wie viele Treibhausgase verursacht eigentlich das Schwimmbad? Für wie viele Anteile sind die Flotten der öffentlichen Fahrzeuge verantwortlich? Die Freizeitanlagen? Die operativen Verfahren der Gemeinde? Die Versorgungsketten? Wie viel wird durch den Transportsektor in die Lüfte gepustet? Wie viele Emissionen entstehen durch die Energie- und Wasserversorgung? Die Müllentsorgung und die Wasserversorgung?

Es ist wie einmal klar Schiff machen und sehen, wo man steht. Und ich sage Ihnen: Es kann Spaß machen, daran zu arbeiten. Es motiviert, wenn ich weiß, dass die Maßnahmen wirklich greifen.

Vor allem jedoch wird dann klar, wo der größte Handlungsbedarf liegt. So kann eine Gemeinde schließlich mit gutem Beispiel vorangehen und als Erstes den eigenen Apparat jenen Maßnahmen unterwerfen, die man sonst meist erst mal anderen abverlangt. Danach aber müssen die Regeln und Maßnahmen auch für die anderen Bereiche der Gemeinde gelten. Für die Energieversorgung, das Müllmanagement, den öffentlichen Verkehr und das Bauen – denn auch hier müssen die Treibhausgasintensitäten reduziert werden.

Ganz wichtig auf Gemeindeebene ist dabei der Bereich Wärme. Nicht so sehr im Verbrauch, sondern in der Produktion. Es gibt hier nämlich eine Energiequelle, die viele völlig übersehen: das sogenannte Energie-Recycling. Um zu verstehen, wie das funktioniert, sehen wir uns ein paar Fakten an.

Rund 89 Millionen Tonnen Nahrungsmittel werden in der EU pro Jahr entsorgt – und für die Hälfte sind wir als Endverbraucher verantwortlich. Sagenhafte 6,7 Millionen Tonnen Abfall verursachen allein die Deutschen – weil sie Lebensmittel einfach wegschmeißen. Und: 44 Prozent davon sind Obst und Gemüse. Pro Kopf heißt das: 82 Kilo Essen wirft jeder Deutsche durchschnittlich im Jahr weg – denn fast 50 Prozent aller Nahrungsmittel landen im Müll statt im Magen. Selbst wenn wir Obst und Gemüse aufessen, nutzen wir längst nicht alles. Bei der Zubereitung schälen wir, schneiden Teile ab oder entfernen Kerngehäuse.

Spätestens nachdem die Veränderung unseres Konsumverhaltens überdacht ist, wissen wir zudem, dass unser Essen einen nicht unerheblichen Teil unseres Treibhausgasfußabdrucks ausmacht. Vor allem, weil erhebliche Energie nötig ist, um das Essen herzustellen. Auf der anderen Seite schenken uns die Lebensmittel aber auch selbst Energie – weshalb wir letzten Endes ja überhaupt essen. Und damit kommen wir der Sache schon näher: In unserem Essen steckt Energie! Und es steckt eben auch noch einiges an Energie in jenem Essen, das wir wegwerfen. Meist unbedacht und ungenutzt. Und das ist nicht nur schade fürs Essen – es ist auch sehr bedauernswert wegen der Energie, die dabei verloren geht. Energie, die sonst andernorts erst erzeugt werden muss: wiederum verbunden mit vielen Treibhausgasen. Und dieses ungenutzte Potenzial ist eigentlich sogar noch viel schlimmer, als die Abfälle auf den Kompost zu werfen. Denn dort steigt die in den Resten steckende Energie gern in Form von Methan in die Atmosphäre auf. Bei einer Treibhausgasbilanz kommt übrigens auch das ans Tageslicht, wie wir in Kapitel 2 gesehen haben.

Dies vor Augen, drängt sich eine Frage auf: Gibt es nicht vielleicht einen Weg, die verschenkte Energie in den Abfällen zurückzugewinnen? Und ja, diese Möglichkeit existiert, und zwar in Form einer Biogasanlage.

In einer solchen Anlage wird die in den Abfällen gespeicherte Energie durch einen kontrollierten Zersetzungsprozess zunächst in Methan umgewandelt. Das Methan wird aufgefangen, kann anschließend aufbereitet und zur weiteren energetischen Verwendung in das Erdgasnetz eingespeist werden. Dabei ist es wichtig, dass dies so effizient wie möglich geschieht – doch genau das schaffen nur Biogasanlagen einer bestimmten Größe. Eine solche Anlage in regionalem Ausmaß kann klug integriert werden, und zwar in ein Biomüll-Tonnen-Konzept.

Zudem schaffen es größere Anlagen dieser Art, Biomasse auch aus Landwirtschaft und Lebensmittelproduktion aufzunehmen und ebenfalls in Biogas zu verwandeln. Und hier gleich noch ein positiver Effekt: Mit größeren Anlagen können wir viel mehr anstellen, als das Methan lediglich für eine eher ineffiziente Stromproduktion zu nutzen. Viel effizienter nämlich ist es, das Biogas in das existierende Erdgasnetz einzuspeisen.

Warum ist das sinnvoll? Es gibt noch viele Bereiche, in denen eine kluge Elektrifizierung technisch knifflig sein wird. Bei bestimmten industriellen Prozessen zum Beispiel oder bei Produktionsmethoden, die hohe Temperaturen verlangen. Dort wäre ein optimaler Brennstoff besonders hilfreich: ein Brennstoff, der einerseits möglichst wenig Treibhausgase produziert, andererseits aber möglichst viel Energie liefert.

Um herauszufinden, über welches Energiepotenzial wir in diesem Zusammenhang generell reden, haben mein Team und ich Berechnungen angestellt. Wir fragten uns dazu: Wie viel Energie steckt eigentlich in der Schale und im Kerngehäuse eines Apfels? Jenen Teilen, die meist im Müll oder auf dem Kompost landen.

Das Ergebnis hat selbst uns verblüfft. In dieser kleinen Menge Küchenabfall steckte das Äquivalent an Energie, mit dem ich mein Mobiltelefon aufladen könnte – und zwar bis zu viermal! Fazit: Das Energie-Recycling besitzt erstens erhebliches Potenzial. Zweitens würde es gleichzeitig die Methanemissionen vermeiden.

Wirklich schade und verschwenderisch wäre es darum, dieses Prinzip nicht zu nutzen. In der Stadt Surrey im Südwesten der kanadischen Provinz British Columbia steht eine solche Anlage, die von der Stadt betrieben wird. Ich habe bei der Entwicklung dieser Anlage selbst mitgearbeitet. Die »Surrey Biofuel Facility« ist die erste und größte Anlage Nordamerikas, die organischen Abfall in einem geschlossenen Kreislauf (»closed-loop«) zu erneuerbarem Biogas und

Kompost umwandelt. Das »Organic Waste Management« der Stadt gilt als letzter Stand der Technologie und funktioniert so:

Die Bürger sammeln ihren Biomüll konsequent in Biotonnen, die von speziellen Sammelfahrzeugen der Stadt geleert werden. Das kennen wir teils auch aus deutschen Landkreisen, doch wird der Biomüll hier meist einer Kompostierungsanlage zugeführt, anstatt daraus obendrein Energie zu gewinnen. (Diese Art der Kompostierung ist jedoch, wie wir gesehen haben, eher ein Treibhausgasmultiplikator als ein Beitrag zum Klimaschutz.)

In Surrey jedoch wird das Methan aufgefangen und, zu Biogas aufbereitet, ins Gasnetz eingespeist. Das Biogas wird auch verwendet als Treibstoff für die Sammelfahrzeuge. Mit dieser Methode schließt man den Kreislauf und erreicht beim Müllmanagement einen CO_2-Abdruck von: null. Der übrig bleibende methanarme Kompost wiederum wird lokal genutzt, um treibhausgasintensive Kunstdünger zu ersetzen. Und so geschieht, was sich fast zu schön anhört, um wahr zu sein. Doch es ist wahr – und funktioniert hervorragend: Durch ein strategisches Energie-Recycling auf Gemeindeebene leisten in Surrey 470.000 Einwohner einen erheblichen Beitrag zum Klimaschutz, weil die Stadt dies mit innovativen Lösungen ermöglicht.

Gemeinsam stark: Comox-Projekte in den Gemeinden

Juni 2021. Mein Team und ich stecken mitten in diversen Projekten, vor allem in gemeinnützigen Gemeindeprojekten. Wir bringen unser Wissen hier zum Teil kostenlos ein, und diese Arbeit macht einen wichtigen Teil unseres Beitrags zum Klimaschutz als gemeinnützig handelndes Unternehmen aus. Mich motiviert das sehr: neben den analytischen Aspekten meines Jobs auch ganz praktisch und menschennah beim Klimaschutz mit anzupacken. Jetzt gerade und verstärkt bei einem sogenannten Comox-Projekt. Der Name Comox ist einem Projekt entsprungen, das wir in einer Gemeinde mit demselben Namen durchgeführt haben. Auch das erste Bürgerbewegungsprojekt in Kanada hieß Comox.

Wie gesagt, es werden eine ganze Reihe wichtiger Entscheidungen auf Gemeindeebene getroffen. In Kanada, in Deutschland, überall auf der Welt. Bei diesen Entscheidungen auf lokalpolitischer Ebene geht es um die Stromerzeugung vor Ort, es geht ums Energie-Recycling, um Kreislaufwirtschaft, cleverere Mobilitätsangebote, Waldschutz und so weiter. Und dabei können in Sachen Emissionsreduzierung ganz entscheidende Hebel umgelegt werden – doch das geschieht nicht von allein. Das ist ganz besonders wichtig, wenn die Politik auf Bundesebene beim Klimaschutz versagen sollte. Mein Team und ich haben darum eine Basis für klimarelevante Gemeindeprojekte entwickelt: sozusagen eine Blaupause dafür, wie man aus einzelnen Gemeinden heraus solche Aktionen und Kampagnen entwickelt, wie man dabei gemeinsam auf gute Ideen kommt – und diese auch umsetzt. Denn das zählt!

Begonnen hat alles mit Bürgergesprächen, die in erster Linie der Aufklärung in Sachen Klimaschutz dienten. In Kanada fing man schon Mitte der 2000er-Jahre damit an, inzwischen werden die Bürgergespräche auch in Deutschland immer beliebter. Diese Vorträge, Gesprächsrunden und informativen Treffen sind auch wichtig – aber nur Reden und Zuhören reichen eben nicht. Und wenn dabei am Ende doch nichts geschieht, gehen nur noch mehr Vertrauen und Tatbereitschaft verloren, als durch solche Veranstaltungen eigentlich aufgebaut werden sollen. Und das ist ein großes Problem: Denn lokaler Klimaschutz ist etwas, das besser gestern passiert wäre als heute beschlossen zu werden. Die Zeit, nur darüber zu reden, ist schon lange vorbei. Außerdem ist es immer leicht, zu sagen, dass jetzt aber mal endlich was passieren muss – denn meistens meinen alle damit immer die anderen.

Oft verändern solche Veranstaltungen darum nicht wirklich etwas. Die Beteiligten sammeln einige Ideen, machen zwei, drei Vorschläge, und die Gemeindeverwaltung sagt dann: Danke, wir schauen uns das mal an. Im schlimmsten Fall kommt Folgendes dabei heraus: Die Gemeindeverwaltung holt sich auf solchen Treffen lediglich das Okay ab, um durchzubringen, was sie schon immer vorhatte.

Beim Klimaschutz auf Gemeindeebene müssen wir uns also alle aktiv einbringen, sonst wird das nichts. Darum haben wir das Projektformat Comox entwickelt: Die Gemeindemitglieder reichen dabei in einer Art Wettbewerb lokale Projekte zur Treibhausgasreduzierung ein. Und das funktioniert in vielen Fällen wirklich gut. Es klärt auf und motiviert dazu, wirklich etwas zu tun. Es bringt die Dinge tatsächlich ins Rollen. Darum hier die wichtigsten Faktoren, die bei zahlreichen Comox-Projekten zum Erfolg geführt haben. Sie können diese nutzen, um in Ihrer Gemeinde oder auch in Ihrer Firma solch ein Projekt durchzuführen.

1. Eine öffentliche Informationsveranstaltung, bei der die Treibhausgasbilanz der Gemeinde, die größten lokalen Emissionstreiber sowie die Grundlagen der Berechnungen vorgestellt werden. Das Wichtige ist der faktenbasierte Ansatz. Keine Klimawandel-Horrorshow! Die Grundlagen und die größten Treibhausgasverursacher in der eigenen Gemeinde einmal kennenzulernen ist für viele Anlass genug, um mitzumachen. Und das allein kann schon viel bewegen, im besten Fall ermöglicht es direktes Handeln. Bilder von Eisbären auf schmelzenden Eisschollen hingegen bewirken nichts Konkretes. Das hatten wir schon – es ist Zeit für innovativere Ansätze.

2. Die Gemeinde stellt einen festen Geldbetrag für den Wettbewerb zur Verfügung: zwischen 10.000 und 50.000 Euro, je nach Größe der Gemeinde. Dies dient sozusagen als Beweis, dass die Gemeinde es ernst meint. Außerdem: Aussichtsreiche Projekte sollen nach dem Wettbewerb auch wirklich finanziert werden. Dafür muss das Budget einen ernsthaften Umfang haben.

3. Die Wettbewerbskriterien müssen glasklar und öffentlich sein. Das erste Kriterium muss die nachweisliche Reduzierung von Treibhausgasen sein. Dafür müssen die Teilnehmer lernen, wie Treibhausgasbilanzen in einer vereinfachten Form berechnet

werden und wie man anhand der Daten die Reduzierung angeht. Dazu gibt es einen separaten öffentlichen Workshop: Jeder Projektvorschlag muss eine quantitativ berechnete Reduzierung von Treibhausgasen beinhalten und diese präsentieren. Damit kann der eigentliche Wettbewerb beginnen. Die Preisfrage: Durch welches Projekt lassen sich mit den geringsten Kosten die meisten Treibhausgase in der Gemeinde permanent reduzieren? Kaum ist das verstanden, erwacht in den Menschen der Sportsgeist. Und dann passiert ganz viel!

4. Zweites Kriterium: Das Projekt muss einen gemeindeweiten Effekt haben, es darf nicht zum Vorteil von nur einer Person oder nur eines Haushalts sein. Und: Ausschließlich Teams, die aus Gemeindemitgliedern bestehen, dürfen ihre Projekte einreichen – keine Einzelpersonen. Hier geht es um Teamwork. Um gemeinsames Diskutieren und gemeinsames Handeln. Firmen, politische Parteien und Vereine können nicht teilnehmen. Gleiche und faire Bedingungen für alle stehen im Vordergrund. Außerdem sollten die Teams idealerweise keine speziellen Interessen verfolgen. Generationen- und interessenübergreifende Teams werden nämlich mit sehr hoher Wahrscheinlichkeit eher Ideen entwickeln, die dem Wohle aller dienen, als solche Teams, die eine Interessengruppe der Gemeinde widerspiegeln.

5. Das dritte Wettbewerbskriterium betrifft die Machbarkeit des Projekts sowie den Zeitrahmen der Umsetzung: Können die Treibhausgase mithilfe der Idee innerhalb von zwölf Monaten auch wirklich reduziert werden? Wenn wir die Dinge ankurbeln wollen, spielt der Faktor Zeit neben der möglichst großen Menge der Reduzierung ebenfalls eine Rolle. Ziele erst in zehn, zwanzig Jahren erreichen? Das ist zu spät. Nehmen wir ein konkretes Beispiel. Wenn auf der Wetterseite der lokalen Schwimmhalle eine Tannenhecke gepflanzt werden soll, um den Energiebedarf der Halle zu senken, dann reicht es nicht, zehn

Zentimeter kleine Setzlinge zu besorgen und damit zu beginnen. Das mag zwar günstiger sein, verspielt aber zu viel Zeit. Darum: Hier müsste das Projekt den Vorschlag beinhalten, mittelgroße Bäume von einer Baumschule zu kaufen und zu pflanzen. So wird das Reduktionsziel wesentlich schneller erreicht.

6. Permanenz ist ein weiteres wichtiges Kriterium. Projekte, die irgendwann rückgängig gemacht werden können, qualifizieren sich nicht – wie etwa der Vorschlag, dass alle Gemeindemitglieder weniger Auto fahren. Wer weiß schon, wann die Hälfte aller Einwohner nicht doch wieder in die Autos steigt? Dies ist nicht wirklich planbar, nicht sicher. Anders sieht es mit einem solchen Vorschlag aus: Die Fahrradstellplätze vor der Schwimmhalle mit Solarzellen zu überdachen, um die E-Bikes aufzuladen – das hat eine deutlich permanentere Wirkung.

Wo man als Erstes ansetzt, wissen in der Regel die Mitglieder der Gemeinden selbst am besten. Sie haben lokales Wissen, kennen die speziellen Gegebenheiten ihres Wohnorts und können – auch mithilfe der Treibhausgasbilanz – am besten entscheiden, wo was geht. Darin liegt der Sinn und Zweck dieser lokalen Projekte.

Am Kriterium der Permanenz wird aber auch deutlich, was Sie selbst nun vielleicht doch am Frühstückstisch tun können, um bei der Lösung der Klimakrise zu helfen. Wie bereits gesagt: Wenn wir als verantwortungsvolle Konsumenten unser Kaufverhalten entsprechend steuern, ist das schon mal ein guter Beitrag. Aber es ist kein permanenter Beitrag. Und wir können damit auch nicht sicherstellen, dass sich alle Konsumenten so verhalten. Deshalb sollten Sie an Ihrem Frühstückstisch nicht nur die verantwortungsvoll eingekauften lokalen Zutaten genießen – sondern mit Ihren Freunden und Nachbarn ein Projekt zur Treibhausgasreduzierung austüfteln und planen: für Ihre Gemeinde oder Schule, für Ihren Arbeitgeber oder auch für das Bundesland, in dem Sie leben. Genau das bewegt die Dinge wirklich. Genau das ist ein langer Hebel, der Kraft hat.

7. Auch erscheint es uns wichtig, das Auswahlgremium für den Wettbewerb nur mit Mitgliedern aus der Gemeinde zu besetzen. In der Jury sollte idealerweise niemand ein politisches Amt bekleiden oder privatwirtschaftliche Interessen verfolgen. Fünfzig Prozent des Gremiums sollten zudem aus Jugendlichen bestehen – um der Realität Rechnung zu tragen, dass sie es sind, die die Folgen der Klimakrise am längsten und härtesten werden schultern müssen. Ein solch durchmischtes Gremium ermöglicht meist auch einen viel ernsthafteren Austausch über die Generationsgrenzen hinweg. Mehr als jede andere Form des Austauschs, die ich in all den Jahren kennengelernt habe.

8. Zu guter Letzt: Am besten wird ein solcher Wettbewerb im Dienst des lokalen Klimaschutzes nicht nur einmal, sondern jedes Jahr aufs Neue ausgerufen. Denn mindestens in den nächsten zehn, zwanzig Jahren wird es allemal noch genug zu tun geben, um die Treibhausgase zu reduzieren – und die Keeling-Kurve mit vereinten Kräften nach unten zu biegen.

Was kann ich selbst fürs Klima tun – um wirklich etwas zu bewegen?

Die eben beschriebenen Comox-Projekte und andere Aktionen dieser Art bereichern. Und sie bereichern auch mein Team und mich, und zwar auf zweierlei Weise. Einerseits, weil wir immer wieder etwas dazulernen, wenn vor Ort um gute Lösungen gerungen wird. Andererseits ist es eine schöne Erfahrung, wenn schon nach einigen Workshops, bei denen Grundlagen vermittelt werden, eine ganze Gemeinde plötzlich völlig neu aufgestellt ist. Mir fällt dazu das altbekannte Zitat von Erich Kästner ein: »Es gibt nichts Gutes, außer: Man tut es.« Doch zu sagen, was denn nun »gut« ist, das ist oft eben gar nicht so einfach. Schon gar nicht beim Klimaschutz. Darum würde ich den Satz am liebsten etwas umformulieren, wenn es um die Treibhausgase geht. Ich würde sagen: »Es gibt nichts

Klimafreundliches. Außer man definiert es mit Wissen um die Zusammenhänge – und tut es.« Mit diesem Buch möchte ich vor allem dazu beitragen, dass wichtige Zusammenhänge besser verstanden werden. Immer wieder wird behauptet, dass wir um sämtliche Fakten wissen, über alle Technologien und Optionen Bescheid wissen und eigentlich ja nur noch entsprechend handeln müssten. Aber ist dem wirklich so? Ganz sicher bin ich mir in dieser Hinsicht nicht. Denn wenn dem wirklich so wäre, wenn wir tatsächlich um die entscheidenden Hebel wüssten – dann hätten wir sie doch längst umgelegt. Wenn ich Vorträge halte, stelle ich jedenfalls immer wieder fest, dass die Konzepte, Prinzipien und Einsichten der Treibhausgasbuchhaltung fast niemandem vertraut sind. Dabei gibt es diesen einen Spruch. Wie heißt er noch so schön? *You can only manage what you can measure.* Eine schlichte, aber unausweichliche Wahrheit: Was wir nicht messen und genau beschreiben können, das können wir auch nicht handhaben und in den Griff bekommen. Umso erschreckender ist es natürlich, dass die Zusammenhänge und quantitativen Aspekte der Treibhausgasproblematik noch immer so wenigen Menschen bekannt sind – obwohl doch genau dies das zentrale Kriterium der Klimakrise ist!

Die Treibhausgase sind es, die die Eigenschaften unserer Atmosphäre verändern. Also ist es ihre Konzentration in der Atmosphäre, die wir reduzieren müssen. Darum: Die Keeling-Kurve muss nach unten zeigen – nur das zählt. Alles andere ist Zeitverschwendung. Nur wenn wir vom Observatorium auf dem Mauna Loa die Meldung erhalten, dass die Konzentration der atmosphärischen Treibhausgase zum ersten Mal wieder abnimmt, haben wir Grund zur Annahme, dass es in die richtige Richtung geht. Und bis dahin sollten wir alles, was in unserer Macht steht, tun, um genau dieses Ziel zu erreichen.

Und ja, wir können eine Menge tun. Auch wir als Bürgerinnen und Bürger, als einzelne Personen auf diesem Planeten. Allerdings reicht es nicht, wenn wir ein schlechtes Gewissen mit uns herumtragen, uns beim Einkaufen dann manchmal ein bisschen zurückhalten oder einfach öfter aufs Fahrrad umsatteln. Wir müssen viel größere Dinge bewegen. Vergleichen Sie nur einmal die Größe Ihres eigenen

Treibhausgasfußabdrucks mit jenem Ihres Arbeitgebers, der Stadt oder Gemeinde, mit jenem des Bundeslands und des Lands selbst, in dem Sie leben. Setzen Sie dies in ein Verhältnis. Und dann vergleichen Sie Ihren persönlichen Einfluss aufs Klima auch einmal mit jenem Treibhausgasfußabdruck, der dort entsteht, wo Sie am meisten Zeit verbringen.

In aller Regel kommt Folgendes heraus: Der Treibhausgasfußabdruck, der von anderen Umfeldern ausgeht, liegt um ein Vielfaches höher als Ihr persönlicher Fußabdruck. Darum: Verschwenden Sie Ihre Energie nicht mit der Frage, ob Sie noch irgendetwas übersehen haben, was Sie im täglichen Leben ändern müssten. Fragen Sie sich lieber noch einmal: Lösen Sie mit solchen Veränderungen Ihres persönlichen Lebensstils wirklich die Klimakrise? In Kapitel 2 habe ich meine Antwort darauf gegeben und diese auch mit Fakten begründet. Noch einmal, sie lautet: Nein, unsere persönlichen Maßnahmen werden nicht reichen, um das Klimaproblem zu lösen. Darüber müssen wir uns klar werden, weil wir sonst Gelegenheiten und Zeit verspielen. Das heißt jedoch nicht, dass wir persönlich aus der Verpflichtung genommen sind, entlassen in ein sorgenfreies Leben, in dem wir klimatechnisch tun und lassen können, was wir wollen. Mitnichten ist dies der Fall! Denn wir alle können etwas tun, jeder Einzelne von uns.

Es gibt Optionen, die über die Umstellung unserer Lebensgewohnheiten weit hinausgehen und auch deutlich effektiver sind. Dazu gehört unter anderem, sich zu fragen: Wo verbringe ich eigentlich die meiste Zeit? Sehr oft nämlich ist dies gar nicht das eigene Zuhause. Es ist das Büro, die Firma. Es ist die Schule, die Werkshalle, die Baustelle, der Supermarkt, das Fitnesscenter, das Ladengeschäft. Je nachdem, wo man arbeitet und sich tagsüber regelmäßig und am längsten aufhält. Und dabei hat mich meine Erfahrung gelehrt und haben auch meine Berechnungen oft genug ergeben: Bei den meisten wäre es am sinnvollsten, genau dort klimatechnisch zu denken und zu handeln.

Darum ist diese Frage ganz wichtig: Ist es nicht viel lohnender, sich genau dort einzubringen, wo wir auch am meisten bewegen

301

können? Sollten wir uns nicht lieber dort einmischen, wo das Mitmischen weitaus mehr bringt? Die Effekte wären geradezu verblüffend, gingen wir die Sache einmal so an. Wir würden unser Potenzial zur Reduzierung der Treibhausgase weitaus effektiver nutzen. Würden unseren eigenen Beitrag, die Klimakrise zu bekämpfen, um ein Vielfaches steigern.

Und ja, es gibt Möglichkeiten: echte Handlungsoptionen. Lassen Sie mich darum an dieser Stelle einige weitere Schritte beim Namen nennen. Hebel, die Sie selbst bewegen können. Hebel, die wirklich etwas in Schwung bringen. Hier also meine To-do-Liste für jeden, der nicht mehr reden, sondern endlich machen will.

- Kontaktieren Sie die oder den Repräsentanten Ihres Wahlkreises im Bundestag und fragen Sie diese Person nach der Treibhausgasbilanz für den Verwaltungsbereich des Wahlkreises. Die erschreckendste Antwort würde darin liegen, dass er oder sie nicht weiß, was eine Treibhausgasbilanz ist oder eine solche nicht vorweisen kann. Fragen Sie weiter, wie es denn angehen kann, Emissionen zu reduzieren, ohne deren Ausmaße zu kennen. Schließlich ist es doch auch unverantwortlich, Steuergelder ohne vernünftige Buchhaltung zu verwalten.
- Fragen Sie die oder den Repräsentanten als Nächstes, wie und in welcher Form die verfassungsrechtliche Verantwortung Ihnen gegenüber wahrgenommen wird: wie er oder sie der Klimakrise mit effektiven ordnungspolitischen Maßnahmen begegnet und somit Ihnen und allen anderen Menschen im Wahlkreis guten Gewissens sagen kann, dass sich ausreichend um eine solide Zukunft gekümmert wird. Und falls Sie denken, dass die Antworten unzureichend ausfallen, sagen Sie das. Machen Sie es sehr deutlich. Scheuen Sie sich dabei nicht, Ihr Wissen mit anderen zu teilen und auch auf die Reaktion aufmerksam zu machen.
- Fordern Sie eine zuverlässige Treibhausgasbilanz ein. Noch besser: eine Regulierung der Treibhausgasintensitäten für Strom und Wärme – und zwar eine Regulierung, die sich an einem 1,5-Grad-Treibhausgasbudget orientiert. Fordern Sie schließlich

auch eine integrierte treibhausgasarme Energiestrategie für den Bereich Ihres Wahlkreises ein, mit Finanzierungsinstrumenten, die lokale Energieprojekte unterstützen. Regen Sie nun am besten noch an, die Bahn in ein gemeinnütziges Unternehmen umzugestalten und mit mehr Finanzmitteln auszustatten – um so die Verkehrswende zu ermöglichen.

- Der nächste Hebel: Kontaktieren Sie nun auch den Repräsentanten Ihres Wahlkreises im Landtag. Fragen Sie, in welcher Form dort die verfassungsrechtliche Verantwortung Ihnen gegenüber wahrgenommen wird, der Klimakrise mit effektiven ordnungspolitischen Maßnahmen zu begegnen. Und machen Sie es auch hier sehr deutlich, falls Sie die Antwort für unzureichend erachten. Teilen Sie diese Antwort ebenfalls mit anderen. Tragen Sie die Information weiter, wenn etwas *nicht* geschieht. Und schließlich tun Sie dies: Fordern Sie eine zuverlässige Regulierung der Treibhausgasbilanzierung auf Landes- und Gemeindeebene. Fordern Sie eine jährliche Berichterstattungspflicht, eine Quantifizierungsmethodik mit landesspezifischen Emissionsfaktoren und eine gesetzlich verpflichtende Reduzierung auf Landes- und lokaler Ebene.

- Tun Sie das. Es ist Ihr gutes Recht. Initiative zeigen. Gezielt. Dies kann und dies wird etwas bewegen. Und: Wenn sich nichts tut – wiederholen Sie die Schritte.

Was können Sie noch tun, um Ihre Optionen als Person wirklich zu nutzen? Und mehr auf die Beine zu stellen, als Fahrrad zu fahren?

- Gründen Sie eine Klimaschutz-Arbeitsgruppe. In Ihrem Unternehmen, in der Schule, an der Universität. Erstellen Sie gemeinsam im Team eine Treibhausgasbilanz, die auf der Norm ISO-14064-1 basiert. Holen Sie sich dafür gegebenenfalls einen unabhängigen Expertenrat ein. Danach werden Sie präzise wissen, wo die größten Emissionsquellen in diesem Umfeld liegen. Wobei entstehen die meisten Treibhausgase? Wo exakt und in welchen Mengen? Dies herauszufinden kann übrigens sehr spannend sein. Dem Übeltäter auf die Spur zu kommen, kann sogar richtig Spaß machen. Und: Danach wissen Sie exakt Bescheid.

- Diskutieren Sie, machen Sie sich schlau. Nehmen Sie vielleicht wieder einen Insider hinzu und erforschen Sie, was die jeweils zuverlässigsten Lösungen sind. Das Ziel sollte dabei sein: die drei größten Quellen der ermittelten Treibhausgase um 80 Prozent zu reduzieren. Erstellen Sie einen Plan, um diese Ziele bis 2030 zu erreichen. Dies im besten Fall sogar kostenreduzierend und gewinnsteigernd. Denn das ist möglich. Meist nämlich gibt es kluge Technologien und entsprechende Lösungen schon.
- Machen Sie Ihre Ergebnisse öffentlich, damit andere davon lernen können.
- Organisieren Sie sich zudem in Ihrer Gemeinde oder Stadt und erarbeiten Sie einen Plan für eine zentrale Biomüll-Biogasanlage zum Energie-Recycling. Betrachten Sie aber auch andere Möglichkeiten der lokalen und treibhausgasarmen Energieproduktion oder sogar Speicherung. Erweitern Sie Ihren Horizont, was Energieproduktion angeht. Windenergie funktioniert nicht nur an der Küste, sondern auch in den Bergen. Und ein Parkplatz vor Ihrem Sportzentrum kann auch zum Solarpark werden, wenn die Solarzellen in Form einer Überdachung daherkommen.
- Oder: Gründen Sie ein lokales und gemeinnütziges Baustoff-Recycling-Unternehmen. Die Nutzung von Abfallstoffen bietet eine Vielzahl von Anwendungen, die alle ganz erheblich zur Emissionsreduzierung beitragen.

Generell ist dies ein guter Weg: Erarbeiten Sie gemeinsam kollaborative und praktische Lösungen – dort, wo Sie leben und arbeiten. Konkrete, praktische Lösungen sollten es sein. Keine virtuellen. Wir haben schon genug Stromfresser. Ganz besonders die Blockchain-Technologie frisst zu viel Strom. Sie ist die fossile Technologie der Zukunft.

Begegnen Sie anderen dabei stets mit Respekt und Offenheit, auch jenen, die nicht mitziehen wollen oder anderer Meinung sind. Der Blick über den Tellerrand seiner eigenen Interessen hilft dabei enorm. Ganz und gar nicht schaden kann es vor allem auch, einmal in sich selbst hineinzufühlen und sich die Frage zu stellen: Was ist das denn nun eigentlich – ein gutes Leben? Für mich selbst? Für die anderen? Für alle zusammen auf dieser Erde? Auch für die, die noch nicht geboren sind? Und dabei sollten wir – neben allen Berechnungen, Grenzwerten und Methodiken – eines niemals vergessen. Bei der Klimakrise geht es um genau das: um Leben.

Wir können diese Krise nur gemeinsam als Gesellschaft lösen. Reden ist wichtig, aber allein reicht es nicht. Es entscheidet sich jetzt und hier, ob wir diese Herausforderung als Gesellschaft gemeinsam meistern. Und ob etwas in Ihrer Firma oder Schule passiert, hängt dabei auch von Ihnen ab. Auch hängt es von Ihnen ab, ob in Ihrer Gemeinde, in Ihrer Stadt, in Ihrem Bundesland und in unserem Land etwas geschieht, das uns voranbringt.

Es gibt keine Zeit mehr zu verlieren. Darum: Bringen Sie sich ein. Versuchen Sie nicht, die Klimakrise allein zu lösen, nur um am Ende frustriert zu scheitern. Machen Sie die positive Erfahrung, gemeinsam mit anderen etwas zu erreichen.

Und fangen Sie am besten heute damit an. Denn genau so können wir ihn schaffen, den Weg aus der Klimakrise.

Nachwort

Über die letzten zwei Jahre hinweg habe ich meine Erfahrungen aus über einem Jahrzehnt der Klimaschutzarbeit sortiert, um sie so fokussiert wie möglich in diesem Buch darzustellen. Ende Juni 2021 rückte der Drucktermin näher, und es ging in die heiße Phase des Projekts. Allerdings nicht nur bei der oft nächtelangen Arbeit am Manuskript. Vor meinem Fenster braute sich etwas zusammen. Es wurde immer heißer. Ungewöhnlich heiß für den Westen Kanadas.

Erst hielt ich es für eine Ironie. Ich schrieb an einem Buch über den Klimawandel, und draußen kletterten die Temperaturen ständig höher. Doch es war keine Ironie. Es war die bittere Realität. Ein Hochdruckgebiet bewegte sich nicht mehr vom Fleck, in der Schleife der veränderten Jetstreams hatte sich über der pazifischen Westküste ein sogenannter Omega-Block festgesetzt. Die Luft stand und wurde von der Sonne jeden Tag mehr und mehr aufgeheizt. Wie in einem Ofen.

Schon an der Küste herrschten bald 43 Grad, weiter im Nordosten in der kleinen Stadt Lytton waren am Wochenende 46,6 Grad gemessen worden. Am Montag wurden daraus 47,9 Grad, am Dienstag 49,5. Dann geschah in Lytton das Unvorstellbare. Binnen weniger Minuten fing die gesamte Stadt Feuer, wurde von einer Feuerwalze überrollt und fast komplett zerstört. Viele Menschen flüchteten in letzter Sekunde. Vielleicht hat der Funke eines vorbeifahrenden Zuges das Inferno ausgelöst, vielleicht eine weggeschmissene Zigarette. Doch was auch immer die Untersuchungen ergeben werden: Es genügte ein winziger Auslöser, um die glühende Erde zu entzünden und fast 8.000 Hektar Lebensraum in Flammen aufgehen zu lassen.

An der Westküste schwappten tote Fische und Seesterne an die Strände. Die Muscheln in English Bay kochten im Meer, und im Death Valley stieg das Thermometer auf den Rekordwert von 56,7 Grad. Die Meldungen überschlugen sich. Die Hitze war beunruhigend. Ich saß derweil an meinem Schreibtisch, schrieb das Buch zu Ende und fokussierte mich umso mehr auf meine praktische Klimaschutzarbeit.

In den letzten drei Monaten hatten mein Team und ich zusammen mit der Stadt District of Squamish ein Programm erarbeitet, womit die Gemeinde in den nächsten zehn Jahren das 1,5-Grad-Ziel würde einhalten können. Mit der Verwaltung schauten wir uns die Fakten an. Was genau verursachte die Emissionen vor Ort? Und wie würde man sie effektiv reduzieren können? Es ging um die Gebäude, die Fahrzeugflotte, die eingekauften Dienstleistungen, es ging um die Abfallwirtschaft und die lokale Wasser- und Stromversorgung. Wir berücksichtigten das gesamte Inventar der kleinen Gemeinde, die hundert Kilometer nördlich von Vancouver liegt, oben am Ende des Howe Sound.

Nach einer gründlichen Analyse stand der Plan für die Emissionsreduzierung in allen Bereichen der Gemeinde. Das Team der Verwaltung hatte mich danach eingeladen, um diesen Plan nun in der Gemeinderatssitzung vorzustellen und dabei Rede und Antwort zu stehen. Und wie üblich ging es nach der Präsentation ins Kreuzverhör. Die Bürgermeisterin und sechs weitere politische Entscheidungsträger stellten viele Fragen. Müssen wir das wirklich alles machen? Müsste nicht auf höherer politischer Ebene gehandelt werden? Hat das denn auch Hand und Fuß? Ist das nicht zu teuer?

Beim Ausgeben von Steuergeldern verstehen die Gemeinderäte keinen Spaß, sie müssen verantwortungsvoll damit umgehen. Und so hören sich die Klimaschutzmaßnahmen für sie gut und schön an – doch am Ende sind sie ihnen meist zu teuer. Ich saß dem Gremium gegenüber, und es wäre jetzt verlockend und naheliegend gewesen, die Hitzewelle als Argument zu bringen. Und dabei hätte ich ihnen noch eine schöne Anekdote auftischen können.

Nur wenige Tage zuvor war ich in Vancouver von der Sirene eines Feuerwehrautos aus dem Schlaf gerissen worden und fiel schweißgebadet aus dem Bett. Der erste Feuerwehrwagen preschte vorbei, dann ein zweiter, ein dritter, ein vierter. Zum Schluss zählte ich zehn. Ich rannte vors Haus, um zu sehen, ob uns ein zweites Lytton bevorstand. In Gedanken packte ich schon meine wichtigsten Sachen und dachte: Jetzt ist es so weit.

Es stellte sich heraus, dass eine Garage in der Nachbarschaft lichterloh brannte. Wahrscheinlich alte Benzinkanister, die sich in der Hitze entzündet hatten. Und ohne das Großaufgebot der Feuerwehr wäre es wohl im Nu tatsächlich zur Katastrophe gekommen. Alle Häuser in dieser Gegend sind aus Holz gebaut, und um mich herum war alles schon gelb und braun und völlig ausgetrocknet. Die Luft flirrte vor Hitze. Nur bei mir sah es noch anders aus. Schon vor zehn Jahren hatte ich auf der Sonnenseite vor meinem Haus australische Weiden gepflanzt. Diese Bäume vertragen die Hitze und sind so gewachsen, dass sie das Haus im Sommer schützen wie ein Fächer. Zwischen den Weiden bildet sich ein Windkorridor und sorgt neben dem Schatten für zusätzliche Kühlung. Der Effekt verblüffte mich auch jetzt. Obwohl die Glut draußen tagelang anhielt, war es in meinem Haus zehn Grad kühler als draußen, ohne Klimaanlage.

Ich blickte auf meine Weiden. Sie waren noch immer grün.

Der Schock allerdings steckte mir in den Knochen, auch jetzt noch während der Präsentation vor dem Gemeinderat. Und wie plakativ hätte diese Geschichte auf die Anwesenden gewirkt? Doch ich verzichtete bewusst darauf, sie zu erzählen. Es wäre nichts anderes gewesen als eine opportunistische Reaktion meinerseits, und damit hätte ich nichts gewonnen. Ich konzentrierte mich stattdessen auf die Fakten. Verwies auf das Ziel und erklärte in Ruhe die aus dem erstellten Treibhausgasprofil konsequent hergeleiteten Maßnahmen. Ich wiederholte das entscheidende Motto: Dort handeln, wo die Handhabe ist. Dort ansetzen, wo es faktisch am effektivsten ist. So eine Argumentation hat bei der Abstimmung viel mehr Aussichten auf Erfolg als alle Schauermärchen. Und tatsächlich: Der Gemeinderat nahm den Plan zum gezielten Erreichen der Klimaneutralität am Ende an – mit nur einer Gegenstimme.

Der Weg aus der Klimakrise funktionierte also, und mich erfüllte diese Entscheidung mit großer Zufriedenheit. Es war das, worum es ging. Die Dinge im politischen Alltag ins Rollen bringen, auch und gerade dort, wo es schwer war.

Nachmittags saß ich wieder an meinem Schreibtisch und scrollte durch die Nachrichten. Ein Dorf in Sachsen war vom Starkregen überflutet worden. Überschwemmungen im Südwesten und in der Mitte Deutschlands. In der Eifel hatten die Wassermassen sechs Häuser niedergerissen, Nordrhein-Westfalen wurde vom Hochwasser regelrecht auseinandergenommen. Mitte Juli zählten die Behörden über 180 Tote, weit über tausend Vermisste. Die Talsperren drohten zu brechen, in Deutschland herrschte Katastrophenalarm. Es waren Bilder, die hier niemand für möglich gehalten hatte. Ich klickte auf die Seite mit den Gefahrenindizes. Schon im Juni hatte in ganz Brandenburg die höchste Waldbrandgefahrenstufe gegolten. Grad fünf.

Danach las ich mich durch die Botschaften dieser Tage. Europa hatte weitere Schritte zum Klimaschutz verabschiedet. Die EU setzte weiter auf den Emissionshandel, schob die Bepreisung weiter an. Das tägliche Leben würde bald immer teurer werden, auch wenn jetzt noch die Herausforderungen zunehmender Unwetter hinzukommen würden.

Es war das alte Spiel. Es war nichts wirklich Neues. Und es war definitiv nicht das, was uns vor dem bewahren könnte, was da draußen nun ganz langsam loslegte. Ich jedenfalls kenne bis heute kein Land, das seine Ziele auf diese Weise erreicht hat.

In Europa und in Deutschland aber schlenderte man weiter, selbstverliebt Richtung Katastrophe. Es war inzwischen Juli 2021, und den Klimaschutz begriff man hier noch immer nicht als verantwortungsvollen Menschenschutz, sondern als Spielball der Handelsplätze.

Ich frage mich, was es noch braucht, um dies zu ändern. Ich frage mich, wann der Punkt gekommen ist, da das Feuer, der Sturm und die Wassermassen die Ignoranz zur Vernunft bringen. Wir alle müssen aufhören, die Klimakrise als politisches Modethema oder gar als Handelsgut zu missbrauchen. Wir alle müssen uns unserer Verantwortung stellen, an unserem Arbeitsplatz, in der Schule, in der Uni, in der Gemeinde, in unserem Land. Wir alle müssen uns gemeinsam auf den Weg machen, die Fakten betrachten und fachlich durchdachte Treibhausgasreduzierungen einfordern und umsetzen. Wir müssen Menschenleben schützen. Um nichts weniger geht es.

Danksagung

Zum Aufschreiben habe ich mir Hilfe geholt bei einem, der das Schreiben zu seiner Passion gemacht hat. So, wie ich den Klimaschutz zu meiner gemacht habe. Ich bin darum sehr dankbar, dass diese Zusammenarbeit so gut funktioniert hat. Ein großes Dankeschön an Marc Bielefeld für die kundige Navigation und Kollaboration.

Meine unendliche Dankbarkeit gilt auch meiner Familie, meinen Freunden, meinem Team und allen fleißigen Mithelfenden. Ohne euch wäre dieses Buch nie entstanden. Danke von ganzem Herzen!

Weiterführende Literatur

Wissenschaftsmagazine:

»Nature«, London, https://www.nature.com/

»The London, Edinburgh and Dublin Philosophical Magazine and Journal of Science«, Taylor & Francis, London, https://www.tandfonline.com

»The Lancet«, Elsevier-Verlag, London, https://www.thelancet.com

Bücher:

Kästner, Erich. »Die Konferenz der Tiere«. Europa Verlag, Zürich 1949 (Erstausgabe).

Nelles, David; Serrer, Christian, »Kleine Gase, große Wirkung: Der Klimawandel«. KlimaWandel-Verlag, Friedrichshafen, Dezember 2018.

Behringer, Wolfgang, »Tambora und das Jahr ohne Sommer: Wie ein Vulkan die Welt in die Krise stürzte«, dtv Verlagsgesellschaft, München 2018.

Reports:

IPCC, 2007: Climate Change 2007: The Physical Science Basis. Contribution of Working Group I to the Fourth Assessment Report of the Intergovernmental Panel on Climate Change [S. Solomon, M. Manning, M. Marquis, D. Qin].

IPCC, 2018: Global warming of 1.5° C. An IPCC Special Report on the impacts of global warming of 1.5° C above pre-industrial levels and related global greenhouse gas emission pathways, in the context of strengthening the global response to the threat of climate change, sustainable development, and efforts to eradicate poverty [V. Masson-Delmotte, P. Zhai, H. O. Pörtner, D. Roberts, J. Skea, P. R. Shukla, A. Pirani, W. Moufouma-Okia, C. Péan, R. Pidcock, S. Connors, J. B. R. Matthews, Y. Chen, X. Zhou, M. I. Gomis, E. Lonnoy, T. Maycock, M. Tignor, T. Waterfield (eds.)]

United Nations Environment Programme (2020). Emissions Gap Report 2020. Nairobi

Standards:

Treibhausgase – Teil 1: Spezifikation mit Anleitung zur quantitativen Bestimmung und Berichterstattung von Treibhausgasemissionen und Entzug von Treibhausgasen auf Organisationsebene (ISO 14064-1:2018); Deutsche und Englische Fassung EN ISO 14064-1:2018.

Treibhausgase – Teil 2: Spezifikation mit Anleitung zur quantitativen Bestimmung, Überwachung und Berichterstattung von Reduktionen der Treibhausgasemissionen oder Steigerungen des Entzugs von Treibhausgasen auf Projektebene (ISO 14064-2:2019); Deutsche und Englische Fassung EN ISO 14064-2:2019.

Treibhausgase – Carbon Footprint von Produkten – Anforderungen an und Leitlinien für Quantifizierung (ISO 14067:2018); Deutsche und Englische Fassung EN ISO 14067:2018.

Quellenverzeichnis

Kapitel 1

[1] Umweltbundesamt, 22. März 2021, Titel:
»Beobachtete und künftig zu erwartende globale Klimaänderungen«
Abruf am 13. Juli 2021
https://www.umweltbundesamt.de/daten/klima/beobachtete-kuenf-tig-zu-erwartende-globale#-ergebnisse-der-klimaforschung-

[2] Umweltbundesamt, 22. März 2021, Titel:
»Beobachtete und künftig zu erwartende globale Klimaänderungen«
Abruf am 13. Juli 2021
https://www.umweltbundesamt.de/daten/klima/beobachtete-kuenf-tig-zu-erwartende-globale#-ergebnisse-der-klimaforschung-

[3] The Lancet, Volume 5, Issue 7, Juli, 2021, Titel: »Projections of temperature-attributable mortality in Europe: a time series analysis of 147 contiguous regions in 16 countries«
Abrufdatum: 13. Juli 2021
https://www.thelancet.com/journals/lanplh/article/PIIS2542-5196(21)00150-9/fulltext

[4] Human Impact Report »Climate Change« vom Global Humanita-rian Forum, Genf. Titel: »The Anatomy of a silent crisis«, 2009
Abrufdatum: 17. Juli 2021
http://www.ghf-ge.org/human-impact-report.pdf

[5] Autor: Hannah Ritchie, September 18, 2020, Titel: »Sector by sector: where do global greenhouse gas emissions come from?«
Abrufdatum: 19. Juli 2021
https://ourworldindata.org/ghg-emissions-by-sector

[6] Autor: Deng Zhu, Dr. Zhu Liu; Department of Earth Science, Tsinghua University, 4. November 2020. Titel: »Liu Zhu's research team from the Department of Earth System Science at Tsinghua

University reveals a record drop in global CO_2 emissions under the COVID-19 pandemic«.
Abrufdatum: 17. Juli 2021
https://www.dess.tsinghua.edu.cn/en/info/1225/1376.htm

[7] Potsdam Institut für Klimafolgenforschung, Oktober 2020. Titel: »Größter CO_2-Rückgang: Echtzeit-Daten zeigen die massiven Auswirkungen von Covid-19 auf die globalen Emissionen«
Abrufdatum: 17. Juli 2021
https://www.pik-potsdam.de/de/aktuelles/nachrichten/groesster-co2-rueckgang-echtzeit-daten-zeigen-die-massiven-auswirkungen-von-covid-19-auf-die-globalen-emissionen?set_language=de

[8] Umweltbundesamt, Dezember 2017. Titel: »Fünfter Sachstandsbericht des Weltklimarats«
Abrufdatum: 17. Juli 2021
https://www.umweltbundesamt.de/themen/klima-energie/klimawandel/weltklimarat/fuenfter-sachstandsbericht-des-weltklimarats#was-steht-im-funften-sachstandsbericht

[9] Christine Lagarde, zitiert aus dem »Guardian«, Oktober 2017, Titel: »We will be toasted, roasted and grilled«
Abrufdatum: 17. Juli 2021
https://www.theguardian.com/environment/2017/oct/25/we-will-be-toasted-roasted-and-grilled-imf-chief-sounds-climate-change-warning

[10] Spiegel online, Susanne Götz, Februar 2021: »Alle wollen das Klima retten – aber niemand will was tun«
Abrufdatum: 17. Juli 2021
https://www.spiegel.de/wissenschaft/mensch/hoeheres-eu-klimaziel-wie-lassen-sich-die-neuen-einsparungen-erreichen-a-476f41d1-674f-4129-906a-f357ba4d892f

[11] Zitiert aus einem Informationsschreiben an die Depotkunden der Deutschen Bank, Mai 2021

[12] Welt online, Berthold Seewald, 26. März 2013: »Das Jahr, in dem der Sommer ganz ausfiel«
Abrufdatum: 17. Juli 2021
https://www.welt.de/geschichte/article114773903/Das-Jahr-in-dem-der-Sommer-ganz-ausfiel.html

[13] »Die Kinder weideten im Gras wie die Schafe«. Zeitzeugenbericht, zitiert aus mehreren Quellen. Etwa:
- https://www.diepresse.com/4701020/vor-200-jahren-vulkanausbruch-fuhrt-zum-jahr-ohne-sommer
- https://www.hna.de/welt/vulkan-welt-verdunkelte-6204716.html
- https://www.luzernerzeitung.ch/schweiz/schweiz-die-leute-tauchten-setzlinge-in-guelle-ld.84031

[14] Johann Peter Hoffmann, Landwirt und Friedensrichter aus dem Elsass, Tagebuch 1826, zitiert aus: »Kann ein Vulkan das Wetter auf der ganzen Erde verändern?«, Universität Hohenheim, Februar 2018. Autoren: Dr. Volker Wulfmeyer, Monika Walther, Dr. Thomas Schwitalla
Abrufdatum: 17. Juli 2021
https://physik-meteorologie.uni-hohenheim.de/fileadmin/einrichtungen/www120/Kinderuni/180203_Kinderuni_Vulkane_Wulfmeyer_01_Vorlesung.pdf

[15] Universität Bern, Oeschger Centre, Climate Change Research Center, Geographica Bernensia 2016. Titel: »Tambora und das Jahr ohne Sommer 1816. Klima, Mensch und Gesellschaft«
Abrufdatum: 17. Juli 2021
https://boris.unibe.ch/83607/2/tambora_d_webA4.pdf

[16] Deutscher Wetterdienst, Dr. Susanne Haeseler, 27. Juli 2016. Titel: »Der Ausbruch des Vulkans Tambora in Indonesien im Jahr 1815 und seine weltweiten Folgen, insbesondere das Jahr ohne Sommer 1816«
Abrufdatum: 17. Juli 2021
https://www.dwd.de/DE/leistungen/besondereereignisse/verschiedenes/20170727_tambora_1816_global.pdf?__blob=publicationFile&v=5

Kapitel 2

[17] Umweltbundesamt, 2018 Titel: »Ratgeber Freiwillige CO_2 Kompensation«

[18] Bundesamt für Umwelt (BAFU) 2020 Titel: Klimawandel: Fragen und Antworten

Abrufdatum: 19. Juli 2021

https://www.bafu.admin.ch/bafu/de/home/themen/klima/fragen-antworten.html#-1202736890

[19] Stadt Graz Umweltamt, CO_2-Fußabdruck

Abrufdatum: 19. Juli 2021

https://www.umwelt.graz.at/cms/beitrag/10260930/6769742/CO_Fussabdruck.html

[20] Treibhausgase – Teil 1: Spezifikation mit Anleitung zur quantitativen Bestimmung und Berichterstattung von Treibhausgasemissionen und Entzug von Treibhausgasen auf Organisationsebene (ISO 14064-1:2018); Deutsche und Englische Fassung EN ISO 14064-1:2018

[21] Treibhausgase – Carbon Footprint von Produkten – Anforderungen an und Leitlinien für Quantifizierung (ISO 14067:2018); Deutsche und Englische Fassung EN ISO 14067:2018

[22] Treibhausgase – Teil 2: Spezifikation mit Anleitung zur quantitativen Bestimmung, Überwachung und Berichterstattung von Reduktionen der Treibhausgasemissionen oder Steigerungen des Entzugs von Treibhausgasen auf Projektebene (ISO 14064-2:2019); Deutsche und Englische Fassung EN ISO 14064-2:2019

[23] Ärzte für die Verhütung des Atomkrieges (IPPNW) und Gesellschaft für Strahlenschutz, 2006 Titel: »Gesundheitliche Folgen von Tschernobyl«

Abrufdatum: 19. Juli 2021

https://www.ippnw.de/commonFiles/pdfs/Atomenergie/Gesundheitliche_Folgen_Tschernobyl.pdf

[24] bifa Umweltinstitut GmbH, Augsburg. bifa-Text Nr. 47: »Ökoeffiziente Verwertung von Bioabfällen und Grüngut in Bayern« (2019)

[25] bifa Umweltinstitut GmbH, Augsburg. bifa-Text Nr. 47: »Ökoeffiziente Verwertung von Bioabfällen und Grüngut in Bayern« (2019)

Kapitel 3

[26] Scientific American, Shannon Hall, Oktober 2015 Titel: »Exxon Knew about Climate Change almost 40 years ago«

Abrufdatum: 19. Juli 2021

https://www.scientificamerican.com/article/exxon-knew-about-climate-change-almost-40-years-ago/

27 Williamson, Oliver E., »Die ökonomischen Institutionen des Kapitalismus: Unternehmen, Märkte, Kooperationen«. Mohr Siebeck, Tübingen 1990.
Transaktionskostentheorie, zitiert aus:
• *https://www.wirtschaftsdienst.eu/inhalt/jahr/2009/heft/11/beitrag/zum-nobelpreis-an-oliver-e-williamson.html*
• *http://www.wirtschaftslexikon24.com/d/transaktionskostentheorie/transaktionskostentheorie.htm*
• *https://de.wikipedia.org/wiki/Transaktionskostentheorie*

28 Treibhausgase – Carbon Footprint von Produkten – Anforderungen an und Leitlinien für Quantifizierung (ISO 14067:2018); Deutsche und Englische Fassung EN ISO 14067:2018

29 Shell, Februar, 2021: »Shell accelerates drive for net-zero emissions with customer-first strategy« Teil von »Royal Dutch Shell plc Strategy Day 2021«
Abrufdatum: 20. Juli 2021:
https://www.shell.com/media/news-and-media-releases/2021/shell-accelerates-drive-for-net-zero-emissions-with-customer-first-strategy.html
https://www.shell.com/investors/investor-presentations/2021-investor-presentations/strategy-day-2021.html

30 Treibhausgase – Teil 1: Spezifikation mit Anleitung zur quantitativen Bestimmung und Berichterstattung von Treibhausgasemissionen und Entzug von Treibhausgasen auf Organisationsebene (ISO 14064-1:2018); Deutsche und Englische Fassung EN ISO 14064-1:2018

31 Energy Policy, Brian Murray a,b, Nicholas Rivers, August 2015 Titel: »British Columbia's revenue-neutralcarbon tax: Are view of the latest »grand experiment« in environmental policy«
Canadian Energy Research Institute Study No. 189, August 2020 Titel: »The Economic Effectiveness of Different Carbon Pricing Options to Reduce Carbon Dioxide Emissions«

32 The Canadian Journal of Economics. 1 (4): 791–804. John H. Dales

Toronto 1968 Titel: »*Pollution, property and prices: An essay in policy-making and economics.*«

The Economics of Air Pollution. Thomas. D. Crocker, New York,1966, Titel: »The Structuring of Atmospheric Pollution Control Systems«

[33] Wall Street Journal, Jon Hilsenrath Aug. 13, 2009 Titel: »*Cap-and-Trade's Unlikely Critics: Its Creators*«
Abrufdatum: 19. Juli 2021
https://www.wsj.com/articles/SB125011380094927137

[34] Wall Street Journal, Jon Hilsenrath Aug. 13, 2009 Titel: »*Cap-and-Trade's Unlikely Critics: Its Creators*«
Abrufdatum: 19. Juli 2021
https://www.wsj.com/articles/SB125011380094927137

[35] Originalzitat: »What do you do, declare war, cut relations or actively pursue the Canadian position?« Zitiert aus »Los Angeles Times«, Kenneth Reed, 29. April 1988, Titel: »Reagan Shifting on Acid Rain Stand, Mulroney Says«.
Abrufdatum: 20. Juli 2021
https://www.latimes.com/archives/la-xpm-1988-04-29-mn-2502-story.html

[36] BVerfG, Beschluss des Ersten Senats vom 24. März 2021 – 1 BvR 2656/18 –, Rn. 1–270,
Abruf am 19. Juli 2021
http://www.bverfg.de/e/rs20210324_1bvr265618.html

Kapitel 4

[37] UNFCC COP 1
https://unfccc.int/cop4/resource/cop1.html

[38] Barack Obama, 2020 Titel: »Ein verheißenes Land« (A Promised Land im Orginal)

[39] taz, Julian von Bülow, 19 May 2021 Titel: »Klimaziele für jedes Dorf«
Abruf am 19. Juli 2021
https://taz.de/Treibhausgasemissionen-von-Kommunen/!5770556/

[40] TED2016 | Februar 2016, Christiana Figueres Titel: »The inside story of the Paris climate agreement«
Abruf am 19. Juli 2021
https://www.ted.com/talks/christiana_figueres_the_inside_story_of_the_paris_climate_agreement?language=en

[41] United Nations Environment Programme, 2020. Titel: »Emissions Gap Report 2020«

[42] BVerfG, Beschluss des Ersten Senats vom 24. März 2021 – 1 BvR 2656/18 –, Rn. 1–270,
Abruf am 19. Juli 2021
http://www.bverfg.de/e/rs20210324_1bvr265618.html

[43] BVerfG, Beschluss des Ersten Senats vom 24. März 2021 – 1 BvR 2656/18 –, Rn. 1–270,
Abruf am 19. Juli 2021
http://www.bverfg.de/e/rs20210324_1bvr265618.html

[44] Stadtwerke Trier, SWT-AöR, »Pumpspeicherkraftwerk (PSKW) Rio«
Abruf am 20. Juli 2021
https://www.swt.de

[45] NABU, Bernd Pieper & Linda Baumann 2019, Titel: »Moore – Der unterschätze Klimaschützer«
Abruf am 19. Juli 2021
https://www.nabu.de/natur-und-landschaft/moore/moore-und-klimawandel/13340.html

[46] World Trade Organization 1947, Uruguay Round: 1994 Titel »General Agreement on Tariffs and Trade« (GATT)